应用统计学

（第4版）

张建同　孙昌言　王世进　编著

清华大学出版社

北京

内 容 简 介

在第 3 版的基础上,本书显著强化了教育内容的深度与广度,精心嵌入了各种案例。这一创新不仅深化了统计学理论与实践教学的融合,还巧妙地将专业知识传授与价值观引导相结合,旨在培养既掌握扎实统计学技能又具备高尚道德情操的复合型人才。

本书不仅系统阐述了 Excel、SPSS 和 JMP 等主流统计软件在数据处理、分析方面的应用技巧,还构建了从统计数据的收集、整理、描述到假设检验、方差分析、回归分析等高级统计方法的完整知识体系。书中案例紧贴时代发展脉搏,涉及经济、管理、社会科学等多个领域,让学生在掌握统计技能的同时,深刻理解其在解决实际问题中的价值导向与社会责任。

此外,本书提供了详尽的习题答案,旨在全方位支持教师的教学活动与学生的自主学习。这些资源的整合,不仅提高了教师的教学效率,也为学生提供了更多元化、更灵活的学习方式。

综上所述,本书凭借其独特的案例研究分析、全面的知识体系构建及丰富的教学资源配备,成为高等院校工科类、经济管理类及相关专业本科生、研究生(包括 MBA 和工程硕士)的理想教材,同时也为统计、信息管理、市场调研等领域的从业人员提供了宝贵的参考与学习资料。

图书在版编目(CIP)数据

应用统计学 / 张建同, 孙昌言, 王世进编著.

4 版. -- 北京 : 清华大学出版社, 2025. 4. -- ISBN
978-7-302-68394-0

Ⅰ. C8

中国国家版本馆 CIP 数据核字第 20254D34Y9 号

责任编辑: 高　屾
封面设计: 马筱琨
版式设计: 思创景点
责任校对: 马遥遥
责任印制: 刘　菲

出版发行: 清华大学出版社
　　　　　　网　　　址: https://www.tup.com.cn, https://www.wqxuetang.com
　　　　　　地　　　址: 北京清华大学学研大厦 A 座　　　　邮　　编: 100084
　　　　　　社 总 机: 010-83470000　　　　　　　　　　邮　　购: 010-62786544
　　　　　　投稿与读者服务: 010-62776969,c-service@tup.tsinghua.edu.cn
　　　　　　质 量 反 馈: 010-62772015,zhiliang@tup.tsinghua.edu.cn
印 装 者: 三河市君旺印务有限公司
经　　销: 全国新华书店
开　　本: 185mm×260mm　　　**印　　张:** 22.5　　　**字　　数:** 534 千字
版　　次: 2010 年 3 月第 1 版　　2025 年 5 月第 4 版　　**印　　次:** 2025 年 5 月第 1 次印刷
定　　价: 79.00 元

产品编号: 107297-01

前　言

在经济全球化和智能化浪潮交织的新时代背景下，管理决策者面临的外部环境不仅复杂多变，而且伴随着高度的不确定性和前所未有的风险挑战。党的二十大报告强调，必须坚持科技是第一生产力、人才是第一资源、创新是第一动力，深入实施科教兴国战略、人才强国战略、创新驱动发展战略。应用统计学，是一门分析不确定性问题、揭示事物内在规律的科学，为管理决策者提供了精准施策、科学决策的有力工具。

本书紧贴时代发展脉搏，紧密围绕党的二十大提出的战略部署和目标任务，在保障知识的系统性和正确性的同时，以通俗易懂的语言深入浅出地阐述应用统计学的基本概念、原理及其在实际问题中的应用方法。本书规避了烦琐的数学推导，旨在让读者在轻松愉悦的阅读体验中掌握这一强大的科学工具。

鉴于计算机技术已成为求解统计问题的有力辅助工具，本书充分利用 Excel、SPSS 和 JMP 等计算机软件作为主要的运算和分析工具。通过丰富的案例和实践操作，显著提升了课程的实用性和学生的计算机应用技能。这一设计体现了信息技术与学科知识的深度融合，也积极响应了党的二十大关于加快数字化转型、推动教育现代化的号召。

在本次修订中，我们在保持内容全面性的基础上，特别注重了时效性和思想引领作用。第 4 版不仅更新了相关数据和案例，还融入了学习目标、价值目标和案例研究。这些鲜活生动案例的融入，旨在引导学生树立正确的世界观、人生观、价值观，激发他们的爱国情怀和社会责任感。

本书作为高等院校工科类、经济管理类及相关专业的教材，既适用于本科生和硕士研究生的教学需求，也是统计、信息管理、市场调研等领域的从业人员的宝贵参考书。其中，章节前未加注*号的部分，适用于本科生和 MBA 学生的教学及本科层次的读者；章节前加注*号的部分，适用于硕士研究生的教学和硕士研究生层次的读者。

本书教学资源丰富，配有完整的教学课件和习题答案，并且提供全部案例源数据和大部分操作视频，方便教师教学及学生课后练习与巩固提高。选用本书作教材的教师扫描右侧二维码，经审核通过后可获取教学课件、案例源数据、习题答案、教学大纲、教案等。操作视频可扫描书中对应位置的二维码获取。

教学资源

本书新增的 Excel、SPSS 和 JMP 软件操作视频、案例研究及部分案例的更新工作由同济大学博士生张宇婷、叶宾华，硕士生胡智维、经科、王乐完成。全书由同济大学经济与管理学院张建同教授总纂并定稿。由于水平有限，书中难免存在错误或不足之处，恳请读者批评指正。

张建同

2025 年 4 月于上海

教学资源使用说明

1. 获取资源使用权限

刮开封底刮刮卡，会出现一个 mini 版的二维码。通过手机微信扫描这个 mini 版的二维码，即可成功获取读取权限。

(注：该防盗码仅能与一个微信号绑定，一旦绑定成功，其他微信将无法再次绑定。)

纸书读者，请先扫描封底防盗码，获取权限后即可扫码使用该资源

封底防盗码样例

2. 使用教学资源

获取权限后，即可通过扫描前言中的二维码，下载教学课件、案例源数据、习题答案、教学大纲、教案等；同时，可扫描正文中的二维码，观看操作视频。

目　　录

第1章

统计和统计数据收集

本章将介绍统计学的基本知识、基本术语、统计数据的收集、调查问卷的设计及变量类型等。

学习目标：了解统计学的含义、统计学的分类；了解各种统计调查方法的特点和适用的场合；掌握统计调查方案设计的内容。

价值目标：了解统计学的起源和基础知识；引导学生确立实事求是的科学态度，认识到统计在科学研究、政策制定和社会决策中的重要性；通过分析统计数据所反映的社会现象和问题，引导学生关注社会热点，增强社会责任感。

1.1 统计学概述

1.1.1 中国古代统计起源

统计起源于社会经济活动，中国古代统计历史悠久，其萌芽可追溯至原始公社时期。《周易·系辞下》中的"上古结绳而治，后世圣人易之以书契。百官以治，万民以察"表明，当时已产生了简易的统计分组和总量指标概念，标志着中华民族统计的萌芽。自公元前 21 世纪夏禹建立国家起，中国的统计不仅详尽记录了重大历史活动，还为了征集兵员、征收赋税，对人口、土地及财产进行了调查。《帝王世纪》中记载："禹平水土，还为九州，今《禹贡》是也。是以其时九州之地，凡二千四百三十万八千二十四顷，定垦者九百三十万六千二十四顷，不定垦者千五百万二千顷。民口千三百五十五万三千九百二十三人。"这是我国现存最早的统计数字资料，当时这些数字被铭刻在九鼎之上。

随着统计实践的逐步发展，我国在商周时代就产生了统计思想。《周易·系辞上》中有"方以类聚，物以群分"的统计分组思想；《尚书·虞夏书》提出了"关石和钧"(即通过交换使之均等)的统计平均概念。

西周和春秋战国时期，统计初具规模。此后，从秦汉历经各代王朝，直至清代鸦片战争前的近 3000 年间，我国统计在人口、土地、农业、财政、物价、教育、矿业、交通等各方面都有所建树，积累了不少资料。统计方法如分组法、相对法、平均法、平衡法、图表法、估算法等也得到广泛应用。这些统计方法在当时虽无科学名称，甚至根本没有名称，有其实而无其名，但在实际工作中却已正确应用，统计机构和有关统计的法律条文也相应建立。

中国古代统计思想后期发展滞缓，在清末西方统计学传入中国以前，基本上未能跨越春秋战国时期统计思想的基本规律，一直在徘徊中前进，少有突破性进展。中国在长期的封建统治下，既无专门阐述统计思想的著作，也未建立起系统的统计科学。统计作为一门独立的学科，是在西方国家首先创立的。

1.1.2　统计的广泛应用

人类活动的各个方面都离不开统计工作和统计数据。

在个人生活中，无论是报考学校、选择工作单位、购买房屋、进行股票交易、外出旅游，还是购买日常用品、生活开支预算等，都离不开有关的统计信息。尽管个人生活中的许多统计信息是以非常简单粗糙的形式出现的，但正是在对过去发生的事情或经验所获得的信息进行综合处理的基础上，人们才能做出正确的判断和决策。

在政府层面上，统计更是渗透于每一个部门的管理工作中。政府部门通过不断收集经济、社会、人口等各个领域的统计数据，在综合分析的基础上，对国民经济的发展进行预测、规划、指导和调控，并向全社会提供各种统计信息。

在科学研究的各个领域，如自然科学、经济学、社会学、体育、医疗卫生、环境保护等方面，都广泛使用统计学方法进行分析和推断。

在下面列举的 6 种商务活动中，统计学有更广泛的应用，经营管理人员在做决策时通常需要应用统计方法来归纳分析各种统计资料。

1. 财务分析

企业的财务报告和各种财务分析指标都是对企业的财务状况和经营成果的统计分析结果；管理会计需要以成本和收益为基础对经营业绩进行统计分析；企业的投资和融资决策更离不开各种内外部统计信息的支持。

2. 产品开发

企业产品开发计划的制订，需要对经济发展趋势、商业竞争、顾客需求、财务收支估算等方面的数据进行统计分析，并在此基础上进行产品开发的经济可行性分析。

3. 制订计划

企业各种计划的制订，都需要对销售、资金、人力、成本和利润等因素进行预测，而预测就是以过去和当前的统计数据为依据，运用统计推断方法对未来情况进行估计。

4. 市场研究

在市场研究中，需要对消费者的需求偏好及其变化趋势、竞争对手的情况、本企业产品和服务的顾客满意度等数据进行统计分析。

5. 工序管理和质量控制

运用统计分析方法，可以帮助企业确定影响产品质量的主要因素，制定有效的质量控制标准和工艺规范，达到降低成本、提高生产效率的目标。质量控制和质量管理是企业经营管理中运用统计分析方法最多的领域。

6. 人力资源管理

在企业的人力资源管理中，需要经常使用统计方法来分析人事变动、出勤状况和工作业绩等，并在此基础上进行业绩评定、奖励和惩罚，以及制定有效的激励约束机制等。

在上述商务活动中，由数据向信息和决策的转换过程如图 1.1 所示。

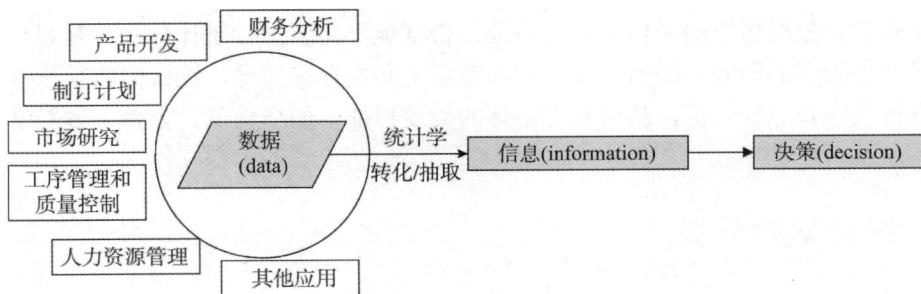

图 1.1　基于统计学的数据转换应用

1.1.3　统计与统计学

关于"统计"一词，可以有三种理解：统计工作、统计资料、统计学。

(1) 统计工作是指应用科学的方法对调查研究的对象进行数据搜集、整理和分析的全部工作，其成果是形成各种统计数据资料。

(2) 统计资料是统计工作所取得的成果，包括原始资料和再生信息两大类。

(3) 统计学是关于如何搜集、整理和分析客观现象数量规律的方法论科学，是对统计工作实践加以总结升华而产生的理论，并用以指导统计实践。

1.1.4　统计研究对象的特点

统计研究的对象有以下 4 个方面的特点。

1. 数量性

统计学借助大量的观察方法，研究事物总体数量方面的特征与其规律性，反映客观事物在一定时间、地点等条件下的数量表现、发展趋势和变化规律，从而为人类各种决策提供依据。凡是产生数据的领域，都需要统计工作和统计学；同样，凡是能以数量来描述的事物，都可以作为统计学的研究对象。

2. 总体性

统计学研究的是客观现象总体的数量特征与规律性，而非个体的量。总体由具备某种相同性质的一定范围内的全体事物所组成。例如：对全国农村家庭收入情况开展统计分析时，全国所有农村家庭的收入便构成了研究的总体。但统计学对总体数量规律性的认识是通过对大量个体的观察和分析才得以获取的。

3. 具体性

统计学研究的是一定时间、地点等条件下具体事物的量，而非抽象对象的量，这是统计学和数学的一个重要区别。因此，统计工作需要对具体事物进行调查研究，收集和整理在特定时间、地点等条件下研究对象中大量个体的有关数据，这是统计分析的基础。

4. 差异(变异)性

统计研究对象总体中的个体应存在差异，否则就不需要进行统计分析。客观事物复杂多样，受多种因素的影响，因而不同个体在数量上必定存在差异，这就需要对总体中大量的个体进行观察和综合分析，从而获得总体的数量特征，如平均值、方差、偏斜度等的分布特征。

1.1.5　统计学的分类

根据研究的重点和观察问题的角度不同，统计学主要有以下两种分类方法。

1. 描述统计学和推断统计学

这一分类方法既反映了统计学发展的两个主要阶段，同时也反映了各自不同的侧重。

描述统计学是研究如何对客观现象进行数量的计量、加工、概括和表示的方法。在20世纪之前，统计学大体上处于描述阶段，而描述统计学是统计学的基础。

推断统计学是研究如何根据样本数据来推断总体的分布情况。概率论是推断统计学的主要理论基础。推断统计学是近代统计学的核心，也是统计学中的主要内容。

2. 理论统计学和应用统计学

理论统计学主要研究统计学的数学原理，它基于概率论的原理，还包括不属于传统概率论的一些内容，如随机化原理、各种估计的原理、假设检验的原理及一般决策的原理。在统计实践中，经常会遇到一些原有的统计方法不能解决的新问题，需要创造新的统计模型和统计分析方法，这就需要统计理论的研究与指导。

应用统计学是将统计学的基本原理应用于各个领域所形成的分支。它包括适用于各个领域的一般性的统计分析方法，如参数估计、假设检验、方差分析、回归分析等；还包括在某一领域中特定的统计分析方法，如经济领域中的指数分析法等。应用统计学需要既熟悉统计知识又熟悉某一领域业务知识的专门人才，它侧重于阐明统计的基本原理，并将理论统计学的结论作为工具应用于各个领域。

1.2　统计基本术语

统计学中的**变量**指的是研究对象的特征，有时也称为属性。例如，在商业模型中，销售额、每年的开支和每年的净利润都是企业想要分析的变量。

　　数据是与变量相关的值。变量可能随时间变动，如某公司的期望销售额、开支和净利润每年都有所不同。这些不同的值就是与变量相关的数据，简单地说，就是统计人员所要分析的"数据"。

　　除了时间，变量的数据也可能因其他原因而不同。例如，如果你要分析一个大型讲座的人员组成，包括的变量可能有年级、性别和专业。因为班级里每位同学都各不相同，所以这些变量的值也会不同。一名学生也许是经济学专业的大一男生，而另一名学生则有可能是金融学专业的大二女生。

　　但需要记住，除非赋予实际操作定义，否则所有变量的值(或数据)都是没有任何意义的。而且，进行分析时，我们必须清楚这些实际操作的定义并一致接受，否则就会产生歧义。例如，对销售额的操作性定义可能会发生这样错误的理解：一个人认为年销售额是指全部连锁店的年销售额，而另一个人则认为是指每家店的年销售额。即使是变量中的单个值，有时也需要赋予操作性定义。例如年级变量，到底什么是二年级和三年级？

　　理解变量和数据之间的区别有助于学习其他基本术语。

　　总体是指所研究对象的全体，具体指研究对象的某项数量指标的值的全体。

　　个体是指总体中的每个元素或单元，总体依其所包含的个体总数分为有限总体和无限总体。

　　样本是从总体中挑选出来用于分析的一部分，通常这种挑选是相对独立的。样本是进行推断统计的依据。

　　参数是描述总体特征的数值。

　　统计量是描述样本特征的数值。进行推断统计时，往往不是直接利用样本本身，而是通过构造样本的适当函数(例如，样本平均值、样本方差等)获得统计量进行分析。

　　以上术语可以通过天猫某一年所有的销售交易进行举例说明。

- **总体**：天猫某一年所有的销售交易。
- **个体**：天猫某一年所有销售交易的每一条交易记录。
- **样本**：天猫某一年所有销售交易记录中随机选取 200 条，样本中的交易数代表了组成总体的事物的一部分。
- **参数**：天猫某一年所有销售交易记录的消费值。
- **统计量**：随机选取的 200 次交易记录的平均消费值。

1.3　数据的收集

　　统计数据的收集是统计整理和分析及统计推断和预测的基础。统计数据的收集就是根据统计研究的目的和要求，有组织、有计划地向调查对象搜集原始资料的过程。确定最合适的数据来源和合理的数据收集方法是非常重要的任务，因为如果收集的数据存在偏差、模糊或其他类型的错误，即便运用最复杂的统计方法也无法获取有用的信息，这就需要避免"Garbage In Garbage Out(垃圾数据产生垃圾统计结果)"的统计应用情况。

　　在实际应用中，我们要依据特定的研究目的或工作任务，结合研究对象的性质和特点，选择相应合适的调查方法,必要时也可将几种调查方法结合使用。在此,我们介绍几种常用的调查方法,如普遍调查、重点调查、典型调查、抽样调查和网上调查。

1.3.1　普遍调查

普遍调查简称普查,是专门组织的一次性的全面调查。例如全国人口普查、能源普查、工业普查等。普查的组织方式一般有两种:一种是设立专门的普查机构,并配备众多普查人员;另一种是利用调查单位的原始记录和核算资料,发放调查表,由登记单位填报,例如物资库存普查等。进行普查时必须遵循以下几个原则。

(1) 规定统一的标准时点。标准时点是指对被调查对象进行登记时所依据的统一时点。

(2) 规定统一的普查期限。在普查范围内各调查单位或调查点要尽可能同时开展登记工作。

(3) 规定普查的项目和指标。普查必须按照统一规定的项目和指标进行登记,不得随意变更或增减,以免影响汇总与综合,导致资料质量下降。

【例 1.1】　国务院决定于 2020 年开展第七次全国人口普查。此次普查的部分重要要求与规定如下。

普查目的:第七次全国人口普查是在中国特色社会主义进入新时代开展的重大国情国力调查,将全面查清我国人口数量、结构、分布、城乡住房等方面情况,为完善人口发展战略和政策体系,促进人口长期均衡发展,科学制定国民经济和社会发展规划,推动经济高质量发展,开启全面建设社会主义现代化国家新征程,向第二个百年奋斗目标进军,提供科学准确的统计信息支持。

普查标准时点:2020 年 11 月 1 日零时。

普查对象:普查标准时点在中华人民共和国境内的自然人以及在中华人民共和国境外但未定居的中国公民,不包括在中华人民共和国境内短期停留的境外人员。

普查项目:主要调查人口和住户的基本情况,内容包括:姓名、公民身份号码、性别、年龄、民族、受教育程度、行业、职业、迁移流动、婚姻生育、死亡、住房情况等。

1.3.2　重点调查

重点调查是专门组织的一种非全面调查,它是在总体中选择个别或部分重点单位进行调查,借以了解总体的基本情况。这些单位虽然少,但它们调查的标志值在总体标志总量中占有绝大多数比重,通过对这些单位的调查,就能掌握总体的基本情况。例如,要了解全国钢铁企业的生产情况,只需对宝钢、鞍钢、马钢、包钢、首钢等大型钢铁公司进行调查,即可实现调查的目的。因为这些钢铁企业虽在全国只占少数,但它们的产量在全国钢产量中占有绝大部分的比重。因此,当调查的目的仅为掌握调查对象的基本情况,且总体中有部分单位能较集中地反映所研究的问题时,采用重点调查较为合适。

重点调查具有如下特点。

(1) 重点调查适用于调查对象的标志值集中于某些单位的情形,这些单位的管理较为健全，统计力量较为充实，能够及时获取准确资料。

(2) 重点调查的目的在于了解总体现象某些方面的基本情况，而不要求全面精准地推算总体数字。

(3) 重点调查的单位数量比实际调查的少，在满足调查目的要求的前提下，相较于全面调查，可节省人力、物力和时间。

1.3.3　典型调查

典型调查是根据调查的目的，选择在同类对象中最具典型性的部分和个体进行调查。典型调查也是一种非全面调查。例如，选择中国一汽作为国有企业改革调查分析的样板。

典型调查的作用如下。

(1) 典型调查可用于研究新生事物。

(2) 典型调查可用于研究事物变化的规律。

(3) 典型调查可用于分析事物的不同类型，研究它们之间的差别和相互关系。

(4) 典型调查所获取的资料可用于补充和验证全面统计的数据，推论并测算相关现象的总体。

1.3.4　抽样调查

抽样调查是一种专门组织的非全面调查，它按照随机原则，从总体中抽取部分单位进行观察，用观察的结果来推算全部总体的某些数值，即以部分推断全体。抽样调查是现代推断统计的核心，因为无论是对总体的参数估计还是假设检验，都是以测定样本得到样本指标——统计量为依据的。

【例 1.2】　某高中的一个年级共有 300 名学生，学校计划开展一次关于学生课外活动的问卷调查，旨在了解学生的兴趣爱好和课外活动的参与度。为确保问卷结果具有代表性和公正性，学校决定采用简单随机抽样的方式，从该年级抽取 50 名学生作为调查对象。

解：总体为该年级的 300 名学生。样本量为 50 名学生。创建一个包含所有学生编号(或姓名，但编号更便于操作)的列表作为抽样框。例如，学生编号从 001 到 300。在 1 到 300 的范围内生成 50 个不重复的随机数，将生成的随机数与抽样框中的学生编号进行匹配，确定被选中的学生。向被选中的 50 名学生发放问卷，并收集他们的反馈信息。

在进行抽样调查时，应尽可能避免下列 4 种误差，以使抽样调查结果更好地反映总体特性。

1. 涵盖误差

涵盖误差是指当某一组有代表性的样本被排除在抽样调查之外时所引起的选择偏差。例如，抽样统计上海全市的超市运营情况时，如果没有包括永辉超市的统计结果，那么该统计在一定程度上就存在涵盖误差。

2. 无回应误差

抽样时，对样本个体数据收集失败会导致无回应误差。例如，某项调查共发出 1000 份调查表，但是最终进行统计分析时只得到 240 份有效调查，其余 760 份未能得到回复。由于存在 760 份未知的个体数据，这样的统计结果难以确保正确性和全面性。

3. 抽样误差

选择抽样调查是因为该方法简单、成本低且行之有效。但这也意味着部分个体会被抽中，而另一部分个体则不会被抽中。抽样误差反映的就是样本间的这种波动，其大小是由某些特殊样本被抽中的概率所决定的。

当阅读调查报告、报纸或杂志中的民意调查时，其中往往会给出波动的误差。例如，"本次民意调查与实际情况的误差在 4 个百分点之内"，这种误差就是抽样误差。如何正确描述这种抽样误差是推断统计学的重要内容之一。

4. 测量误差

测量误差是指由于样本数据测量程序的设计和应用不当所引起的误差。例如，抽样调查时，问题设计不明确，导致变量数据模糊。

1.3.5 网上调查

互联网的发展引领我们步入网络经济时代，传统的调查理论与互联网技术相结合，促使网上调查顺势而生。1999 年 10 月 16 日，北京零点专业市场调查公司与爱特信搜狐网络公司正式合作，创立了搜狐零点网上调查公司，携手拓展网上调查业务，这标志着中国调查业步入"网络时代"。

1997 年初，我国网民数量为 20 万人。到 1999 年 7 月，网民数量增加到 400 万人。截至 2022 年 12 月，中国网民规模达 10.67 亿，较 2021 年底增长 3549 万，上网普及率为 75.6%，较 2021 年底提升 1.2 个百分点。传统领域应用线上化进程持续加快。其中，线上办公市场迅速发展，用户规模已达 5.40 亿，较 2021 年 12 月增长 7078 万，占网民整体的 50.6%。此外，在线教育、互联网医疗等数字化服务供给不断加大，我国农村地区在线教育和互联网医疗的用户分别占农村网民整体的 31.8% 和 21.5%，较上年分别增长 2.7 和 4.1 个百分点。另外，截至 2022 年 12 月，我国 IPv6 地址数量为 67 369 块/32，较 2021 年底增长 6.8%。IPv4 地址总数为 38 751 万个。2005—2022 年 3 月我国互联网用户发展情况如图 1.2 所示。

1. 网上调查的主要方式

1) E-mail 法

E-mail 法即电子邮件法，是以较为完整的 E-mail 地址清单作为样本框，随机发送问卷进行调查。这种调查方法主要用于对特定群体(网民)多方面的行为模式、消费规模、消费心理特征等进行研究。在调查实施过程中，还可通过多媒体技术，向被调查者展示包括问卷、图像、样品在内的多种测试工具，以获得更加客观、全面的资料。在样本框较为全面的情况下，调查结果可用于推论研究的总体。

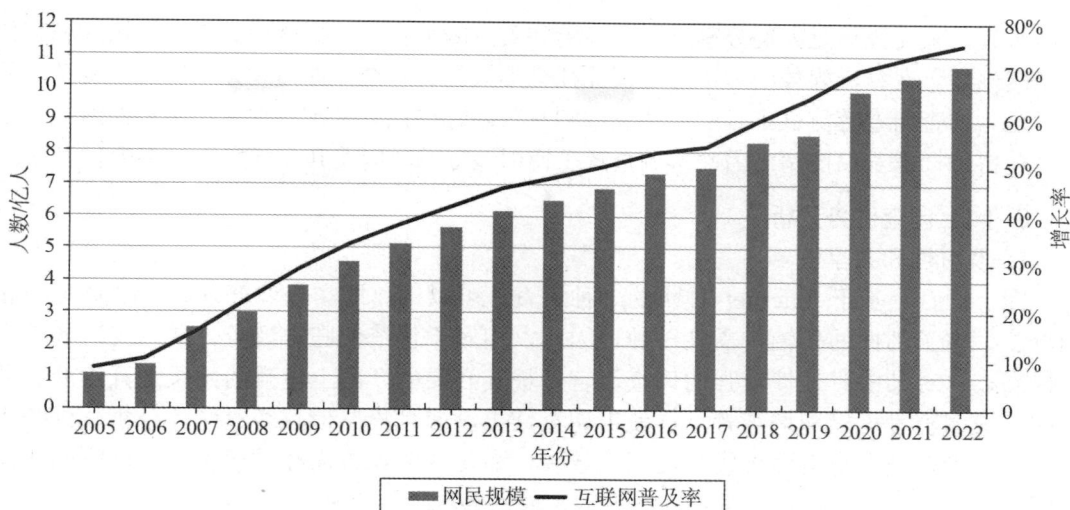

图 1.2　2005—2022 年 3 月我国互联网用户发展情况

资料来源：中国互联网络信息中心. 第 50 次中国互联网络发展状况统计报告[R/OL]. (2022-08-31). https://www.
baidu.com/link?url=nXtHwPZiM17oLaeU0ZIyAAY90ceaLrmdKTzkssP4e1M60mI-RhLfUXyt3CYocAglCz6dwM-0uP
eM9Ts-apGW4HzPSpJBzg6xBj7gS8jzeCAnItDZIPLIh-x76-IEMLymO1Tt71v9V1DdCD3iUy6mw_&wd=&eqid=94dd
2be60040c32e0000000266bc5b95.

2) Web 站点法

Web 站点法又称主动浏览访问法，即将调查问卷放置在访问率较高的 Web 站点，由对
该问题感兴趣的访问者完成并提交。

3) Net-meeting 法

Net-meeting 法即网络会议法、视频会议法和焦点团体座谈法。该方法通过直接在上网
人群中征集与会者，并在约定时间举行网上座谈会。在主持人的引导下，与会者会对某一
问题进行深入的或探索性的讨论、研究。

4) Internet Phone 法

Internet Phone 法即网络电话法，是以 IP 地址为抽样框，采用 IP 自动拨叫技术，邀请
用户参与调查。比如：可将 IP 地址排序，每隔 100 个进行一次抽样，被抽中的用户端会自动
弹出一个小窗口，询问其是否愿意接受调查，若回答"是"，则弹出调查问卷；若回答"否"，
系统则会呼叫下一个 IP 地址。这种调查方法类似于传统调查方式中的电话调查。

5) 网上观察法

网上观察法是对网站的访问情况和网民的网上行为进行观察和监测。使用这种方法最
具代表性的是法国的 Net Value 公司，它的重点是监测网络用户的网上行为，称为"基于互
联网用户的全景测量"。使用网上观察法时，首先通过大量的计算机辅助电话调查(CATI)
获得用户的基本人口统计资料，然后从中抽出样本，招募自愿受试者，下载软件到用户的
电脑中，由此记录被试者的全部网上行为。

6) 社交媒体法

社交媒体法是以各类社交媒体为平台，向被调查者发放调查问卷等测试工具的方法。

一般来说，社交媒体是人们分享意见、经验和观点的平台，包括微博、微信、论坛和其他社交网站等。在社交媒体中，用户之间往往会形成社交联结，继而构建出庞大且复杂的网络。这为调查问卷等测试工具的快速发放和有效回收提供了基础。但是，用户网络的复杂性也使得抽样框难以控制，因此，调查者在使用该方法时应尤其注意所得样本的代表性。

2. 网上调查优势分析

1) 及时性和共享性

网上调查是基于 Internet 技术的一种调查，可以迅捷地实施调查方案。比如 E-mail 调查法，电子邮件的传输只需几秒钟，因此，相对于传统的邮寄调查方式，其时效性大大提高，这对某些时效性较强的调查而言是极其必要的。网上调查的结果是开放的、共享的，被调查者可以和调查者一样使用调查结果，而且投票信息经过统计分析软件初步处理后，可以马上查看到阶段性的调查结果，而传统的调查需经过较长的一段时间才能得出结论。

2) 便捷性和低成本

实施网上调查节省了传统调查中耗费的大量人力和物力。实施网上调查时，只需要一台能上网的计算机即可，通过站点发布电子调查问卷，由网民自愿填写，然后通过统计分析软件进行初步整理和分析。因此，网上调查在信息采集过程中，不需要派出调查人员，不受天气和距离的限制，不需要印刷调查问卷，调查过程中最繁重、最关键的信息采集和录入工作在众多网上用户的终端完成，可以无人值守且不间断地接收调查表，信息检验和信息处理也由计算机自动完成。

3) 可靠性和客观性

实施网上调查，被调查者可以自由选择是否接受调查，不会因为面对面的方式而感到难以拒绝，能完全自愿地选择感兴趣的问题，因此在填写问卷时会比较认真，资料的可靠性较高，由此所得的结论客观性也大大提高。同时，网上调查还可以避免传统调查中访问调查时因人为错误而导致的调查结论的偏差，从而确保调查结果的客观性。

4) 更好的接触性

网上调查可能访问到高收入、高学历或调查员无法接触的群体，大大提高了访问率；而且通过网上邀请，还可以请到国内外的名人、要人，或邀请平时难以接触的人士做客聊天室，进行"面对面"交流或深度访谈，这些都是传统调查方法无法做到的。弹幕视频网站哔哩哔哩 2023 年第一季度的日活跃用户为 9370 万人，即每日登录的活跃用户数接近上亿人。这也是传统面访调查方式无法实现的。

5) 穿越时空性

网上调查是 24 小时全天候的调查，这与受区域和时间制约的传统调查方式有很大的不同。例如，摩托罗拉公司如果利用传统方式在全球范围内进行市场调查，就需要各国各地区代理的配合，耗资耗时，难以实施。但其与搜狐零点调查公司联合，通过网上调查，在短短 3 个月内就成功地完成了调查工作，这是传统调查无法想象的。

1.4　问卷设计

统计调查普遍采用问卷形式，例如网上调查、抽样调查、重点调查和典型调查等。问卷是一种特殊形式的调查表。其特点是表中包含一系列按照严密逻辑结构组成的问题，用于向被调查者调查具体事实，以及个人对某问题的反映、看法，并且不要求被调查者填写姓名。

问卷设计一般需遵循以下原则。

1. 合理性

合理性，即问卷必须与调查主题紧密关联，若违背这一点，问卷即便再精美也是无效的。所谓问卷体现调查主题，实质是在问卷设计初始就找出与调查主题相关的要素。

例如"调查某化妆品用户的消费感受"——这里并没有现成的选择要素的法则，但从问题出发，特别是结合一定的行业经验与商业知识，要素是能够被找出的。

其一是使用者(可认定为购买者)，包括她(他)的基本情况(如性别、年龄、皮肤性质等自然状况)，使用化妆品的情况(是否使用过该化妆品、使用周期、日常使用化妆品的习惯等)。

其二是购买力和购买欲，包括她(他)的社会状况、收入水平、受教育程度、职业等，化妆品的消费特点(如品牌、包装、价位、产品外观等)，使用该化妆品的效果(问题应具有一定多样性，但又限定在某个范围内，如价格、使用效果、心理满足等)。

其三是产品本身，包括对包装与商标的评价、广告等促销手段的影响力、与市场上同类产品的横向比较等。

应当说，具备这几个要素对调查主题的结果有直接的帮助，被访问者也相对容易理解调查员的意图，进而予以配合。

2. 一般性

一般性，即问题的设置是否具有普遍意义。这是问卷设计的一个基本要求，但我们仍然能够在问卷中发现这类常识性错误。这一错误不仅不利于调查结果的整理分析，还会使调查委托方轻视调查者的水平。

例如，进行一项"居民广告接受度"的调查。

问题：你通常选择哪一种广告媒体？

答案：a. 报纸　b. 电视　c. 杂志　d. 广播　e. 其他

而如果答案是另一种形式：

a. 报纸　b. 车票　c. 电视　d. 幕墙广告　e. 气球　f. 大巴士　g. 广告衫

如果统计指标没那么细致(或根本没必要如此细致)，那我们就犯了一个"特殊性"的错误，从而致使某些问题的回答对调查实际上毫无帮助！

在一般性的问卷技巧中，尤其要注意避免在问题设置的内容上出现错误。

问题：你拥有哪一种信用卡？

答案：a. 长城卡　b. 牡丹卡　c. 龙卡　d. 维萨卡　e. 金穗卡

选项 d 的设置是错误的，应该避免。

3. 逻辑性

问卷设计要有整体感，即问题间需具备逻辑性，独立问题本身也不能存在逻辑谬误，从而让问卷成为一个相对完善的小系统。例如，下列问题：

(1) 你通常每日读几份报纸?

    a. 不读报   b. 1 份   c. 2 份   d. 3 份以上

(2) 你通常用多长时间读报?

    a. 10 分钟以内   b. 30 分钟左右   c. 1 小时   d. 1 小时以上

(3) 你经常读的是下面哪类(或几类)报纸?

    a. ×市晚报   b. ×省日报   c. 人民日报

    d. 参考消息   e. 中国电视报

在上述几个问题里，由于问题设置紧密关联，因而能获取较为完整的信息。调查对象也会觉得问题集中、提问有逻辑；相反，若问题发散、带有意识流特征，问卷就会给人一种随意且缺乏严谨性的感觉，那么将市场调查作为经营决策科学过程的企业就会对调查失去信心。

因此，逻辑性要求与问卷的条理性、程序性息息相关。在综合性问卷中，调查者应把差异较大的问题分块设置，以确保每个"分块"中的问题都紧密相关。

4. 明确性

所谓明确性，其实就是问题设置的规范性。这一原则具体体现为：命题是否准确，提问是否清晰明确、便于回答；被访问者能否对问题做出明确的回答等。

例如上文问题里"10 分钟""30 分钟""1 小时"等设计就十分明确。经统计后会告诉我们：用时极短(浏览)的概率为多少；用时一般(粗阅)的概率为多少；用时较长(详阅)的概率为多少；反之，答案若设置为"10～60 分钟"或"1 小时以内"等，则不仅不明确、难以说明问题，被访问者还很难作答。

再者，问卷中常常会有"是"或"否"这类是非式命题。

问题：您的婚姻状况如何?

答案：a. 已婚   b. 未婚

显而易见，此题还有第三种答案(离婚/丧偶/分居)。如按照以上方式设置，则不可避免地会发生选择上的困难和有效信息的流失！其症结即在于问卷违背了明确性原则。

5. 非诱导性

不成功的记者经常会在采访中使用诱导性的问题。这种提问方式如果不是刻意地要得出某种结论而甘愿放弃客观性的原则，就是彻头彻尾的职业素质的缺失。在问卷调查中，因为有充足的时间提前做准备，这种错误大大减少了。但这一原则之所以必要，是因为竞争激烈的市场对调查业的发展提出了更高的要求。

非诱导性是指问题要设置在中性位置，不进行提示或主观臆断，将被访问者的独立性与客观性完全置于问卷操作的限制条件之中。

问题：你认为这种化妆品对你的吸引力在哪里?

答案：a. 色泽   b. 气味   c. 使用效果   d. 包装   e. 价格

这种设置是客观的。若换一种答案设置：

　　　　a. 迷人的色泽　　　　b. 芳香的气味　　c. 满意的效果　　d. 精美的包装

这种设置则具有了诱导和提示性，从而在不自觉中掩盖了事物的真实性。

6. 便于整理、分析

成功的问卷设计不仅要紧密贴合调查主题并便于信息收集，还要考量调查结果获取的便捷性和其说服力。这就涉及问卷调查后的数据整理与分析工作。

其一，调查指标要能够累加且便于累加；其二，指标的累计与相对数的计算需有意义；其三，要能够通过数据清楚地说明所要调查的问题。

只有这样，调查工作才能收到预期的效果。

1.5　变　　量

1.5.1　变量类型

在统计学中，变量被划分为分类变量和数值变量两大类。图 1.3 显示了变量间的关系，并举例说明了各变量类型。

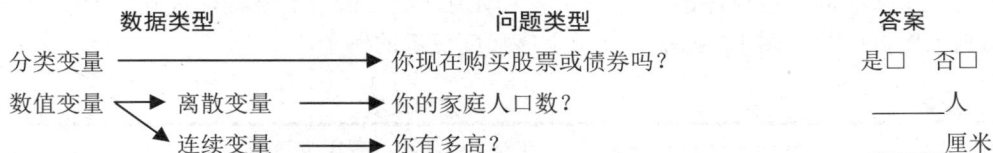

数据类型	问题类型	答案
分类变量 ⟶	你现在购买股票或债券吗？	是□　否□
数值变量 ⟶ 离散变量 ⟶	你的家庭人口数？	_____人
⟶ 连续变量 ⟶	你有多高？	_____厘米

图 1.3　变量类型

分类变量(也称定性变量)的值只能按类别区分，例如图 1.3 中的"是"与"否"。分类变量也可以存在多个答案，例如，顾客写出他们在周几购买了商品，可能是周一到周日中的某一天或几天。

数值变量(也称定量变量)的值表示数量。数值变量可进一步分为离散变量和连续变量。

离散变量的值随着计数过程逐步增加。"杂志的订阅数量"就是离散变量的一个例子，因为其变量值是整数中的某个确定数值，如订阅一两本杂志。从订购杂志之日起到收到杂志之日的天数是一个离散变量，这是因为以天为计数单位。

连续变量的值随着度量过程逐渐增加。例如，在银行等待柜员服务的时间是连续变量，因为其变量值可以是一个闭区间或者开区间内的任意一个值，具体取决于测量设备的精度。例如，等候时间可以是 1 分钟、1.1 分钟、1.11 分钟或者 1.113 分钟，这取决于测量时间所使用的工具。

从理论上讲，如果测量设备的精度足够高，任何两个连续变量值都不会相同。但在实际中，大部分测量设备都没有足够的精度来发现微小的差异，因此，在试验或调查数据中经常会出现两个或者两个以上相同的连续变量值。

1.5.2　度量水平和度量等级

应用度量水平是将数据分类的另一种方法。有 4 个普遍认可的度量水平：定类尺度、定序尺度、定距尺度和定比尺度。

定类尺度(nominal measurement)，又称为名义尺度。分类变量数据的度量是在定类尺度上进行的。定类尺度(见图 1.4)是将数据分为不同的类别，这些类别中没有排序。例如，第 1.4 节中的"a. 长城卡　b. 牡丹卡　c. 龙卡　d. 维萨卡　e. 金穗卡"就是定类尺度变量的例子。你最喜欢的饮料和你的性别等也属于定类尺度变量。定类尺度是最弱形式的度量，因为无法对不同的类别进行排序。

分类变量	定类尺度
个人房产拥有权 ⟷	是☐　　否☐
投资股票类型 ⟷	增长☐　价值☐　其他☐　无☐
网络运营商 ⟷	中国移动☐　中国联通☐　中国电信☐

图 1.4　定类尺度举例

定序尺度(ordinal measurement)是将数据分为不同的类别，但可以排序。如第 1.4 节中的"a. 10 分钟以内　b. 30 分钟左右　c. 1 小时　d. 1 小时以上"就表示一个定序尺度变量，因为这是按时间长度排序的。另外，常见的用户反应值"非常好、很好、一般和差"是按照满意度排序的。图 1.5 列举了几个定序尺度变量的例子。

分类变量	定序尺度
学生年级 ⟷	一年级　二年级　三年级　四年级
产品满意度 ⟷	很不满意　有些不满意　中等　相当满意　很满意
教师职称等级 ⟷	教授　副教授　讲师
标准普尔债券排名 ⟷	AAA　AA　A　BBB　BB　B CCC　CC　C　DDD　DD　D
质量等级 ⟷	A　B　C　D　F

图 1.5　定序尺度举例

定序尺度的度量级别高于定类尺度，因为其数值被赋予的性质多于仅仅被归为某一个类别。但定序尺度仍然是相对较弱的度量，因为该尺度没有度量出类别之间的数量差距。

定距尺度(interval measurement)**和定比尺度**(ratio measurement)分别是在区间和比例的尺度上对数值变量数据进行度量。

定距尺度(见图 1.6)的度量级别高于定序尺度，其度量值之间的差异有一定的含义，但是缺乏真正意义上的参考值("0"值)。例如，中午温度读数为 28℃比 26℃温暖 2℃，且这 2℃的差值与 32℃和 30℃的差值意义相同，因为在这个尺度上所有差值的意义都相同。

定比尺度(见图 1.6)的度量级别也高于定序尺度。定比尺度有绝对零点，"0"表示"没有"或"该事物不存在"，例如高度、重量、年龄或薪水。比如，一个体重为 80 千克的人，其重量是体重为 40 千克的人的两倍。因此，定比尺度不但可以进行加减运算，而且可以进行乘除运算。

数值变量	度量水平
温度(℃)	⟶ 定距
标准化考试分数(例如全国英语等级考试或注册会计师考试)	⟶ 定距
血压(mmHg)	⟶ 定距
出生年份(年)	⟶ 定距
高度(厘米)	⟶ 定比
重量(千克)	⟶ 定比
年龄(岁)	⟶ 定比
薪水(元)	⟶ 定比

图 1.6　定距尺度和定比尺度举例

我们可以用温度的例子来说明定距尺度与定比尺度的差异。华氏温度和摄氏温度都属于定距尺度，而非定比尺度。这是因为，无论是华氏温度还是摄氏温度，其 0 度的设定都是人为的。基于此，我们不能简单地认定 10℃是 5℃的两倍。但是，在开氏温度的读数中，0 度意味着没有分子运动，属于定比尺度。

定距尺度和定比尺度是度量等级最高的两种尺度，因为它们不仅可以确定数据的顺序，还可以确定数据的具体差异量。

上述 4 种度量水平，具有各自的特点(见表 1.1)。这些不同层次的度量本身形成了一个累积尺度，即高一层次的尺度除自己的特性外，必包含下一层次尺度的所有特性。高层次度量具有向下的兼容性，而低层次度量不具有向上的兼容性。

表 1.1　4 种度量水平的数学特性

分类	定类尺度	定序尺度	定距尺度	定比尺度
类别区分	有	有	有	有
次序区分	—	有	有	有
距离区分	—	—	有	有
比例区分	—	—	—	有

习　题　一

1. 样本和总体的区别是什么？
2. 统计量和参数的区别是什么？
3. 什么是普查？其特点和作用是什么？
4. 什么是重点调查、典型调查和抽样调查？它们各自有哪些特点和作用？
5. 一家大型百货连锁商店的市场主管想要在某大城市进行一项调查，以确定某个月内职业女性在购买服装上所用的时间。

(1) 描述总体和样本,并指出主管可能想要收集的变量类型。

(2) 草拟(1)中所需的问卷,写出你认为适合这项调查的三个分类变量和三个数值变量问题。

6. 国家统计局网站(https://www.stats.gov.cn/)经常发布一些调查报告。登录该网站并阅读一份调查报告,解决下列问题。

(1) 给出一个调查中的分类变量例子。

(2) 给出一个调查中的数值变量例子。

(3) 分析在(2)中选择的变量是离散变量还是连续变量。

7. 使用下面的问卷调查,调查对象包含 50 名本科生,请他们回答下列问题:

(1) 你的性别? □女　　　□男

(2) 你的年龄(以最后一个生日为准)?

(3) 你的身高(厘米)?

(4) 你现在读几年级?

　　□一年级　　　　□二年级　　　　□三年级　　　　□四年级

(5) 你学习的主要专业是什么?

　　□会计学　　　　□金融学　　　□信息管理与信息系统　　□国际经济与贸易

　　□工商管理　　　□市场营销　　□其他　　　　　　　　　□未定

(6) 现在你计划考研究生吗?

　　□是　　　　　　□否　　　　　□不确定

(7) 你最近一次期末考试的平均分是多少?

(8) 如果你在获得学士学位后立刻找工作,期望月薪(千元)是多少?

(9) 你期望自己在拥有五年工作经验后的月薪(千元)是多少?

(10) 你现在参加了多少校内俱乐部或社团?

(11) 你对校园服务的满意度如何?

　　□非常满意　　　　□满意　　　　□不太满意　　　　□不满意

(12) 你本学期在购买教材和日用品方面花了多少钱?

请将调查结果保存在 Excel 文件中,并明确:

(1) 调查中哪些是分类变量?

(2) 调查中哪些是数值变量?

(3) 哪些变量是离散数值变量?

8. 请分别说出智商、肤色、社会地位、体重、温度、职业、民族、职业声望、文化水平、态度、收入水平所能达到的最高度量水平是什么。

案例研究 1

统计数据如何助力运动员提升技能?统计数据在助力运动员提升技能方面发挥着重要作用。通过收集、分析运动员在训练、比赛中的各项数据,可以为教练和运动员提供科学依据，帮助他们制订更精准的训练计划，优化比赛策略，从而提升运动员的技能水平。请讨论如何收集运动员在训练和比赛中的各项数据，如心率、速度、力量、耐力、技术动作等。

案例研究 2

党的二十大报告强调，要坚持创新在我国现代化建设全局中的核心地位，还提出应培育创新文化，弘扬科学家精神，涵养优良学风，营造创新氛围。人文素养是科技工作者综合素质的重要方面。较高的人文素养水平能够促进科技创新。请讨论并完成以下问题：

(1) 界定科技工作者的范畴。

(2) 给出人文素养的可操作定义，并讨论人文素养可分为哪几个维度。

(3) 根据(2)设计针对上海市科技工作者的人文素养和创新情况的调查问卷。

(4) 对所获得的数据进行简单分析。

第 2 章

统计表和统计图

在第 1 章中，我们介绍了统计方法的基本原理和数据收集方法。在获得原始数据资料之后，需要使用一定的方法对数据进行整理和综合，目的是从大量的原始数据资料中提炼需要的信息，使之可以提供概要信息并能反映对象总体的基本数量特征，便于理解和使用。表格和图形是整理和反映统计资料的主要工具。

本章从分类数据和数值数据的角度出发，探讨运用表格和图形来整理、反映统计数据的方法，并结合 Excel、SPSS 和 JMP 软件，举例说明制作统计图表的方法。

学习目标：掌握统计数据的分组方法，能对原始数据进行适当分组并编制频数分布表；掌握绘制各种统计图的方法。

价值目标：引导学生树立严谨求实的科学态度，认识到数据的真实性和准确性的重要意义；提升学生的数据敏感性，使其能够迅速捕捉数据中的关键信息和趋势。

2.1 分类数据的图表

当数据是分类数据时，可以针对每一分类数据制作频率或百分比表格和图表。

2.1.1 汇总表

汇总表列出了一系列分类数据的频率、总数或百分比，可以看出不同类别数据间的区别。汇总表在一列内列出不同数据的分类，其他列列出相应的频率、总数或百分比。表 2.1 是好大夫在线医疗平台中重点科室医生数在常见科室医生数的占比汇总表。心血管内科的医生数所占比例最大，然后依次是骨科、普外科、儿科，最后是泌尿外科。

表 2.1　好大夫在线医疗平台中重点科室医生数占比汇总表

科室类型	占比
心血管内科	12.7%
骨科	10.6%
普外科	10.1%
儿科	9.8%

续表

科室类型	占比
泌尿外科	9.4%
其他	47.5%

2.1.2　条形图

在条形图中，每个条代表一个分类，其长度表示该分类的总数、频率或百分比。我们可以对应表 2.1 中重点科室医生数占比绘制出条形图。条形图能在不同类别数据间进行百分比的比较。

利用 Excel 的图表向导功能，可方便地制作条形图，基本步骤如下。

(1) 在 Excel 表单中输入表 2.1 所示的数据，结果如图 2.1 所示。

(2) 选中 A2:B7 区域，单击菜单栏的【插入】按钮，在【图表】功能区选择【查看所有图表】，打开【插入图表】对话框，如图 2.2 所示。

	A	B
1	科室	占比
2	泌尿外科	9.4%
3	儿科	9.8%
4	普外科	10.1%
5	骨科	10.6%
6	心血管内科	12.7%
7	其他	47.5%

图 2.1　Excel 中的汇总表

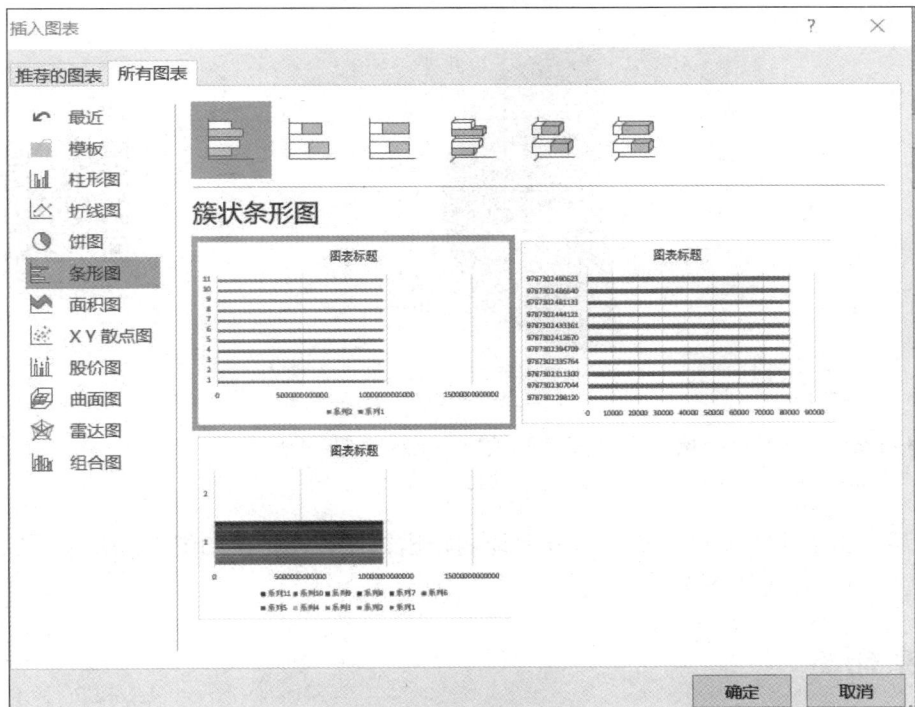

操作视频

图 2.2　【插入图表】对话框

(3) 执行【所有图表】→【条形图】→【簇状条形图】命令，单击【确定】按钮，然后根据需要设置图表属性即可。

(4) 最终生成如图 2.3 所示的条形图。

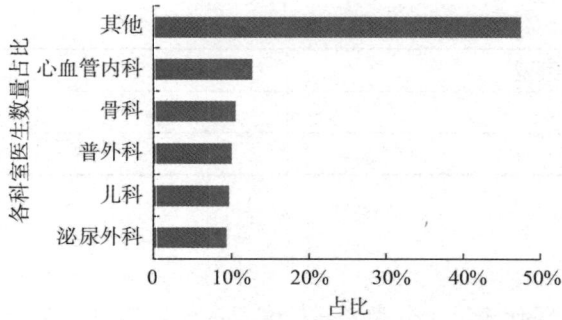

图 2.3　重点科室医生数占常见科室总医生数比例的条形图

2.1.3　饼图

饼图是将一个圆分割成几部分，分别表示不同类别的数据。每个部分的大小因其分类数据的百分比不同而不同。在表 2.1 中，心血管内科的医生数占到 12.7%。在制作饼图时，用 360°乘以 0.127，得出的 45.7°就是这一类别所占的角度。图 2.4 是对应表 2.1 中重点科室医生数占比的饼图，饼图呈现了整个饼的每一部分，即每个分类数据。

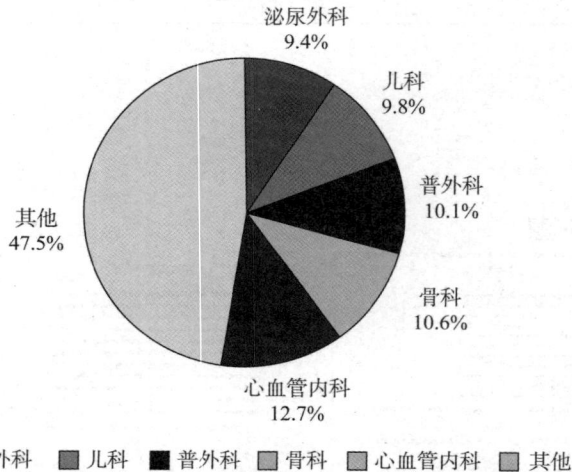

操作视频

图 2.4　重点科室医生数占常见科室总医生数比例的饼图

同样，利用 Excel 的图表向导功能可方便地制作出饼图，只要在如图 2.2 所示的【插入图表】对话框中选择【饼图】即可。

2.1.4　帕累托图

在帕累托图中，不同类别的数据是根据其频数降序排列的，并在同一张图中绘制出累积百分比。帕累托图可以体现帕累托原则，即绝大部分的数据存在于很少的类别中，剩余极少的数据分散在大部分类别中。这两组常被称作"至关重要的极少数"和"微不足道的大多数"。

帕累托图能区分"微不足道的大多数"和"至关重要的极少数"，从而方便人们关注重要的类别。帕累托图是进行优化和改进的有效工具，尤其是在质量检测方面。下面通过一个例子说明帕累托图的用法。

【例 2.1】 表 2.2 是一家大型注模公司的数据，该公司制造计算机键盘、洗衣机、汽车和电视机的塑料器件。表中数据是三个月中生产的所有有缺陷计算机键盘的数据。

表 2.3 是基于计算机键盘缺陷原因发生频数大小排序后的汇总表，该表中不同的类别是基于损坏项目的百分比。对于有序分类的累积百分比也列在此表中。

表 2.2　三个月中生产的计算机键盘存在缺陷的原因汇总表

原因	频数	百分数频数
黑点	413	6.53%
破损	1039	16.43%
喷射	258	4.08%
顶白	834	13.19%
划痕	442	6.99%
缺料	275	4.35%
银条	413	6.53%
缩水	371	5.87%
喷雾痕	292	4.62%
扭曲变形	1987	31.42%
总计	6324	100.01%*

*由于四舍五入，结果稍微不同于 100.00%。

表 2.3　三个月中生产的计算机键盘存在缺陷的原因的有序汇总表

原因	频数	百分比	累积百分比
扭曲变形	1987	31.42%	31.42%
破损	1039	16.43%	47.85%
顶白	834	13.19%	61.04%
划痕	442	6.99%	68.03%
黑点	413	6.53%	74.56%
银条	413	6.53%	81.09%
缩水	371	5.87%	86.96%
喷雾痕	292	4.62%	91.58%
缺料	275	4.35%	95.93%
喷射	258	4.08%	100%
总计	6324	100.01%*	

* 由于四舍五入，结果稍微不同于 100.00%。

在表 2.3 中，第一类是扭曲变形(占 31.42%)，其次是破损(16.43%)，然后是顶白(13.19%)。两个最大频数的分类是扭曲变形和破损，总共占 47.85%；前三项最大频数的是扭曲变形、破损和顶白，总共占 61.04%。图 2.5 是根据表 2.3 得出的帕累托图。

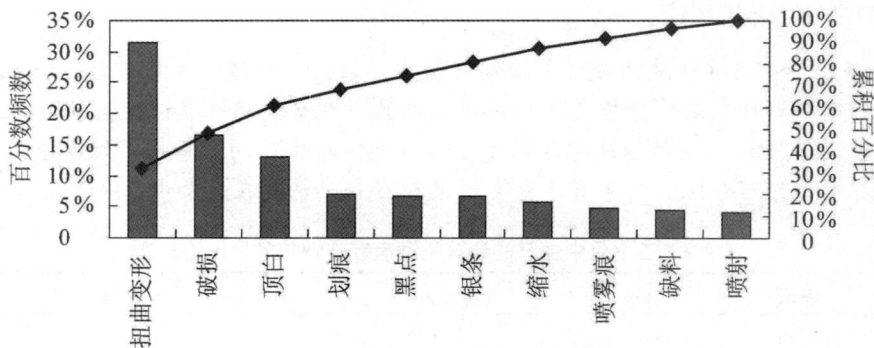

图 2.5   键盘缺陷数据的帕累托图

图 2.5 包括柱形图及累积百分比线两部分。累积百分比线用折线图表示。沿着这条线，可以看出前三项占比超过 60%。因为帕累托图是根据数据的频数来分类的，决策制定者可以分析从哪方面着手改进。在这个实例中，减少扭曲变形、损坏和顶白引起的缺陷，将产生最大的赢利，然后可努力减少划痕、黑点和银条。

下面以表 2.2 中的数据为例介绍帕累托图的制作方法。

(1) 打开 Excel，在 B2:C11 中输入原始数据，并将该表格复制至 E1:G12 区域中。

操作视频

(2) 选中 E1:G11 区域，单击鼠标右键并从弹出的快捷菜单中选择【排序】→【自定义排序】命令。在【排序】对话框中，主要关键字选择【频数】，次序选择【降序】，然后单击【确定】按钮。这时表格中的数据即根据频数由高到低排序(如 F 列所示)。同时，在 H 列计算累积百分比。

(3) 按住 Ctrl 键，选中 G1:H11 区域，然后执行菜单栏的【插入】→【图表】→【查看所有图表】→【所有图表】→【折线图】→【确定】命令，即在绘图区出现两条折线。选中百分数频数对应的折线，单击鼠标右键并从弹出的快捷菜单中选择【更改系列图表类型】选项，将百分数频数对应的图表类型改为【簇状柱形图】，勾选累积百分比的【次坐标轴】复选框，然后单击【确定】按钮。

(4) 选中水平轴标签，单击鼠标右键并从弹出的快捷菜单中选择【选择数据】选项，再单击水平(分类)轴标签下的【编辑】按钮，并选中 E2:E11 区域，单击【确定】按钮，最后再次单击【确定】按钮即完成帕累托图的制作，如图 2.6 所示。

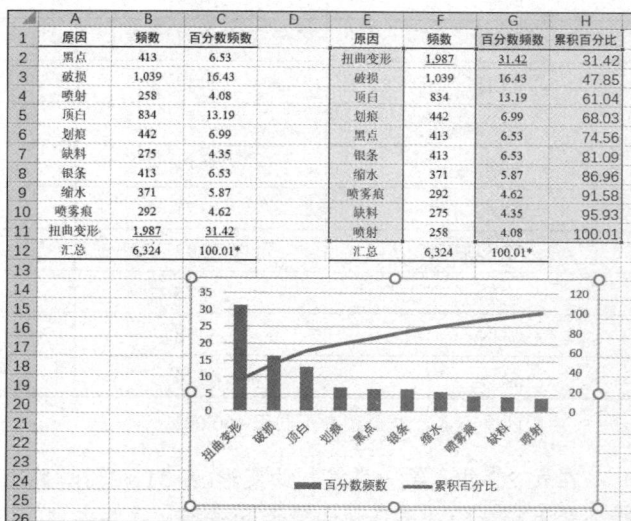

图 2.6   用 Excel 制作帕累托图

2.2 数值数据的整理

当数据量很大时，可先对数值数据进行排序，或用茎叶图描述，以获得初步信息。例如，某汽车销售公司某月 60 个销售点的汽车销售量数据如表 2.4 所示。

表 2.4 60 个销售点的汽车销售量

(单位：辆)

48	71	52	53	36	41	69	58	47	60
53	29	41	72	81	37	43	58	68	42
73	62	59	44	51	53	47	66	59	52
34	49	73	29	47	16	39	58	43	29
46	52	38	46	80	58	51	67	54	57
58	63	49	40	54	61	58	66	47	50

1. 排序

从没有排序的数据中很难看出数据的整体范围。排序是把数据从小到大(或从大到小)进行排列。表 2.5 显示了 60 个销售点的汽车销售量的有序数据，从中可以看出销售量在 16～81 辆。

表 2.5 60 个销售点的汽车销售量的有序数据

(单位：辆)

16	37	42	47	49	52	57	58	63	71
29	38	43	47	50	53	58	59	66	72
29	39	43	47	51	53	58	59	66	73
29	40	44	47	51	53	58	60	67	73
34	41	46	48	52	54	58	61	68	80
36	41	46	49	52	54	58	62	69	81

2. 茎叶图

茎叶图就是将数据分成几组(称为茎)，每组中数据的值(称为叶)放置在每行的右边。结果可以显示出数据是如何分布的，以及数据中心在哪里。

为了制作茎叶图，可以将整数作为茎，把小数(叶)化整。例如，第一个值 5.40，它的茎(行)是 5，叶是 4；第二个值是 4.30，它的茎(行)是 4，叶是 3。也可以将数据的十位数作为茎，个位数作为叶，图 2.7 就是表 2.5 对应的茎叶图，从中可以看出数据在 40～50 分布较多。

1	6
2	999
3	46789
4	0112334667777899
5	01122233344788888899
6	012366789
7	1233
8	01

图 2.7 60 个销售点的汽车销售量数据的茎叶图

2.3 数值数据的图表

当数据量很大时，仅靠排序和茎叶图难以得出结论，此时就需要运用图表。有多种类型的图表可用于精确描述数值数据，如频数分布表、折线图、面积图、柱形图、条形图、直方图、频数多边形、饼图、散点图、时间序列图、曲线图及对数图等。

2.3.1 频数分布表

在实际应用中，统计表格有多种类型，其中频数分布表在整理原始数据的过程中应用最为广泛。频数分布表本质上是一种汇总表，它将数据划分成有序组。

1. 制作频数分布表

频数分布表通常包含以下内容。

分组：每组包括一定范围的数值(组区间)。

组数：数据分成有序组的数量。

组距：通常可由极差和组数联合决定。

$$组距=极差/组数 \tag{2.3.1}$$

各组频数：落在各组区间内的个体数量。

相对频数：各组频数占总频数的比例。

累积频数百分比：之前所有频数占总频数的比例。

制作频率分布表时，必须注意选择合理的组数，确定合理的组距和每组的边界，这样每个数据都能合理准确地记录到一组中，以免重复，产生交叠。

【例2.2】下面通过表2.5中汽车销售数据的例子说明频数分布表的作用及其制作方法。

分析：因为表 2.5 中有 60 个数据，可以划分成 8 组，极差是 81-16=65。使用式(2.3.1)，可求得组距=65/8=8.125。通常应选择便于阅读和解释的组距，因此，本例使用的组距不是8.125，而是 9。

设置组距为 9 后，还需要确定不同组的边界，保证包含所有值。选择边界时，同样要求简化阅读且便于解释。由于销售量在 16～81，因此第 1 组的范围是 10～19，第 2 组是20～29，直到第 8 组的范围是 80～89。每组组距为 9，没有交叠。

表 2.6 是按表 2.5 中汽车销售量进行分组制作的一张频数分布表，包括销售点数量(频数)、各组频数占总频数的比例和累积频数百分比。

表 2.6 某公司某月汽车销售量的频数分布表

销售量/辆	销售点数量/个	相对频数	累积频数百分比
10～19	1	1.7%	1.7%
20～29	3	5.0%	6.7%

销售量/辆	销售点数量/个	相对频数	累积频数百分比
30～39	5	8.3%	15.0%
40～49	16	26.7%	41.7%
50～59	20	33.3%	75.0%
60～69	9	15.0%	90.0%
70～79	4	6.7%	96.7%
80～89	2	3.3%	100.0%
合计	60	100.0%	

2. 频数分布表的作用

制作频数分布表的目的是获得数据的整体分布特征。表 2.6 将表 2.5 中 60 个原始销售量数据压缩为 8 组数据，不但没有丢失有用的信息，反而清楚地表达了更多信息。从表 2.6 中可以看出，各销售点的最低销售量不到 20 辆，但不低于 10 辆，最高销售量则超过 80 辆。此外，大多数(60%，即 26.7%+33.3%)销售点的销售量在 40～59 辆。频数分布表最主要的作用是可以反映总体的数量分布特征，为决策者提供更多有用的信息。

3. 制作频数分布表的注意事项

1) 分组的数量

为了清晰反映数据的整体分布特征，分组的数量不应过多，也不能过少。分组过多将无法揭示数据整体分布的主要特征；分组过少则会丢失许多重要的信息。恰当的分组应能反映各组之间的主要差异，且不致丢失重要的信息。通常分组数在 5～15 为宜，具体分组数量应根据数据的特点和分析的需要确定。

2) 分组的方法

分组的方法可分为等距分组和不等距分组两类。选择哪种分组方法需依据数据的分布特点来确定。通常，当数据在一定范围内基本呈对称分布时，适合采用等距分组，如表 2.6 所示；当数据的分布状态极度偏斜时，适合采用不等距分组。例如，若要按雇工人数分析我国某地区私营企业的规模，由于现阶段国内大多数私营企业为小型企业，雇工人数会呈现极度偏斜的特征，因此适合采用不等距分组，否则会丢失许多重要信息，如表 2.7 所示。

表 2.7　按雇工人数分组的某地区私营企业规模统计

雇工人数/人	企业数/个	百分比	累积百分比
1～19	42	35.0%	35%
20～99	34	28.3%	63.3%
100～199	25	20.8%	84.1%
200～499	14	11.7%	95.8%
500 及以上	5	4.2%	100.0%
合计	120	100.0%	

3) 组限

组限即各组区间的上、下限。确定各组区间的上限和下限时，应确保各组之间既不重叠，又不能遗漏任一数据，使每一个数据都属于某一确定的分组。当分组变量为整数变量时，相邻组的上、下限不应重合。当分组变量为连续型变量时，两个相邻分组的上、下限可以相同，但应指明是上限包含在内还是下限包含在内。Excel 软件在制作频数分布表时采用的是"**上限包含在内**"的规则。此外，在某些情况下，处于两端的组区间可以不设下限或上限(如表 2.7 所示例子)。

4) 组中值

组中值是各组的代表值，在计算分组数据的众多统计指标时会用到。通常取该组上限和下限的平均值为组中值。如表 2.6 所示，10～19 的组中值是 14.5，20～29 的组中值是 24.5。

5) 表格线

统计表中的表格线设计应采用两边开口的形式。

4. 用 Excel 制作频数分布表

利用 Excel 统计函数中的 FREQUENCY 函数，可以方便地制作出频数分布表。FREQUENCY 函数的语法规则如下。

> 格式：FREQUENCY(Data_array，Bins_array)
> 其中，Data_array 是用于计算频数的数据区域或数组；Bins_array 是数据接收区间的数组或区域，即指定的各分组的上限值。
> 功能：返回数据的分组频数分布，其返回值是与接收区间相对应的数组。

下面以表 2.4 中的数据为例介绍频数分布表的制作方法。

(1) 如图 2.8 所示，在 A3:D17 区域中输入原始数据。

(2) 在 F3:F10 区域内输入各分组的上限值。

(3) 选定要输出频数数据的区域 I3:I10，输入公式 "=**FREQUENCY (A3:D17, F3:F10)**"。此时按住 Ctrl+Shift 键不放，再按回车键或【确定】按钮，系统即输出各组的频数分布数据。

操作视频

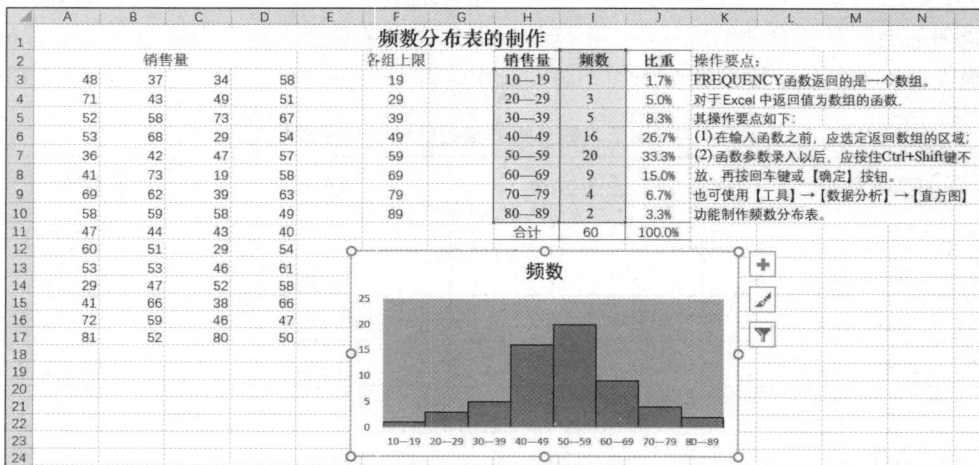

图 2.8　用 Excel 制作频数分布表

注意▷　FREQUENCY 函数返回的是一个数组。对于 Excel 中返回值为数组的函数或公式，其操作要点如下：①在输入函数之前，应选定返回数组的区域；②函数或公式录入以后，应按住 Ctrl+Shift 键不放，再按回车键或【确定】按钮即可。此时，编辑栏中会在显示的公式外加上大括号，表示该公式返回的是数组。

（4）在 J 列计算相对频数，即比重。方法是用 I 列对应的频数分别除以总频数 60，例如在 J3 单元格中输入公式"I3/60"。其他以此类推，可使用粘贴函数功能分别求出各分组的频数，最后得到 J3:J10 区域的和为 100%。

2.3.2　其他数值数据统计图

确定频数分布仅是整理数据的第一步，通常还可以用统计图形来反映统计资料。统计图可以形象、直观、生动且简洁地反映数据的特征。在 Excel 中，通过插入图表功能可以方便地绘制各种类型的统计图。

1. 折线图

折线图常被用于描述时间序列数据，以表示某些指标随时间推移而发生的变化趋势。在绘制折线图时，应正确选择坐标轴的刻度。对于同样的统计资料，延伸或压缩某一坐标轴会传达不同的甚至是误导性的信息。

【例 2.3】　某地区近 7 年失业人口的统计资料如表 2.8 所示。

表 2.8　某地区失业人口的统计资料

年份	2016	2017	2018	2019	2020	2021	2022
失业人数/千人	3750	3900	4420	4650	4800	4950	5100

图 2.9 和图 2.10 都是反映该地区失业人口增长情况的折线图，但由于对坐标轴比例选取的不同，让人产生两种完全不同的印象。

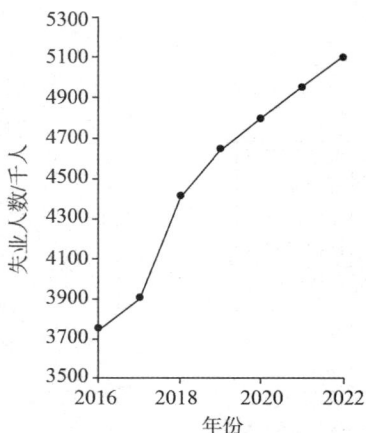

图 2.9　过分压缩了横轴的折线图　　　　图 2.10　过分压缩了纵轴的折线图

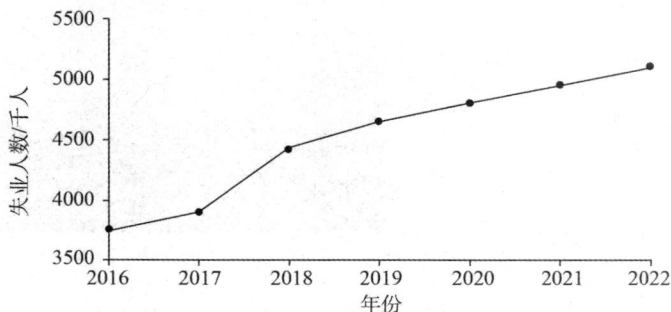

折线图也可用来表示离散型数据的累积频数分布和累积概率分布，如图 2.11 所示。

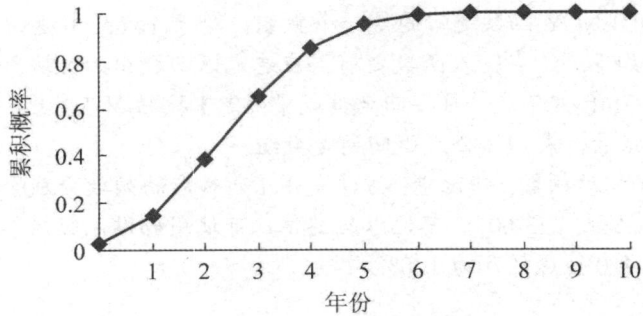

图 2.11 $n=10$，$p=0.3$ 的二项分布累积概率折线图

绘制折线图或直方图时，为了不扭曲数据，y 轴应该显示的是真实原点，x 轴不需要显示原点，数据的范围应占据数轴的大部分。

2. 面积图

面积图可以直观地表示时间序列各组成部分的变化情况。

【例 2.4】 某地区最近 6 年中各产业增加值的数据，如表 2.9 所示。

表 2.9 某地区各产业增加值的变化情况

(单位：百万元)

年份	2017	2018	2019	2020	2021	2022
民用产品	432	420	460	480	505	530
能源	360	440	520	608	530	624
工业原料	770	430	400	450	430	480
信息产业	840	1300	1400	1670	1540	1830

图 2.12 是使用面积图中的百分比堆积面积图绘制的该地区各产业增加值构成比例的变化情况。

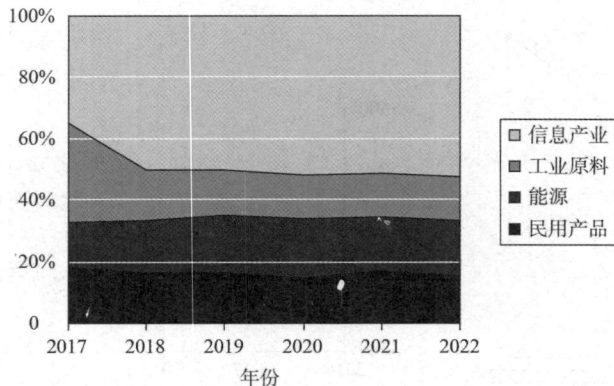

图 2.12 某地区各产业增加值构成比例的变化情况(面积图)

3. 柱形图和条形图

柱形图是使用最为普遍的统计图形；条形图即横向绘制的柱形图。柱形图的最大特点

是可以在一个图形中同时表示和比较多个时间序列数据各时期的变化情况。

图 2.13 是根据表 2.9 中的数据使用柱形图表示的各产业增加值的变化情况。

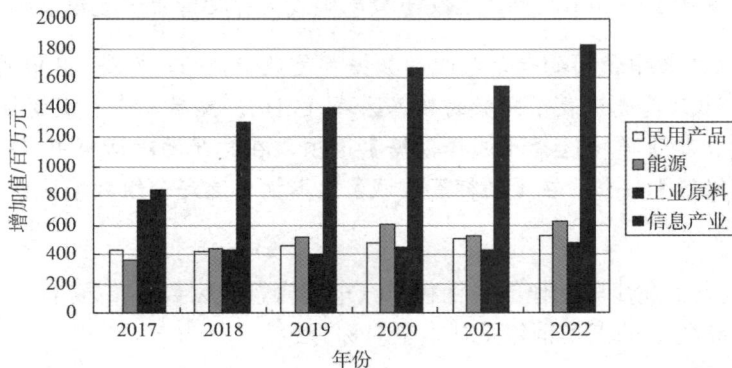

图 2.13　某地区各产业增加值的变化情况

也可以使用百分比堆积柱形图表示时间序列各组成部分的比例变化情况，如图 2.14 所示。

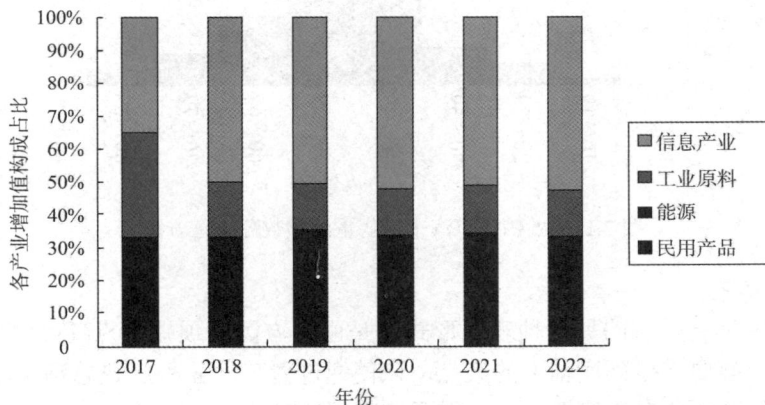

图 2.14　某地区各产业增加值构成比例的变化情况(柱形图)

4. 直方图

直方图是柱形间无间距的柱形图，但其与柱形图的作用不同。直方图主要用于表示分组数据的频数分布特征，是分析总体数据分布特征最有用的工具之一；柱形图主要用于表示一个或多个时间序列数据随时间推移而发生的变化趋势。虽然可以采用不等距分组方法绘制直方图，但只有等距分组的直方图才能直观反映数据的分布特征，故通常应采用等距分组方法绘制直方图。

下面以图 2.8 中的 Excel 工作表为例介绍直方图的绘制过程。

(1) 如图 2.8 所示，选定绘图区域 H2:I10，在表示分组的区域 H2:H10 中，至少要有一个字符型数据，不能全是数值，否则系统会将其作为两个数据系列作图。

(2) 单击【插入】按钮，选择【柱形图】中的【簇状柱形图】，其他步骤省略。

操作视频

(3) 在生成的柱形图中，用鼠标右击某一柱形，从弹出的快捷菜单中选择【设置数据系列格式】选项，在打开的【设置数据系列格式】对话框的【系列选项】标签下将【系列重叠】和【间隙宽度】设为0，把边框改为黑色实线，并把背景填充设置为灰色即可。

说明＞ 如果绘图中使用的表示分组的数据都是数值型的，如图2.8中的F3:F10区域，则在上述步骤(1)中只能选定表示频数的数据区域I3:I10。然后，在生成的柱形图中用鼠标右击，从弹出的快捷菜单中选择【选择数据】选项，在打开的对话框中单击【水平(分类)轴标签】下的【编辑】按钮，在【轴标签区域】文本框中选定分组数据区域H3:H10，其他步骤同上。

图2.15是根据上述步骤制作的各销售点汽车销售量的频数分布直方图。我们从中可以发现，该公司各销售点的汽车销售量基本呈对称分布。

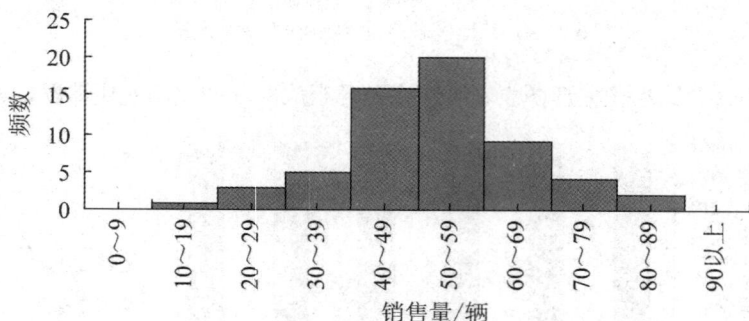

图2.15　各销售点汽车销售量的频数分布直方图

5. 频数多边形

频数多边形是直方图的另一种表现形式，是由直方图的顶端中点(各组的组中值)连线而成，其中两边都要连接到横轴上的某点，以便通过覆盖的面积反映总频数。当希望在一个图上比较两种频数分布的特征时，就需要使用频数多边形。

下面利用Excel的折线图绘制频数多边形。

【例2.5】 某学院男、女学生体重的频数分布数据如表2.10所示。

表2.10　某学院男、女学生体重的频数分布情况

体重/千克	<45	45～55	55～65	65～75	75～85	85～95
女学生/人	13	50	42	25	5	2
男学生/人	0	28	68	92	60	20

由于频数多边形要将折线的两端都连接到横轴上的某点，因此应按表2.11在Excel工作表中输入数据。

表2.11　制作频数多边形时使用的数据

体重/千克	35	45	55	65	75	85	95	105
女学生/人	0	13	50	42	25	5	2	0
男学生/人	0	0	28	68	92	60	20	0

图 2.16 是使用频数多边形反映该学院男、女学生体重分布情况的对比图形。从图中可看出，男、女学生的体重分布特征是不同的。男学生的体重基本呈对称分布，符合正态分布的特点(在通常情况下，若影响某一随机现象的因素很多，且其中又没有哪一种因素的影响起决定性作用，则该随机现象就服从或近似服从正态分布)；而女学生的体重分布是偏斜的，这是由于许多女学生刻意减肥的结果，减肥因素对女学生体重的影响起决定性作用，因而其体重分布不服从正态分布。

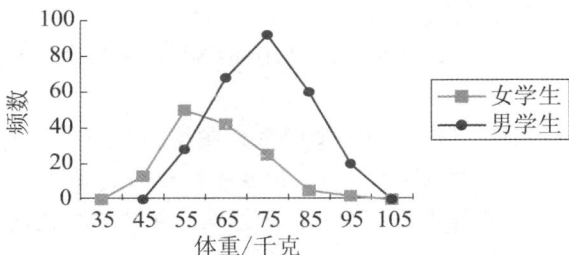

图 2.16　男、女学生的体重分布特征

6. 饼图

当需表示总体各组成部分的个体数量占总体的比率时，常使用饼图，饼图中各扇形的大小代表了不同组成部分的相对重要性。

【例 2.6】　某企业的资产负债表简表如表 2.12 所示。

图 2.17 是根据表 2.12 绘制的反映该企业资产、负债和所有者权益构成情况的饼图。

表 2.12　某企业的资产负债表简表

(单位：万元)

资产		负债和所有者权益	
现金	1285	短期借款	4850
应收账款	2080	应付账款	1365
存货	5498	长期借款	12 000
固定资产	15 600	实收资本	5000
长期投资	6000	盈余公积	8500
无形资产	3289	未分配利润	2037
合　计	33 752	合　计	33 752

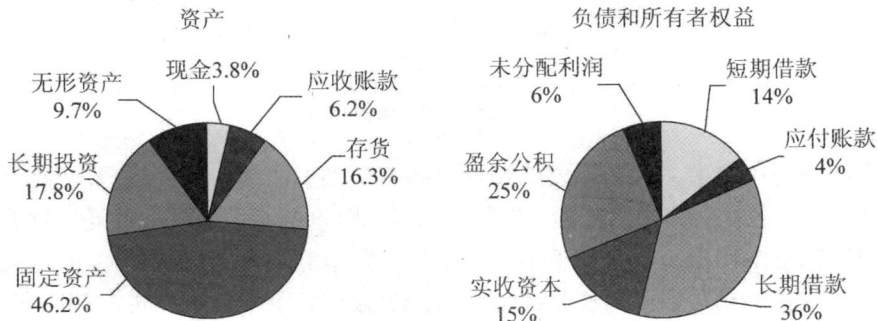

图 2.17　某企业资产、负债与所有者权益的构成情况

7. 散点图、时间序列图和曲线图

Microsoft Office 中的曲线图属于平滑线散点图,故将曲线图和散点图放在一起介绍。

散点图:在回归分析中,常需利用样本数据的散点图分析两个变量之间大致的曲线关系,比如正相关关系(一个变量的增长会引起另一个变量的增长)、负相关关系(一个变量的增长会引起另一个变量的减少)。

时间序列图:用于研究数值变量随时间变化的趋势。其中,x 轴代表时间,y 轴代表数值。时间序列图可通过折线图实现。

曲线图:当变量是连续型数据时,通常用曲线图描述数据的分布情况,如连续型随机变量的密度函数和分布函数曲线。

在 Microsoft Office 中,可以使用平滑线散点图绘制曲线图,也可以将折线图转换为曲线图。具体操作如下:在编辑图形时,用鼠标右击折线后选择【设置数据系列格式】选项,在对话框的【线型】标签下选定【平滑线】复选框,即可将折线图转换为曲线图。

8. 经济管理中常用的几种曲线

曲线图在经济管理中有大量应用,以下是经济管理中几种常见的频数分布曲线。

1) 正态分布曲线

正态分布曲线也称为钟形曲线,其形状为左右对称的大钟,如图 2.18 所示。这是客观事物在数量特征上表现得最为普遍的一类频数分布曲线,如人的身高、体重、智商,钢的含碳量、抗拉强度,某种农作物的产量等。

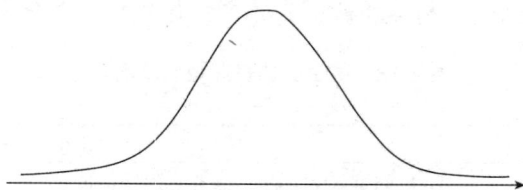

图 2.18　正态分布曲线

2) 偏态曲线

偏态曲线即不对称的单峰分布曲线,根据其长尾拖向哪一方又可分为右偏(正偏)和左偏(负偏)两类,如图 2.19 所示。

图 2.19　偏态曲线

在社会和经济领域中,大量现象的频数分布都是偏态曲线,研究这些现象的频数分布特征,可以揭示许多社会和经济问题。例如,收入和财富的频数分配曲线通常就是右偏的,表明大量财富都集中在极少数富豪手中,而多数人则是低收入者。此外,在产品质量管理中也普遍存在这种现象,如多数次品都集中出自少数工人手中;次品也大都出在少数几道工序上。这就说明在质量管理和控制上应抓住重点和关键因素。在各个管理领域中经常使

用的 ABC 分类法，也是建立在所研究对象的频数分布是极度偏态这一规律基础之上的。

3) J 形曲线

J 形曲线又可分为正 J 形和倒 J 形两种，如图 2.20 所示。

J 形曲线的典型应用是经济学中的供给曲线和需求曲线。供给曲线(正 J 形)说明随着价格(横坐标)的增加，供给量(纵坐标)会以更快的速度增加；需求曲线(倒 J 形)说明随着价格的增加，需求量会随之减少。供给曲线和需求曲线的交点即供求平衡点。

4) U 形曲线

U 形曲线又称生命曲线或浴盆曲线，如图 2.21 所示。

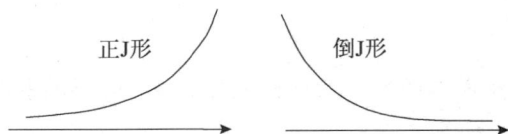

图 2.20 J 形曲线　　　　图 2.21 U 形曲线

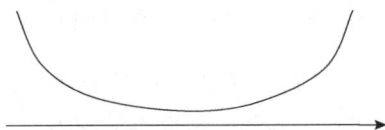

人和动物的死亡率、设备的故障率等通常都服从 U 形曲线分布，其横坐标表示时间，纵坐标表示死亡率或故障率等。

9. 对数图

相比许多经济指标绝对数值的变化，人们往往对经济指标的相对变化率(如环比发展速度等)更感兴趣。若要用统计图直观反映增长率的变动趋势，就需要使用对数图。对数图是把时间作为横坐标、把以 10 为底的对数比率作为纵坐标的折线图。对数图中各线段的斜率反映了各时期增长率的大小。下面以表 2.13 中的数据来说明一般折线图和对数图的不同。

表 2.13　各年度数据的绝对数值和对数值

时间	绝对数值	对数值
第 1 年	2	0.3
第 2 年	4	0.6
第 3 年	8	0.9
第 4 年	16	1.2

图 2.22 是用一般折线图绘制的各年度数据的变化趋势，它并不能直观反映各年度的环比发展速度。由于图 2.22 中各条线段的斜率是逐渐增大的，有可能会使人产生发展速度逐年提高的错觉。

图 2.23 是用对数图绘制的各年度数据的变化趋势，可以看出各年度间线段的斜率都相同(这也可以从表 2.13 "对数值"数据看出)，这就直观地表明各年度的环比发展速度是相同的。注意：为了统一，两个图的横坐标都是以 1 为起点。

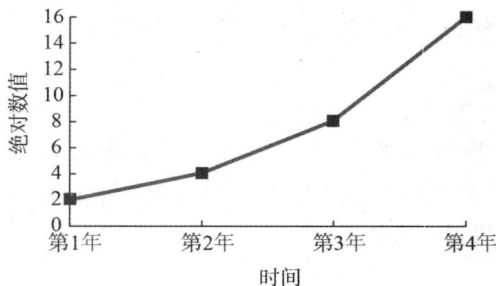

图 2.22　一般折线图　　　　　　　图 2.23　对数图

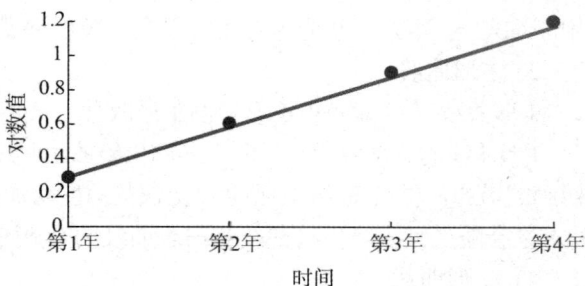

下面再用一个例子来说明对数图的应用。

【例 2.7】　某公司最近 6 年中总成本和劳动成本的增长情况如表 2.14 所示，绘图比较该公司总成本和劳动成本的增长情况。

表 2.14　某公司总成本和劳动成本的增长情况

(单位：百万元)

时间	总成本	劳动成本
第 1 年	100	40
第 2 年	110	50
第 3 年	120	60
第 4 年	130	70
第 5 年	140	80
第 6 年	150	90

图 2.24 是根据表 2.14 数据绘制的比较总成本与劳动成本增长情况的一般折线图和对数图。

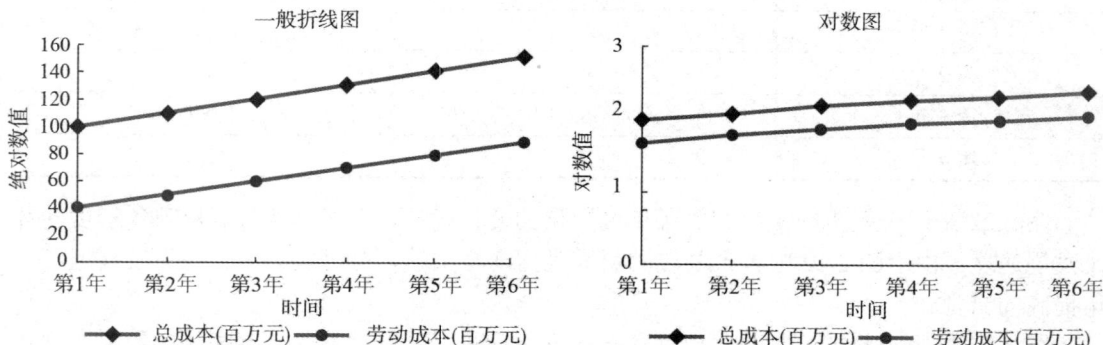

图 2.24　一般折线图和对数图

该公司总成本和劳动成本每年增加的数量相同，因而用绝对数据作图时，两条线是平行的，稍不注意可能就会误解为劳动成本占总成本的比例是固定的。实际上，该公司总成本的增长完全是由劳动成本的增长所致，劳动成本占总成本的比例逐年增大，使用对数图可以清晰反映出劳动成本有更高的增长率。

要绘制对数图，可以将一般折线图的纵轴中的刻度设为对数刻度，即可将折线图转化为对数图。

2.4 交 叉 表

交叉表可以用列联表和并行条形图来表示，在商务活动中经常会用到。

2.4.1 列联表

列联表表示两类变量的结果。其中，横轴表示一类变量，纵轴表示另一类变量。位于横纵轴的交叉处的值被称为单元。根据列联表的结构类型，每个横纵轴组合单元包含频率、总值的百分比、横行的百分比或者列的百分比。

假设在统计学应用情景中，研究风险水平与公共基金目标之间是否存在关联。表 2.15 汇总了全部 838 只基金的信息。

表 2.15 基金目标与风险的列联表

目标	风险			总计
	高	中	低	
增长基金(只)	332	132	16	480
价值基金(只)	14	113	231	358
总计(只)	346	245	247	838

可通过将 838 只基金中每只基金的目标和风险的联合频数填入相应的单元格来制作列联表。第一只基金是有中等风险的增长基金，将该联合频数填入单元格(第一行和第二列的交叉处)。以相似形式记录剩余 837 个联合频数，每单元包含横纵组合的频数。

为了深入研究风险和目标间的任何可能关系，可以基于百分比制作列联表。先基于以下三项将结果转换为百分比：①数据总值；②横行总值；③纵行总值。表 2.16、表 2.17 和表 2.18 分别汇总了这些百分比。

表 2.16 基于数据总值的基金目标与风险的列联表

目标	风险			总计
	高	中	低	
增长基金	39.62%	15.75%	1.91%	57.28%
价值基金	1.67%	13.48%	27.57%	42.72%
总计	41.29%	29.23%	29.48%	100.00%

表 2.17　基于横行总值的基金目标与风险的列联表

目标	风险			总计
	高	中	低	
增长基金	69.17%	27.50%	3.33%	100.00%
价值基金	3.91%	31.56%	64.53%	100.00%
总计	41.29%	29.23%	29.48%	100.00%

表 2.18　基于纵行总值的基金目标与风险的列联表

目标	风险			总计
	高	中	低	
增长基金	95.95%	53.88%	6.48%	57.28%
价值基金	4.05%	46.12%	93.52%	42.72%
总计	100.00%	100.00%	100.00%	100.00%

　　表 2.16 显示 41.29%的共同基金是高风险基金，其中 39.62%的增长基金是高风险基金。表 2.17 显示 69.17%的增长基金是高风险基金，3.33%的增长基金是低风险基金。表 2.18 显示 95.95%的高风险基金是增长基金，仅 6.48%的低风险基金是增长基金。表格揭示增长基金是风险基金的可能性更大，而价值基金则更有可能是低风险基金。

2.4.2　并行条形图

　　一个更有效地显示交叉分类数据的方式是制作并行条形图。图 2.25 使用了表 2.15 的数据，并行条形图根据它们的目标比较了三类风险。图 2.25 揭示了与表 2.16、表 2.17 及表 2.18 相同的结果。增长基金更有可能是高风险基金，而价值基金更有可能是低风险基金。

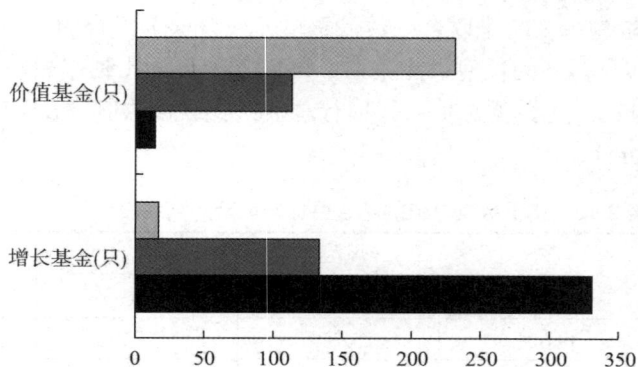

图 2.25　基金风险和目标的并行条形图

2.5　图表汇总和制作原则

　　前面介绍了常用于描述和整理分类数据和数值数据的各类图表，其概括总结如表 2.19

所示，以方便日常的使用参考。

表 2.19 选择图表指导

分析类型	数据类型	
	数值数据	分类数据
单变量值的图表	排序、茎叶图、频数分布表、折线图、面积图、柱形图、条形图、直方图、频数多边形、饼图	汇总表、条形图、饼图、帕累托图
两变量关系的图表	散点图、时间序列图、曲线图	列联表、并行条形图

对于分类数据和数值数据，有些图表是专用的，如帕累托图专门用于分类数据的单变量值描述；而有些图表是通用的，如条形图既可以描述单变量的数值数据，也可以描述单变量的分类数据。为了确保图表表述的合理性，在日常的统计数据整理过程中，应该遵循下列基本原则，以更精确、更形象地抽取统计数据中所蕴含的特征信息和意义。

- 图表不能扭曲数据。
- 图表不应有不必要的修饰图(有时是图表垃圾)。
- 任何两维图表应尽可能地在坐标轴上标注刻度。
- 纵轴的起始点应该合理。
- 所有的轴应合理布置。
- 图表应包含标题。
- 使用最简单的图表。

2.6 其他软件实现

2.6.1 SPSS 实现

1. 建立数据文件

在进行数据处理之前，先要建立数据文件。建立数据文件的方式主要有 4 种：人工输入数据、打开 Excel 等其他格式的数据文件、使用数据库查询和导入数据文件。本书只介绍前两种方式。

人工输入数据建立文件：通过 SPSS 默认启动程序或执行菜单栏的【文件】→【新建】→【数据】命令，可得到一个空白的数据文件。在该文件

操作视频

的工作界面中，单击左下方的【变量视图】定义变量及其属性，再单击变量视图左侧的【数据视图】，在变量名下方的空白单元格中输入数据，然后保存即可。

打开 Excel 等其他格式的数据文件：执行菜单栏的【文件】→【导入数据】→【Excel】命令，找到对应文件，单击【打开】按钮即可。

2. 绘制图形

制作条形图：在数据文件的工作界面中，执行菜单栏的【图形】→【旧对话框】→【条

形图】命令，打开条形图制作对话框。在对话框内选择条形图类型并定义条形图中数据的表达方式(如图 2.1 的制作过程需选择简单箱图、个案值)，单击【定义】，打开【定义简单条形图：个案组摘要】对话框(根据用户所选的条形图类型和数据表达方式的不同，出现的对话框名称也不同，但对话框的主体内容大致相同)，定义条的表征、类别标签、标题等，单击【确定】按钮，得到条形图。双击输出文档中的条形图，进入图表编辑器，在编辑器中单击鼠标右键，可对条形图进行进一步的编辑。

同样，用 SPSS 制作饼图、折线图、直方图、散点图、面积图等图形时，只需要在旧对话框下选择对应的图形类型即可。如果想更加灵活地制作各图形，可通过执行【图形】→【图表构建器】命令实现。

制作帕累托图：执行菜单栏的【分析】→【质量控制】→【控制图】命令，打开【控制图】对话框，具体的图表类型选择、定义及进一步的编辑方法与上述制作条形图相同。

制作茎叶图：执行菜单栏的【分析】→【描述统计】→【探索】命令，打开【探索】对话框。定义因变量列表，单击【图】，选择【描述图】下的【茎叶图】，依次单击【继续】→【确定】按钮，即可得到茎叶图。

制作频数分布表：在数据文件的工作界面中，执行菜单栏的【分析】→【描述统计】→【频率】命令，打开【频率】对话框。从左侧的源变量中选择要分析的变量，单击【 】按钮，使其进入右侧的变量框。选中【显示频率表格】，单击【确定】按钮，即可获得频数分布表。若制作变量为分组数据的频数分布表，需要先对原始数据进行分组，形成表示分组的变量后，再进行制作频数分布表的操作。原始数据分组的过程可以通过执行【转换】→【可视分箱】命令等实现。

2.6.2　JMP 实现

操作视频

1. 建立数据文件

人工输入数据建立文件：通过 JMP 执行菜单栏的【文件】→【新建】→【数据表】命令，可得到一个空白的数据文件，即一个新的数据表。在数据表一列的顶端右击，选择【列信息】，打开具体的列定义对话框，输入列名，选择数据类型，单击【确定】按钮，完成变量定义。在变量名下的空白单元格中输入数据即可。

打开 Excel 等其他格式的数据文件：执行菜单栏的【文件】→【打开】命令，打开【打开数据文件】对话框，选择对应的文件类型，找到对应文件，单击【打开】按钮即可。

2. 绘制图形

制作条形图：执行菜单栏的【图形】→【图表】命令，打开【图表】对话框。选择图表类型为条形图，并选择放置方向。在【选择列】下选定要分析的变量，单击【统计量】按钮，在出现的下拉菜单中选择【数据】，使其出现在右侧的变量框内；选择表示类别的变量进入【类别，X，水平】框内，单击【确定】按钮，可获得条形图。

同样，用 JMP 制作饼图、折线图、散点图时，只需要在【选项】下选择对应的图形类型即可。如果想要改变图形类型，可以单击图形窗口中左上方的【 】按钮，在【Y 选项】下选择需要的图形类型即可。

制作帕累托图：执行菜单栏的【分析】→【质量和过程】→【Pareto 图】命令，从左侧的【选择列】中选择分类变量进入【Y，原因】框，选择频数变量进入【频数】框，单击【确定】按钮，可得到帕累托图。

制作直方图、茎叶图：执行菜单栏的【分析】→【分布】命令，打开【分布】对话框。从【选择列】中选择变量进入【Y，列】框，单击【确定】按钮，可得到直方图。单击变量名左侧的【▼】按钮，在出现的下拉菜单中选择茎叶图，即可得到茎叶图。

习 题 二

1. 讨论用于比较分类数据的条形图和用于比较数值数据的直方图有何异同。

2. 讨论为什么帕累托图的主要特征是区分"微不足道的大多数"和"至关重要的极少数"。

3. 下表显示了某国近年利用各种资源发电的情况。

资源发电	所占百分比
煤	51%
水力	6%
天然气	16%
核能	21%
石油	3%
油	3%

(1) 制作帕累托图。

(2) 制作饼图。

(3) 哪类图更适合描述此数据？为什么？

4. 下表是对某旅馆房间投诉情况的统计数据。

理由	数目(个)
房间脏	32
房间不足	17
房间未准备好	12
房间太吵	10
房间需要清洁	17
房间床少	9
房间不理想	7
没有满足特殊要求的房间	2

(1) 制作帕累托图。

(2) 如果旅馆想减少投诉，应关注哪些投诉理由？为什么？

5. 一家制造公司为电力设备制造钢机架。机架主零件是用 14 规格钢卷制造的铁槽。可以使用具有短路设备的 250 吨前进冲床把两个 90° 的宽钢做成槽。由于外门有防雨性要求，因此从一边到另一边的距离是非常关键的。公司要求槽的宽度在 8.31～8.61 厘米。下表是 49 个槽样本的槽宽(单位：厘米)。

8.312	8.343	8.317	8.383	8.348	8.41	8.351	8.373
8.481	8.422	8.476	8.382	8.484	8.403	8.414	8.419
8.385	8.465	8.498	8.447	8.436	8.413	8.489	8.414
8.481	8.415	8.479	8.429	8.458	8.462	8.46	8.444
8.429	8.46	8.412	8.42	8.41	8.405	8.323	8.420
8.396	8.447	8.405	8.439	8.411	8.427	8.42	8.498
8.409							

(1) 制作频数分布表。

(2) 制作频数分布直方图和百分比折线图。

(3) 槽的尺寸是否满足公司 8.31～8.61 厘米的要求？

6. 运用某大城市的 500 名购物者样本来研究顾客行为信息。问题"你喜欢买衣服吗"的结果汇总在下面的交叉表中。

喜欢买衣服	男(个)	女(个)	总计(个)
是	136	224	360
否	104	36	140
总计	240	260	500

(1) 分别根据总百分比、横行百分比和纵行百分比，制作列联表。

(2) 根据性别，绘制关于喜欢买衣服情况的并行条形图。

(3) 通过上述各项分析，可得出什么结论？

7. 某镇 50 家企业的固定资产原值(单位：万元)数据如下表所示。

48	67	89	120	125	156	168	176	189	192
205	233	246	248	267	285	290	298	312	320
325	329	339	340	367	386	392	395	398	414
450	465	470	485	492	515	562	580	599	620
659	694	760	785	793	795	856	880	980	1538

(1) 对该镇的企业按固定资产规模进行分组统计(以 100 为组距进行等距分组，最后一组为>1000)，用 Excel 制作频数分布表。

(2) 按频数分布表绘制该镇企业固定资产规模分布的直方图，说明其分布特征。

(3) 用 Excel 绘制该镇企业固定资产规模频数分布的折线图、曲线图和累积频数折线图。

8. 某班 48 名学生统计学课程的考试成绩如下表所示。

48	50	54	58	60	60	62	63	65	67	68	69
70	70	71	72	72	73	75	75	75	76	78	79
79	80	80	81	82	82	83	84	85	86	87	87
88	88	89	89	90	92	92	93	95	96	96	98

对该班统计学的成绩进行等距分组，用 Excel 制作频数分布表并绘制直方图，分析该课程成绩的分布特征。

案例研究 1

从 2024 年在某市申请共有产权房的 31 946 户家庭中随机抽取 100 户，其家庭人均年收入(单位：元)的数据可扫描右侧二维码获取。

请绘制直方图，并分析家庭人均收入的分布特征。

案例数据

案例研究 2

《中国互联网络发展状况调查统计报告》通常每年发布两次，发布时间分别为 1 月和 7 月。中国互联网络信息中心(CNNIC)是负责发布该报告的机构。该报告详细分析了中国互联网的发展状况，包括网民规模、互联网普及率、网络基础设施、互联网应用发展等多个方面。通过定期发布这些报告，CNNIC 为政府决策、学术研究及企业市场策略提供了重要的参考依据。值得注意的是，虽然报告的发布周期是固定的，但每次报告的具体内容和重点可能会有所不同，这取决于当时中国互联网发展的最新情况和热点问题。因此，关注这些报告的发布和更新，对于及时了解中国互联网的发展动态具有重要意义。

报告中通常会包含大量的统计数据和图表，如柱状图、饼图等，请阅读报告，找出各种图表，并对我国互联网的发展趋势进行分析和讨论。

第**3**章

统计数据的描述度量

在第 2 章中，我们介绍了运用统计图表来直观呈现统计资料的基本方法。在许多情况下，把繁杂的统计数据"精炼"成一系列综合性数值，不仅可以更好地反映数据的总体分布特征，还增强了其实用价值。这些综合性统计数值，我们称之为描述性统计指标。

本章主要介绍度量中心(集中)趋势的指标、度量离散程度(变异性)的指标、度量偏斜程度的指标，以及度量两种数值变量关系的指标，同时还将介绍用 Excel、SPSS 及 JMP 软件求解各种描述性统计指标的方法。

学习目标：掌握数据集中趋势的各种尺度——均值、中位数和众数的含义和计算公式，掌握它们的不同特点和适用范围。掌握数据离散趋势的各种度量——级差、方差和标准差的定义，掌握它们的不同特点和适用范围。

价值目标：强调数据处理的公正性和透明性，避免数据被滥用与误导，有助于提高社会的公信力和促进可持续发展。

3.1　度量中心趋势的指标

本节重点介绍常用的 5 种度量中心趋势的指标，即算术平均数、中位数、众数、四分位数和几何平均数。除此之外，本节还将介绍五数汇总和箱线图。

3.1.1　算术平均数

算术平均数也称均值，记为 $\bar{X}$，是社会经济统计中广泛应用的一种综合性指标，它反映同类现象在特定条件下所达到的平均水平，是总体数量分布的一个重要特征。

算术平均数的基本计算是所有样本数据之和除以样本总数，并且假设各样本具有同一权重。其计算公式为

$$\bar{X} = \frac{1}{N} \sum_{i=1}^{N} x_i \tag{3.1.1}$$

式中，N 为样本总数；x_i 为总体中的第 i 个样本数据。

利用 Excel 统计函数中的 AVERAGE 函数可以方便地计算出一组或多组数据的算术平均

数，其语法规则如下。

> 格式：AVERAGE(<区域或数组 1>，<区域或数组 2>，…)
> 功能：返回所有参数的算术平均数。该函数最多可包含 30 个参数，每个参数可以是一个数据区域，也可以是返回值为数组的其他函数，亦即求平均数的数据可以分布在最多 30 个不相邻的区域中。

【例 3.1】　利用 Excel 的 AVERAGE 函数求表 2.5 所给某汽车销售公司各销售点当月的平均销售量。

解：在 Excel 中输入 60 个销售点汽车销售量的有序数据后，选定某一单元格，输入公式 "AVERAGE(<区域或数组>)"，即可得

$$\overline{X} = 52.283$$

如果得到的是经过整理后的分组频数分布数据，则应使用**加权算术平均数**来计算总体的均值。

记 x_i 为第 i 组的组中值，f_i 为第 i 组的频数，则加权算术平均数的计算公式为

$$\overline{X} = \frac{\sum_i f_i x_i}{\sum_i f_i} \tag{3.1.2}$$

利用 Excel 统计函数中的 SUMPRODUCT 函数和 SUM 函数可以方便地计算出分组频数分布数据的加权算术平均数。其中，SUMPRODUCT 函数返回两个或多个区域(或数组)中对应元素乘积之和。SUMPRODUCT 函数的语法规则如下。

> 格式：SUMPRODUCT(<区域或数组 1>，<区域或数组 2>，…)
> 功能：返回两个或多个区域(或数组)中对应元素乘积之和。

【例 3.2】　用 Excel 求表 2.6 中频数分布数据的平均销售量。

解：图 2.8 中已利用 FREQUENCY 函数在 I3:I10 得到本例所需的频数分布数据，再在 K3:K10 中输入各组的组中值，选定某一单元格，录入公式 "= SUMPRODUCT(I3:I10, K3:K10)/ SUM(I3:I10)"，即可得

$$\overline{X} = 51.83$$

使用频数分布数据计算的平均数通常会存在一定的误差，这是由于频数分布中并没有包含完整的数据信息。

3.1.2　中位数

将样本数据 x_i 按值由小到大的顺序排列后记为 $x_{(1)}, x_{(2)}, \cdots, x_{(n)}$，则处于中间位置的数据称为**中位数**，通常记为 M_e。当数据个数 n 为奇数时，中位数为处于 $(n+1)/2$ 位置上的数值；

当数据个数 n 为偶数时，则中位数为中间两个位置(即 $n/2$ 和 $n/2+1$)上数据的平均值。

中位数是一种位置平均数，不受极端数据的影响。当统计资料中含有异常的或极端的数据时，将影响均值的代表性，此时使用中位数来度量中心趋势就比较合适。

比如有 5 笔付款：9 元、10 元、10 元、11 元、60 元。这些付款的均值为 20 元，显然这并不是一个很好的代表值，而中位数 M_e=10 元则更能代表平均每笔的付款值。

在数据量较大的时候，利用 Excel 统计函数中的 MEDIAN 函数可以返回数据的中位数，语法规则如下。

格式：MEDIAN(<区域或数组 1>，<区域或数组 2>，…)
功能：返回所有参数中数据的中位数。

分组数据中位数的计算

如果得到的是分组的频数分布统计资料，则中位数的计算需要采用插值法进行估算，即假定数据在组内是均匀分布的。计算步骤如下。

(1) 计算各组的累积频数。

(2) 确定中位数所在的数组，它是累积频数首次超过中位数位次 $\frac{1}{2}\sum f_i$ 的组。

(3) 用插值法求中位数，其计算公式为

$$M_e = L + \frac{\frac{1}{2}\sum f_i - S_{m-1}}{f_m} \times d \tag{3.1.3}$$

式中，L 为中位数所在组的下限；S_{m-1} 为中位数所在组前一组的累积频数；f_m 为中位数所在组的频数；d 为中位数所在组的组距。

同样可用 Excel 来求分组频数分布数据的中位数。以图 2.8 所示的工作表为例，请读者考虑如何用 Excel 公式计算分组频数分布数据的中位数。

3.1.3 众数

众数是所研究总体中出现次数最多的数值，它能明确反映数据分布的集中趋势，不受极端数据的影响。并非所有数据集合都必然包含一个唯一的众数，在某些情况下，数据集合中还可能存在多个众数。众数通常记为 M_0。

在某些情况下，众数是一个较好的代表值。例如，在服装行业，生产商、批发商和零售商在进行生产和存货决策时，更倾向于关注最普遍的尺码作为参考，而非平均尺码；又如，在评估大多数家庭的收入状况时，也要用到众数。

在数据量很大的时候，利用 Excel 统计函数中的 MODE 函数可以返回众数，语法规则如下。

格式：MODE(<区域或数组 1>，<区域或数组 2>，…)
功能：返回所有参数中数据的众数。

分组数据众数的计算

如果得到的是分组的频数分布统计资料，众数的计算也需要运用插值法进行估算。首先，需要确定众数所在的组。对于组距相同的分组数据而言，该组指的是频数最高的组。随后，运用以下插值公式计算

$$M_0 = L + \frac{\delta_1}{\delta_1 + \delta_2} \times d \tag{3.1.4}$$

式中，L 为众数组的下限；δ_1 为众数组与前一组的频数之差；δ_2 为众数组与后一组的频数之差；d 为众数组的组距。

式(3.1.4)的计算原理如图 3.1 所示。由图可知，在运用插值法计算众数时，假定众数组内的数据分布与众数组前后两组之间整体数据分布的偏斜情况相同。

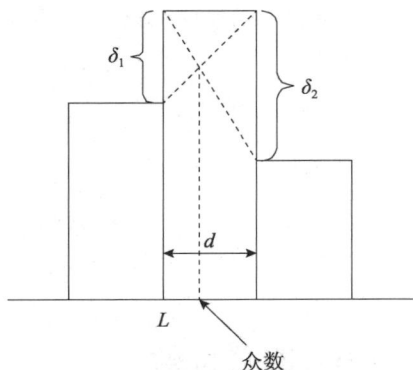

图 3.1 分组数据众数的计算原理

【例 3.3】 计算表 3.1 中数据的中位数和众数。

表 3.1 频数分布数据

分组	各组频数	累积频数
0～<5	2	2
5～<15	6	8
15～<25	20	28
25～<35	15	43
35～<45	8	51
≥45	4	55

解：(1) 中位数位次 $\frac{1}{2}\sum f_i = 27.5$，因为累积频数 28 大于 27.5，因此中位数在"15～<25"的分组中，则

$$M_e = 15 + \frac{27.5 - 8}{20} \times 10 = 24.75$$

(2) 众数组也是"15～<25"的分组，则

$$M_0 = 15 + \frac{20 - 6}{(20 - 6) + (20 - 15)} \times 10 = 22.37$$

3.1.4 算术平均数、中位数和众数间的关系

当频数分布呈完全对称分布时，算术平均数、中位数和众数三者相同，如图 3.2 所示。当频数分布为右偏态时，众数小于中位数，算术平均数大于中位数，如图 3.3 所示。

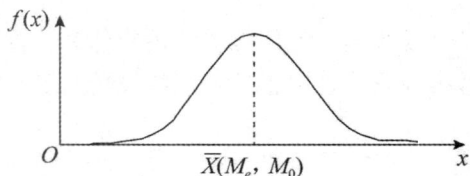

图 3.2　对称分布

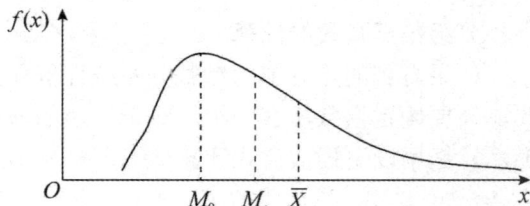

图 3.3　右偏分布

当频数分布为左偏态时，众数大于中位数，算术平均数小于中位数，如图 3.4 所示。

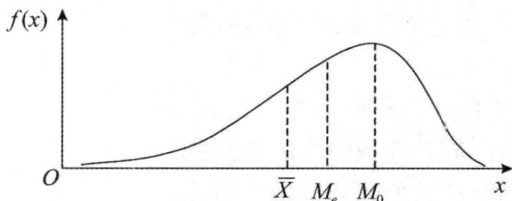

图 3.4　左偏分布

3.1.5　四分位数

四分位数将数据分成四部分。第一分位数 Q_1 是指 25%的数据小于它的值和 75%的数据大于它的值。第二分位数 Q_2 是中位数，即 50%的数据小于它的值和 50%的数据大于它的值。第三分位数 Q_3 是 75%的数据小于它的值和 25%的数据大于它的值。式(3.1.5)和式(3.1.6)分别定义了第一分位数和第三分位数。

$$Q_1 = 第 \frac{n+1}{4} 个数据 \tag{3.1.5}$$

$$Q_3 = 第 \frac{3(n+1)}{4} 个数据 \tag{3.1.6}$$

对于四分位数的计算，学术界没有一致认同的方法，通常可根据以下规则计算四分位数。

规则 1　如果结果是整数，则四分位数等于该整数位置的数据。例如，样本容量 $n = 7$，则第一分位数 Q_1 等于第(7+1)/4=2 个数据。

规则 2　如果结果是半数(如 2.5，3.5 等)，则四分位数等于相邻有序数据的平均数。例如，样本容量 $n = 9$，则第一分位数 Q_1 是第(9+1)/4=2.5 个数据，即原有序数中第二个数据和第三个数据之间的平均值。

规则 3　如果结果既不是整数又不是半数，可取最接近该结果的整数。例如，样本容量 $n = 10$，则第一分位数 Q_1 等于(10+1)/4=2.75 个数据。取 2.75 为 3，则使用原有序数中的第三个数据。

【例3.4】　为了说明四分位数的计算，将一组数据从小到大排列，如表 3.2 所示。

表 3.2　四分位数计算实例

排列数据	29	31	35	39	39	40	43	44	44	52
序号	1	2	3	4	5	6	7	8	9	10

第一分位数是第 $\dfrac{n+1}{4}=\dfrac{10+1}{4}=2.75$ 个数据。使用规则 3，取第 3 个数据，即 35。第一分位数 35 意味着 25%的数据小于或等于第一分位数 35，75%的数据大于或等于第一分位数 35。

第三分位数是第 $\dfrac{3(n+1)}{4}=\dfrac{3(10+1)}{4}=8.25$ 个数据。使用规则 3，取第 8 个数据，即 44。第三分位数 44 意味着 75%的数据小于或等于第三分位数 44，25%的数据大于或等于第三分位数 44。

在数据量很大的时候，利用 Excel 统计函数中的 QUARTILE 函数可以返回四分位数，语法规则如下。

格式：QUARTILE (数据集，第 nthquart 分位数)
功能：返回不同 nthquart 的四分位数。

其中，数据集是为需要求得四分位数值的数组或数字型单元格区域；第 nthquart 分位数是决定返回的一个四分位值。nthquart 取值如表 3.3 所示。

表 3.3　nthquart 取值与对应的四分位数

如果 nthquart 等于	函数 QUARTILE 返回
0	最小值
1	第一分位数(第 25 个百分点值)
2	中位数(第 50 个百分点值)
3	第三分位数(第 75 个百分点值)
4	最大值

说明 ▶

(1) 如果数组为空，函数 QUARTILE 返回错误值#NUM!。

(2) 如果 n 不为整数，将被截尾取整。

(3) 如果 $n<0$ 或 $n>4$，函数 QUARTILE 返回错误值#NUM!。

(4) 当 n 分别等于 0、2 和 4 时，函数 MIN、MEDIAN 和 MAX 返回的值与函数 QUARTILE 返回的值相同。

需要特别注意的是，因为目前尚没有统一的规则计算四分位值，Excel 在计算第一分位数和第三分位数的计算方法与本书上述所定义的规则略有不同。下面将简单介绍在 Excel 中四分位数的计算过程。

(1) 如果共有 n 个数，则有 $n-1$ 个数据间隔，每个四分位间包含 $\dfrac{n-1}{4}$ 个数。

(2) 第 nthquart 个四分位数为原有序数中的第 $nth = 1 + \dfrac{n-1}{4} \times nthquart$ 个数。

(3) 如果 nth 的结果为整数，则该四分位数就是第 nth 个数；否则，该四分位数为第 [nth] 个数+(第 [nth]+1 个数-第 [nth] 个数)×(nth-[nth])。

以表 3.2 中的 10 个数为例。由于一共有 10 个数，因此存在 9 个数据间隔，每个四分位包含 9/4=2.25 个数据；第一分位数=1+2.25×1=3.25，因此第一分位数的值就是第 3 个数 + (第 4 个数与第 3 个数之差的 1/4)，即 $Q_1 = 35 + \dfrac{(39-35)}{4} = 36$；类似地，第三分位数 =1+2.25×3=7.75，因此第三分位数的值就是第 7 个数+(第 8 个数与第 7 个数之差的 3/4)，即 $Q_3 = 43 + \dfrac{3 \times (44-43)}{4} = 43.75$。在 Excel 中计算得到的四分位数如图 3.5 所示。

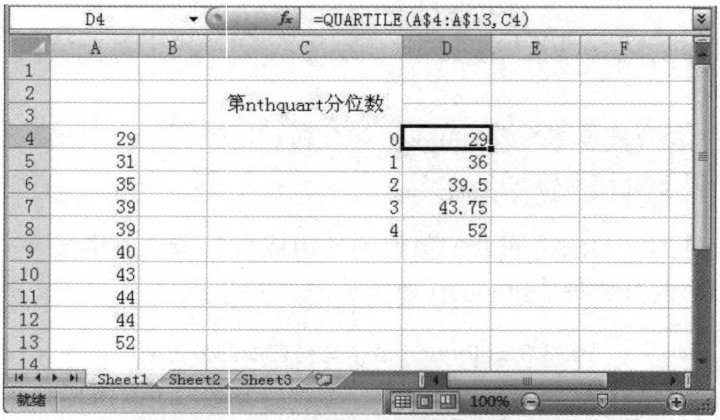

图 3.5　Excel 四分位数计算实例

3.1.6　几何平均数

当统计资料是各时期的增长率等前后期的两两比率数据(环比)，若要计算各时期的平均增长率，则需要使用几何平均数。**几何平均数**是 n 个数值连续乘积的 n 次方根，记为 $\bar{X}_g$。

$$\bar{X}_g = \sqrt[n]{x_1 \cdot x_2 \cdot \ldots \cdot x_n} \tag{3.1.7}$$

加权几何平均数的计算公式为

$$\bar{X}_g = \sqrt[\Sigma f_i]{x_1^{f_1} \cdot x_2^{f_2} \cdot \ldots \cdot x_n^{f_n}} \tag{3.1.8}$$

式中，f_i 为各比率出现的频数。

【例 3.5】　表 3.4 给出了 A 用户在某社交网站从 2024 年 3 月 24 日至 4 月 28 日得到点赞数的周增长情况，求该用户所得点赞数的周平均增长率。

表 3.4　点赞数的周增长情况

日期	3 月 24 日	3 月 31 日	4 月 7 日	4 月 14 日	4 月 21 日	4 月 28 日
点赞数/个	1934	1945	1965	2004	2049	2069
周增长率		0.57%	1.03%	1.98%	2.25%	0.98%

解法一： $\bar{X}_g = \sqrt[5]{1.0057 \times 1.0103 \times 1.0198 \times 1.0225 \times 1.0098} = 1.0136$

解法二： $\bar{X}_g = \sqrt[5]{2069 / 1934} = 1.0136$

即该用户所得点赞数的周平均增长率为 1.0136。由解法二可知，在掌握了基期和最后一期的绝对数值时，可以用更简单的方法求出各期的平均增长率。

【例 3.6】 有一笔银行存款，年利率按复利计算，存期 25 年，利率资料如表 3.5 所示，求该笔存款的平均年利率。

表 3.5　25 年中的存款利率

年利率	本利率	年数
3%	103%	1
4%	104%	4
8%	108%	8
10%	110%	10
15%	115%	2

解： $\bar{X}_g = \sqrt[25]{1.03^1 \times 1.04^4 \times 1.08^8 \times 1.10^{10} \times 1.15^2} = 108.48\%$

除此之外，还可以利用 Excel 统计函数中的 GEOMEAN 函数返回几何平均数，语法规则如下。

格式：GEOMEAN(<区域或数组 1>，<区域或数组 2>，…)
功能：返回所有参数中数据的几何平均数。

3.1.7　五数汇总和箱线图

1. 五数汇总

五数汇总包括最小值、第一分位数、中位数、第三分位数和最大值这样五个数据，即

$$X_{最小} \qquad Q_1 \qquad M_e \qquad Q_3 \qquad X_{最大}$$

五数汇总可以确定数据集分布的方式，能比较直观地表示数据分布是否左偏、完全对称或右偏。表 3.6 解释了五数汇总与数据集分布形状之间的关系和基本判定方法。

表 3.6　五数汇总的关系和分布类型

比较	分布类型		
	左偏	对称	右偏
$X_{最小}$ 到 M_e 的距离与 M_e 到 $X_{最大}$ 的距离	前者>后者	两距相等	前者<后者
$X_{最小}$ 到 Q_1 的距离与 Q_3 到 $X_{最大}$ 的距离	前者>后者	两距相等	前者<后者
Q_1 到 M_e 的距离与 M_e 到 Q_3 的距离	前者>后者	两距相等	前者<后者

【例 3.7】对于表 3.2 中的 10 个数据，最小值是 29，最大值是 52。可以求得中位数为 39.5，$Q_1 = 35$，$Q_3 = 44$ (根据本书所提计算方法，不是 Excel 计算所得)。那么，五数汇总是

$$29 \quad 35 \quad 39.5 \quad 44 \quad 52$$

$X_{最小}$ 到 M_e 的距离(39.5-29=10.5)略小于 M_e 到 $X_{最大}$ 的距离(52-39.5=12.5)。$X_{最小}$ 到 Q_1 的距离(35-29=6)略小于 Q_3 到 $X_{最大}$ 的距离(52-44=8)。那么，该数据样本略右偏。

2. 箱线图

箱线图提供了基于五数汇总的几何图形。

【例 3.8】图 3.6 给出了表 3.2 中样本数据的箱线图。

箱内的垂直线代表中位数。箱左边的垂直线代表 Q_1，箱右边的垂直线代表 Q_3。那么，箱包含了中间数据的 50%。箱左边到最小值 $X_{最小}$ 代表较小数据的 25%。相似地，箱右边到最大值 $X_{最大}$ 代表较大数据的 25%。

由于中位数到最大值的距离略大于最小值到中位数的距离，图 3.6 中的箱线图略右偏，右虚线略长于左虚线。

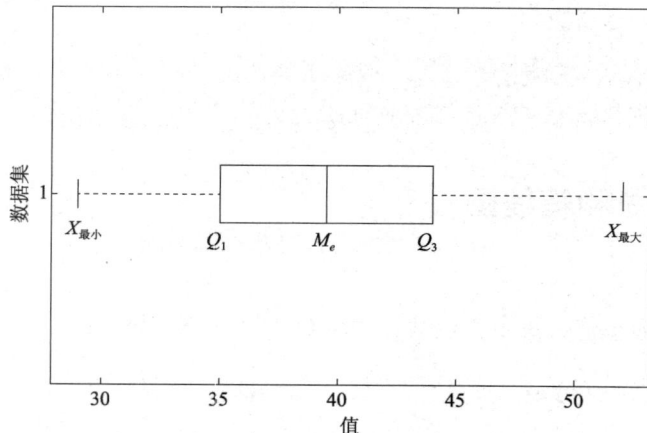

图 3.6　表 3.2 中样本数据的箱线图

图 3.7 说明箱线图和 4 种不同类型分布图的联系(分布图下面的区域是与该数据集中的五数汇总相对应的箱线图)。

图 3.7 的(a)和(d)图是对称的。在这些分布中，均值和中值相等。另外，左虚线长度等于右虚线，中位数中分了箱形。

　　图 3.7 的(b)图左偏。一些小的值偏向左边。对于左偏分布，偏度指出在高分布区(右边)有很多数据集中；75%的数据位于箱左边(Q_1)和右虚线尾($X_{最大}$)之间。那么，长的左虚线包含了最小的 25%的数据，说明了非对称。

　　图 3.7 的(c)图右偏。数据集中在低分布区(箱线图左边)。这里，75%的数据位于箱右边(Q_3)和左虚线尾($X_{最小}$)之间，25%的数据位于长的右虚线上。

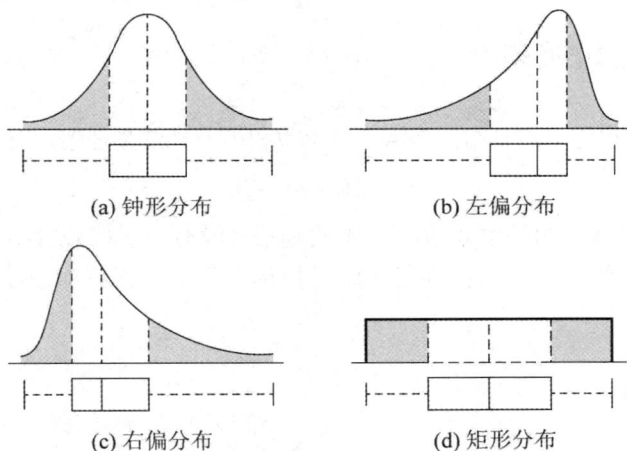

(a) 钟形分布　　　　　　　　(b) 左偏分布

(c) 右偏分布　　　　　　　　(d) 矩形分布

图 3.7　箱线图和对应的 4 类分布

3.2　度量离散程度的指标

　　要分析总体的分布规律，仅了解中心趋势指标是不够的，还需要了解数据的离散程度或差异状况。几个总体可以有相同的均值，但取值情况却可能相差很大，如图 3.8 所示。

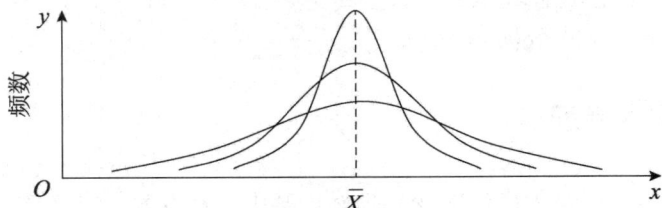

图 3.8　均值相同但离散程度不同

　　变异指标就是用来表示数据离散程度特征的指标。变异指标主要有极差、四分位数极差、平均差、方差与标准差、变异系数和 Z 值。

3.2.1　极差

　　极差也称全距，是一组数据的最大值和最小值之差，通常记为 R。显然，一组数据的差异越大，其极差也越大。

　　极差是最简单的变异指标，在产品质量管理中被广泛应用于控制质量差异。一旦发现某一质量指标超出控制范围，就要采取措施予以纠正，以确保产品质量稳定。此外，企业和个人在采购商品时需要了解该商品的市场最高价和最低价，或者分析股票市场中个股的最高成交价和最低成交价等，这些都是极差这一指标的具体应用。

但极差有很大的局限性，它仅考虑了两个极端的数据，没有利用其余数据的信息，因而是一种比较粗糙的变异指标。

3.2.2　四分位数极差

四分位数极差也称中点分布，是第三分位数和第一分位数之差，记为 QR，其计算公式为

$$QR = Q_3 - Q_1 \tag{3.2.1}$$

四分位数极差测量的是中间 50% 数据的趋势，没有考虑比 Q_1 小、比 Q_3 大的数，不受极端值的影响。这样的度量指标称为稳定度量指标，类似的指标如 M_e、Q_1 和 Q_3，同样不受极端值的影响。

3.2.3　平均差

平均差是各数据与其均值离差的绝对值的算术平均数，通常记为 $A \cdot D$，其计算公式为

$$A \cdot D = \frac{1}{N}\sum_i |x_i - \bar{X}| \tag{3.2.2}$$

平均差越大，表示数据间的差异越大。但由于使用了绝对值，计算不便，且数学性质欠佳，因而实际应用较少，其主要意义在于说明数据离散程度的计算原理。

除此之外，还可以利用 Excel 统计函数中的 AVEDEV 函数返回平均差，语法规则如下。

格式：AVEDEV(<区域或数组 1>，<区域或数组 2>，…)
功能：返回所有参数中数据的平均差。

3.2.4　方差与标准差

方差与标准差是应用最为广泛的变异指标。其中，**标准差**是**方差**的算术平方根，其量纲与均值相同。在使用时应注意，总体方差与总体标准差的计算公式和样本方差与样本标准差的计算公式存在差异。

1. 总体方差与总体标准差

总体方差是总体中所有数据与其均值离差平方的算术平均值，记为 σ^2；总体标准差记为 σ。其计算公式为

$$\sigma^2 = \frac{1}{N}\sum_{i=1}^{N}(x_i - \bar{X})^2 \tag{3.2.3}$$

$$\sigma = \sqrt{\frac{1}{N}\sum_{i=1}^{N}(x_i - \bar{X})^2} \tag{3.2.4}$$

　　总体标准差在管理方面有着非常广泛的应用。对于单峰分布而言，通常有 99%以上的数据处于 $\bar{X}\pm3\sigma$ 的范围之内。因此，在质量管理中，通常根据某些关键数据(如尺寸等)是否超出 $\bar{X}\pm3\sigma$ 的范围，来判定生产过程是否出现异常，这就是人们通常所称的"3σ 法则"。在对统计数据进行分析和整理时，也可根据 3σ 法则来剔除异常数据。此外，当前在质量管理中盛行的"6σ 管理"，也是根据标准差的原理推行的一种"零缺陷"管理方法和管理思想。

　　上述总体方差与总体标准差的计算公式仅适用于个体数有限的总体(称为有限总体)，对于无限总体，除非知晓其概率分布，否则无法直接计算总体的方差与标准差。此时，就需要利用样本方差和样本标准差来估计总体方差和总体标准差。

　　利用 Excel 统计函数中的 VARP 函数和 STDEVP 函数可以分别返回数据的总体方差和总体标准差，语法规则如下。

　　格式：VARP(<区域或数组 1>，<区域或数组 2>，…)
　　功能：返回所有参数中数据的总体方差。

　　格式：STDEVP(<区域或数组 1>，<区域或数组 2>，…)
　　功能：返回所有参数中数据的总体标准差。

2. 样本方差与样本标准差

　　样本方差记为 S^2，样本标准差记为 S，在推断统计中，它们分别是总体方差和总体标准差的优良估计，其计算公式为

$$S^2 = \frac{1}{n-1}\sum_{i=1}^{n}(x_i - \bar{X})^2 \tag{3.2.5}$$

$$S = \sqrt{\frac{1}{n-1}\sum_{i=1}^{n}(x_i - \bar{X})^2} \tag{3.2.6}$$

式中，n 为样本容量；x_i 为样本观察值；$\bar{X}$ 为样本均值。

　　在以上两式中，之所以使用 $\frac{1}{n-1}$ 而不是 $\frac{1}{n}$，是由于式(3.2.5)才是总体方差 σ^2 的无偏估计，关于这一问题将在第 4 章中讨论。

　　利用 Excel 统计函数中的 VAR 函数和 STDEV 函数可以分别返回数据的样本方差和样本标准差，语法规则如下。

　　格式：VAR(<区域或数组 1>，<区域或数组 2>，…)
　　功能：返回所有参数中数据的样本方差。

　　格式：STDEV(<区域或数组 1>，<区域或数组 2>，…)
　　功能：返回所有参数中数据的样本标准差。

3. 分组数据的方差与标准差

　　如果得到的是分组的频数分布数据，则方差与标准差的计算公式为

$$\sigma^2 = \frac{1}{\sum f_i}\sum (x_i - \bar{X})^2 f_i \tag{3.2.7}$$

$$\sigma = \sqrt{\frac{1}{\sum f_i} \sum (x_i - \overline{X})^2 f_i} \qquad (3.2.8)$$

$$S^2 = \frac{1}{\sum f_i - 1} \sum (x_i - \overline{X})^2 f_i \qquad (3.2.9)$$

$$S = \sqrt{\frac{1}{\sum f_i - 1} \sum (x_i - \overline{X})^2 f_i} \qquad (3.2.10)$$

式中，x_i 为第 i 组的组中值。

3.2.5　变异系数

在对不同总体的离散程度进行比较时，如果度量单位不同，或者在数量级上相差很大，用绝对数值表示的标准差就会缺乏可比性。此时，应使用相对变异指标，即变异系数。变异系数通常用 CV 表示，它通过将标准方差除以算术平均值，再乘以 100%得出，其计算公式为

$$CV = (\frac{S}{\overline{X}}) \times 100\% \qquad (3.2.11)$$

例如，对于汽车发动机的汽缸加工来说，0.05 毫米的标准差已经很大了，但在建筑工程中却可忽略不计，不过这并不能说明建筑工程的精度标准要求低，因为两者在数量级上相差悬殊。

3.2.6　Z 值

极端值是远离均值的量。Z 值有助于定义极端值，Z 值越大，数据远离均值的距离越大。Z 值记为 Z，它是数据与均值的差再除以标准差，其计算公式为

$$Z = \frac{X - \overline{X}}{S} \qquad (3.2.12)$$

通常，Z 值小于-3.0 或大于 3.0 时，认为数据中含有极端值。

3.3　度量偏斜程度的指标

总体分布的特征不仅与均值和离散程度有关，还与数据分布的偏斜程度有关，如对称分布、右偏分布和左偏分布。这种分布形态上的数量特征往往具有重要的社会经济意义。偏度系数是度量偏斜程度的指标，主要有以下两种计算方法。

3.3.1 用标准差为单位计量的偏度系数

该偏度系数记为 SK，其计算公式为

$$SK = \frac{\overline{X} - M_0}{\sigma} \tag{3.3.1}$$

SK 是无量纲的量，取值通常在 $-3 \sim 3$，其绝对值越大，表明偏斜程度越大。当分布呈右偏态时，SK>0，故也称正偏态；当分布呈左偏态时，SK<0，故也称负偏态。但除非是分组频数分布数据，否则 SK 公式中的众数 M_0 有很大的随机性，有时可能并不存在众数，故该偏度系数通常适用于分组频数分布数据。

3.3.2 用三阶中心矩计量的偏度系数

该偏度系数是用三阶中心矩除以标准差的三次方来度量偏斜程度，记为 α，其计算公式为

$$\alpha = \frac{m^3}{\sigma^3} \tag{3.3.2}$$

式中，$m^3 = \frac{1}{N}\sum(x_i - \overline{X})^3$，称为三阶中心矩。

当 $\alpha = 0$ 时，分布是对称的；当 $\alpha > 0$ 时，分布呈右偏态(正偏)；当 $\alpha < 0$ 时，分布呈左偏态(负偏)。α 的绝对值越大，则分布就越偏斜。

偏度系数 α 可以适用任何数据。α 和 SK 的计算方法不同，因此根据同一资料计算的结果也不相同。

利用 Excel 统计函数中的 SKEW 函数可以返回数据的偏度系数 α，语法规则如下。

格式：SKEW(<区域或数组 1>，<区域或数组 2>，…)
功能：返回所有参数中数据的偏度系数。

3.4 度量两种数值变量关系的指标

第 2 章中使用散点图测试两数值变量间的关系。这里介绍测试两数值变量联系的两种数值指标：协方差和相关系数。

1. 协方差

协方差测试了两数值变量(X 和 Y)的线性联系，表示为 $\text{cov}(X,Y)$。其计算公式为

$$\text{cov}(X,Y) = \frac{\sum_{i=1}^{n}(X_i - \overline{X})(Y_i - \overline{Y})}{n-1} \tag{3.4.1}$$

式中，X_i 和 Y_i 分别是 X 和 Y 中的第 i 个数据；$\overline{X}$ 和 $\overline{Y}$ 是均值；n 是总的数据个数。

协方差用于度量两数值变量间的线性关系，然而由于协方差可取任意值，所以无法确定变量间关系的强度。换言之，无法判断 X_i 和 Y_i 之间是强相关还是弱相关。为了更好地测定相关强度，需要计算相关系数。

2. 相关系数

相关系数用于测定两数值变量间的线性相关强度，其值介于完全负相关 -1 到完全正相关 1 之间。完全指散点图中的所有点连成一条直线。对于两数值变量总体，用希腊字母 ρ 作为相关系数的符号。图 3.9 展示了两变量间联系的三种不同类型。

图 3.9(a)显示 X 和 Y 间为完全负线性相关，相关系数 $\rho = -1$，表示 Y 随着 X 的上升而下降；图 3.9(b)显示 X 和 Y 间不相关，相关系数 $\rho = 0$，表示 Y 不随 X 的变化而变化；图 3.9(c)显示 X 和 Y 间为完全正线性相关，相关系数 $\rho = 1$，表示 Y 随着 X 的上升而上升。

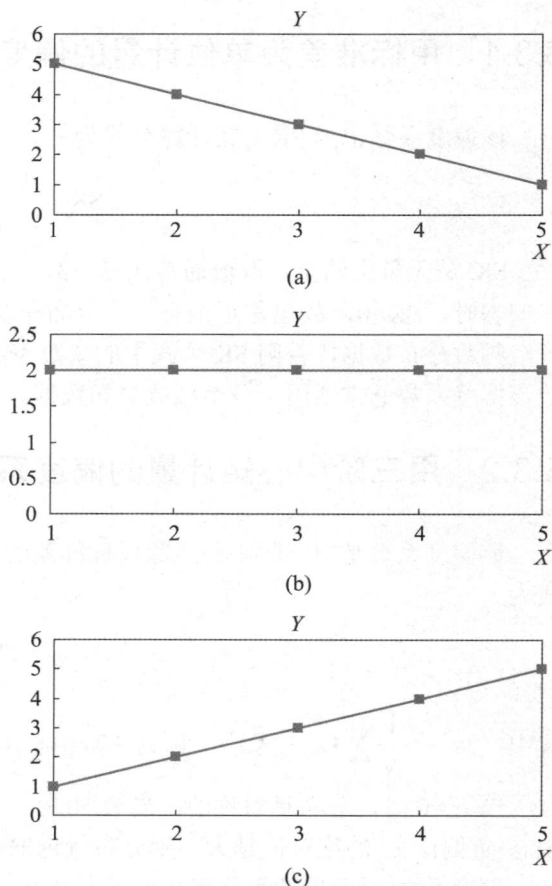

图 3.9　两变量间联系的类型

当数据是样本数据时，样本相关系数 r 的计算公式为

$$r = \frac{\mathrm{cov}(X,Y)}{S_X S_Y} \tag{3.4.2}$$

式中，S_X 和 S_Y 分别表示 X 和 Y 的样本标准差。

使用样本数据时，无法得到 1、0、-1 的样本相关系数。

总之，相关系数能表明两数值变量是否存在线性联系或相关关系。当相关系数接近 1 或 -1 时，两变量间有很强的线性联系；当相关系数接近 0 时，二者几乎不相关。相关系数还能表明数据是正相关还是负相关。不过，强相关不说明因果关系，只是体现数据之间的趋势。

利用 Excel 统计函数中的 COVAR 函数和 CORREL 函数可以分别返回数据的协方差和相关系数，语法规则如下。

格式：COVAR (<区域或数组 1>，<区域或数组 2>)
功能：返回两组数据间的协方差。

格式：CORREL (<区域或数组 1>，<区域或数组 2>)
功能：返回两组数据间的相关系数。

3.5　利用 Excel 数据分析功能求各种统计指标

当数据量很大时，手工计算统计指标是非常烦琐的，尤其是标准差、方差、偏度系数等的计算量很大。虽然前面已经介绍了利用 Excel 统计函数求各种统计指标的方法，但利用 Excel 的数据分析功能可以更方便地一次性计算出各种综合统计指标。

操作视频

【例 3.9】　利用 Excel 的数据分析功能求第 2 章表 2.4 中 60 个销售数据的各种统计指标。

1. 操作步骤

(1) 如图 3.10 所示，在工作表的某一列中输入数据。注意：数据必须输在一列中。

(2) 在【数据】功能区选择【数据分析】选项，打开【数据分析】对话框，如图 3.11 所示。

说明▷　若要利用 Excel 的数据分析功能，需要先加载分析工具库，具体方法如下。

① 单击 Microsoft Office 按钮【🔘】或执行【文件】→【选项】命令，打开【Excel 选项】对话框。

② 选择【加载项】，然后在【管理】框中选择【Excel 加载宏】，并单击【转到】按钮。

③ 在打开的【加载宏】对话框中，选中【分析工具库】复选框，然后单击【确定】按钮即可。

注意▷　如果【可用加载宏】框中未列出【分析工具库】，可单击【浏览】按钮进行查找。如果系统提示计算机当前未安装分析工具库，请单击【是】按钮进行安装。加载分析工具库之后，【数据分析】命令将出现在【数据】功能区的【分析】组中。

汽车销售量		
48		
71		
52		
53	汽车销售量	
36		
41	平均	52.33333
69	标准误差	1.673095
58	中位数	52
47	众数	58
60	标准差	12.95974
53	方差	167.9548
29	峰度	-0.01673
41	偏度	-0.04609
72	区域	62
81	最小值	19
37	最大值	81
43	求和	3140
58	观测数	60

图 3.10　利用 Excel 数据分析功能求各种统计指标

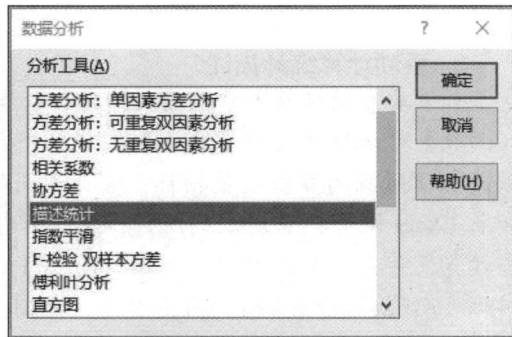

图 3.11　【数据分析】对话框

(3) 选择【描述统计】选项，单击【确定】按钮，系统打开【描述统计】对话框，如图 3.12 所示。

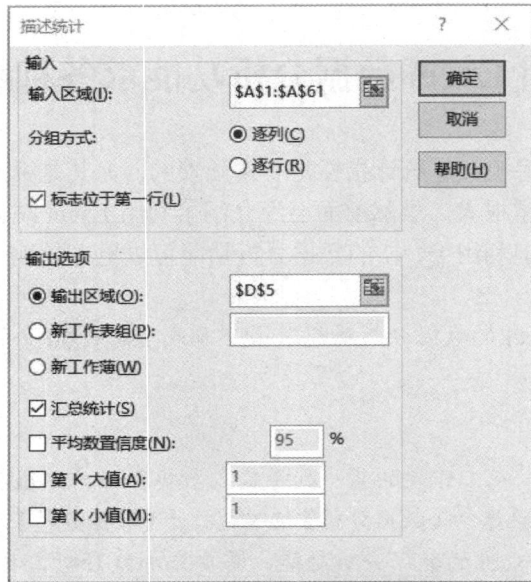

图 3.12 【描述统计】对话框

(4) 选定数据的输入区域, 本例中数据是按列输入的, 故分组方式应选中【逐列】(系统默认值)。选中【标志位于第一行】复选框, 指明数据区域的第一行为说明文字。在【输出选项】中选定输出区域, 再选中【汇总统计】复选框, 然后单击【确定】按钮, 系统即输出计算结果, 如图 3.10 所示。

2. 输出内容说明

在系统的输出中, "平均"即均值 $\overline{X}$; "标准误差"为样本均值的标准差, 其值为 $S/\sqrt{n}$; "标准差"即样本标准差; "方差"即样本方差; "峰度"即峰度系数; "偏度"即偏度系数; "区域"即极差。系统并没有输出总体方差和总体标准差, 如果要求总体方差, 在另一单元格中用系统输出的样本方差乘以$(N-1)/N$ 即可。如本例在某一单元格中输入公式"=D8*59/60"就可得到总体方差, 将总体方差开根号就可得到总体标准差。

3. 手动计算统计描述

如果要手动计算本章前面提到的各项度量指标, 可选择【fx】图标, 然后在打开的【插入函数】对话框中选中【统计】类别, 并根据需要选择对应的统计函数, 如图 3.13 所示。根据本章所提的各项度量指标, 选择不同的统计函数, 就可以计算得到不同的度量指标。如果 Excel 没有提供现成的统计函数, 可根据关系推导得到。例如, Excel 中没有提供有关计算变异系数的函数, 而根据式(3.2.11), 变异系数是由样本标准差和均值共同决定的, 因此可以通过这两项指标间接求得。如图 3.14 中的变异系数就是通过"D12/D2*100%"求得。

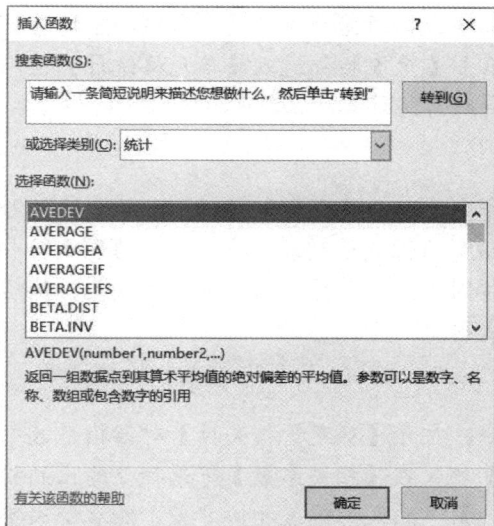

图 3.13　【插入函数】对话框

图 3.14　手动计算各项统计度量指标

3.6　其他软件实现

3.6.1　SPSS 实现

在 SPSS 中可以进行描述性统计分析、绘制箱线图和进行相关性分析，下面分别进行介绍。

操作视频

1. 描述性统计分析

用 SPSS 进行描述性统计分析有三种方法，下面分别介绍。

(1) 在数据表界面中，执行【分析】→【描述统计】→【描述】命令，打开【描述】对话框。从左边的源变量中选中一个或者几个变量，单击【➡】按钮进入右边的【变量】框，然后单击【选项】按钮，打开【描述：选项】对话框。选择需要统计的统计量，包括平均值、标准差、方差、范围、最小值、最大值、标准误差平均值、峰度、偏度等，然后依次单击【继续】→【确定】按钮，即可获得输出结果。

(2) 执行【分析】→【描述统计】→【频率】命令，打开【频率】对话框。从左边的源变量中选中一个或者几个变量，单击【➡】按钮进入右边的【变量】框，然后单击【统计】按钮，打开【频率：统计】对话框。可选择【百分位值】下的四分位数，或【集中趋势】下的平均值、中位数、众数，或【离散】下的标准差、方差、范围、最小值、最大值、标准误差平均值，或【分布】下的偏度、峰度，然后依次单击【继续】→【确定】按钮，即可输出对应统计量。

(3) 执行【分析】→【比较平均值】→【平均值】命令，打开【平均值】对话框。从左边的源变量中选择待分析变量，单击【➡】按钮进入右边的【因变量列表】框，然后单击【选项】按钮,打开【平均值:选项】对话框。选择所需的统计量,如调和平均值、几何平均值、最大值、最小值、峰度、偏度等,单击【➡】按钮进入【单元格统计】框,然后依次单击【继续】→【确定】按钮,即可获得所需统计量。

2. 绘制箱线图

执行【分析】→【描述统计】→【探索】命令,打开【探索】对话框。从左边的源变量中选择待分析变量,单击【➡】按钮进入右边的【因变量列表】框。单击【图】按钮,打开【探索:图】对话框。在【箱图】下选择按因子级别并置、因变量并置或无,然后依次单击【继续】→【确定】按钮,即可得到箱线图。

3. 相关性分析

执行【分析】→【相关】→【双变量】命令,打开【双变量相关性】对话框。选中要分析的两个变量,单击【➡】按钮进入【变量】框。在【相关系数】下选择要输出的相关系数类型,然后单击【选项】按钮。选择【统计】下的叉积偏差和协方差,然后依次单击【继续】→【确定】按钮,便可输出两个变量间的相关系数和协方差。

3.6.2　JMP 实现

在数据表界面,执行菜单栏的【分析】→【分布】命令,打开【分布】对话框。单击选择列的待分析变量,然后依次单击【Y,列】→【确定】按钮,即可输出箱线图、分位数和部分汇总统计量。

单击【汇总统计量】左侧的【▼】按钮,选择【定制汇总统计量】选项,打开【定制汇总统计量】对话框。在【汇总统计量】选项下选择需要的各统计量,如峰度、偏度、几何均值、变异系数等,单击【确定】按钮,即出现定制的统计量。

操作视频

执行菜单栏的【分析】→【多元方法】→【多元】命令,打开【多元与相关性】对话框。单击选择列的待分析变量,然后依次单击【Y,列】→【确定】按钮,即可输出相关系数。单击输出结果窗口中【多元】左侧的【▼】按钮,选择协方差矩阵,即可输出两变量间的协方差。

习　题　三

1. 某镇 50 个企业的固定资产原值(单位:万元)数据如下表所示。用 Excel 计算企业固定资产的均值、总体方差、总体标准差、偏度系数等统计指标。

48	67	89	120	125	156	168	176	189	192
205	233	246	248	267	285	290	298	312	320
325	329	339	340	367	386	392	395	398	414
450	465	470	485	492	515	562	580	599	620
659	694	760	785	793	795	856	880	980	1538

2. 某班 48 名学生统计学考试成绩如下表所示。计算这 48 名学生统计学考试成绩的平均值、中位数、众数、标准差和偏度系数 SK。

48	50	54	58	60	60	62	63	65	67	68	69
70	70	71	72	72	73	75	75	75	76	78	79
79	80	80	81	82	82	83	84	85	86	87	87
88	88	89	89	90	92	92	93	95	96	96	98

3. 为提升中午 12 点至 13 点午餐时段的服务质量，一家坐落于郊区的银行对一周内在该时段内前来办理业务的 15 名顾客样本的等待时间(从顾客排队到到达窗口的时间)进行了记录，其数据结果如下表所示。

9.66	5.90	8.02	5.79	8.73	3.82	8.01	8.35
10.49	6.68	5.64	4.08	6.17	9.91	5.47	

(1) 计算均值、中位数、第一分位数和第三分位数(利用 Excel 函数计算分位数)。

(2) 计算方差、标准差、极差、四分位数极差、变异系数和 Z 值。分析有无极端值，并说明理由。

(3) 数据如何分布？

(4) 在午餐时段进入银行的顾客，询问经理要等多久。经理回答："几乎少于 5 分钟。"基于(1)和(3)的结果，计算此回答的准确度。

4. 2021—2024 年贵金属价值急剧改变。下表数据显示了铂金、黄金和白银的总回报率(%)。

年份	铂金总回报率	黄金总回报率	白银总回报率
2024	12.3%	17.8%	29.5%
2023	5.7%	4.6%	14.2%
2022	36.0%	19.9%	27.8%
2021	24.6%	25.6%	3.3%

(1) 计算铂金、黄金和白银的总回报率的几何平均值。

(2) 对于三种贵金属的几何回报率有何结论？

5. 下表是一个 $n=11$ 样本的数据。

X	7	5	8	3	6	10	12	4	9	15	18
Y	21	15	24	9	18	30	36	12	27	45	54

(1) 计算协方差。

(2) 计算相关系数。

(3) 判断 X 和 Y 间的相关程度，并进行解释。

6. 数码相机电池寿命(单位：小时)的数据如下表所示。

| 300 | 180 | 85 | 170 | 380 | 460 |
| 260 | 35 | 380 | 120 | 110 | 240 |

(1) 计算均值、中位数、第一分位数和第三分位数(根据本书定义计算)。

(2) 计算方差、标准差、极差、四分位数极差、变异系数和 Z 值。分析有无极端值，并说明理由。

(3) 数据如何分布？

(4) 基于(1)和(3)的结果，讨论数码相机电池的寿命。

(5) 列出五数汇总。

(6) 制作箱线图，描述其形状，并与(3)的分析结果进行比较。

7. 某地区私营企业注册资金分组资料如下表所示，求该地区私营企业注册资金的平均数、中位数和众数，并分析私营企业注册资金的分布特征。

注册资金/万元	50 以下	50~100	100~150	150~200	200~250	250 以上
企业数	20	35	42	26	15	5

案例研究 1

以第 2 章案例研究 1 中的数据为例，解决如下问题。

(1) 计算家庭人均年收入的均值、中位数、第一分位数和第三分位数(利用 Excel 函数计算分位数)。

(2) 计算家庭人均年收入的方差、标准差、极差、四分位数极差、变异系数和 Z 值。分析有无极端值，并说明理由。

(3) 分析各项数据如何分布。

案例研究 2

可支配家庭收入调查：依据统计局官网的定义，可支配收入是指调查户在调查期内获取的、能用于最终消费支出与储蓄的总和，即调查户可自由支配的收入。可支配收入包括现金和实物收入。借助问卷，对某地区某群体的可支配家庭收入展开调查，计算该地区该群体可支配家庭收入的平均数、中位数和众数，结合国家统计局及地方统计局的数据来判断该群体的经济地位，评估收入分配差距，并展开讨论。

第4章

概率论基础

概率论是研究随机现象数量规律性的学科，是统计学的基础，也是其他学科如信息论、控制论、可靠性理论、人工智能、随机决策理论等学科的基础。概率论的原理和方法已广泛应用于自然科学、社会科学，以及经济与管理的各个领域。本章将简要介绍概率论的基础知识及其在经济管理中的应用，以及用 Excel、SPSS 和 JMP 软件求解的方法。

学习目标：理解和运用概率论的基本概念和原理，掌握贝叶斯公式的应用；掌握二项分布、Poisson 分布、均匀分布、指数分布和正态分布的分布规律及它们的数字特征；能够运用概率论的方法和技巧，解决实际生活中的各类问题。

价值目标：培养学生诚实守信的品德，继承发扬中国的传统优良文化；首重提升学生的合作与沟通能力，使其学会与他人协作，共同攻克涉及概率的复杂问题，培养团队精神，凝聚集体智慧。

4.1 引　言

在经济全球化的背景下，企业外部环境的显著特点是快速变化与高度不确定性并存。在这样的环境中，企业在投资、筹融资、产品与技术开发，以及生产经营等各个决策环节都将面临不同程度的风险与挑战。正确的决策可以为企业带来巨大的经济效益和发展机遇，但重大的决策失误也会给企业造成巨大的经济损失，并有可能使企业从此陷入困境甚至破产倒闭。因此，如何提高决策的科学性，尽可能降低和规避决策的风险，是所有企业的高层经营管理决策者都将面对的共性问题。

利用概率论的知识，可以帮助决策者根据所能获得的各种信息进行决策分析，还可以大大降低决策的风险，尽可能避免重大经济损失，并为企业带来可观的经济效益和良好的发展机遇。在介绍本章内容之前，让我们先来看一个新产品投资生产决策问题，以便读者对概率知识的应用价值有一个初步的印象。

应用案例4.1　新型洗衣机投资生产决策

光大电器公司开发了一种新型洗衣机，计划生产规模为 100 万台/年，需要投入的生产线设备、模具、工装等固定投资费用为 2000 万元，项目的建设期为 1 年，固定投资费用在建设期初一次性投入。产品投产时还需投入生产流动资金 1000 万元。由于洗衣机产品的技术更新较快，估计该产品的市场寿命期为 5 年，5 年末固定资产残值为固定投资额的 20%，流动资金可在寿命期末全部收回。由于洗衣机的市场竞争非常激烈，该新型洗衣机投入生产后的经济效益具有很大的不确定性。为了提高产品投资决策的科学性，该公司在决定是否投资生产该新型洗衣机之前，进行了一些市场调查预测和经济可行性研究。市场调查和预测分析估计，产品上市后销售量将达到生产能力的 80% 以上(畅销)、50%～80%(一般)、不足 50%(滞销)的可能性分别为 40%、30%、30%。另经财务部门所做的财务预算分析，在产品出现"滞销""一般"和"畅销"三种销售状况下，该项目投产后的年净现金流量将分别为 100 万元、600 万元和 1000 万元。考虑到筹资成本和资金的机会成本，贴现率取 6%。

1. 销售部经理的建议

为使对该新产品的投资决策更具科学性，总经理召开了销售、生产、财务、技术等部门负责人的会议。会上销售部经理建议，为减小决策风险，应在决定是否投资生产前先利用原有设备进行少量试生产(100 台)，并将试生产的洗衣机免费赠送给不同地区的一些用户进行为期三个月的试用，以取得用户的反馈信息。为此，销售部经理还设计了用户试用后的信息反馈表，包括功能、使用效果、方便程度、外观、可靠性五大类共 25 个指标，每项指标都由用户按 1～5 分打分，加权平均后的满分为 100 分。根据用户试用后反馈结果的总平均分，可将用户对该洗衣机的评价分为"不满意"(低于 60 分)、"尚可"(60～90 分)和"满意"(高于 90 分)三种。

销售部经理还提供了过去许多在产品正式投产之前采用类似试用或试销方法的用户反馈结果与产品正式生产上市后销售状况之间的统计数据，如表 4.1 所示。总经理指示财务部对销售部经理所提试生产与免费试用方案所需费用进行估算。

表 4.1　销售状况与试用结果统计资料

试用结果	销售状况		
	滞销	一般	畅销
不满意	14(0.7)	9(0.3)	5(0.1)
尚可	5(0.25)	12(0.4)	15(0.3)
满意	1(0.05)	9(0.3)	30(0.6)
合计	20(1.0)	30(1.0)	50(1.0)

注：括号外的数据是每种销售状况下试销时反馈的各种结果出现的次数，括号内则代表相应的概率。

2. 如何进行科学决策

在下一次的会议上，财务部经理给出了试生产、分发用户试用及收集用户反馈信息等各项工作的总费用估算结果，估计需要 100 万元。会上有人提出这 100 万元是否值得花，由此展开了激烈的讨论。总经理希望能对各种可行方案的风险及经济效益进行科学的分析与评价。

以上案例属于"有追加信息的风险型决策"问题，分析时需要用到一些概率知识，包括条件概率、全概率公式、贝叶斯公式和数学期望等，以及项目净现值等知识。在第 4.9 节，我们将运用所学的概率知识对该案例进行分析，并且讨论信息的价值问题。

4.2　随机现象、随机试验与随机事件

4.2.1　随机现象

在自然界和人类社会中发生的各种现象可以分为两大类。一类是人们可以准确预言在一定条件下将会出现何种结果的现象，如上抛物体必然会下落、标准大气压下纯净水在 100℃时会沸腾等，这类现象称为确定性现象。另一类是人们无法准确预言将会出现哪一种结果的现象，如上抛的硬币落下后是正面还是反面朝上、企业的投资能否按期收回、新产品上市后的销售状况、股票价格的涨跌、电视机的使用寿命等，这类现象称为不确定现象或随机现象。

虽然随机现象在个别次数的观察中呈现不确定性，但在大量重复观察中都会呈现某种规律性。例如，反复上抛一枚匀质硬币，落下后其正面和反面朝上的次数将趋于相等；技术含量较高的产品通常更受市场青睐；优质品牌电视机的平均无故障工作时间通常总是高于劣质品牌的；上市公司股票的价格与公司的经营业绩紧密相关等。概率论就是研究和揭示各种随机现象统计规律性的学科，为科研、经济和生产经营管理等提供科学依据。

4.2.2　随机试验

人们在研究经济管理及其他社会问题时，通常总是通过调查或对社会现象的观察来获取所研究问题的有关数据；在自然科学领域，人们也是通过科学实验或对自然现象的观察来获取所需要的资料。对社会现象的观察和对自然现象的科学实验在概率论和统计学中都统称为试验。如果试验可在相同的条件下重复进行，而且试验的结果不止一个，每次试验前不能确定将会出现哪一种结果，这样的试验就称为随机试验(以下简称试验)。例如，在一批产品中任意抽取一件进行检验，市场调查人员就本企业的产品和服务进行的用户满意度调查，对某产品进行的寿命试验等都是随机试验。概率论和统计学就是通过随机试验来研究随机现象数量规律的学科，为自然科学、经济和管理及其他社会问题的研究提供科学依据。

4.2.3　随机事件

随机试验的结果称为**随机事件**。试验中每一种可能出现的结果称为该试验的一个**基本事件**。由多个基本事件构成的集合称为**复合事件**。基本事件和复合事件亦统称为随机事件，简称为**事件**，常用字母 A, B, C, ⋯表示。由试验的所有基本事件组成的集合，称为该试验的**样本空间**，常用字母 S 表示。每次试验中必然发生的事件称为**必然事件**，样本空间 S 就是必然事件。试验中不可能发生的事件(不含任何基本事件的空集)称为**不可能事件**，用字母 ϕ 表示。虽然必然事件和不可能事件并不存在不确定性，但为了讨论方便起见，仍将它们作为特殊的随机事件看待。

例如，掷一枚骰子，观察出现的点数，记 A_1 为{出现偶数点}，A_2 为{小于 4 的点}，

A_3 为{不超过 6 的点}，A_4 为{大于 6 的点}，则

$$S =\{1，2，3，4，5，6\}，A_1=\{2，4，6\}，A_2=\{1，2，3\}，A_3=S，A_4=\phi。$$

又如，在一批产品中先后连续抽取两件进行检验，分别记 T、F 为抽到正品和次品，并记 A_1={第一次抽到的是正品}，A_2={抽到一个正品}，A_3={两次抽到的质量相同}，则

$$S = \{(T，T)，(T，F)，(F，T)，(F，F)\}，A_1=\{(T，T)，(T，F)\}，$$
$$A_2=\{(T，F)，(F，T)\}，A_3=\{(T，T)，(F，F)\}。$$

4.2.4 事件间的关系和运算

利用事件间的运算关系，可将一些较为复杂的事件化为较为简单的事件进行分析。下面介绍事件之间的几种重要关系和事件的运算。

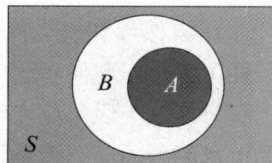

图 4.1 $A \subset B$

1. 事件的包含与相等

在一次试验中，如果事件 A 的发生必然导致事件 B 的发生，则称事件 B 包含事件 A，或称事件 A 包含于事件 B，记为 $B \supset A$ 或 $A \subset B$，如图 4.1 所示。若同时有 $A \subset B$ 及 $B \subset A$，则称 A 与 B 相等，记为 $A=B$。显然，对于任意事件 A，$\phi \subset A \subset S$。

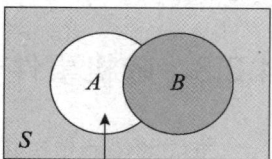

图 4.2 $A \cup B$

2. 事件的并

在一次试验中，"事件 A 与事件 B 中至少有一个发生"的事件，称为 A 并 B，记为 $A \cup B$，如图 4.2 所示。显然，对于任意两个事件 A、B，有 $A \subset A \cup B$，$B \subset A \cup B$。

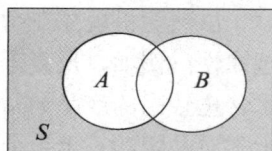

图 4.3 $A \cap B$

3. 事件的交

"事件 A 与事件 B 同时发生"的事件，称为 A 交 B，记为 $A \cap B$ 或 AB，如图 4.3 所示。显然，对于任意两个事件 A、B，有 $AB \subset A$，$AB \subset B$。

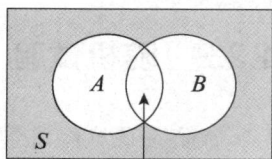

图 4.4 A 与 B 互斥

4. 互斥(互不相容)事件

若事件 A 与事件 B 不能同时发生，即 $AB=\phi$，则称 A 与 B 互斥，如图 4.4 所示。显然，基本事件都是互斥的。

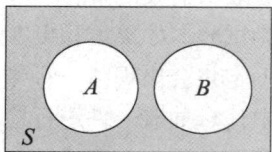

$A-B$
图 4.5 $A-B$

5. 事件的差

"A 发生而 B 不发生"的事件，称为 A 与 B 的差，记为 $A-B$，如图 4.5 所示。显然，有 $A-B \subset A$，$B(A-B) = \phi$。

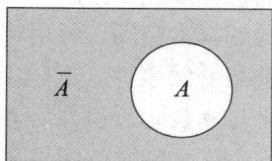

图 4.6 互逆事件

6. 互逆(对立)事件

若试验中，A 与 B 必有且仅有一个发生，即同时满足 $A \cup B=S$ 和 $AB= \phi$，则称 A 与 B 互逆(对立)，并称 A 是 B 的逆事件，记为 $A=\bar{B}$，同样有 $B=\bar{A}$，如图 4.6 所示。显然，有 $\bar{A} =S-A$，$\bar{\bar{A}} =A$。

7. 事件运算的性质

事件间的运算有如下性质。

(1) $A\cup B=B\cup A$，$AB=BA$。

(2) $(A\cup B)\cup C=A\cup(B\cup C)$，$(AB)C=A(BC)$。

(3) $(A\cup B)C=(AC)\cup(BC)$，$(AB)\cup C=(A\cup C)(B\cup C)$。

(4) $\overline{A\cup B}=\overline{A}\,\overline{B}$，$\overline{AB}=\overline{A}\cup\overline{B}$。

性质(4)在分析复杂事件时很有用，它可以这样来理解：“A 与 B 至少有一个发生”的逆事件($\overline{A\cup B}$)即“A 与 B 都不发生”($\overline{A}\,\overline{B}$)；同样，“$A$ 与 B 同时发生”的逆事件($\overline{AB}$)即“A 与 B 至少有一个不发生”($\overline{A}\cup\overline{B}$)。

【例 4.1】　在一批产品中连续抽检 3 个产品，记 $A_i=\{$第 i 个抽到的是次品$\}$，请用 A_i 间的关系表示以下事件：(1)至少有一个次品；(2)3 个都是次品；(3)3 个都是正品；(4)至少有一个正品。

解：(1) 至少有一个次品：$A_1\cup A_2\cup A_3$。

(2) 3 个都是次品：$A_1A_2A_3$。

(3) 3 个都是正品：$\overline{A_1}\,\overline{A_2}\,\overline{A_3}$。

(4) 至少有一个正品：$\overline{A_1A_2A_3}$。

其中，(1)与(3)是互逆事件，(2)与(4)也是互逆事件。

4.3　概　　率

4.3.1　频率与概率

在日常生活、经济管理和科学研究中，人们经常需要了解今后某些事情的情况或结果发生可能性的大小，以便为应采取的决策提供依据，如新产品上市后有多大可能会畅销或滞销，彩票中奖的可能性等。概率也就是通常所说的事情发生的可能性大小。事件的概率与在重复试验中该事件出现的频率之间有着非常密切的联系。

1. 频率

对于随机事件 A，在一次试验中我们无法预言它是否会发生，但是在相同条件下的重复试验次数 n 充分大以后，可以发现事件 A 发生的次数 n_A 与试验次数 n 之比将在某个确定值附近波动，这一比值就称为事件 A 发生的频率，记为 $f_n(A)$。

显然，频率具有以下性质：

(1) $0\leqslant f_n(A)\leqslant 1$；

(2) $f_n(S)=1$，$f_n(\phi)=0$；

(3) 若 $AB=\Phi$，则 $f_n(A\cup B)=f_n(A)+f_n(B)$。

2. 概率的含义

频率的意义在于它能在一定程度上反映试验中事件发生可能性的大小,而且比较直观,但由于频率并非一个稳定的值,因此用它来刻画事件发生的可能性大小是有缺陷的。人们发现,随着重复试验次数的增多,事件 A 发生的频率 $f_n(A)$ 就逐渐稳定地趋于某个常数 $P(A)$ 附近,这一客观存在的常数 $P(A)$ 就称为事件 A 的概率。

例如,不断掷一枚匀质硬币,则随着抛掷次数的增加,我们可以发现硬币落地后正面(或反面)朝上的次数占总的抛掷次数的比例会逐渐稳定地趋于 1/2,因此,掷一枚匀质硬币落下后正面朝上的概率就是 0.5。

由于频率与概率的密切关系,在实际应用中,当无法从理论上确知某些事件的概率时,就可以用事件发生的频率作为其概率的估计值。

3. 概率的性质

设 A 为任一事件, $P(A)$ 为 A 发生的概率,则有以下性质。

(1) $0 \leqslant P(A) \leqslant 1$。

(2) $P(S)=1$。

(3) $P(\Phi)=0$。

(4) $P(\overline{A}) = 1 - P(A)$。 (4.3.1)

(5) 若 $AB=\Phi$,则 $P(A \cup B) = P(A) + P(B)$。 (4.3.2)

更一般地,对于两两互斥事件 A_i, $i=1, 2, \cdots, n$,则有

$$P(\bigcup_{i=1}^{n} A_i) = \sum_{i=1}^{n} P(A_i)$$ (4.3.3)

$$P(\bigcup_{i=1}^{\infty} A_i) = \sum_{i=1}^{\infty} P(A_i)。$$

(6) $P(A \cup B) = P(A) + P(B) - P(AB)$。 (4.3.4)

上述性质(5)称为概率的加法定理,性质(6)则称为概率的广义加法定理。

4. 等可能概率(古典概型)

历史上对概率的研究起源于欧洲中世纪的赌博或机会游戏,如掷硬币、掷骰子、摸彩球等。这类问题有两个特点:一是试验的样本空间仅有有限个基本事件;二是每一基本事件发生的概率相等。具有这两个特点的随机试验就称为**古典概型**。古典概型在产品的抽样检验等问题中有着较为广泛的应用,下面我们来看一个简单的应用案例。

应用案例4.2   "福无双至"是真的吗?

中华文化底蕴深厚,我们在日常生活中频繁接触到的大量俗语和成语,蕴含着深刻的哲理和文化内涵,记录着传统习俗、道德准则和社会规范,具有丰富的文化含义。以"福无双至,祸不单行"为例,这句俗语表达了人们对福、祸的态度,我们可以用概率的知识对其真实性展开辨析。

因为"福"是随机现象,我们不妨把"福"看成一个个小球,"人"则是一个个箱子,

如果小球落入某个箱子里，表示这个箱子对应的"人"遇到了"福"，假定每个小球落入任何一个箱子的可能性相同。先用简单的数据计算一次：假设有 4 个小球随机放入 20 个箱子，则"福无双至"即是每个箱子至多有一个球的情况。

在求解本案例之前，我们先给出古典概型中求事件概率的一般计算公式：

$$P(A) = \frac{\text{事件}A\text{中包含的基本事件数}}{\text{样本空间基本事件总数}} \tag{4.3.5}$$

> **应用案例 4.2 解答：** 由题意可知，我们需要求解每个箱子至多有一个球的事件发生的概率，记为事件 A。
>
> 　将 4 个小球放入 20 个箱子共有情况数 20^4，而放入结果刚好是 4 个箱子中有一个球的情况相当于从 20 个箱子选取 4 个的排列数，即为 $A(20, 4)=116\,280$，于是可得每个箱子至多有一个球的事件发生的概率为
>
> $$P\{A\}=A(20，4)/20^4=0.727$$
>
> 　这意味着，如果有 4 件"福"事，可能被 20 个人碰上，每件"福"事每个人碰上的概率相等，那么 20 个人恰好均是"福无双至"的概率为 0.727。

【例 4.2】 在 100 件产品中有 5 件次品，从中任取 10 件，求以下各事件的概率：(1)全为正品；(2)恰有一件次品；(3)至少有 3 件次品；(4)至少有一件次品。

解： 仍以每一种可能的取法作为一个基本事件。

(1) 设 $A=\{$全为正品$\}$，则

$$P(A) = \frac{C_{95}^{10}}{C_{100}^{10}} = 0.5838$$

(2) 设 $B=\{$恰有一件次品$\}$，其中一件次品是从 5 件次品中抽得的，另 9 件正品是从 95 件正品中抽得的，共有 $C_5^1 C_{95}^9$ 种不同取法，从而得

$$P(B) = \frac{C_5^1 C_{95}^9}{C_{100}^{10}} = 0.3394$$

(3) 设 $D=\{$至少有 3 件次品$\}$，则 $D=\{$恰有 3 件次品$\}\bigcup\{$恰有 4 件次品$\}\bigcup\{$恰有 5 件次品$\}$，且三者是互斥的，从而得

$$P(D) = \frac{C_5^3 C_{95}^7 + C_5^4 C_{95}^6 + C_5^5 C_{95}^5}{C_{100}^{10}} = 0.0066$$

(4) 设 $E=\{$至少有一件次品$\}$，则 $E=\overline{A}$，从而得

$$P(E) = P(\overline{A}) = 1 - P(A) = 1 - 0.5838 = 0.4162$$

4.3.2 条件概率

在介绍条件概率的概念之前，让我们先来看一个简单的应用案例。

应用案例4.3 某地区60岁的人至少能活到80岁的概率有多大

某地区的死亡人口统计资料表明，该地区人口的死亡年龄不低于 60 岁的占 80%，不低于 80 岁的占 20%。试分析该地区现年 60 岁的人至少能活到 80 岁的概率。

此案例要求解的问题是，该地区某人在已活到 60 岁的条件下，他还能继续活到 80 岁的概率。这是一个条件概率的问题，显然不同于"该地区人口死亡年龄不低于 80 岁的占 20%"这一无条件概率。条件概率在实际问题中有着广泛的应用。

1. 条件概率的概念

设 A、B 是两个事件，且 $P(A)>0$，称事件 A 已发生的条件下事件 B 发生的概率为 B 对 A 的条件概率，记为 $P(B|A)$。

在某些情况下，条件概率可以由所给的问题直接确定。

【例 4.3】 某箱产品共有 10 件，其中 3 件是次品。从中先后抽取两件，做不放回抽样，求第一次取到次品后，第二次再取到次品的概率。

解： 记 $A=\{$第一次取到的是次品$\}$，$B=\{$第二次取到的是次品$\}$。当 A 发生后，箱中剩下 9 件产品，其中只有两件次品，从而得

$$P(B|A)=\frac{2}{9}$$

2. 概率的乘法公式

设 A、B 为两个事件，且 $P(A)>0$，则

$$P(AB)= P(A)P(B|A) \tag{4.3.6}$$

式(4.3.6)就称为概率的乘法公式，利用它可以求出两个事件相交的概率。

【例 4.4】 在例 4.3 所给问题中，求抽到的两件都是次品的概率。

解： 根据题意，即要求解 $P(AB)$。由概率的乘法公式可得

$$P(AB)= P(A)P(B|A) = \frac{3}{10}\times\frac{2}{9}=\frac{1}{15}$$

在某些问题中，可能无法直接得到所需的条件概率。由概率的乘法公式，即可得到求条件概率的公式为

$$P(B|A)=\frac{P(AB)}{P(A)} \tag{4.3.7}$$

应用案例 4.3 解答：设 $A=\{$寿命$\geqslant 60$ 岁$\}$，$B=\{$寿命$\geqslant 80$ 岁$\}$。由所给的条件可知，$P(A)=0.8$，$P(B)=0.2$，现要求的是 $P(B\,|\,A)$。

由于 $B\subset A$，故 $P(AB)=P(B)=0.2$

$$P(B\,|\,A)=\frac{P(AB)}{P(A)}=\frac{P(B)}{P(A)}=\frac{0.2}{0.8}=0.25$$

即该地区现年 60 岁的人至少能活到 80 岁的概率为 25%。

应用案例4.4　某地区居民患癌症的概率有多大

统计资料表明，某地癌症发病率为 5‰。现该地区正进行癌症普查，普查试验(验血)的结果为阴性或阳性。以往的临床资料表明，癌症患者试验反应为阳性的概率是 0.95，而健康人试验反应为阳性的概率是 0.04。问：

(1) 当某人试验反应为阳性时，他患癌症的概率；

(2) 试验反应为阴性者患癌症的概率。

若要对本案例所提出的问题加以分析，则需用到下述的全概率公式与贝叶斯公式。

3. 全概率公式

为计算复杂事件的概率，常将其分解为若干互斥的简单事件之和，再利用概率的可加性求出该事件的概率。

设 $A_1, A_2, \cdots, A_n$ 为样本空间 S 的一个完备事件组，即满足条件

(1) $A_1\bigcup A_2\bigcup\cdots\bigcup A_n=S$。

(2) $A_i\bigcap A_j=\Phi$，$i\neq j(i, j=1,2,\cdots,n)$。

(3) $P(A_i)>0$，$i=1,2,\cdots,n$。

则对任一事件 B，都有

$$P(B)=\sum_{i=1}^{n}P(A_iB)=\sum_{i=1}^{n}P(A_i)P(B\,|\,A_i) \tag{4.3.8}$$

式(4.3.8)即被称为**全概率公式**。全概率公式应用的关键是找到一个完备事件组，它是对样本空间的一个分割，如图 4.7 所示。

4. 贝叶斯公式

托马斯·贝叶斯(Thomas Bayes，1702—1761)是英国著名的神学家、数学家、数理统计学家和哲学家。他创立了使用主观概率的第一个公式，被称为"贝叶斯公式"。如今，贝叶斯公式在数据挖掘、图像识别、人工智能等领域的应用非常广泛。

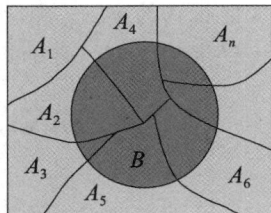

图 4.7　全概率公式示意

若 $A_1, A_2, \cdots, A_n$ 为样本空间 S 的一个完备事件组，则对任一事件 $B(P(B)>0)$，有

$$P(A_i \mid B) = \frac{P(A_i)P(B \mid A_i)}{\sum\limits_{i=1}^{n} P(A_i)P(B \mid A_i)}, \quad i=1,2,\cdots,n \tag{4.3.9}$$

由概率的乘法公式和全概率公式，很容易推导出贝叶斯公式：

$$P(A_i \mid B) = \frac{P(A_iB)}{P(B)} = \frac{P(A_i)P(B \mid A_i)}{\sum\limits_{i=1}^{n} P(A_i)P(B \mid A_i)}$$

式中，$A_i(i=1, 2, \cdots, n)$ 为决策问题未来可能出现的 n 种结果。$P(A_i)$ 为试验前已知的决策问题的概率分布，被称为先验概率。先验概率通常可从同类问题的统计资料获取，或者由经验估计得到。事件 B 为一种能为决策问题提供追加信息的试验可能出现的结果。$P(B \mid A_i)$ 为已知的条件概率，可通过对过去同类问题进行该类试验的统计资料获得，它体现了试验的精度。$P(A_i \mid B)$ 为当试验出现结果 B 时，事件 A_i 发生的概率，被称为后验概率，也即利用试验结果 B 所提供的追加信息对先验概率的修正。

贝叶斯公式主要应用于风险型决策。当能够通过试验获得追加信息时，可依据试验结果修正决策问题中的概率分布，以降低风险并获取更大经济效益。因此，贝叶斯公式中各事件和概率都有特殊含义。

【例 4.5】 伊索寓言中有一个广为流传的故事——"牧童与狼"，说的是牧童在山上放羊的时候总是喜欢乱喊"狼来了"，几次过后狼真的来了，但再也没人相信他。我们可以利用贝叶斯公式来分析该故事中村民对牧童的信任度是如何下降的。

记事件 A="牧童可信"，B="牧童说谎"。不妨设之前村民对牧童的信任度为 $P(A)=0.9$，则 $P(\overline{A})=0.1$，牧童可信的情况下说谎的可能性为 $P(B \mid A) = 0.1$，牧童不可信的情况下说谎的可能性为 $P(B \mid \overline{A}) = 0.6$。

由此可以计算得到牧童第一次说谎后，村民对其信任度为

$$P(A \mid B) = \frac{P(A) \times P(B \mid A)}{P(A) \times P(B \mid A) + P(\overline{A}) \times P(B \mid \overline{A})} = \frac{0.9 \times 0.1}{0.9 \times 0.1 + 0.1 \times 0.6} = 0.6$$

牧童在第一次说谎后信任度为 0.6，即 $P(A')=0.6$。假设此时牧童可信的情况下说谎的可能性仍为 $P(B \mid A')=0.1$，牧童不可信的情况下说谎的可能性仍为 $P(B \mid \overline{A'})=0.6$，则第二次说谎后，可以再一次运用贝叶斯公式，计算出村民对其信任度为

$$P(A' \mid B) = \frac{P(A') \times P(B \mid A')}{P(A') \times P(B \mid A') + P(\overline{A'}) \times P(B \mid \overline{A'})} = \frac{0.6 \times 0.1}{0.6 \times 0.1 + 0.4 \times 0.6} = 0.2$$

可见当牧童说两次谎后，村民对其信任度由 0.9 急剧降至 0.2，所以当狼真的来了的时候，村民们相信牧童的概率很低，几乎没有人会上山营救。"人无信，不知其可也"，诚信是一种重要的品格，以诚待人是人际交往中最根本的要求之一，不讲诚信的人也不会得到别人的真诚相待。

贝叶斯公式在风险型决策中的应用详见第 4.9 节的案例分析。应用案例 4.4 可以说明如何通过试验结果所获得的追加信息来修正所给的先验概率。

应用案例 4.4 解答： 记 A_1={癌症患者}，A_2={健康人}，B_1={反应为阳性}，B_2={反应为阴性}，由题意可知

$$P(A_1)=0.005 \qquad P(A_2)=0.995$$
$$P(B_1|A_1)=0.95 \qquad P(B_2|A_1)=0.05$$
$$P(B_1|A_2)=0.04 \qquad P(B_2|A_2)=0.96$$

可求得

$$P(B_1)=P(A_1)P(B_1|A_1)+P(A_2)P(B_1|A_2) = 0.005\times0.95+0.995\times0.04=0.044\,55$$
$$P(B_2)=1-P(B_1)=0.955\,45$$

则

$$P(A_1|B_1)=\frac{P(A_1)P(B_1|A_1)}{P(B_1)}=\frac{0.005\times0.95}{0.044\,55}=0.106\,6$$

$$P(A_1|B_2)=\frac{P(A_1)P(B_2|A_1)}{P(B_2)}=\frac{0.005\times0.05}{0.955\,45}=0.000\,26$$

即试验反应为阳性者确患癌症的概率为 10.66%，试验反应为阴性者确患癌症的概率为 0.026%；而试验前对该地区的每一个人而言，只能以 0.5%的先验概率估计其患癌症的可能性，通过普查试验结果所提供的追加信息，对受试者的患癌概率进行修正，可得到更有针对性也更准确的后验概率。

4.3.3　事件的独立性

在介绍事件独立性的概念之前，我们先看一个抽样问题的例子。

【例 4.6】 某批产品有 10 件，其中两件是次品，分别采用不放回抽样和放回抽样的方法从中任取两件，求抽到的全是次品的概率。

解： 记 A、B 分别表示第一次和第二次抽到的是次品。

(1) 若采用不放回抽样，则第二次抽到次品的概率要受第一次抽取结果的影响，A 发生后仅剩 9 件产品，其中一件是次品，故

$$P(AB)=P(A)P(B|A)=\frac{2}{10}\times\frac{1}{9}=0.022$$

(2) 若采用放回抽样，则第一次抽取的结果对第二次抽取的结果无任何影响，故

$$P(AB)=P(A)P(B)=\frac{2}{10}\times\frac{2}{10}=0.04$$

在此例中，我们称采用放回抽样时两次抽取的结果是相互独立的，而在不放回抽样时 A 和 B 是不独立的。

若事件 A 发生的概率不受事件 B 是否发生的影响,反之亦然,即满足

$$P(A|B)=P(A), \quad P(B|A)=P(B) \tag{4.3.10}$$

则称 A 与 B 相互独立。

由概率的乘法公式可得,A、B 相互独立的等价条件为

$$P(AB)=P(A)P(B) \tag{4.3.11}$$

4.4 随机变量及其分布函数

4.4.1 随机变量

在前两节中,我们讨论了随机事件及其概率,这仅是对随机现象有了局部性的认识。要全面深入地研究随机现象的统计规律,就有必要引入随机变量的概念。通常,随机现象可用数量来描述,如抽检一批产品时所抽到的次品数、某种产品的月销售额、某种产品的使用寿命等。有些事件虽然本身不具备数量标识,但总可以用适当的方法对其进行数量化描述。例如在抛硬币试验中,可用 1 表示硬币正面朝上,0 表示反面朝上;在产品检验时,也可用 1 表示合格品,0 表示次品等。因此,我们总可以建立事件与数量间的对应关系。把随机事件量化后,就能更深入、更便捷地研究随机现象的本质。基于此,我们引入了随机变量的概念。

设试验 E 的样本空间为 $S=\{e\}$,若对每一个 $e \in S$,都有唯一的实数 $X(e)$ 与它对应,则称变量 $X(e)$ 为**随机变量**,简记为 X。

对于随机变量,在试验前只知道其可能的取值范围,但无法确定具体会取何值。与随机事件的概率相对应,随机变量取值或者在某一范围内取值也具有一定的概率,这便是随机变量与普通变量之间的本质区别。

例如,在灯泡寿命试验中,令 X 为灯泡的寿命(小时),则 X 为随机变量,$\{X>500\}$,$\{X \leqslant 1000\}$,$\{800 \leqslant X \leqslant 1200\}$ 等则代表了不同的随机事件。

又如,设 X 为某商场一天的彩电销售量,则 $\{X=0\}$,$\{X=1\}$,$\{X=2\}$ 等代表了试验中的各基本事件。

随机变量可以分为两大类:一类是其取值可以一一列举出来的,称为**离散型随机变量**,它们可以取有限个值,也可以取无限个值;另一类是非离散型随机变量,它们的取值无法一一列举出来。在非离散型随机变量中,最重要的是**连续型随机变量**,其取值范围是某一实数域。本书仅讨论离散型随机变量和连续型随机变量。前述灯泡寿命试验中的 X 是连续型随机变量,而彩电销售中的 X 是离散型随机变量。

4.4.2 随机变量的分布函数

1. 分布函数的定义

设 X 是一个随机变量，x 是任意实数，称函数

$$F(x)=P\{X\leqslant x\} \tag{4.4.1}$$

为 X 的**分布函数**。

显然，对于任意实数 $x_1\leqslant x_2$，有

$$P\{x_1<X\leqslant x_2\}=P\{X\leqslant x_2\}-P\{X\leqslant x_1\}=F(x_2)-F(x_1) \tag{4.4.2}$$

由式(4.4.2)可知，已知 X 的分布函数，就能求出 X 落在任一区间$(x_1，x_2]$上的概率，因此分布函数较完整地描述了随机变量的统计规律性。分布函数 $F(x)$ 是一个普通函数，因此可以用数学分析的方法来研究随机变量。

【**例 4.7**】 设袋中有 5 张卡片，其中两张卡片写有数字 1，一张卡片写有数字 2，两张卡片写有数字 3。任取一张卡片，令 X 为抽到的数字，写出 X 的分布函数，并求 $P\{1.5<X\leqslant4\}$ 的值。

解：由题意可知，$F(x)$ 是一个分段函数，其图形如图 4.8 所示。

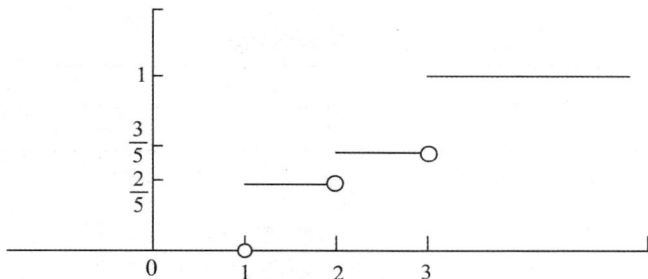

图 4.8 离散型随机变量分布函数的图形

则

$$P\{1.5<X\leqslant4\}=F(4)-F(1.5)=1-\frac{2}{5}=\frac{3}{5}$$

离散型随机变量的分布函数都是类似于如图 4.8 所示的分段函数。

$$F(x)=\begin{cases}0, & x<1\\ \dfrac{2}{5}, & 1\leqslant x<2\\ \dfrac{3}{5}, & 2\leqslant x<3\\ 1, & x\geqslant3\end{cases}$$

2. 分布函数的性质

(1) $0\leqslant F(x)\leqslant1$，$x\in(-\infty,\infty)$。

(2) $F(x)$是 X 的不减函数，即对任意 $x_1<x_2$，有 $F(x_1)\leqslant F(x_2)$。

(3) $F(-\infty)=\lim\limits_{x\to-\infty}F(x)=0$，$F(+\infty)=\lim\limits_{x\to+\infty}F(x)=1$。

(4) $F(x)$是右连续的。

4.5 离散型随机变量

4.5.1 离散型随机变量的概率分布

离散型随机变量只能取有限个或者可列个值，若要掌握其统计规律，就必须知道它的所有可能取值及取各个可能值的概率。

设离散型随机变量 X 的所有可能取值为 x_k，$k=1,2,\cdots,n$
则

$$P\{X=x_k\}=p_k，\quad k=1,2,\cdots,n \tag{4.5.1}$$

称式(4.5.1)为 X 的**概率分布**或**分布率**，简称**分布**。

分布率也可列示为如表 4.2 所示的概率分布表。

表 4.2　概率分布表

X	x_1	x_2	$\cdots$	x_k	$\cdots$
$P(X)$	p_1	p_2	$\cdots$	p_k	$\cdots$

分布率具有如下性质。

(1) $0\leqslant p_k \leqslant 1$。

(2) $\displaystyle\sum_{k=1}^{\infty}p_k=1$。 $\tag{4.5.2}$

(3) $F(x)=\displaystyle\sum_{x_k\leqslant x}p_k$。

4.5.2 几种重要的离散型分布

1. 0-1 分布

设随机变量 X 只可能取 0 和 1，其概率分布为

$$P\{X=1\}=p，\ P\{X=0\}=1-p，\quad (0<p<1) \tag{4.5.3}$$

则称 X 服从 0-1 分布。

对任一样本空间仅有两个基本事件的随机试验，总能在 S 上定义一个具有 0-1 分布的随机变量。如人的性别、产品质量合格与否、某部门用电量是否超负荷、用户对某产品是否

满意等，都可以用 0-1 分布来描述。

2. 二项分布

在介绍二项分布之前，先看一个车间用电负荷的应用案例。

应用案例4.5 应配置多大功率的变压器

某机床加工车间有 30 台相同型号的机床，每台机床运行时的电耗为 2 千瓦，由于装拆零件等辅助时间的原因，每台机床在工作日中平均有 30% 的时间处于停止运行状态。该车间现由一台功率为 40 千瓦的变压器供电。根据供电负荷规范要求，该车间在工作日中用电量超过供电负荷的概率不能大于 10%。试分析：

(1) 现有的变压器能否满足要求？

(2) 该车间至少应配置多大功率的变压器才能满足需要？

求解本案例需要用到二项分布的知识，二项分布是应用最广泛的离散型分布。

在给出二项分布的定义之前，先引入 n 重贝努里试验的概念：将试验 E 重复进行 n 次，若各次试验的结果互不影响，则称这 n 次试验是独立的；若试验 E 仅有两个可能的结果 A 和 $\overline{A}$，记 $P(A)=P$，$P(\overline{A})=1-P=Q$ $(0<p<1)$，将 E 独立地重复进行 n 次，则称这一串独立重复试验为 n 重贝努里试验，简称贝努里试验。

在 n 重贝努里试验中，令 X 为事件 A 发生的次数，则

$$P\{X=k\}=C_n^k p^k q^{n-k}, \quad q=1-p; \quad k=0, 1, 2, \cdots, n \tag{4.5.4}$$

称 X 服从二项分布(binomial distribution)，记为 $X \sim B(n, p)$。

在式(4.5.4)中，由于 $C_n^k p^k q^{n-k}$ 正好是二项式 $(p+q)^n$ 展开式中的第 k 项，故称为二项分布。$n=1$ 时的二项分布就是 0-1 分布。

【例 4.8】 设某台设备加工产品的次品率为 0.02，求 90 件产品中次品数 ≥ 2 的概率。

解： 由于每件产品的加工结果是相互独立的，故可将加工 90 件产品视为 90 重贝努里试验。设 X 为次品数，则

$$\begin{aligned}
P\{X \geq 2\} &= 1-P\{X=0\}-P\{X=1\} \\
&= 1 - C_{90}^0 \times 0.02^0 \times 0.98^{90} - C_{90}^1 \times 0.02^1 \times 0.98^{89} \\
&= 0.5396
\end{aligned}$$

二项分布的手工计算是相当烦琐的，特别是在上例中，若将要求改为"求次品数 ≥ 10 的概率"，则计算量将是巨大的。但利用 Excel 统计函数中的 BINOM.DIST 函数，就可以非常方便地求解任何二项分布问题。BINOM.DIST 函数的语法规则如下。

格式：BINOM.DIST(k, n, p, 逻辑值)

功能：当第 4 个参数的逻辑值为 TRUE 时，返回二项分布的累积概率 $P\{X \leq k\}$ 的值；当逻辑值为 FALSE 时，返回二项分布的概率 $P\{X=k\}$ 的值。

下面介绍利用 BINOM.DIST 函数制作任意参数的动态二项分布表的方法。

(1) 如图 4.9 所示，在单元格 B2 中输入参数 n，在 D2 中输入参数 p。

(2) 在 B4 中输入公式 "=BINOM.DIST(A4,\$B\$2,\$D\$2,FALSE)"，可得到 $P\{x=k\}$ 的值。

(3) 在 C4 中输入公式 "=BINOM.DIST(A4,\$B\$2,\$D\$2,TRUE)"，可得到 $P\{x\leqslant k\}$ 的值。

操作视频

(4) 在 D4 中输入公式 "=C4-B4"，可得到 $P\{x<k\}$ 的值。

(5) 在 E4 中输入公式 "=1-C4"，可得到 $P\{x>k\}$ 的值。

(6) 在 F4 中输入公式 "=1-D4"，可得到 $P\{x\geqslant k\}$ 的值。

(7) 选定 B4:F4，向下拖动填充柄进行复制，即可得到一张二项分布表。改变 B2、D2 中的参数 n、p 后，图 4.9 中数值会随之更新。

	A	B	C	D	E	F
1	使用BINOMDIST函数动态制作任意参数的二项分布表					
2	n=	30	p=	0.1	的二项分布表	
3	k	P{X=k}	P{X≤k}	P{X<k}	P{X>k}	P{X≥k}
4	0	0.042391	0.042391	0.000000	0.957609	1.000000
5	1	0.141304	0.183695	0.042391	0.816305	0.957609
6	2	0.227656	0.411351	0.183695	0.588649	0.816305
7	3	0.236088	0.647439	0.411351	0.352561	0.588649
8	4	0.177066	0.824505	0.647439	0.175495	0.352561
9	5	0.102305	0.926810	0.824505	0.073190	0.175495
10	6	0.047363	0.974173	0.926810	0.025827	0.073190

图 4.9　用 BINOM.DIST 函数制作任意参数的二项分布表

应用案例 4.5 解答： 设 X 为该车间在工作日中任一时刻正在运行的机床数，由于各机床的运行与否是独立的，故 $X\sim B(n,p)$，其中 $n=30$，$p=1-0.3=0.7$。该车间现配置的变压器供电量能满足同时运行的机床数为 40/2=20 台，利用如图 4.9 所示的动态二项分布表，在 B2、D2 中分别输入 30、0.7 后，即可查得

$$P\{X\leqslant 20\}=0.41<0.9$$

故现有的变压器不能满足要求，同时可查得

$$P\{X\leqslant 23\}=0.84<0.9, \quad P\{X\leqslant 24\}=0.92>0.9$$

$$24\times 2=48(千瓦)$$

故该车间至少应配置 48 千瓦的变压器才能满足要求。

当 n 很大，p 很小时，二项分布也可用下面介绍的泊松分布(Poisson distribution)来近似求解。

3. 泊松分布

设随机变量 X 的所有可能取值为 0, 1, 2, $\cdots$, n，若

$$P\{X=k\}=\frac{\lambda^k e^{-\lambda}}{k!}, \quad k=0,1,2,\cdots,n \tag{4.5.5}$$

式中，λ 为大于 0 的常数，则称 X 服从参数为 λ 的泊松分布，记为 $X\sim P(\lambda)$。

泊松分布在排队论、马尔柯夫决策中有重要应用，同时它也是二项分布的极限分布。通

常当 $n \geqslant 50$，$p < 0.1$，$np \leqslant 5$ 时，就可以用 $\lambda = np$ 的泊松分布来近似二项分布。

【例 4.9】　在例 4.8 的问题中，求次品数 $\geqslant 10$ 的概率。

解：令 $\lambda = np = 90 \times 0.02 = 1.8$，则

$$P\{X \geqslant 10\} = 1 - P\{X < 10\} \approx 1 - \sum_{k=0}^{9} \frac{1.8^k \mathrm{e}^{-1.8}}{k!} = \sum_{k=10}^{\infty} \frac{1.8^k \mathrm{e}^{-1.8}}{k!} = 0.000\,019\,(查表)$$

泊松分布表中给出的是累积概率 $\sum_{k=x}^{\infty} \frac{\lambda^k \mathrm{e}^{-\lambda}}{k!}$ 的值。

通常在教材的附录中仅能给出若干特定参数的泊松分布表，在使用时就受到很大限制。而利用 Excel 统计函数中的 POISSON 函数，就可以制作出类似图 4.9 的任意参数的动态泊松分布表。POISSON 函数的语法规则如下。

> 格式：POISSON(k,λ,逻辑值)
>
> 功能：当第 3 个参数的逻辑值为 1 时，返回泊松分布的累积概率 $P\{X \leqslant k\}$ 的值；当逻辑值为 0 时，返回泊松分布的概率 $P\{X = k\}$ 的值。

4. 超几何分布

设在 N 件产品中有 M 件次品，采用不放回抽样，随机抽取 n 件，记 X 为抽到的次品数，称其概率分布

$$P\{X = k\} = \frac{C_M^k C_{N-M}^{n-k}}{C_N^n}，\quad k = 0, 1, 2, \cdots;\quad \min\{n, M\} \tag{4.5.6}$$

为**超几何分布**(hypergeometric distribution)。

例 4.2 和应用案例 4.1 中概率的计算用的就是超几何分布。超几何分布的手工计算比较复杂。利用 Excel 统计函数中的 HYPGEOM.DIST 函数同样可以制作出任意参数的动态超几何分布表。HYPGEOM.DIST 函数的语法规则如下。

> 格式：HYPGEOM.DIST(k, n, M, N, 逻辑值)
>
> 功能：返回超几何分布的概率 $P\{X = k\}$ 的值。

由于 HYPGEOM.DIST 函数仅返回超几何分布的概率值 $P\{X = k\}$，因此用 Excel 制作超几何分布表的方法略有不同(计算累积概率)。

(1) 如图 4.10 所示，在单元格 B2、D2、F2 中分别输入参数 n、M、N。

(2) 在 B4 中输入公式 "= HYPGEOM.DIST(A4,\$B\$2,\$D\$2,\$F\$2, FALSE)"，可求得 $P\{X = k\}$ 的值。

(3) 在 C4 中输入公式 "= HYPGEOM.DIST(A4,\$B\$2,\$D\$2,\$F\$2,TRUE)"，可求得 $P\{X \leqslant k\}$ 的值。

(4) 在 D4 中输入公式 "= C4-B4"，可求得 $P\{X < k\}$ 的值。

(5) 在 E4 中输入公式 "=1-C4"，可求得 $P\{X > k\}$ 的值。

(6) 在 F4 中输入公式 "=1-D4"，可求得 $P\{X \geqslant k\}$ 的值。

(7) 选定 B4:F4，拖动填充柄向下复制，即可得到一张超几何分布表。改变参数 n、M、

N 的值，图 4.10 中的数值会随之更新。

	A	B	C	D	E	F
1	使用HYPGEOM.DIST函数动态制作任意参数的超几何分布表					
2	n= 10		M= 5		N= 100	
3	k	P{X=k}	P{X≤k}	P{X<k}	P{X>k}	P{X≥k}
4	0	0.583752	0.583752	0.000000	0.416248	1.000000
5	1	0.339391	0.923143	0.583752	0.076857	0.416248
6	2	0.070219	0.993362	0.923143	0.006638	0.076857
7	3	0.006384	0.999746	0.993362	0.000254	0.006638
8	4	0.000251	0.999997	0.999746	0.000000	0.000254
9	5	0.000003	1.000000	0.999997	0.000000	0.000003

图 4.10　用 HYPGEOM.DIST 函数制作任意参数的超几何分布表

可以证明，二项分布是超几何分布的极限分布。当 N 很大而抽取的样本数 n 相对较小时($n/N<0.1$)，就可以用二项分布来近似超几何分布。也即在抽样检验中，当产品总数 N 很大而抽检的产品数 n 相对较小时，可将不放回抽样当作放回抽样来处理。

4.6　连续型随机变量

在介绍连续型随机变量的概念之前，我们先来看一个简单的应用案例。

应用案例4.6　**电子产品的寿命分析**

设某厂生产的某种电子产品的寿命服从平均寿命为 8 年、寿命标准差为 2 年的正态分布，请问：

(1) 该产品的寿命小于 5 年的概率是多少？

(2) 该产品的寿命大于 10 年的概率是多少？

(3) 为了提高产品的竞争力，厂方需要向用户做出该产品在保质期内失效可以免费更换的承诺，该厂希望将免费更换率控制在 1%以内，问保质期限最长可定为几年？

显然，产品的寿命是一个连续型随机变量。连续型随机变量在经济管理领域中有着非常广泛的应用，而本案例中提到的正态分布则是概率论中最重要的一种分布，第 4.8 节介绍的中心极限定理，将说明在自然界、人类社会及经济管理领域中大量的随机现象都服从或近似服从正态分布的原因。下面先介绍概率密度的概念。

4.6.1　概率密度

连续型随机变量的所有可能取值无法一一列举，因此其统计规律性不能用分布率来描述。概率密度函数并非描述连续型随机变量在某一点的输出值，而是表述在该点附近取值的可能性。而随机变量的取值落在某个区域内的概率，则为概率密度函数在这个区域上的积分。

1. 概率密度的概念

对连续型随机变量 X，如果存在非负可积函数 $f(x)$，使得对任意实数 x，有

$$f(x) = \int_{-\infty}^{x} f(t)\mathrm{d}t \tag{4.6.1}$$

则称 $f(x)$ 为 X 的**概率密度函数**，简称**概率密度**或**密度**。

2. 概率密度的性质

设 $f(x)$ 为连续型变量 X 的概率密度，则

(1) $f(x) \geqslant 0$。

(2) $\int_{-\infty}^{+\infty} f(x)\mathrm{d}x = 1$。

(3) $P\{x_1 < X \leqslant x_2\} = \int_{x_1}^{x_2} f(x)\mathrm{d}x$。

(4) 若 $f(x)$ 在 x 处连续，则 $F'(x) = f(x)$。 \hfill (4.6.2)

由以上定义可知，求连续型随机变量的分布函数 $F(x)$ 的值，以及 X 落在区间 (x_1, x_2) 上的概率，等于相应区间中曲线 $f(x)$ 下的曲边梯形的面积，而且与区间的开闭无关，如图 4.11 所示。熟悉这一点对今后的学习是很有帮助的。

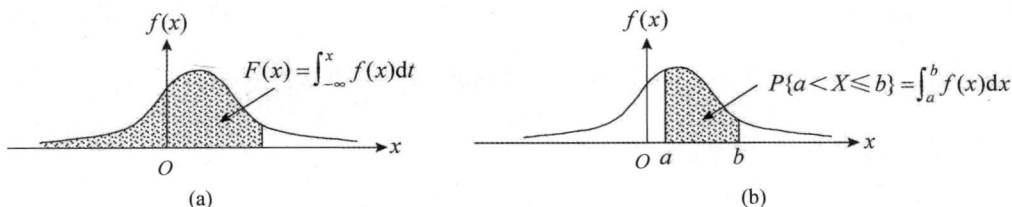

图 4.11　分布函数与概率密度的关系

4.6.2　几种重要的连续型分布

1. 均匀分布

若随机变量 X 的概率密度为

$$f(x) = \begin{cases} \dfrac{1}{b-a} & x \in [a,b] \\ 0 & x \notin [a,b] \end{cases} \tag{4.6.3}$$

式中，a，b 为常数，则说明 X 在区间 $[a, b]$ 上服从**均匀分布**(uniform distribution)，记为 $X \sim U(a, b)$。

其分布函数为

$$F(x) = \begin{cases} 0 & x < a \\ \dfrac{x-a}{b-a} & a \leqslant x < b \\ 1 & b \leqslant x \end{cases} \tag{4.6.4}$$

均匀分布的概率密度函数图像在区间 $[a, b]$ 上是一条水平线段。服从均匀分布的随机变

量 X，其取值落在$[a, b]$内任意两个等长度子区间的概率是相等的，并且该概率与子区间长度成正比，与子区间的具体起始位置无关。

均匀分布在实际生活中是一种常见的概率分布，如计算、观察取整时采用"四舍五入"法会产生一定的误差，这一误差即服从$[-0.5, 0.5]$上的均匀分布。又如，在每隔 t 分钟经过一辆公共汽车的车站，乘客候车时间通常也可以看成是服从$U(0, t)$的随机变量。

【例 4.10】 一公交车站从早上 6 点起每 15 分钟来一班车，即 6:00、6:15、6:30、6:45 等时刻会有汽车到达本站。试问：若乘客到达本站的时间 X 是一个服从 7:00 到 7:30 之间的均匀分布的随机变量，则他的候车时间少于 10 分钟的概率是多少？

解：记 7:00 为时间的起点 0，以分钟为时间单位，则 $X \sim U(0,30)$，其概率密度为

$$f(x) = \begin{cases} \dfrac{1}{30} & x \in [0,30] \\ 0 & x \notin [0,30] \end{cases}$$

若要求等车时间少于 10 分钟，则乘客必须在 7:05 到 7:15 之间或者 7:20 到 7:30 之间到达本站，则所求概率为

$$P\{5 \leqslant X \leqslant 15\} + P\{20 \leqslant X \leqslant 30\} = \int_5^{15} \frac{1}{30}\mathrm{d}x + \int_{20}^{30} \frac{1}{30}\mathrm{d}x = \frac{2}{3}$$

即乘客候车时间少于 10 分钟的概率为 $\dfrac{2}{3}$。

2. 正态分布

正态分布，亦被称为高斯分布(Gaussian distribution)。最早由法国数学家棣莫弗在求取二项分布的渐近公式过程中获得，而后德国数学家高斯在对测量误差进行研究时，又从另一个角度将其导出。

1) 正态分布的定义

设随机变量 X 的概率密度为

$$f(x) = \frac{1}{\sqrt{2\pi}\sigma} \mathrm{e}^{-\frac{(x-\mu)^2}{2\sigma^2}}, \qquad x \in (-\infty, \infty) \tag{4.6.5}$$

式中，μ 和 σ 为常数，且 $\sigma > 0$，则称 X 服从参数为 μ 和 σ 的**正态分布**(normal distribution)，记为 $X \sim N(\mu, \sigma^2)$。

正态分布是概率论中最为重要的一种分布，大量的自然现象、经济现象和社会现象都服从或近似服从正态分布。通常情况下，若影响某一随机现象的因素很多，且其中并没有哪一种因素的影响起到决定性作用，则该随机现象就会服从或近似服从正态分布(见第 4.8 节所介绍的中心极限定理)。这就是推断统计学中通常可假定总体服从正态分布的原因。此外，正态分布还具备极佳的数学性质，例如有限个独立正态变量的线性组合仍然服从正态分布等，并且许多非正态分布是以正态分布作为其渐近分布的。

2) 正态分布概率密度的性质

正态分布的概率密度函数曲线如图 4.12 所示。

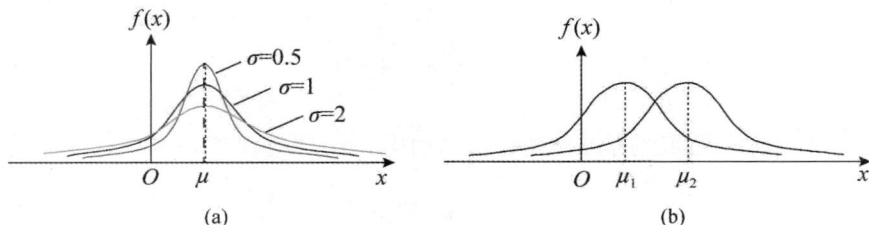

图 4.12　正态分布的概率密度函数曲线

由图 4.12 不难看出它具有如下性质。

(1) $f(x)$在 $x=\mu$ 处达到极大值，x 离 μ 越远，$f(x)$的值越小，且以 x 轴为渐近线。

(2) 曲线关于 $x=\mu$ 对称，且在 $x=\mu\pm\sigma$ 处有两个拐点。

(3) σ 越小，曲线越陡峭，反之，则越平坦。参数 σ 反映了 X 取值相对于 μ 的密集程度，σ 越小，X 的取值越集中在 μ 附近；反之，X 取值的离散程度就越大。

(4) 对相同的 σ，改变 μ 值相当于曲线的平移。

3) 标准正态分布

称 $\mu=0$、$\sigma=1$ 的正态分布为**标准正态分布**，记为 $Z\sim N(0,1)$，其密度函数和分布函数分别记为 $\varphi(x)$和 $\Phi(x)$。

$$\varphi(x)=\frac{1}{\sqrt{2\pi}}\mathrm{e}^{-\frac{x^2}{2}},\quad x\in(-\infty,+\infty) \tag{4.6.6}$$

$$\Phi(x)=\frac{1}{\sqrt{2\pi}}\int_{-\infty}^{x}\mathrm{e}^{-\frac{t^2}{2}}\mathrm{d}t,\quad x\in(-\infty,+\infty) \tag{4.6.7}$$

4) 正态分布表的使用

由于正态分布非常重要，人们编制了标准正态分布的分布函数 $\Phi(x)$的函数值表，可供查用。查表时经常要用到以下关系。

(1) $P\{Z\leqslant x\}=\Phi(x)$。

(2) $P\{Z>x\}=1-\Phi(x)$。

(3) $P\{x_1<Z\leqslant x_2\}=\Phi(x_2)-\Phi(x_1)$。

(4) $\Phi(-x)=1-\Phi(x)$。

其中，(4)是利用了正态分布的对称性，如图 4.13 所示。

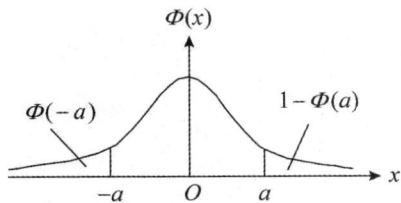

图 4.13　$\Phi(-a)=1-\Phi(a)$

【例 4.11】 设 $X\sim N(0,1)$，求：(1) $P\{X\leqslant 1.89\}$；(2) $P\{X>-2.13\}$；(3) $P\{-0.97<X\leqslant 2.35\}$。

解： 查表可得

(1) $P\{X\leqslant 1.89\}=\Phi(1.89)=0.9706$。

(2) $P\{X>-2.13\}=1-\Phi(-2.13)=\Phi(2.13)=0.9834$。

(3) $P\{-0.97<X\leqslant 2.35\}=\Phi(2.35)-\Phi(-0.97)=0.9906-(1-0.8340)=0.8246$。

5) 非标准正态分布的查表

设 $X\sim N(\mu,\sigma^2)$，则

$$Z = \frac{X - \mu}{\sigma} \sim N(0,1) \tag{4.6.8}$$

式(4.6.8)称为正态分布的标准化变换,从而得

$$F(x) = \Phi\left(\frac{x - \mu}{\sigma}\right) \tag{4.6.9}$$

利用式(4.6.9)就可查表求得 $F(x)$ 的值。在具体计算时常用到以下关系。

(1) $P\{X \leqslant x\} = \Phi\left(\dfrac{x - \mu}{\sigma}\right)$。

(2) $P\{X > x\} = 1 - \Phi\left(\dfrac{x - \mu}{\sigma}\right)$。

(3) $P\{x_1 < X \leqslant x_2\} = \Phi\left(\dfrac{x_2 - \mu}{\sigma}\right) - \Phi\left(\dfrac{x_1 - \mu}{\sigma}\right)$。

(4) $F(-x) = 1 - \Phi\left(\dfrac{x + \mu}{\sigma}\right)$。

应用案例 4.6 解答: 设 X 为该产品的使用寿命,则 $X \sim N(8, 2^2)$。

(1) $P\{X \leqslant 5\} = \Phi\left(\dfrac{5 - 8}{2}\right) = \Phi(-1.5) = 1 - \Phi(1.5) = 0.0668$

(2) $P\{X > 10\} = 1 - \Phi\left(\dfrac{10 - 8}{2}\right) = 1 - \Phi(1) = 0.1587$

(3) 设保用年限最多可定为 x 年,则由题意可知

$$P\{X \leqslant x\} = \Phi\left(\frac{x - 8}{2}\right) \leqslant 0.01$$

即

$$1 - \Phi\left(\frac{x - 8}{2}\right) = \Phi\left(\frac{8 - x}{2}\right) \geqslant 0.99$$

查表可得 $\dfrac{8 - x}{2} \geqslant 2.33$,解得 $x \leqslant 3.34$。

因此,为将该产品的免费更换率控制在1%以内,保用年限最多可定为3年。

【例 4.12】 设 $X \sim N(\mu, \sigma^2)$,求: (1) $P\{\mu - \sigma < X < \mu + \sigma\}$; (2) $P\{\mu - 2\sigma < X < \mu + 2\sigma\}$; (3) $P\{\mu - 3\sigma < X < \mu + 3\sigma\}$。

解: $P\{\mu - \sigma < X < \mu + \sigma\} = \Phi(1) - \Phi(-1) = 0.6826$

同理可得

$$P\{\mu - 2\sigma < X < \mu + 2\sigma\} = \Phi(2) - \Phi(-2) = 0.9544$$

$$P\{\mu-3\sigma <X< \mu+3\sigma\}=\Phi(3)-\Phi(-3)=0.9974 \tag{4.6.10}$$

式(4.6.10)说明，X 落在($\mu-3\sigma$，$\mu+3\sigma$)内的概率为 99.74%，落在该区间外的概率仅为 0.26%，几乎是不可能的事件。正态分布的这一性质称为"3σ 法则"。在质量管理中，常运用这一法则来判断生产过程是否出现异常。

使用正态分布表时需要对数据进行标准化变换，但如果利用 Excel 统计函数中的 NORM.DIST 函数就可以非常方便地求解任意的正态分布问题。NORM.DIST 函数的语法规则如下。

格式：NORM.DIST(x,μ,σ, 逻辑值)

功能：当逻辑值为 TRUE 时，返回正态分布的分布函数 $P\{X\leqslant x\}$ 的值；当逻辑值为 FALSE 时，返回其密度函数的值。

在 Excel 中求解正态分布问题的过程如下。

(1) 如图 4.14 所示，分别在单元格 B2 和 D2 中输入参数 μ 和 σ 的值，在 B3，D3，F3 中分别输入各 x 的值。

(2) 在 C4 中输入公式"= NORM.DIST(B3,B2,D2,TRUE)"，可求得 $P\{X\leqslant x\}$ 的值。

(3) 在 C5 中输入公式"=1-C4"，可求得 $P\{X>x\}$ 的值。

(4) 在 C6 中输入公式"=NORM.DIST(F3,B2,D2, TRUE)－NORM.DIST(D3,B2,D2, TRUE)"，可求得 $P\{x1<X\leqslant x2\}$ 的值。

(5) 改变相应参数，可立即得到所需要的解。

	A	B	C	D	E	F
1		使用NORM. DIST求解任意正态分布问题				
2		$\mu=$ 8		$\sigma=$ 2		
3		$x=$ 5		$x_1=$ 5		$x_2=$ 10
4		$P\{X\leqslant x\}=$	0.066807			
5		$P\{X>x\}=$	0.933193			
6		$P\{x_1<X\leqslant x_2\}=$	0.774538			

图 4.14　使用 NORM.DIST 函数求解任意正态分布问题

操作视频

6) 正态分布的性质

为了介绍正态分布的性质，需要引入随机变量相互独立的概念。随机变量独立性的概念与事件独立性的概念类似，即如果一个随机变量的取值对另一随机变量的取值无影响，反之亦然，则称这两个随机变量是相互独立的(描述性的叙述)。两个或多个随机变量之间是否相互独立，通常可根据所采用的试验方法来确定。

正态分布具有以下非常好的性质。

(1) 两个独立的正态变量之和仍然服从正态分布，即 $X\sim N(\mu_1, \sigma_1^2)$，$Y\sim N(\mu_2, \sigma_2^2)$，且 X 和 Y 相互独立，则随机变量

$$Z=X+Y\sim N(\mu_1+\mu_2, \sigma_1^2+\sigma_2^2) \tag{4.6.11}$$

以上结论还可以推广到任意有限个独立正态变量之和的情况。设 $X_1, X_2, \cdots, X_n$ 相互独

立，且 $X_i \sim N(\mu_1, \sigma_i^2)$，$i=1, 2, \cdots, n$，则

$$Y = \sum_i X_i \sim N\left(\sum_i \mu_i, \ \sum_i \sigma_i^2 \right) \tag{4.6.12}$$

(2) 有限个独立正态变量的线性组合仍然服从正态分布，即设 $X_i \sim N(\mu_i, \sigma_i^2)$，且各 X_i 相互独立，则

$$Y = \sum_i k_i X_i \sim N\left(\sum_i k_i \mu_i, \ \sum_i k_i^2 \sigma_i^2 \right) \tag{4.6.13}$$

式中，k_i 为已知常数。

正态分布的以上性质在推断统计学中有着极为重要的应用。需要指出的是，一般的随机变量通常不具备这些性质。也就是说，在通常情况下，两个独立且属于同一分布族的随机变量之和未必再属于原来的分布族。

3. 指数分布

若随机变量 X 的概率密度为

$$f(x) = \begin{cases} \lambda e^{-\lambda x} & x \geqslant 0 \\ 0 & x < 0 \end{cases} \tag{4.6.14}$$

式中，$\lambda > 0$ 为常数，则称 X 服从参数为 λ 的**指数分布**(exponential distribution)，记作 $e(\lambda)$。

不难求得指数分布的分布函数为

$$F(x) = \begin{cases} 1 - e^{-\lambda x} & x \geqslant 0 \\ 0 & x < 0 \end{cases} \tag{4.6.15}$$

指数分布在排队论、马尔可夫分析和可靠性理论等经济管理领域都有重要应用。通常情况下，产品的无故障工作时间服从指数分布，其中参数 λ 就是产品的失效率，而其倒数 $1/\lambda$ 则是平均无故障工作时间。

【例 4.13】 设某品牌彩电的无故障工作时间服从指数分布，其平均无故障工作时间为 2000 小时，求该彩电无故障工作时间不小于 1000 小时的概率。

解：由题意可知，$\lambda = \dfrac{1}{2000}$，得

$$P\{X \geqslant 1000\} = 1 - P\{X \leqslant 1000\} = 1 - F(1000) = 1 - (1 - e^{-\frac{1}{2000} \times 1000}) = e^{-0.5} = 0.6065$$

利用 Excel 统计函数中的 **EXPONDIST** 函数可以返回指数分布的分布函数和密度函数的值，其语法规则如下。

格式：EXPONDIST(x, λ,逻辑值)
功能：当逻辑值为 1 时，返回指数分布的分布函数 $P\{X \leqslant x\}$ 的值；当逻辑值为 0 时，返回指数分布的密度函数的值。

4.7 随机变量的数学期望和方差

分布函数、密度函数及分布律完整地描述了随机变量的统计规律性，但在许多情况下，人们更关心的是随机变量在分布上的某些基本特征。例如，在进行产品寿命试验时，人们最关心的是该产品的平均无故障工作时间或平均寿命；又如，在评价设备性能时，往往最关心的是设备的加工精度指标，也就是所加工零件的尺寸误差等。随机变量的上述基本特征被称为随机变量的数字特征，它们能反映随机变量在分布上的重要特征，这些特征在理论上和实践中都具有重要意义。本节仅介绍数学期望和方差这两个最为重要的数字特征。

4.7.1 数学期望

数学期望简称期望或均值，它反映了随机变量取值的中心趋势，是随机变量最为重要的数字特征。

1. 离散型随机变量的数学期望

设离散型随机变量 X 的分布律为 $P\{X=x_k\}=p_k$，$k=1, 2, \cdots, n$，若级数 $\sum\limits_{i=1}^{\infty} x_k p_k$ 绝对收敛，则称它为 X 的数学期望，记为 $E(X)$，即

$$E(X) = \sum_{i=1}^{\infty} x_k p_k \tag{4.7.1}$$

由上述定义可知，并非所有随机变量都存在数学期望。离散型随机变量 X 的数学期望就是以分布律 p_k 为权数，对其所有可能取值的加权平均值。故数学期望也称为**均值**。

【例 4.14】 设 X 服从参数为 λ 的泊松分布，求 $E(X)$。

解：$E(X) = \sum\limits_{k=0}^{\infty} k \dfrac{\lambda^k e^{-\lambda}}{k!} = \lambda e^{-\lambda} \sum\limits_{k=1}^{\infty} \dfrac{\lambda^{k-1}}{(k-1)!} = \lambda e^{-\lambda} e^{\lambda} = \lambda$

2. 连续型随机变量的数学期望

在连续型随机变量中，$f(x)\mathrm{d}x$ 的含义与离散型随机变量中的 p_k 是相似的，于是自然有以下定义。

设连续型随机变量的概率密度为 $f(x)$，若积分 $\int_{-\infty}^{+\infty} xf(x)\mathrm{d}x$ 绝对收敛，则称它为 X 的数学期望，即

$$E(X) = \int_{-\infty}^{+\infty} xf(x)\mathrm{d}x \tag{4.7.2}$$

【例 4.15】 设 X 服从参数为 λ 的指数分布，求 $E(X)$。

解： $E(X) = \int_{-\infty}^{+\infty} xf(x)\mathrm{d}x = \int_0^{+\infty} x\lambda\mathrm{e}^{-\lambda x}\mathrm{d}x = -\int_0^{+\infty} x\mathrm{d}(\mathrm{e}^{-\lambda x}) = -x\mathrm{e}^{-\lambda x}\Big|_0^{+\infty} + \int_0^{+\infty} \mathrm{e}^{-\lambda x}\mathrm{d}x$

$$= \frac{1}{\lambda}\int_0^{+\infty} \lambda\mathrm{e}^{-\lambda x}\mathrm{d}x = \frac{1}{\lambda}$$

【例 4.16】 设 $X \sim N(\mu, \sigma^2)$，求 $E(X)$。

解： $E(X) = \int_{-\infty}^{+\infty} x\frac{1}{\sqrt{2\pi}\sigma}\mathrm{e}^{-\frac{(x-\mu)^2}{2\sigma^2}}\mathrm{d}x$

令 $t = \dfrac{x-\mu}{\sigma}$，则 $x = \sigma t + \mu$，$\mathrm{d}t = \dfrac{1}{\sigma}\mathrm{d}x$，得

$$E(X) = \frac{1}{\sqrt{2\pi}}\int_{-\infty}^{+\infty}(\sigma t + \mu)\mathrm{e}^{-\frac{t^2}{2}}\mathrm{d}t = \frac{\sigma}{\sqrt{2\pi}}\int_{-\infty}^{+\infty} t\mathrm{e}^{-\frac{t^2}{2}}\mathrm{d}t + \mu\int_{-\infty}^{+\infty}\frac{1}{\sqrt{2\pi}}\mathrm{e}^{-\frac{t^2}{2}}\mathrm{d}t = 0 + \mu = \mu$$

由此可知，正态分布中的参数 μ 就是正态变量的数学期望。

3. 随机变量函数的数学期望

在实际问题中，经常要求随机变量 X 的某个函数 $g(X)$ 的数学期望。例如，已知某产品月销售量的分布，要求该产品的月平均销售额等。

设 X 是一个随机变量，$Y = g(X)$ 是 X 的连续函数。

(1) 设 X 是离散型随机变量，其分布率为 $P(X = x_k) = p_k$，$k = 1, 2, \cdots, n$，若级数 $\sum\limits_{k=1}^{\infty} g(x_k)p_k$ 绝对收敛，则

$$E[g(X)] = \sum_{k=1}^{\infty} g(x_k)p_k \tag{4.7.3}$$

(2) 设 X 是连续型随机变量，其密度函数为 $f(x)$，若积分 $\int_{-\infty}^{+\infty} g(x)f(x)\mathrm{d}x$ 绝对收敛，则

$$E[g(X)] = \int_{-\infty}^{+\infty} g(x)f(x)\mathrm{d}x \tag{4.7.4}$$

式(4.7.3)和式(4.7.4)说明，求 $g(X)$ 的期望，只需在数学期望的公式中用 $g(X)$ 取代 X 即可。

4. 数学期望的性质

(1) 设 c 为常数，则 $E(c) = c$。

(2) 设 k 为常数，则 $E(kX) = kE(X)$。

(3) 设 k，b 为常数，则 $E(kX+b) = kE(X)+b$。

(4) 设 X、Y 为任意两个随机变量，则 $E(X+Y) = E(X)+E(Y)$。

(5) 若 X 和 Y 相互独立，则 $E(XY) = E(X)E(Y)$。

【例 4.17】 为何新型冠状病毒感染核酸检测常采用十人混检呢？2020 年初，新型冠状病毒感染在全球范围内迅速蔓延，为在保证应检尽检的同时，提高检测效率并降低检测成本，混检成为大规模检测的主要方式，其中最常见的就是十人混检。假设共有 N 个人需进行核酸检测，病毒携带率为 q，每管混检人数为 K，每人平均检测次数为 X，则有以下问题：

(1) 多人混检真的能提高效率吗？

(2) 为什么最常见的混检规模是十人混检?

解答:

(1) 根据题意,可得以下两种情况。

① 如果混检结果呈阴性,这表明该管内 K 个人的唾液样本均为阴性,在一定误差允许范围内可以说这 K 个人都没有携带新型冠状病毒,此时每个人的检测次数为 $\frac{1}{K}$ 次。

② 如果混检结果呈阳性,这意味着该管中至少有 1 人携带新型冠状病毒,那么就需要对这 K 个人进行单独的检测,此时每个人的检测次数为 $\frac{1}{K}+1$ 次。

可见,每个人的检测次数只有 $\frac{1}{K}$ 和 $\frac{1}{K}+1$ 两种情况,每个人只有阴性和阳性两种结果,符合 0-1 分布。我们可分别计算出上述两种情况的概率。

K 个人都没有感染的概率: $P\left(X=\frac{1}{K}\right)=(1-q)^K$

K 个人中至少有 1 人感染的概率: $P\left(X=\frac{1}{K}+1\right)=1-(1-q)^K$

基于以上概率,我们可求得每人平均检测次数的期望为

$$E(X)=\frac{1}{K}(1-q)^K+\left(\frac{1}{K}+1\right)[1-(1-q)^K]=1-(1-q)^K+\frac{1}{K}$$

当 $E(X)<1$ 时,即 $q<1-\frac{1}{\sqrt[K]{K}}$ 时,则混检的效率高于单检,即病毒携带率 q 越小,混检效率越高。

(2) 从(1)可知,K 个人混检情况下每人平均检测次数的数学期望为 $E(X)=1-(1-q)^K+\frac{1}{K}$。

要使平均检测次数最低,在 q 不变的情况下,这是一个关于 K 的极值问题。在 2020 年初,武汉约 1000 万人口,约 8 万人感染新型冠状病毒,感染率 q 约为 0.008,取 $q=0.01$,于是 $E(X)=1-0.99^K+\frac{1}{K}$。

求得当 $K=11$ 时,$E(X)$ 取最小值为 0.205。考虑到社会管理成本,取十人混检能达到最大效率。

4.7.2　方差

方差是反映随机变量取值离散程度的数字特征。

设某厂生产灯泡的平均寿命 $E(X)=1000$ 小时,但仅由平均寿命还不能说明该厂灯泡质量的好坏。例如,其中可能存在两种极端情况:一种是大部分灯泡的寿命都在 900~1100 小时,这表明该厂灯泡的质量是稳定的;另一种情况是其中约有 1/2 的灯泡寿命在 1500 小

时左右，而另 1/2 的灯泡寿命却在 500 小时左右。后一种情况说明该厂灯泡的质量极不稳定，很可能在工艺、设备、材料或者操作等方面存在严重问题。

此例表明，考察随机变量的分布规律性不仅要分析其数学期望，还要分析其所有可能取值相对于其均值的偏离程度，这无论是在理论研究还是在实际应用中都有重要意义。那么，应如何去度量随机变量的这一特征呢？很容易想到用 $E\{|X-E(X)|\}$ 来度量。但由于该式中有绝对值，数学上不易处理，因此可以改用 $E\{[X-E(X)]^2\}$ 来度量随机变量取值的离散程度。

1. 方差的定义

对随机变量 X，若 $E\{[X-E(X)]^2\}$ 存在，则称其为 X 的方差，记为 $D(X)$ 或 $\mathrm{Var}(X)$，即

$$D(X) = E\{[X-E(X)]^2\} \tag{4.7.5}$$

(1) 对离散型随机变量 X，

$$D(X) = \sum_{k=1}^{\infty}[x_k - E(X)]^2 p_k \tag{4.7.6}$$

(2) 对连续型随机变量 X，

$$D(X) = \int_{-\infty}^{+\infty}[x - E(X)]^2 f(x)\mathrm{d}x \tag{4.7.7}$$

关于方差的计算，有以下重要公式：

$$D(X) = E(X^2) - [E(X)]^2 \tag{4.7.8}$$

在应用中还需要引入与 X 具有相同量纲的量 $\sqrt{D(X)}$，记为 $\sigma(X)$，并称 $\sigma(X)$ 为 X 的标准差。

【例 4.18】 设 $X \sim N(\mu, \sigma^2)$，求 $D(X)$。

解：$D(X) = E\{[X-\mu]^2\} = \int_{-\infty}^{+\infty}(x-\mu)^2 \dfrac{1}{\sqrt{2\pi}\sigma}\mathrm{e}^{-\frac{(x-\mu)^2}{2\sigma^2}}\mathrm{d}x$

令 $t = \dfrac{x-\mu}{\sigma}$，则

$$D(X) = \frac{\sigma^2}{\sqrt{2\pi}}\int_{-\infty}^{+\infty} t^2 \mathrm{e}^{-\frac{t^2}{2}}\mathrm{d}t = \frac{\sigma^2}{\sqrt{2\pi}}\int_{-\infty}^{+\infty} -t\mathrm{d}(\mathrm{e}^{-\frac{t^2}{2}})$$

$$= \frac{\sigma^2}{\sqrt{2\pi}}\left(-t\mathrm{e}^{-\frac{t^2}{2}}\Big|_{-\infty}^{+\infty} + \int_{-\infty}^{+\infty}\mathrm{e}^{-\frac{t^2}{2}}\mathrm{d}t\right) = \sigma^2$$

即正态分布的参数 σ^2 就是它的方差。特别地，标准正态分布是指均值为 0、方差为 1 的正态分布。

2. 方差的性质

设 c、k、b 为常数，X、Y 为随机变量，则

(1) $D(c) = 0$。

(2) $D(kX) = k^2 D(X)$。

(3) $D(kX+b) = k^2 D(X)$。

(4) 若 X 和 Y 相互独立，则 $D(X+Y)=D(X)+D(Y)$。

4.8　大数定律和中心极限定理及其计算机模拟验证

4.8.1　大数定律

在第 4.3 节引入概率的概念时曾提及，随着独立重复试验次数的增加，事件发生的频率会逐渐稳定在它的概率附近；此外，人们还观察到随机变量的大量观察值的算术平均值也总是稳定在它的均值附近。这类稳定性现象就是大数定律的客观背景。下面先引入"依概率收敛"的概念。

记 $\{X_n\}$ 为一随机变量序列，若存在常数 a，使得对任意给定的 $\varepsilon > 0$，有

$$\lim_{n \to \infty} P\{|X_n - a| < \varepsilon\} = 1 \tag{4.8.1}$$

则称随机变量序列 $\{X_n\}$ 依概率收敛于 a。

1. 切比雪夫定理

设 X_i ($i=1,2,\cdots,n$) 相互独立，且有相同的数学期望和方差，即 $E(X_i)=\mu$，$D(X_i)=\sigma^2$，则对于任意给定的 $\varepsilon > 0$，有

$$\lim_{n \to \infty} P\{|\frac{1}{n}\sum_{i=1}^{n} X_i - \mu| < \varepsilon\} = 1 \tag{4.8.2}$$

切比雪夫定理表明，对随机变量进行 n 次独立观察，则观察值的算术平均值依概率收敛于它的数学期望。这就是统计推断中可以用样本均值估计总体均值的理论依据。

2. 贝努里定理

设 n_A 是 n 次独立试验中事件 A 发生的次数，p 是一次试验中 A 发生的概率，则对于任意给定的 $\varepsilon > 0$，有

$$\lim_{n \to \infty} P\{|\frac{n_A}{n} - p| < \varepsilon\} = 1 \tag{4.8.3}$$

贝努里定理表明，事件的频率依概率收敛于其概率。这也就是在实际应用中，可以使用事件发生的频率作为其概率的估计的理论依据。

4.8.2　中心极限定理

在第 4.6 节中我们曾指出，正态分布是概率论中最为重要的一种分布，大量的自然现象、经济现象和社会现象都服从或近似服从正态分布，中心极限定理就说明了其中的原因。下面是用描述性语言给出的中心极限定理。

设随机变量 $X_i(i=1, 2, \cdots, n)$ 相互独立，且都存在数学期望和方差，即

$$E(X_i) = \mu_i , \quad D(X_i) = \sigma_i^2 , \quad i = 1, 2, \cdots, n$$

若每个 X_i 对总和 $\sum\limits_{i=1}^{n} X_i$ 的影响都不大，则随机变量 $Y = \sum\limits_{i=1}^{n} X_i$ 就近似服从 $N\left(\sum\limits_{n}^{i=1} \mu_i, \sum\limits_{n}^{i=1} \sigma_i^2\right)$ 分布；或者说，经标准化后的随机变量为

$$Z = \frac{\sum\limits_{i=1}^{n} X_i - \sum\limits_{i=1}^{n} \mu_i}{\sqrt{\sum\limits_{i=1}^{n} \sigma_i^2}}$$

就近似服从 $N(0, 1)$ 分布。

在自然界和社会经济领域，众多随机现象是由许多独立随机因素的共同影响、作用所致。例如，某品牌家电产品的需求量，除受自身产品的价格、质量、性能、外观、科技含量、售后服务、广告宣传、促销手段、销售网络、品牌等诸多因素影响外，还受竞争对手同类产品的价格、质量、性能、外观、科技含量、售后服务、广告宣传、促销手段、销售网络、品牌，以及可替代产品的性能、价格等许多因素影响。此外，还与居民的购买力水平、消费信心、消费时尚、商品房的销售量等众多因素有关。中心极限定理指出了大量随机现象都服从或近似服从正态分布的原因，这也是统计学中通常假定总体服从正态分布的理论依据。

4.8.3 中心极限定理的动态模拟验证

下面利用 Excel 的随机数发生器 RAND( )函数及其图形功能，来验证大量独立均匀分布变量的均值将近似服从正态分布。

(1) 在 A2 单元格中输入 RAND( )函数，该函数返回(0,1)区间内均匀分布的伪随机数，按 F9 功能键后该函数的返回值会随之改变。

(2) 选定 A2，向右拖动填充柄复制到 AX2(共 50 个)。

(3) 选定 A2:AX2,向下拖动填充柄复制到第 501 行,这样就在 A2:AX501 区域内得到 50×500 个(0,1)区间内的均匀分布随机数。

操作视频

(4) 在 AY2 单元格中输入公式 "=AVERAGE(A2:AX2)"；选定 AY2，向下拖动填充柄复制到 AY501。这样 AY2:AY501 的各单元格就代表由 50 个独立均匀分布变量的平均值所产生的 500 个样本观察值。下面我们使用 AY2:AY501 中的 500 个样本观察值来动态绘制其频数分布的直方图。

(5) 执行【数据】→【数据分析】→【描述统计】命令，输出 AY2:AY501 中的最大值与最小值，如图 4.15 所示。

(6) 在 BA5 中输入公式 "= (BA3-BA4)/15"，就得到分组所需的组间距。

(7) 在 BB2 中输入第一个分组的上限值 0.36，在 BB3 中输入公式 "= BB2+BA5"，拖动填充柄向下复制到 BB19，就得到一列分组的组限值。

(8) 选定 BC2:BC19,输入公式 "= FREQUENCY(AY2:AY501,BB2:BB19)"，按住 Ctrl+Shift 键后再单击【确定】按钮或按回车键，就得到所需的频数分布数据，如图 4.15 所示。

	AU	AV	AW	AX	AY	AZ	BA	BB	BC
1	X47	X48	X49	X50	均值	列1		分组	频数
2	0.1482	0.8444	0.9522	0.2492	0.5263			0.36	0
3	0.3570	0.0843	0.6641	0.3348	0.4617	最大(1)	0.639875	0.377584	1
4	0.1525	0.7147	0.0121	0.2102	0.4057	最小(1)	0.376121	0.395167	3
5	0.2370	0.9645	0.0994	0.4719	0.4607	组间距	0.017584	0.412751	5
6	0.3094	0.2708	0.0952	0.2944	0.4971			0.430334	15
7	0.4924	0.6696	0.3669	0.4635	0.4692			0.447918	28
8	0.2809	0.2886	0.7358	0.7392	0.5385			0.465502	43
9	0.3857	0.7313	0.0979	0.5222	0.4922			0.483085	67
10	0.8025	0.5238	0.2895	0.7619	0.4534			0.500669	95
11	0.6036	0.6211	0.1436	0.4981	0.5239			0.518252	86
12	0.1983	0.3987	0.6855	0.8188	0.4230			0.535836	62
13	0.6824	0.3970	0.8033	0.0479	0.4444			0.55342	55
14	0.0771	0.6640	0.2133	0.2197	0.4210			0.571003	28
15	0.5421	0.4516	0.8746	0.3343	0.4965			0.588587	8
16	0.4104	0.6301	0.5498	0.5389	0.5626			0.60617	4
17	0.9596	0.8908	0.1185	0.2413	0.4360			0.623754	0

图 4.15 中心极限定理的模拟验证

(9) 利用 BB2:BC19 的数据, 绘制频数分布直方图, 如图 4.16 所示。每按一次 F9 键, 图形就会随之改变, 但基本上都是类似于正态分布的单峰对称分布图形。

作为对比, 图 4.17 是使用某一列均匀分布的数据绘制出的频数分布直方图, 显然与图 4.16 存在根本性的区别。

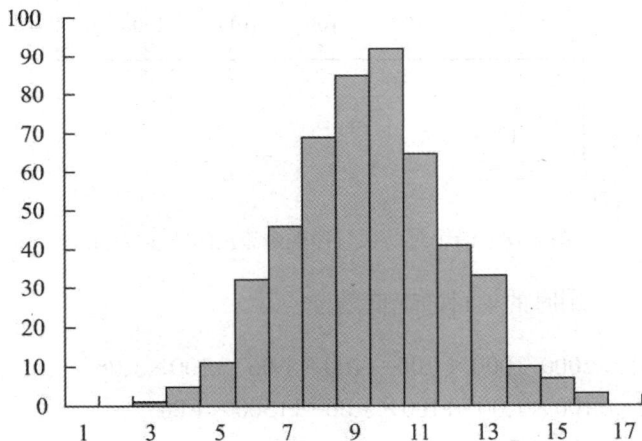

图 4.16 正态分布随机样本数据的频数分布图

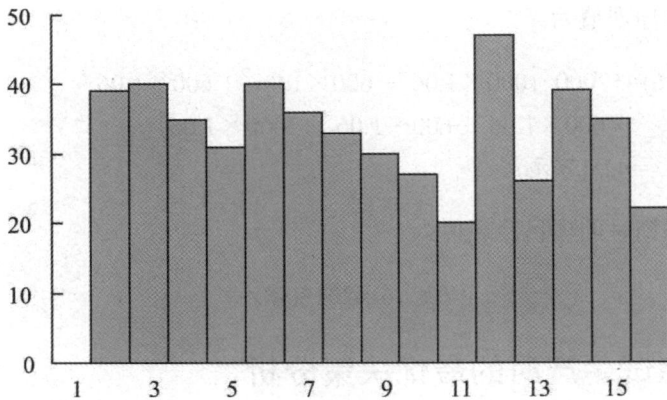

图 4.17 均匀分布随机样本数据的频数分布图

由于均匀分布与正态分布之间的差异是最大的，因此，上述对中心极限定理的模拟验证结果是具有普遍代表意义的。

4.9 新产品投资决策案例分析

作为本章所学知识的综合应用，下面我们来分析应用案例 4.1 中给出的新型洗衣机投资生产决策问题。

4.9.1 投产后各种销售状况下的项目净现值

根据所给数据，首先计算产品投产后三种销售状况下的项目净现值。记 $PW_j(i)$，$j=1, 2, 3$ 分别为滞销、一般和畅销时的项目净现值。

滞销时的项目净现金流量如图 4.18 所示。

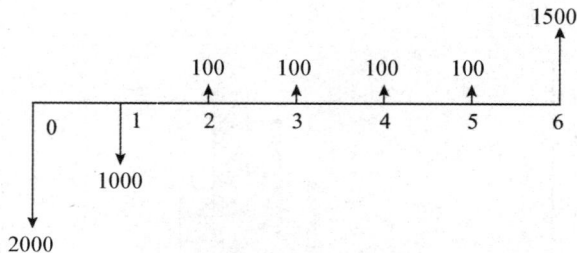

图 4.18 滞销时的项目净现金流量(单位：万元)

由图 4.18 可知，滞销时的项目净现值为

$$PW_1(6)=-2000-1000\times1.06^{-1}+100\times1.06^{-2}+100\times1.06^{-3}$$
$$+100\times1.06^{-4}+100\times1.06^{-5}+1500\times1.06^{-6}$$
$$=-1559(万元)$$

一般时的项目净现值为

$$PW_2(6)=-2000-1000\times1.06^{-1}+600\times1.06^{-2}+600\times1.06^{-3}$$
$$+600\times1.06^{-4}+600\times1.06^{-5}+2000\times1.06^{-6}$$
$$=428(万元)$$

同理可得，畅销时的项目净现值为

$$PW_3(6)=2018(万元)$$

4.9.2 不考虑试生产时的最优决策分析

下面用期望净现值标准进行各方案的比较。

记 X 为该产品的未来销售状况，X_1，X_2，X_3 分别代表"滞销""一般"和"畅销"，则 $P(X_1) = 0.3$，$P(X_2) = 0.3$，$P(X_3) = 0.4$ 为已知的先验概率，并记 $V_1(X)$ 和 $V_2(X)$ 分别为投产和不投产两种决策方案的项目净现值，则两方案的期望净现值分别为

$$E[V_1(X)] = 0.3 \times (-1559) + 0.3 \times 428 + 0.4 \times 2018 = 468 (万元)$$
$$E[V_2(X)] = 0$$

故最优决策方案是投产，在考虑贴现率的条件下投产该新产品，6 年中可为企业带来 468 万元的期望净收益(按净现值计算)。

但由前面的分析可知，该产品投产后有 30%的可能性将出现滞销，一旦滞销则将在 6 年内使企业总计亏损 1559 万元(按净现值计)。显然，投产该产品将冒很大的风险，故对于是否投资生产的决策应慎重考虑，还需要做进一步的分析。由此也可知，对于一次性的重大决策问题，不宜直接使用期望值标准进行决策。期望值标准通常仅适用于日常性的决策问题，如企业的订货问题、保险公司的承保问题等。

4.9.3　考虑试生产并获取用户试用反馈信息的方案分析

1. 求各反馈结果的概率和后验概率

记 Y 为用户试用后的反馈结果，Y_1，Y_2，Y_3 分别代表试用结果为"不满意""尚可"和"满意"。显然，可将表 4.1 中括号内的频率数据作为对各条件概率 $P(Y_i|X_j)(i, j = 1, 2, 3)$ 的估计值。表 4.3 给出了根据先验概率 $P(X_j)$ 和条件概率 $P(Y_i|X_j)$，由全概率公式和贝叶斯公式求得的各 Y_i 的无条件概率 $P(Y_i)$ 和各种销售状况下的后验概率 $P(X_j|Y_i)$ 如表 4.3 所示。

表 4.3　求无条件概率和后验概率的计算表

反馈结果	X_1	X_2	X_3	$P(Y_i)$	后验概率		
	0.3	0.3	0.4		$P(X_1|Y_i)$	$P(X_2|Y_i)$	$P(X_3|Y_i)$
不满意(Y_1)	0.70	0.3	0.1	0.340	0.6176	0.2647	0.1177
尚可(Y_2)	0.25	0.4	0.3	0.315	0.2380	0.3810	0.3810
满意(Y_3)	0.05	0.3	0.6	0.345	0.0435	0.2609	0.6956

2. 画出决策树进行分析

接下来，画出决策树进行分析，如图 4.19 所示。这是一个两级决策树，各机会(概率)分支上括号内的数字是相应条件下的概率。决策树最右端给出的是不同方案下出现各种销售状况时的损益值(即方案净现值)。其中，采用试生产并免费试用方案时，各损益值都比不试生产方案的相应损益值少 100 万元，这 100 万即为试生产试用方案所需的费用。

3. 结果分析

经过分析，该问题的最优决策如下：应先进行少量试生产供用户免费试用，以获得用户反馈信息。若用户反馈为不满意，则不投资生产；否则，投资生产该产品。此最优决策的期望净现值为 576 万元，比直接投产的期望净现值高出 108 万元。

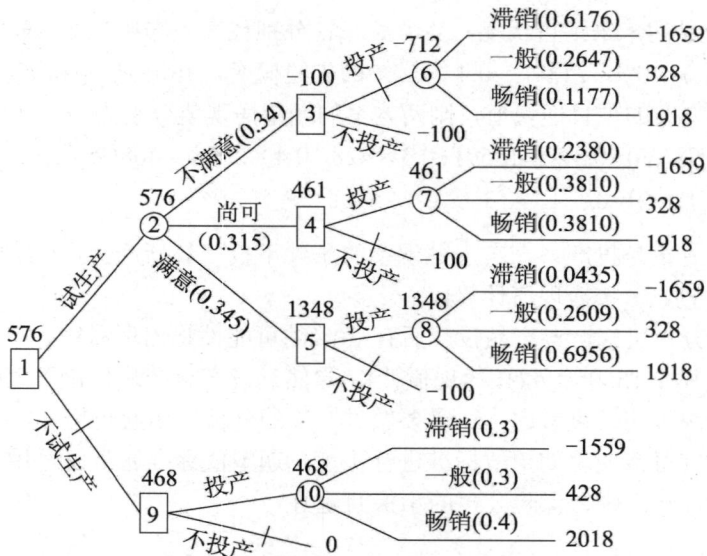

图 4.19　决策树

更为重要的是，采用试生产方案可大大降低决策的风险程度。当用户反馈结果为"满意"时，投产后滞销的概率仅为 4.35%，远低于直接投产后 30% 的滞销概率，此时投产后的期望净现值更是高达 1348 万元。而当用户反馈结果为"不满意"时，投产后产品滞销的概率则高达 61.76%，好在基于此时的决策是不投产，使企业有效规避了可能面临的巨大投资风险。

4. 进一步地分析

当用户试用结果为"尚可"时，从期望值标准来看还是应当投资生产的，但投产后滞销的概率为 23.8%，仍然存在较大的风险。此时，还应根据用户试用所暴露的问题加以改进，例如进一步提升产品质量和使用性能等，从而让产品更好地满足用户需求。经改进后，产品上市滞销的概率会大幅降低，当然，也可以在改进后开展第二轮试生产和试用，以便进一步获取用户信息。

上述案例中的试生产并免费试用实际上就是一种随机试验。企业能够从试验结果中获取有关产品未来市场销售状况的有用信息，这会极大地降低企业决策风险，并带来可观的经济效益。

由上述分析还可知，当用户试用反馈结果为"满意"和"不满意"时，各后验概率 $P(X_j | Y_i)$ 对先验概率 $P(X_j)$ 有较大的修正，这说明在这两种情况下企业获取的信息量较大；而当用户试用反馈结果为"尚可"时，相应的各后验概率 $P(X_j | Y_2)$ 与先验概率 $P(X_j)$ 之间相差不大，这说明在此结果下企业获取的信息量很小。由此可见，试验中获取的信息量与试验的结果相关。

4.9.4　追加信息的价值

在本案例的分析中，采用"试生产并试用"这一试验所能给企业增加的期望经济效益，就是这一试验结果所提供的追加信息的价值。记 $E(V_0)$ 为无追加信息条件下最优决策的期望

收益，$E(V^*)$为获得追加信息后最优决策的期望收益(暂不计获取该项信息的费用)，则

$$追加信息的价值= E(V^*) - E(V_0)$$

在本案例中，对该新产品进行试生产并让用户免费试用所获得的追加信息的价值为(以净现值计)

$$(576+100) - 468 = 208(万元)$$

这里加上的 100 万元为该信息的获取成本。因该信息的价值为 208 万元，大于它的获取成本(100 万元)，故值得获取；反之，就不值得获取。

实际上，该信息更主要的价值在于能使企业规避巨大的投资风险。

4.10　其他软件实现

4.10.1　SPSS 实现

SPSS 的 PDF 与非中心 PDF 函数提供了相关分布的概率分布函数或者概率密度函数，CDF 与非中心 CDF 函数提供了相关分布的累积概率分布函数。

1. 离散型随机变量的分布

用 SPSS 制作任意参数的动态二项分布表的方法如下。

在新建数据表中定义变量 K，输入 K 的取值(K 取自然数 0，1，2，3，4，…)；定义变量 $P1=P\{X=K\}$、$P2=P\{X\le K\}$、$P3=P\{X<K\}$、$P4=P\{X>K\}$、$P5=P\{X\ge K\}$。

若计算 $P1=P\{X=K\}$，则在数据表的数据视图中选中 $P1$ 所在的列，执

操作视频

行菜单栏的【转换】→【计算变量】命令，打开【计算变量】对话框。在【目标变量】中输入变量名 $P1$，在【函数组】中选择【PDF 与非中心 PDF】，在【函数和特殊变量】下选择 **Pdf.Binom**，按照左侧的函数解释在【数字表达式】框中输入对应表达式，如PDF.BINOM(K,n,prob)。单击【类型和标签】按钮来定义目标变量的类型和标签属性，如图 4.20 所示，单击【确定】按钮，在数据表中即可得到 $P1=P\{X=K\}$ 的值。

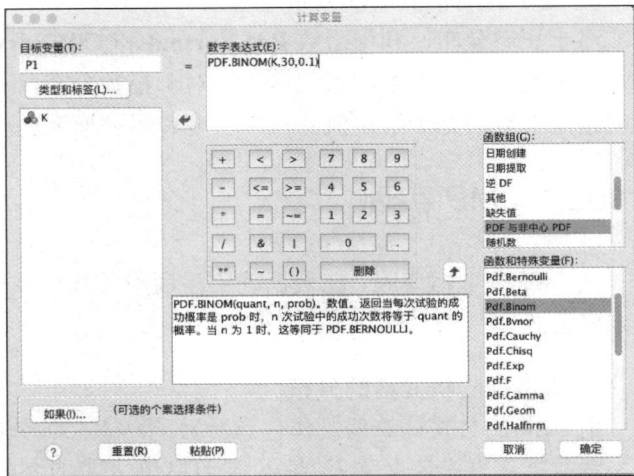

图 4.20　计算目标变量 $P1$

　　类似地，若计算 $P2=P\{X{\leqslant}K\}$ 的取值，只需在【函数组】中选择【CDF 与非中心 CDF】，在【函数和特殊变量】下选择 **Cdf.Binom**，如图 4.21 所示。$P3=P\{X<K\}$ 的值通过在【数字表达式】框中输入公式"**P3=P2-P1**"(即 $P\{X<K\}=P\{X{\leqslant}K\}-P\{X=K\}$)获得，$P4=P\{X>K\}$ 和 $P5=P\{X{\geqslant}K\}$ 的值分别由公式"**P4=1-P2**"和"**P5=1-P3**"获得。

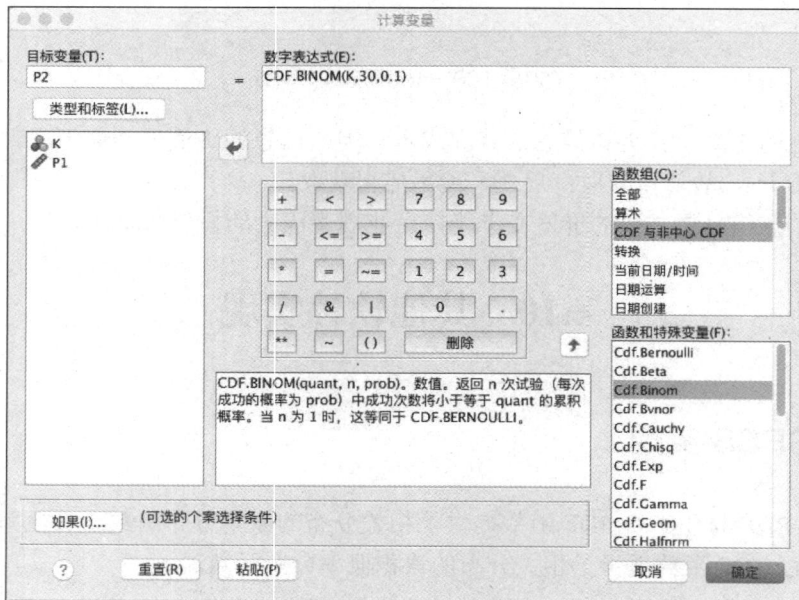

图 4.21　计算目标变量 $P2$

　　制作任意参数的动态泊松分布表时，利用的函数分别为【PDF 与非中心 PDF】下的 Pdf.Poisson 和【CDF 与非中心 CDF】下的 Cdf.Poisson；制作任意参数的超几何分布表时，利用的函数分别为【PDF 与非中心 PDF】下的 Pdf.Hyper 和【CDF 与非中心 CDF】下的 Cdf.Hyper。

2. 连续型随机变量的分布

　　对于正态分布，利用函数 **Pdf.Normal** 和 **Cdf.Normal** 可分别获得指定均值和标准差的处于给定值的概率密度和累积概率；对于指数分布，利用函数 **Pdf.Exp** 和 **Cdf.Exp** 可分别获得指定参数的处于给定值的概率密度和累积概率。

4.10.2　JMP 实现

　　从 JMP 获取概率时，在数据表中需利用公式计算器为接收概率结果的列定义公式。

操作视频

1. 离散型随机变量的分布

　　用 JMP 的公式计算器制作任意参数的动态二项分布表的方法如下。

　　在数据表中定义变量 K，输入 K 的取值(K 取自然数 0，1，2，3，4，…)；定义变量 $P1=P\{X=K\}$、$P2=P\{X{\leqslant}K\}$、$P3=P\{X<K\}$、$P4=P\{X>K\}$、$P5=P\{X{\geqslant}K\}$。

若计算 $P1=P\{X=K\}$，则右击 $P1$ 所在的单元格，在下拉菜单中选择【公式】，打开公式编辑对话框。单击【函数(分组)】中的【离散概率】，出现多种函数，选择其中的 **Binomial Probability**，出现公式 **Binomial Probability[*p,n,k*]**。在公式中输入具体的 p、n、k 的取值或是从该对话框左上角的变量集中将已定义的变量名选入公式的对应位置，如图 4.22 所示。单击【确定】按钮，在数据表中即可得到 $P1=P\{X=K\}$ 的值。

类似地，若计算 $P2=P\{X\leqslant K\}$ 的取值，只需在【离散概率】下选择函数 **Binomial Distribution**，如图 4.23 所示；$P3=P\{X<K\}$ 的值通过在公式编辑框中输入"**P3=P2-P1**"获得，$P4=P\{X>K\}$ 和 $P5=P\{X\geqslant K\}$ 的值分别可由公式"**P4=1-P2**"和"**P5=1-P3**"获得。

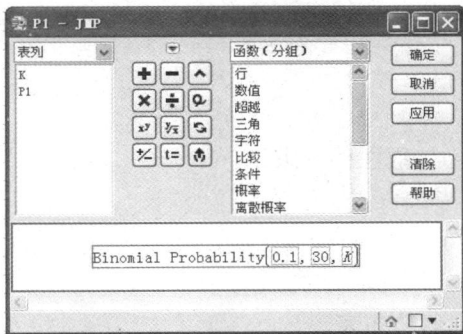

图 4.22　计算 P1 对话框　　　　图 4.23　计算 P2 对话框

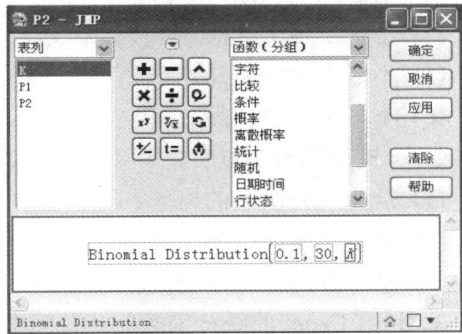

制作任意参数的动态泊松分布表时，利用离散概率下的函数 Poisson Probability 和 Poisson Distribution；制作任意参数的超几何分布表时，利用离散概率下的函数 Hypergeometric Probability 和 Hypergeometric Distribution。

2. 连续型随机变量的分布

在数据表中定义变量 $P1=P\{X\leqslant K\}$，右击 P1 所在的单元格，在下拉菜单中选择【公式】，打开公式编辑对话框。单击【函数(分组)】中的【概率】，出现多种函数，选择 **Normal Distribution**，出现公式 **Normal Distribution[x]**。单击两次插入符号【⌃】，实现在函数公式中插入"均值""标准差"，公式变形为 Normal Distribution[x，均值，标准差]，如图 4.24 所示。分别输入对应的 K、均值、标准差，单击【确定】按钮，输出正态分布的分布函数。同理，利用概率下的 **Normal Density** 函数，可返回对应密度函数的值。

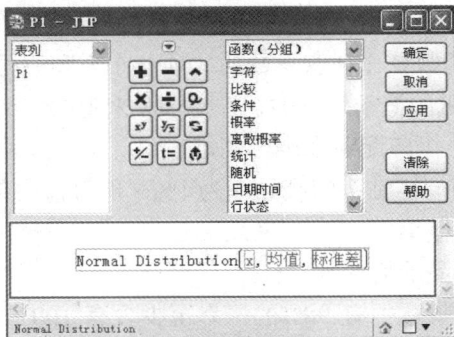

图 4.24　正态分布函数计算对话框

习 题 四

1. 在一批产品中连续抽取 3 个产品进行检验，记 $A_i=\{$第 i 个抽到的是次品$\}$，$i=1, 2, 3$，试用 A_i 间的关系表示以下事件。

(1) 至少有一个正品。

(2) 全部是正品。

(3) 恰有一个次品。

(4) 不多于两个次品。

(5) 不多于两个正品。

(6) 不多于一个次品。

2. 一批产品有 200 件，其中有 6 件次品，从中任取 3 件，求：

(1) 恰有一件次品的概率。

(2) 全是正品的概率。

(3) 至少有两件正品的概率。

3. 利用 Excel 的统计函数制作任意参数的超几何分布表。

4. 某厂生产产品的次品率是 2%，每 50 件产品为一箱出厂。用户对该厂产品采用如下抽样检验方法：从一箱中任取 10 件进行检验，如果发现其中有次品，则判定该箱产品为不合格品并做退货处理。问该厂产品被退货的概率是多少？

5. 某地区的人口寿命统计资料表明，该地区人口死亡年龄不超过 50 岁的占 10%，死亡年龄不超过 70 岁的占 75%，问该地区现年 50 岁的人能活到 70 岁的概率是多少？

6. 用甲、乙两种防空导弹同时向一架入侵的敌机射击，已知甲导弹的命中率为 0.6，乙导弹的命中率为 0.7，求敌机被击中的概率。

7. 设某种产品的原料由甲、乙、丙三家厂提供。已知甲、乙、丙三厂提供的原料分别占总数的 60%、30%和 10%，用甲、乙、丙厂原料生产的产品次品率分别为 2%、3%和 5%。现从该产品中任取一件，求：

(1) 抽到的是次品，且是用丙厂原料生产的概率。

(2) 该产品的次品率。

(3) 若抽到的是次品，求该次品用的是甲厂原料的概率。

8. 利用 Excel 的统计函数制作任意参数的二项分布表和泊松分布表。

9. 设每门高炮击中敌机的概率是 0.02，若要求对来犯的一架敌机至少有 30%的概率将其击中，问一个高炮阵地至少应配备多少门高炮？

10. 设某厂出厂的某种规格钻头的废品率为 1%，现每盒中装 100 个钻头，求：

(1) 一盒中没有废品的概率。

(2) 一盒中多于两个废品的概率。

(3) 若该厂向用户承诺每盒中有 98%的概率至少含有 100 个合格品，问每盒中最少应装入多少个钻头？试分别用泊松分布和 Excel 的二项分布函数求解此问题。

11. 设某台设备的无故障运行时间服从平均无故障工作时间为 1000 小时的指数分布，求：

(1) 该设备无故障运行时间不超过 1000 小时的概率。

(2) 该设备无故障运行时间超过 2000 小时的概率。

(3) 该设备无故障运行时间在 500～1500 小时的概率。

12. 某台加工缸套外径的机床，当将尺寸定位在 μ 时，所加工的缸套外径尺寸 $X \sim N(\mu, \sigma^2)$，其中 $\sigma = 0.01$(毫米)，缸套外径的允许公差为 0.02(毫米)，求：

(1) 该机床加工缸套的合格率。

(2) 当 $\sigma = 0.007$ 时，所加工缸套的合格率为多少？

(3) 由本题的计算结果可知正态分布中的参数 σ 反映了该机床的什么指标？

13. 利用 Excel 的统计函数制作任意参数的正态分布表。

14. 设随机变量 X 的期望为 $E(X)$，方差为 $D(X)$，令 $Y = \dfrac{X - E(X)}{\sqrt{D(X)}}$，求 $E(Y)$ 和 $D(Y)$。

案例研究 1

有一种法国扑克牌共有 32 张，其中 4 张是王牌。在一次打牌时，发牌的人第一轮发到自己手中的就是王牌，那么这个人作弊的概率是多少？

这个案例是法国伟大的数学家、天体力学家、数学物理学家、科学哲学家亨利·庞加莱所提出的问题，请用贝叶斯公式建模并解决。

案例研究 2

某石油公司考虑在某地钻井，结果可能出现三种情况：无油、少量出油和大量出油。以往对类似地质情况的统计资料表明，以上三种情况出现的可能性分别为 0.5、0.3、0.2。钻井费用为 700 万元，如果少量出油，可收入 1200 万元；如果大量出油，可收入 3000 万元。该公司为减少可能的损失，可在决定是否钻井前先委托地质勘探公司进行地质勘探，以进一步了解该地区的地质构造情况。地质勘探的结果可能是"构造较差""构造一般""构造良好"。根据以往的统计资料，地质构造与油井出油的关系(条件概率)如下表所示。

项目	无油	少量出油	大量出油
构造较差	0.6	0.3	0.1
构造一般	0.3	0.4	0.4
构造良好	0.1	0.3	0.5

(1) 求该石油公司的最优决策(是否应进行地质勘探，若进行地质勘探，如何根据勘探结果做出决策)及最优期望收益。

(2) 求地质勘探所提供信息的价值。

第 **5** 章

抽样与抽样分布

统计学的目的是揭示总体数量分布的规律性，通常可以采用两种方法：全面调查和抽样调查。但全面调查在应用中存在很大的局限性。

(1) 许多问题无法运用全面调查的方法，例如产品的寿命、导弹的命中精度和杀伤力等。

(2) 全面调查需耗费大量的人力、时间和费用，不仅经济上不可行，而且无法及时获取所需信息，诸如对原材料、零部件的质量检验，对顾客满意度的调查，对居民家庭收入与支出的调查等。

(3) 在开展全面调查时，由于调查人员的专业素质参差不齐，以及其他相关因素影响，有时会出现较大误差。以各地区上报的经济发展统计数据为例，这些数据就可能存在较大偏差。

统计方法最大的特点是利用抽样调查的方法对总体的数量分布特征做出科学推断，它具有以下优点：适用于各种情形的统计分析；能以较低的成本快速获得总体的分布信息，达到事半功倍的效果；可以利用概率论的知识计算推断的误差；抽样调查的结果可用来验证全面调查的结果。本章将介绍推断统计学的基本概念和基本原理，具体介绍抽样和抽样分布，并重点介绍参数估计中的点估计，以及 Excel、SPSS 和 JMP 软件的应用。

学习目标：理解抽样分布的含义；理解分层抽样、整群抽样和系统抽样的含义、特点和适用场合；掌握样本统计量的概念；掌握样本均值、样本方差和样本比例的分布；掌握常见分布的图形和数字特征；掌握参数点估计及方法。

价值目标：以"窥一斑而知全豹，处一隅而观全局"的思想来提升自身的眼界和格局，树立客观真实、兼容并包的统计思想。

5.1　简单随机抽样和统计量

5.1.1　随机样本

对某一对象展开研究，最为可靠的方法显然是对其包含的所有个体逐一进行考察，进而找出其中的规律性。例如，每隔一定时期在全国范围内开展一次人口普查，依据普查结果可得到我国人口状况的各项准确数据。但在绝大多数情况下，对研究对象的所有个体都逐一进行考察，既不经济，也没有必要，有时甚至是不可能的。例如，要了解某企业产品的寿命分布，如果对该企业的所有产品都进行寿命试验，那么企业将无产品可供销售；又如，某公司要了解其产品在消费者心中的形象，若要求该公司对全国所有居民开展问卷调查这几乎是难以实现的。一方面，企业在财力、物力上无法承受；另一方面，也没有必要，因为并不需要调查结果达到绝对精确。因此，在绝大多数情况下，只需从考察对象的总体中抽取一小部分个体进行试验或观察，然后运用概率论知识和统计推断的原理，依据样本数据对所研究的总体做出具备一定可信度的推断，这便是推断统计学所采用的基本方法。下面先来介绍推断统计学的一些基本概念。

1. 总体与样本

第 1 章在介绍统计基本术语时，已经提到过总体和样本的概念。在统计学中，通常将所研究对象的全体称为**总体**，而将构成总体的每个单元称为**个体**。在实际应用中，人们关心的常常是所研究对象的某个指标 X (如产品的寿命、居民家庭的月收入和月支出等)，它是一个随机变量。因而，总体通常是指某个随机变量取值的全体，而每个个体就对应一个实数。当某个对象要研究的指标不止一个，如对钢材性能需要分析其硬度、抗拉强度和延伸率等多项指标，则可将该对象作为多个总体来研究。

按照总体所包含的个体数，可以将总体分为**有限总体**和**无限总体**两类。在具体应用中，一般应根据实际情况进行分析，通常将不能在一个合理时间内把全部个体一一列举出的总体视为无限总体。例如，研究某批产品的次品率，总体是有限的；但如果要研究的是某厂产品的寿命分布，则可将在相同条件下所有可能生产的产品寿命作为总体 X，此时 X 就可被视为一个无限总体。有时为了便于分析，经常将很大的有限总体当作无限总体来看待。

为了研究总体的统计规律性，就需要从总体中抽取一部分个体进行观察，为此需要引入关于样本的概念。

设总体为随机变量 X，$X_i (i=1, 2, \cdots, n)$ 为从总体中抽取的 n 个个体，则称 $X_1, X_2, \cdots, X_n$ 为总体 X 的一个**样本**，并称 n 为**样本容量**。其中，每个 X_i 也是一个随机变量，称为**样本的分量**；一次抽样中所观察到的样本数据 $x_1, x_2, \cdots, x_n$ 称为**样本观察值**。

2. 简单随机抽样

所谓抽样，就是从总体中抽取一部分个体进行观察，每抽取一个个体就相当于一次随机试验。显然，我们要求所抽取的个体能较好地反映总体的情况，故对抽样方法要提出一定的要求，即保证每个个体被抽到的机会是均等的，并且在抽取一个个体后，总体的组成情况不变。这一方面使样本能较好地反映总体的情况，另一方面还可使各样本分量相互独立，由此给出以下定义。

称满足以下条件的抽样为**简单随机抽样**：

(1) 样本 $X_1, X_2, \cdots, X_n$ 中每一分量 X_i 与总体 X 具有相同分布；

(2) 样本的每个分量 X_i 相互独立。

并称该样本为总体 X 的一个**简单随机样本**，简称样本。

简单随机抽样是一种最为重要的抽样方法。显然，对于有限总体，必须采用放回抽样方法才能使每个个体被抽到的机会均等，并使各分量相互独立。对无限总体，则可采用不放回随机抽样方法。在实际应用中，当样本容量 n 与总体容量 N 之比较小，如当 $n/N<0.1$ 时，可将不放回抽样得到的样本也视为简单随机样本。

以下如无特别说明，所论及的样本都是指简单随机样本。

3. 用 Excel 进行随机抽样

在实际问题中，如果所研究的对象是有限总体，该总体中的所有个体都是已知的并且是可以对它们进行编号的，如企业的员工、一批产品，或企业客户档案中的客户等，就可以用 Excel 来帮助确定所需要抽取的样本，包括放回随机抽样和不放回随机抽样两种。

下面假定已将总体中的所有元素从 1 开始进行编号，具体方法如下。

1) 放回抽样

(1) 如果要采用放回抽样方法，则如图 5.1 所示，在某一区域中按顺序输入总体中所有个体的编号(可在两个单元格中先输入前两个编号，选定这两个单元格，用拖动填充柄的方法复制出其他编号)。

操作视频

	A	B	C		E	F	G	H	I	J	K
1	**1. 放回随机抽样:**				**2. 不放回随机抽样:**						
2	使用【数据分析】→抽样				总体元素	随机数		操作步骤:			
3	总体元素		样本		8	0.033153708		(1) 在某列中输入总体元素;			
4	1	16	25		3	0.03922342		(2) 使用 RAND() 函数在相连列中生成相同			
5	2	17	2		4	0.094524515		数量的随机数;			
6	3	18	17		7	0.183037062		(3) 选定随机数区域，单击右键选择【复制】;			
7	4	19	25		18	0.186158812		(4) 右击该区域，选择【选择性粘贴】，在对			
8	5	20	28		2	0.251533505		话框中分别选中【数值】和【无】;			
9	6	21			14	0.328275074		(5) 选定总体元素和随机数的数值区域，执行			
10	7	22			9	0.343124748		【数据】→【排序】命令，在主要关键字			
11	8	23			1	0.375203122		中选【随机数】;			
12	9	24			5	0.381872725		(6) 设样本容量为 n，则"总体元素"列中的前			
13	10	25			15	0.400899602		n 个编号即为随机抽取的样本。			
14	11	26			10	0.417400589					
15	12	27			12	0.504607836					
16	13	28			13	0.647793306					
17	14	29			11	0.701423588					
18	15	30			17	0.822680495					
19					6	0.856991125					
20					16	0.870438418					

图 5.1　用 Excel 进行随机抽样

(2) 执行【数据】→【数据分析】→【抽样】命令，打开【抽样】对话框，如图 5.2 所示。选定数据输入区域，抽样方法选择【随机】，并选定输出区域。然后，单击【确定】按钮，系统即输出抽样结果，如图 5.1 所示。

2) 不放回抽样

(1) 如果要采用不放回抽样方法，则在数据表的某一列(此时数据只能输在一列中，本例中从 E3 开始输入)中按顺序输入总体中所有个体的编号。

(2) 在 F3 中输入随机数函数 "=RAND()"，向下拖动填充柄复制出相同数量的随机数。

(3) 选定随机数区域，单击鼠标右键，从弹出菜单中选择【复制】; 再单击鼠标右键，选择【选择性粘贴】。在打开的【选择性粘贴】对话框中分别选中【数值】和【无】，然后单击【确定】按钮。

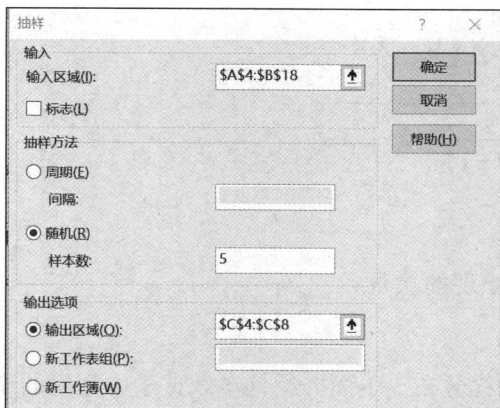

图 5.2　【抽样】对话框的设置

(4) 选定总体元素和随机数的数值区域，执行【数据】→【排序】命令，在主要关键字中选【随机数】，按升序排列，排序结果如图 5.1 所示。

(5) 设样本容量为 n，则"总体元素"列中的前 n 个编号即为随机抽取的样本。

本随机抽样的原理如下：在排序之前，各总体元素所对应随机数的大小是随机的。因此按对应随机数的值由小到大进行抽取，即为一种随机抽样方法。

5.1.2　统计量与常用抽样分布

1. 统计量

用样本来推断总体的分布特征，通常是使用样本 $X_1, X_2, \cdots, X_n$ 的某个函数来估计或检验总体分布中的某些未知参数，为此引入下述统计量的概念。

设 $X_1, X_2, \cdots, X_n$ 为总体 X 的一个样本，$g(X_1, X_2, \cdots, X_n)$ 为一个连续函数，若 g 中不含总体的未知参数，则称 $g(X_1, X_2, \cdots, X_n)$ 为一个**统计量**。

设 $x_1, x_2, \cdots, x_n$ 是样本 $X_1, X_2, \cdots, X_n$ 的一组观察值，则称 $g(x_1, x_2, \cdots, x_n)$ 为统计量 $g(X_1, X_2, \cdots, X_n)$ 的一个观察值。

例如，设总体 $X \sim N(\mu, \sigma^2)$，其中参数 μ 已知，而 σ^2 未知，则 $\dfrac{1}{n}\sum_{i=1}^{n} X_i$ 和 $\dfrac{1}{n}\sum_{i=1}^{n}(X_i - \mu)^2$ 都

是统计量，但 $\sum_{i=1}^{n}\left(\dfrac{X_i - \mu}{\sigma}\right)^2$ 不是统计量，因为它含有未知参数 σ。

之所以统计量中不能含有未知参数，是因为若 $g(X_1, X_2, \cdots, X_n)$ 中含有未知参数，则 $g(x_1, x_2, \cdots, x_n)$ 也就含有未知参数，其值是未定的，无法用来估计或检验总体的未知参数。

由于样本 $X_1, X_2, \cdots, X_n$ 是随机变量，因此统计量 $g(X_1, X_2, \cdots, X_n)$ 也是一个随机变量。常用的统计量有以下 4 个。

样本均值： $\overline{X} = \dfrac{1}{n}\sum_{i=1}^{n} X_i$ 　　　　　　　　　　　　　　　　(5.1.1)

样本方差： $S^2 = \dfrac{1}{n-1}\sum_{i=1}^{n}(X_i - \overline{X})^2$ (5.1.2)

样本标准差： $S = \sqrt{\dfrac{1}{n-1}\sum_{i=1}^{n}(X_i - \overline{X})^2}$ (5.1.3)

样本比例： $p_s = \dfrac{k}{n}$ (5.1.4)

式中，k 为样本中某属性出现的次数。

2. 常用的抽样分布

统计量的分布称为**抽样分布**。下面介绍几个统计学中常用的统计量分布，这些分布在本章及以后各章中都经常用到。

1) $\overline{X}$ 的抽样分布和中心极限定理

(1) $\overline{X}$ 的抽样分布。

当总体服从正态分布时，设总体 $X \sim N(\mu, \sigma^2)$，则

① $\overline{X} \sim N\left(\mu, \dfrac{\sigma^2}{n}\right)$；

② $\dfrac{\overline{X} - \mu}{\sigma / \sqrt{n}} \sim N(0,1)$。 (5.1.5)

也即样本均值 $\overline{X}$ 的均值等于总体均值，而其方差仅为总体方差的 $1/n$。这表明，样本容量越大，$\overline{X}$ 就越向总体均值 μ 集中，用 $\overline{X}$ 估计 μ 的误差就越小。

(2) 中心极限定理。

下面通过一个例子来说明中心极限定理的应用。

【例 5.1】 设一个总体，含有 4 个元素(个体)，即总体单位数 $N=4$。如图 5.3 所示，4 个个体分别为 $X_1=1$，$X_2=2$，$X_3=3$，$X_4=4$。总体的均值、方差及分布如下。

$$\mu = \frac{\sum_{i=1}^{N} X_i}{N} = 2.5 \qquad \sigma^2 = \frac{\sum_{i=1}^{N}(X_i - \mu)^2}{N} = 1.25$$

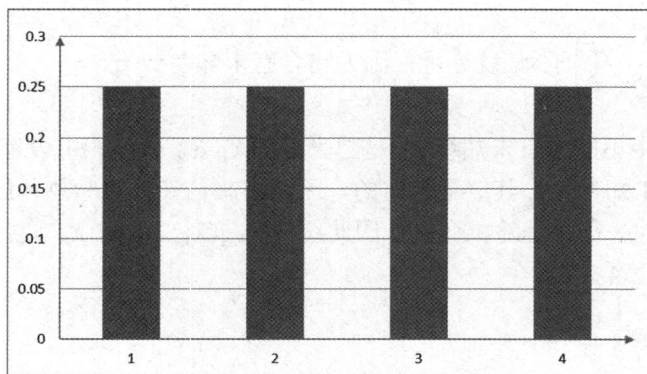

图 5.3　4 个元素的总体分布

现从总体中抽取 $n=2$ 的简单随机样本，在重复抽样条件下，共有 $4^2=16$ 个样本。所有样本的结果如表 5.1 所示。

表 5.1　样本观察表

第一个观察值	所有可能的 $n=2$ 的样本(共 16 个)			
	第二个观察值			
	1	2	3	4
1	1，1	1，2	1，3	1，4
2	2，1	2，2	2，3	2，4
3	3，1	3，2	3，3	3，4
4	4，1	4，2	4，3	4，4

计算出各样本的均值，如表 5.2 所示，并给出样本均值的抽样分布，如图 5.4 所示。

表 5.2　样本均值结果表

第一个观察值	16 个样本的均值($\bar{x}$)			
	第二个观察值			
	1	2	3	4
1	1.0	1.5	2.0	2.5
2	1.5	2.0	2.5	3.0
3	2.0	2.5	3.0	3.5
4	2.5	3.0	3.5	4.0

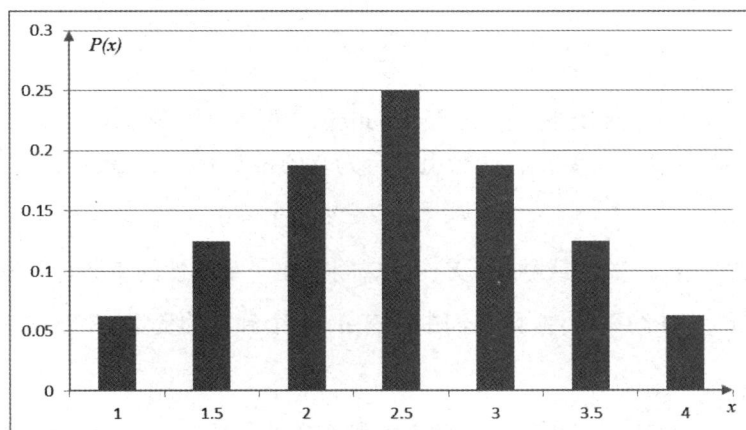

图 5.4　样本均值的抽样分布

所有样本均值的均值和方差如下。

$$\mu_{\bar{x}} = \frac{\sum_{i=1}^{M} \bar{x}_i}{M} = \frac{1.0+1.5+\cdots+4.0}{16} = 2.5 = \mu$$

$$\sigma_{\bar{x}}^2 = \frac{\sum_{i=1}^{M}(\bar{x}_i - \mu)^2}{M} = \frac{(1.0-2.5)^2 + \cdots + (4.0-2.5)^2}{16} = 0.625 = \frac{\sigma^2}{n}$$

我们注意到，上述 16 个样本均值的算术平均值等于总体的均值，而样本均值的方差等于总体均值方差的 $1/n$。从图 5.4 可以看出，样本均值在图的中部最为集中，两端出现的概率逐渐变小。我们可以猜想，当样本容量逐渐增大时，来自相同总体的样本均值的分布都趋向一种对称的分布——正态分布。中心极限定理可以证明这一结论。

假设 $X_1, X_2, \cdots, X_n$ 为取自 X 的一个样本，已知 $E(X)=\mu$，$D(X)=\sigma^2$。根据中心极限定理，当样本容量 n 充分大时，$\sum_{i=1}^{n} X_i$ 就近似服从 $N(n\mu, n\sigma^2)$，经标准化后得到的随机变量

$$Z = \frac{\sum_{i=1}^{n} X_i - n\mu}{\sqrt{n\sigma^2}} = \frac{\bar{X} - \mu}{\sigma / \sqrt{n}}$$

就近似服从 $N(0, 1)$ 分布。

利用 Excel 统计函数中的 NORMSINV 函数可以返回 Z_α 的值，语法规则如下。

格式： NORMSINV (α)	
功能： 返回 Z_α 的值。	

2) χ^2 分布和样本方差 S^2 的分布

(1) χ^2 分布的定义。设总体 $X \sim N(0,1)$，$X_1, X_2, \cdots, X_n$ 为 X 的一个样本，称它们的平方和

$$\chi^2 = \sum_{i=1}^{n} X_i^2 \tag{5.1.6}$$

为服从自由度为 n 的 **χ^2 分布**(Chi square distribution)，记为 $\chi^2 \sim \chi^2(n)$。

若对随机变量 $X_1, X_2, \cdots, X_n$，存在一组不全为 0 的常数 $c_1, c_2, \cdots, c_n$，使

$$c_1 X_1 + c_2 X_2 + \cdots + c_n X_n = 0$$

则称 $X_1, X_2, \cdots, X_n$ 线性相关，或称 $X_1, X_2, \cdots, X_n$ 间存在一个线性约束条件；若 $X_1, X_2, \cdots, X_n$ 间存在 k 个独立的线性约束条件，则它们中仅有 $n-k$ 个独立的变量，此时称其平方和 $\sum_{i=1}^{n} X_i^2$ 的自由度为 $n-k$。

由此可知，自由度表示了平方和中独立随机变量的个数。由于式(5.1.6)中各 X_i 相互独立，无线性约束条件，故其自由度为 n。

图 5.5 所示为 χ^2 分布概率密度函数的图形。与正态分布不同，χ^2 分布仅有一个参数，即自由度。χ^2 分布在单个正态总体方差的区间估计与假设检验，以及在非参数统计推断中都有重要应用。

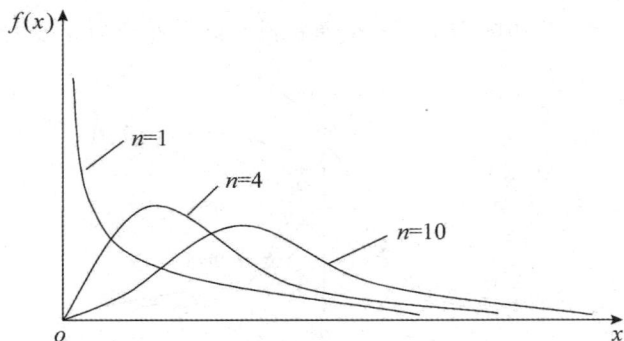

图 5.5　χ^2 分布概率密度函数的图形

(2) χ^2 分布表。为了方便 χ^2 分布的使用，人们编制了含有各种自由度的 χ^2 分布表供查用(见附录 C)。由于 χ^2 分布主要应用于统计推断，因此与正态分布表不同，χ^2 分布表中给出的不是该分布的分布函数值，而是所谓的"右侧 α 分位点 $\chi_\alpha^2(n)$"的值。其中，$\chi_\alpha^2(n)$ 为满足

$$P\left\{\chi^2 > \chi_\alpha^2(n)\right\} = \alpha, \qquad 0 < \alpha < 1 \tag{5.1.7}$$

的 x 轴上某一点的值，如图 5.6 所示。由给定的概率 α 及自由度，可查表得到 $\chi_\alpha^2(n)$ 的值，其使用将在区间估计与假设检验中介绍。

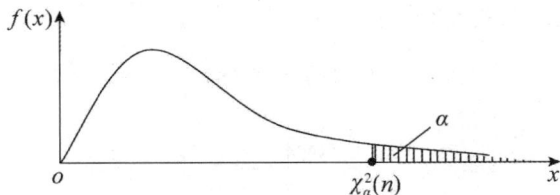

图 5.6　χ^2 分布的右侧 α 分位点 $\chi_\alpha^2(n)$

利用 Excel 统计函数中的 CHIINV 函数可以返回 $\chi_\alpha^2(n)$ 的值，语法规则如下。

格式：CHIINV(α, n)
功能：返回 $\chi_\alpha^2(n)$ 的值。

(3) 样本方差 S^2 的分布。可以证明，随机变量

$$\chi^2 = \frac{(n-1)S^2}{\sigma^2} \sim \chi^2(n-1) \tag{5.1.8}$$

3) t 分布

(1) t 分布的定义。设 $X \sim N(0,1)$，$Y \sim \chi^2(n)$，且 X 与 Y 相互独立，则称随机变量

$$t = \frac{X}{\sqrt{Y/n}} \tag{5.1.9}$$

服从自由度为 n 的 t 分布，记为 $t \sim t(n)$。

图 5.7 给出了具有不同自由度的 t 分布概率密度函数的图形。可以看到，t 分布与标准

正态分布非常类似，且 t 分布的极限分布就是标准正态分布。当 n 很大时，t 分布就近似于标准正态分布。

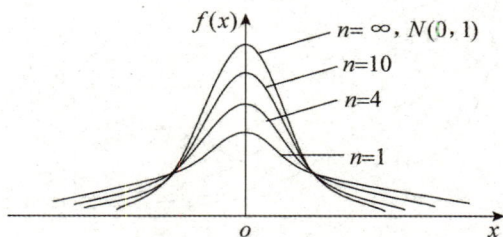

图 5.7　t 分布概率密度函数的图形

t 分布也仅有自由度这一个参数，t 分布在总体均值的区间估计与假设检验中有着非常重要的应用。

(2) t 分布表。对 t 分布的使用，也是通过查表进行的(见附录 D)。与 χ^2 分布表类似，t 分布表中给出的也是不同自由度下"右侧 α 分位点 $t_\alpha(n)$"的值。其中，$t_\alpha(n)$ 为满足

$$P\{t > t_\alpha(n)\} = \alpha, \qquad 0 < \alpha < 1 \tag{5.1.10}$$

的 x 轴上某一点的值。α 为一个小概率，通常取 0.1、0.05、0.025、0.01、0.005 等。由给定水平 α 及自由度，可查表得到 $t_\alpha(n)$ 的值。

由 t 分布的对称性，如图 5.8 所示，可得

$$t_{1-\alpha}(n) = -t_\alpha(n) \tag{5.1.11}$$

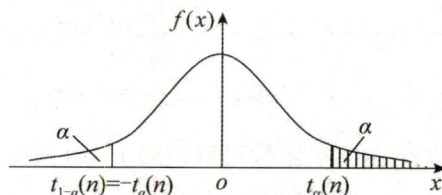

图 5.8　t 分布的右侧 α 分位点 $t_\alpha(n)$

t 分布的应用稍后进行介绍。

利用 Excel 统计函数中的 TINV 函数可以返回 $t_\alpha(n)$ 的值，语法规则如下。

格式：TINV(α, n)

功能：返回 t 分布的双侧分位点 $t_{\alpha/2}(n)$ 的值。

注意▶　TINV(α, n)返回的是双侧分位点 $t_{\alpha/2}(n)$ 的值。要求 $t_\alpha(n)$，则应输入 TINV(2α, n)。

(3) 总体方差未知。在多数情况下，总体 X 的方差 σ^2 是未知的，此时式(5.1.5)中的 σ 可以用其估计量 S 代替，但不再服从标准正态分布。可以证明，随机变量

$$t = \frac{\overline{X} - \mu}{S/\sqrt{n}} \sim t(n-1) \tag{5.1.12}$$

证明过程如下:

式(5.1.12)可变形为 $\dfrac{\overline{X}-\mu}{S/\sqrt{n}}=\dfrac{\dfrac{\overline{X}-\mu}{\sigma/\sqrt{n}}}{\sqrt{\dfrac{(n-1)S^2}{\sigma^2}\Big/n-1}}$ 。

由式(5.1.5)可知,式(5.1.12)右端分子服从 $N(0,1)$ 分布、分母服从 $\chi^2(n-1)$ 分布,且二者相互独立。因此,由 t 分布的定义便知结论成立。

应用案例5.1　t分布的发现

在 19 世纪末,爱尔兰都柏林市的吉尼斯酿酒公司面临酵母含量控制的难题。为了精确测量酵母含量,公司急需一种可靠且高效的抽样与数据分析方法。这时,年轻的数学家威廉·西利·戈赛特(William Sealy Gosset)被招入公司,他运用自身数学知识,在小样本条件下探索出 t 分布,为统计学的发展书写了重要篇章。

从戈赛特的故事可知,科学探索需勇于挑战权威、不断创新。在发现 t 分布的过程中,戈赛特进行了大量试验和数据分析,不断修正与完善自身理论。其严谨细致的态度和精益求精的精神,是工匠精神的重要体现。戈赛特的这一发现,既为吉尼斯酿酒公司解决了实际问题,更为整个统计学领域的发展带来了深远的影响。他的研究成果被广泛应用于各个领域,为社会的发展与进步做出了积极的贡献。

4) F 分布

(1) F 分布的定义。设 $X\sim\chi^2(n_1)$,$Y\sim\chi^2(n_2)$,且 X 和 Y 相互独立,则称随机变量

$$F=\frac{X/n_1}{Y/n_2} \tag{5.1.13}$$

服从自由度为 (n_1,n_2) 的 F 分布,记为 $F\sim F(n_1,n_2)$,并称 n_1 为第一(分子的)自由度,n_2 为第二(分母的)自由度。

F 分布的密度函数的图形,如图 5.9 所示。F 分布有两个自由度,它们是 F 分布的两个参数。F 分布在假设检验、方差分析、回归分析等统计方法中都有非常重要的应用。

(2) F 分布表。对 F 分布的应用,同样也是通过查表进行的。由于 F 分布有两个自由度,因此对每一个 α,就有一张 F 分布表(见附录 E),表中给出的仍是不同自由度下 F 分布的右侧 α 分位点 $F_\alpha(n_1,n_2)$ 的值。其中,$F_\alpha(n_1,n_2)$ 为满足

$$P\{F>F_\alpha(n_1,n_2)\}=\alpha,\qquad 0<\alpha<1 \tag{5.1.14}$$

的 x 轴上某一点的值,如图 5.10 所示。由给定的水平 α 及自由度,即可查得 $F_\alpha(n_1,n_2)$ 的值。由 F 分布的定义,不难得到以下关系

$$F_{1-\alpha}(n_1,n_2)=\frac{1}{F_\alpha(n_2,n_1)} \tag{5.1.15}$$

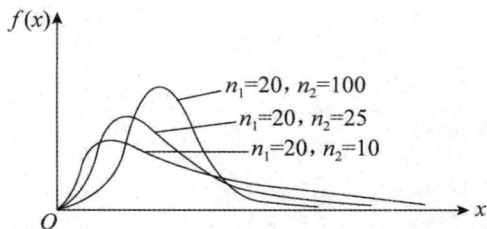

图 5.9 F 分布的密度函数的图形

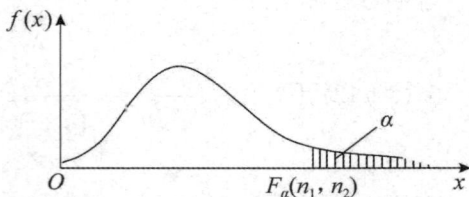

图 5.10 F 分布的右侧 α 分位点 $F_\alpha(n_1, n_2)$

利用式(5.1.14)，可求得 F 分布表中未给出的 α 值的右侧分位点，例如，

$$F_{0.95}(10, 15) = \frac{1}{F_{0.05}(15, 10)} = \frac{1}{2.85} = 0.35$$

利用 Excel 统计函数中的 FINV 函数可以返回 $F_\alpha(n_1, n_2)$，语法规则如下。

格式：$\text{FINV}(\alpha, n_1, n_2)$
功能：返回 $F_\alpha(n_1, n_2)$ 的值。

(3) 两个相互独立的样本方差比的分布。设总体 $X_1 \sim N(\mu_1, \sigma_1^2)$，$X_2 \sim N(\mu_2, \sigma_2^2)$，$S_1^2$ 和 S_2^2 分别为它们的样本均值和样本方差，n_1 和 n_2 分别为它们的样本容量，且总体 X_1 和 X_2 相互独立，可得随机变量

$$F = \frac{S_1^2 / S_2^2}{\sigma_1^2 / \sigma_2^2} \sim F(n_1 - 1, n_2 - 1) \tag{5.1.16}$$

其他的抽样分布，如样本比例的抽样分布、两个总体样本均值差的分布将在后续章节结合实例进行说明。

3. 用 Excel 求解各种分布的右侧 α 分位点

下面介绍如何制作一张 Excel 工作表，从而方便地得到各种分布的右侧 α 分位点。

(1) 如图 5.11 所示，输入需要的说明文字，在有关单元格输入 α 及自由度的值。

操作视频

图 5.11 用 Excel 制作求各种分布的右侧 α 分位点的工作表

(2) 在 B3 中输入公式 "= CHIINV(B2,E2)"，在 E3 中录入公式 "= CHIINV(1−B2,E2)"，可得到 χ^2 分布的右侧 α 分位点。

(3) 在 B7 中输入公式 "= TINV(2*B6,E6)"，可得到 t 分布的右侧 α 分位点。

(4) 在 C11 中输入公式 "= FINV(B10,D10,F10)"，在 F11 中输入公式 "= FINV(1−B10, D10,F10)"，可得到 F 分布的右侧 α 分位点。

(5) 在 B15 中输入公式 "= NORMSINV(1− B14)"，可得到 Z 分布的右侧 α 分位点。

(6) 保存该工作表，以后使用时，只要在相应单元格中改变 α 及自由度的值，就可得到所需分布的右侧 α 分位点。

5.2　其他抽样方法

我们已经介绍了简单随机抽样过程。然而，简单随机抽样并非唯一可利用的抽样方法，我们还可以选择其他的抽样方法，如分层随机抽样、整群抽样、系统抽样、方便抽样和判断抽样等。在某些情况下，它们优于简单随机抽样。本节将简单介绍这些抽样方法。

5.2.1　分层随机抽样

在实际工作场景中，管理人员通常对于自己管理的部门有着一定程度的了解，即掌握了关于总体的某些信息。前面所述的简单随机抽样，只能用在均匀总体的场合，对非均匀总体，就要用分层抽样。**分层抽样**，又称为分类抽样或类型抽样。在分层随机抽样中，总体被划分为几层，总体中的某一项属于且仅属于某一层。例如，可照按部门、位置、年龄、工业类型等进行划分。

进行分层以后，在每一层进行简单随机抽样。对于不同群体所抽取的个体个数，一般有三种方法来确定：

(1) 等数分配法，即对每一层都分配相同数量的个体；

(2) 等比分配法，即让每一层抽取的个体数与该类总体的个体数之比保持相同；

(3) 最优分配法，即各层抽取的样本数 n_i 与所要抽取的总样本数 n 之比，等于该层方差 σ_i^2 与各类方差总和 $\sum \sigma_i^2$ 之比。

5.2.2　整群抽样

将总体的各单位依据一定的标志或要求分成若干群，接着以群为单位，对从中随机抽取的群全部进行调查，这就是**整群抽样**。例如对人口普查资料进行复查，便采用整群抽样的方式。当群中的元素差异较大时，整群抽样所得的结果相对较好。在理想状态下，每个群是整个总体在小范围内的代表。

整群抽样的基本应用之一是区域抽样，比如群为街区或其他已定义好的区域。整群抽样通常比简单随机抽样和分层抽样所需的样本容量大。然而，实际上，当派遣一个调查者前往一个样本群(如城市路口位置)进行调查时，许多样本观察值都可在相对较短的时间内获得，从而节约了费用。因此，虽然样本容量大，但总成本却可以降低。

5.2.3 系统抽样

系统抽样，又被称作等距抽样。其具体方法是将总体各单位按照某一标志进行顺序排列，然后依照一定的间隔抽取样本单位。在总体容量较大的情况下，抽取简单随机样本非常费时，因为首先要生成众多随机数，才能随机抽取样本。因此，代替简单随机抽样的一种方法就是系统抽样。

从包含 5000 个元素的总体中抽取 50 个元素作为一个样本，可以在总体的前 100 个元素中抽取 1 个元素。其他样本元素的确定方法是：从第一个被抽取的元素开始，在总体目录上每隔 100 个元素抽取 1 个作为样本元素。由于抽取第一个元素是随机的，所以我们一般假定系统抽样也具有简单随机抽样的特征。

以上所讨论的抽样方式指的均是概率抽样技术。从总体中选出的元素以已知的概率入选样本。概率抽样的优点在于与样本统计量相适配的抽样分布通常是已知的。

5.2.4 方便抽样

方便抽样是一种非概率抽样技术。正如其名，其样本抽取方法简便易行。样本中所包含的项事先并没有确定或选取时并不知道其概率。例如，一位教授在一所大学进行一项调查，由于学生志愿者已准备好且参加该项调查无须或几乎不需要成本，所以由他们组成样本。

方便抽样具有相对较易于选择样本和搜集数据的特点。然而，就其总体代表性而言，它不能估计样本的"优良性"。一个方便样本可能得出好的结论，也可能得不出。在统计学上，没有公认的程序可用于对样本结果的质量进行分析和推断。

5.2.5 判断抽样

另一种非概率抽样技术是**判断抽样**。在这个方法中，由对总体非常了解的人挑选总体中最具代表性的元素。这是一种相对容易选取样本的方法。例如，报告者可抽样选择两个或三个人做代表，认为这些代表反映所有代表的普遍意见。然而，样本结果的质量取决于选择样本的人的判断。

非概率抽样潜在的优点是方便、快捷和低成本。但非概率抽样有两个主要缺点：潜在的偏差及继而导致的结果普遍性不足。这些缺点的影响往往大于前面提到的优点。因此，非概率调查仅仅用于大规模调研前的小规模调查。

上述所有抽样类型可概括为如图 5.12 所示的分类。

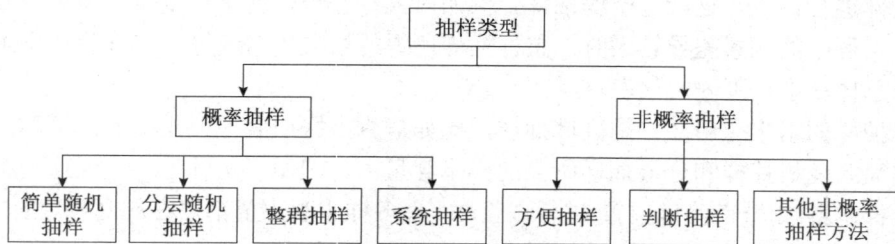

图 5.12 抽样类型

5.3 参 数 估 计

从本节开始，我们将讨论最基本的统计推断问题。在许多场合下，总体 X 的分布形式是已知的或可以假定的，但其中某个或某些参数是未知的。如何利用样本数据对总体的未知参数进行估计，这就是所谓的参数估计问题。参数估计包括参数的点估计和区间估计，是统计推断的基本任务之一。本节主要介绍参数的点估计及其评价标准。

5.3.1 参数的点估计

设 θ 是总体 X 分布中的未知参数，$\hat{\theta} = \hat{\theta}(X_1, X_2, \cdots, X_n)$ 是用 X 的样本 $X_1, X_2, \cdots, X_n$ 构造的统计量，用 $\hat{\theta}$ 的观察值 $\hat{\theta}(x_1, x_2, \cdots, x_n)$ 去估计未知参数 θ 的真值，称为对参数 θ 的**点估计**；并称统计量 $\hat{\theta}(X_1, X_2, \cdots, X_n)$ 为 θ 的**估计量**，$\hat{\theta}(x_1, x_2, \cdots, x_n)$ 为 θ 的一个**估计值**。

由以上定义可知，参数 θ 的点估计问题，就是寻找合适的估计量 $\hat{\theta}(X_1, X_2, \cdots, X_n)$ 的问题。需要指出的是，对于不同样本的观察值，由同一估计量所得到的估计值是各不相同的。用一个特定样本对总体未知参数所做的估计，仅是所有可能估计值中的一个点，故称为点估计。显然，点估计是必然存在误差的。

5.3.2 点估计的方法

在大多数的实际问题中，需要估计的总体未知参数主要有总体比例、总体均值和总体方差。

1. 总体比例的点估计

当总体的指标具有两种或多种属性(标志)时，具有某种属性(标志)的总体单位数在总体中所占的比重就称为**总体比例**，总体比例记为 p。

例如产品的次品率，全部人口或某单位职工中男、女的比例，某地区全部家庭里高收入(如月收入≥10 000 元)、中收入、低收入(月收入≤1000 元)家庭在总体中所占的比重等，都属于总体比例。

针对总体比例的估计，通常采用频率估计法，即通过样本中某属性出现的频率来估计总体比例。假设样本容量为 n，k 表示样本中某属性出现的次数，则

$$\hat{p} = p_s = \frac{k}{n} \tag{5.3.1}$$

总体比例的点估计，也就是使用频率来估计概率，这是估计离散型总体概率分布的常用方法。

【例 5.2】 现有 2021 年好大夫在线的部分咨询数据，共 258 675 条。其中，"综合推荐热度"是体现医生服务水平的口碑指标，取值范围为 0～5。我们将综合推荐热度处于 4～5、3～4、2～3、1～2、0～1 的区间范围依次指定为"非常推荐""较为推荐""一般推荐""较不推荐""非常不推荐"这 5 种情况，并对其进行统计分析。统计结果表明：有 5088 位用

户"非常推荐"为其服务的医生，189 808 位用户"较为推荐"，63 645 位用户"一般推荐"，55 位用户"较不推荐"，79 位用户"非常不推荐"。依据此抽样调查结果，可对好大夫在线平台上的医生服务情况做出如下推断："非常推荐"的患者用户约占总数的 1.967%，"较为推荐"的约占 73.377%，"一般推荐"的约占 24.6042%，"较不推荐"的约占 0.0213%，"非常不推荐"的约占 0.0305%。其中，"非常推荐"和"较为推荐"的比例达到 75.344%，由此可见，好大夫在线平台上医生的总体服务质量尚可，但仍有进一步改进和提高的空间。

2. 总体均值和总体方差的点估计

多数情况下，需要估计的参数是总体均值 μ 和总体方差 σ^2。构造总体均值 μ 和总体方差 σ^2 的估计量可有多种不同方法，这里仅介绍一种最常用且通常效果最佳的估计方法——数字特征法(亦称为矩法)。

所谓**数字特征法**，就是用样本的相应数字特征(样本均值 $\overline{X}$ 和样本方差 S^2)分别估计总体的数字特征(总体均值和总体方差)的方法，即

$$\hat{\mu} = \overline{X} \tag{5.3.2}$$

$$\hat{\sigma}^2 = S^2 \tag{5.3.3}$$

【例 5.3】 设某种压缩机的寿命 $X \sim N(\mu, \sigma^2)$，其中 μ 和 σ^2 都未知。现随机测得 10 台压缩机的寿命(小时)为 15 020、14 530、13 670、11 080、165 00、12 130、12 080、14 800、15 500、17 000。试用数字特征法估计该压缩机的平均寿命 μ 和寿命方差 σ^2。

解：利用计算器中的 SD 功能或 Excel 的描述统计功能(见第 3.5 节)，可求得

$$\hat{\mu} = \overline{x} = 14\,231(\text{小时}), \quad \hat{\sigma}^2 = S^2 = 1965^2(\text{小时}^2)$$

即该压缩机的平均寿命估计为 14 231 小时，其寿命方差的估计为 1965^2 小时^2。

5.3.3 估计量的评价标准

对总体未知参数的估计，除了以上介绍的数字特征法外，还有许多其他估计方法，如极大似然估计等。对同一未知参数，使用不同方法得到的估计量可能是不同的。于是人们自然要问，究竟采用哪一种估计量更好呢？这就涉及对估计量的评价标准问题。下面介绍评价估计量优良性的三个最常用也是最重要的标准。

1. 无偏性

由于估计量是随机变量，其估计值会因不同的样本而取不同的值，即必然存在误差。显然，我们应当要求估计量的取值应以被估计参数的真值为中心，亦即要求估计量的数学期望等于被估计参数的真值，由此可以避免出现系统性的估计偏差，这就是无偏性的含义。

设 $\hat{\theta}$ 为未知参数 θ 的一个估计量，若

$$E(\hat{\theta}) = \theta \tag{5.3.4}$$

则称 $\hat{\theta}$ 为 θ 的**无偏估计量**，简称**无偏估计**。

【例 5.4】 设 μ 和 σ^2 分别是总体 X 的期望和方差，验证 $\overline{X}$ 和 S^2 分别是 μ 和 σ^2 的无偏

估计。

证：(1)　$E(\bar{X}) = E\left[\dfrac{1}{n}\sum\limits_{i=1}^{n} X_i\right] = \dfrac{1}{n}\sum\limits_{i=1}^{n} E(X_i) = \mu$

(2)　$S^2 = \dfrac{1}{n-1}\sum\limits_{i=1}^{n}(X_i - \bar{X})^2$

$= \dfrac{1}{n-1}\sum\limits_{i=1}^{n}(X_i^2 - 2X_i\bar{X} + \bar{X}^2)$

$= \dfrac{1}{n-1}\left(\sum\limits_{i=1}^{n}X_i^2 - 2\bar{X}\sum\limits_{i=1}^{n}X_i + n\bar{X}^2\right)$

$= \dfrac{1}{n-1}\left(\sum\limits_{i=1}^{n}X_i^2 - n\bar{X}^2\right)$

$E(S^2) = \dfrac{1}{n-1}\left[\sum\limits_{i=1}^{n}E(X_i^2) - nE(\bar{X}^2)\right]$

$= \dfrac{n}{n-1}[E(X^2) - E(\bar{X}^2)]$

$= \dfrac{n}{n-1}\left\{D(X) + [E(X)]^2 - D(\bar{X}) - [E(\bar{X})]^2\right\}$

$= \dfrac{n}{n-1}\left(\sigma^2 - \dfrac{1}{n}\sigma^2\right)$

$= \sigma^2$

由此可知，对任何分布的总体，样本均值 $\bar{X}$ 与样本方差 S^2 分别是总体均值与总体方差的无偏估计。显然，样本二阶中心矩 $\dfrac{1}{n}\sum\limits_{i=1}^{n}(X_i - \bar{X})^2$ 不是总体方差的无偏估计。

需要指出的是，样本标准差 $S = \sqrt{\dfrac{1}{n-1}\sum(X_i - \bar{X})^2}$ 并不是总体标准差 σ 的无偏估计。除了线性函数外，通常并不能推出 θ 的无偏估计量 $\hat{\theta}$ 的函数 $g(\hat{\theta})$ 也是 $g(\theta)$ 的无偏估计。

我们同样可以证明样本比例 $\hat{p}$ 的数学期望就等于总体比例 p，因而样本比例 $\hat{p}$ 是总体比例的无偏估计。

2. 有效性

估计量仅满足无偏性的要求是不够的。无偏性仅表明用该估计量对未知参数进行估计时不会产生系统性偏差，但并没有反映出其取值相对于未知参数真值的集中程度。显然，应当要求 $\hat{\theta}$ 的取值能尽可能密集地围绕在 θ 的真值附近，即要求 $\hat{\theta}$ 的方差尽可能小，由此可使估计更精确。下面给出相关的有效性标准。

设 $\hat{\theta}_1$ 和 $\hat{\theta}_2$ 是参数 θ 的两个无偏估计。若 $D(\hat{\theta}_1) < D(\hat{\theta}_2)$，则称 $\hat{\theta}_1$ 较 $\hat{\theta}_2$ **有效**；对于固定的样本容量 n，若 $\hat{\theta}$ 是 θ 的所有无偏估计量中方差最小的，则称 $\hat{\theta}$ 是 θ 的**最小方差无偏估计**，或称为 θ 的**有效估计**。

有效性是对估计量最为重要的评价标准。可以证明，对于任何总体 X，样本均值 $\bar{X}$ 都

是总体均值 μ 的有效估计；而对于正态总体，样本方差 S^2 也是总体方差 σ^2 的有效估计。

3. 一致性

由切比雪夫定理可知，样本均值 $\bar{X}$ 依概率收敛于总体均值。一般而言，我们也希望总体未知参数 θ 的估计量 $\hat{\theta}$ 具有此性质，这就是"一致性"的概念。

对于参数 θ 的估计量 $\hat{\theta}$，若对任意给定的 $\varepsilon > 0$，有

$$\lim_{n\to\infty} P\{|\hat{\theta}-\theta|<\varepsilon\}=1 \tag{5.3.5}$$

则称 $\hat{\theta}$ 是 θ 的**一致估计**。

一致估计可以保证参数估计的精确程度随样本容量 n 的增大而提高。由此可知，要减少估计的误差，就需要有足够的样本容量。

切比雪夫定理已指出，对任何总体 X，样本均值 $\bar{X}$ 是总体均值 $E(X)$ 的一致估计；同样可以证明，样本方差 S^2 也是总体方差 $D(X)$ 的一致估计。

由以上分析可知，$\bar{X}$ 和 S^2 分别是总体均值和方差的优良估计，尤其对正态总体，$\bar{X}$ 和 S^2 分别是 μ 和 σ^2 的**一致最小方差无偏估计**。

5.4 其他软件实现

5.4.1 SPSS 实现

1. 随机抽样

执行菜单栏的【分析】→【复杂抽样】→【选择样本】命令，打开【抽样向导】对话框。选择设计样本，并创建规划文件，单击【下一步】按钮。选定总体变量，单击【下一步】按钮。在类型中选择【简单随机抽样】，并选择【放回】或者【不放回】，然后单击【下一步】按钮。在单位中选择【计数】或【比例】并设置取值，然后单击【下一步】按钮。选择需要保存的变量，然后单击【下一步】按钮，再单击【下一步】按钮，在是否抽取样本中选择【是】，以随机数作为种子值，单击【下一步】按钮，选择样本保存位置，即可得到抽样数据。

操作视频

2. 用 SPSS 统计函数返回分布函数的右侧 α 分位点

在数据表中定义变量 α，执行菜单栏的【转换】→【计算变量】命令，打开【计算变量】对话框。在【目标变量】框输入目标变量名 "Chi2"，在【函数组】中选择【逆 DF】，在【函数和特殊变量】下选择【Idf.Chisq】，在【数字表达式】框中按照函数解释输入表达式，如图 5.13 所示，单击【确定】按钮，则返回 $\chi^2_\alpha(n)$ 的值。

注意> SPSS 的逆分布函数与 Excel 中后缀是 INV 的函数输入是不同的，例如求 0.05 的右侧分位点，需要输入 0.95。

返回 $t(n)$ 的值只需在【函数和特殊变量】下选择【Idf.T】；返回 $F(n_1, n_2)$ 的值只需在【函数和特殊变量】下选择【Idf.F】。

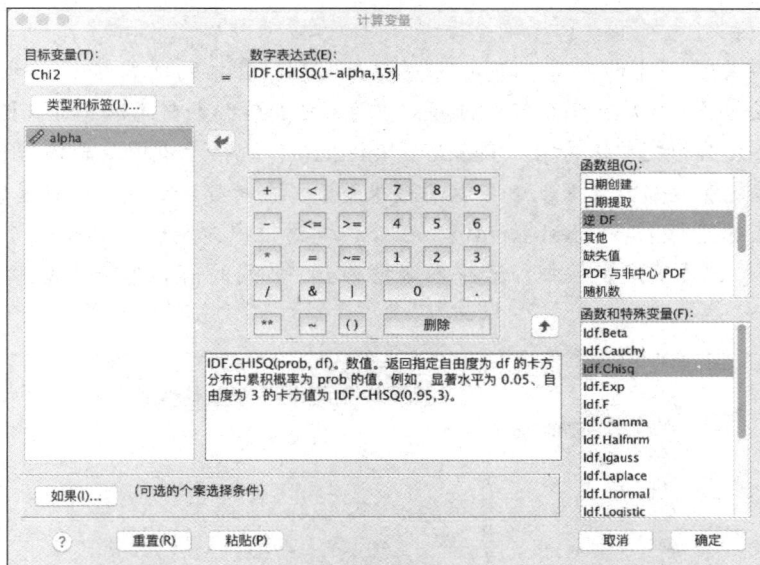

图 5.13　【计算变量】对话框的设置

5.4.2　JMP 实现

1. 不放回抽样

在数据表的某一列中按顺序输入总体中所有个体的编号，执行菜单栏的【表】→【子集】命令，打开【子集】对话框。在【行】下选择并设置【随机–抽样率】或【随机–样本大小】，在【列】下选择进行操作的列，在【输出表名称】框中输入样本所在表的名称，如图 5.14 所示，单击【操作】下的【确定】按钮，即可获得样本数据。

操作视频

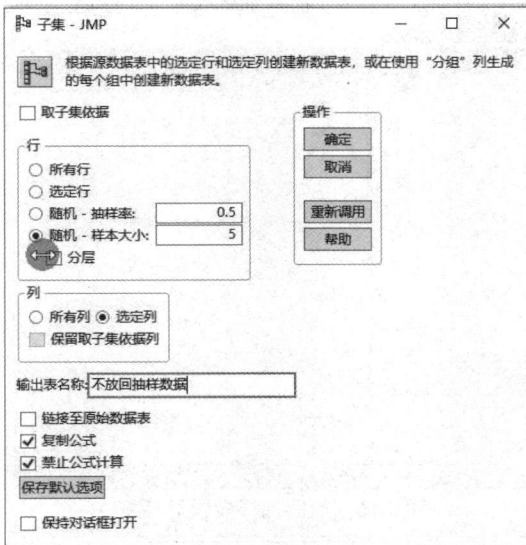

图 5.14　不放回抽样参数设置

2. 放回抽样

在数据表中定义一个新变量 Index。选中 Index 列，在该列顶端单击鼠标右键，从弹出菜单中选择【公式】，打开公式编辑对话框。在【函数(分组)】中选择【随机】→【**Random Integer**】，在公式编辑框中，即在 "Random Integer()" 的括号中输入总体规模，如图 5.15 所示。单击【确定】按钮，数据表中即返回随机整数。再新建一变量，选择【公式】，在【函数(分组)】中选择【行】→【**Subscript**】，在公式编辑框中分别输入总体编号和 Index，如图 5.16 所示。单击【确定】按钮，若样本容量为 n，该列的前 n 个个体即为放回抽样抽取的样本。

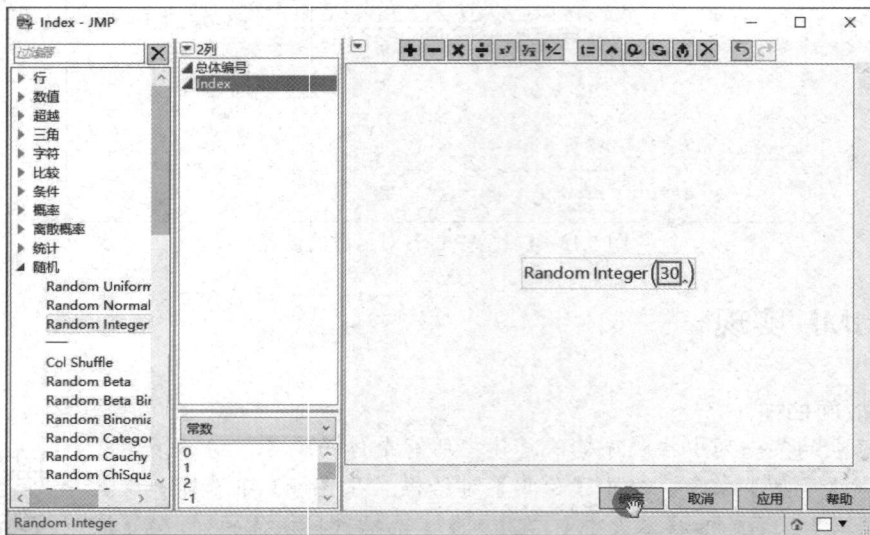

图 5.15 随机整数设置对话框

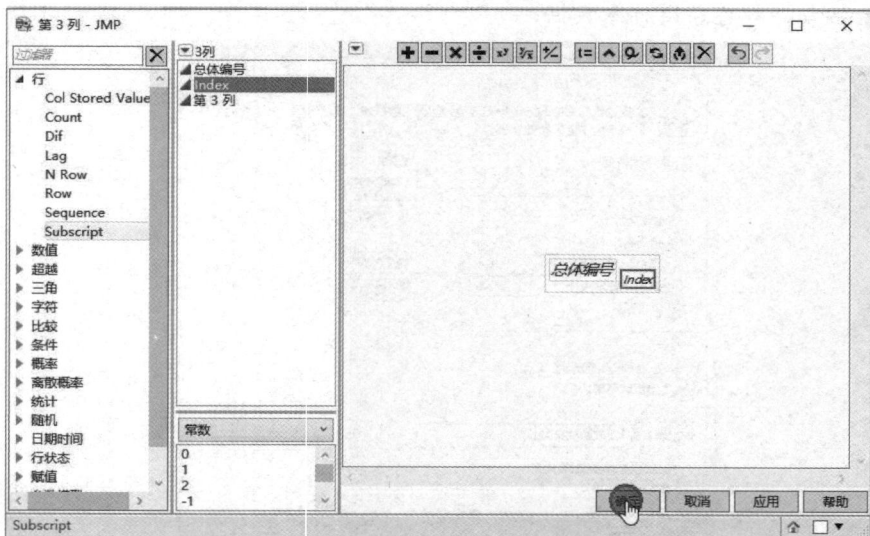

图 5.16 放回抽样设置对话框

习 题 五

1. 以下是取自总体 X 的一组样本观察值，分别用计算器和 Excel 软件求样本均值和样本方差。

9.0	7.8	8.2	10.5	7.5	8.8	10.0	9.4	8.5	9.5	8.4	9.8

2. 在总体 $N(52, 6.3^2)$ 中随机抽一容量为 36 的样本，求样本均值 $\bar{X}$ 落在 50.8 到 53.8 之间的概率。

3. 银行话务员与每个客户交流花费的时间服从 $N(3.10, 0.40^2)$ 分布。如果随机抽取 16 个样本，求解：

(1) 样本均值小于 3 分钟的概率。

(2) 85% 的样本均值是小于多少分钟的？

(3) 如果抽取了 64 个顾客样本，85% 的样本均值是小于多少分钟的？

4. 某调查机构发布信息称，2024 年 3 月当地新房的中等销售价格是 224 200 美元，而均值是 279 100 美元。假定价格的标准差是 90 000 美元。

(1) 如果抽取样本 $n=2$，描述 $\bar{x}$ 的抽样分布形状。

(2) 如果抽取样本 $n=100$，描述 $\bar{x}$ 的抽样分布形状。

(3) 如果抽取样本 $n=100$，样本均值小于 250 000 美元的概率是多少？

5. 设总体 $X \sim N(\mu, \sigma^2)$，X_1、X_2 是总体 X 的一个样本。试验证参数 μ 的下述三个估计量均为 μ 的无偏估计，并判断其中哪个估计量的方差最小？

(1) $\hat{\mu}_1 = \dfrac{2}{3} X_1 + \dfrac{1}{3} X_2$

(2) $\hat{\mu}_2 = \dfrac{1}{2} X_1 + \dfrac{1}{2} X_2$

(3) $\hat{\mu}_3 = \dfrac{1}{4} X_1 + \dfrac{3}{4} X_2$

6. 某车床加工的缸套外径尺寸 $X \sim N(\mu, \sigma^2)$，下面是随机测得的 10 个加工后的某种缸套外径尺寸(毫米)，分别用计算器和 Excel 软件求 μ 和 σ^2 的无偏估计。

90.01	90.01	90.02	90.03	89.99	89.98	89.97	90.00	90.01	89.99

案例研究

以第 2 章案例研究中的数据为例，解决下列问题：

(1) 如果抽取样本 $n=5$，描述家庭人均年收入均值 $\bar{X}$ 的抽样分布形状。

(2) 如果抽取样本 $n=60$，描述家庭人均年收入均值 $\bar{X}$ 的抽样分布形状。

(3) 如果抽取样本 $n=60$，样本均值小于 30 000 元的概率是多少？

第 **6** 章

置信区间估计

第 5 章中的点估计仅给出了未知参数的一个近似值，必然存在误差，因此人们显然还需要进一步了解对未知参数所作估计的误差范围。用统计学的术语来说，就是还要了解在一定的可信度下，未知参数 θ 的真值的某个可能范围，这就是参数估计的**区间估计**问题，这样的区间即所谓的**置信区间**。

学习目标：掌握单个正态总体均值和方差的区间估计方法；掌握总体比例的区间估计；学会在均值和比例置信区间估计中确定样本容量；掌握两个正态总体的均值差和方差比的区间估计；熟练运用单侧置信区间估计。

价值目标：培养学生辩证思考的能力，理解统计结论的不确定性，以科学的态度对待问题；领会区间估计在公共安全、社会治理中的重要作用。

6.1 基本概念准备

设 θ 为总体分布的未知参数，若由样本确定的两个统计量 $\hat{\theta}_1$ 和 $\hat{\theta}_2$，对于给定的概率 α，满足

$$P\{\hat{\theta}_1 < \theta < \hat{\theta}_2\} = 1 - \alpha \tag{6.1.1}$$

则称随机区间 $(\hat{\theta}_1, \hat{\theta}_2)$ 为 θ 的**置信度**为 $1-\alpha$ 的**置信区间**，并称 $\hat{\theta}_1$ 和 $\hat{\theta}_2$ 分别为 θ 的**置信下限**和**置信上限**。

因统计量 $\hat{\theta}_1$ 和 $\hat{\theta}_2$ 都是随机变量，对于从总体中抽取的不同样本，$\hat{\theta}_1$ 和 $\hat{\theta}_2$ 的取值是各不相同的，因此 $(\hat{\theta}_1, \hat{\theta}_2)$ 是一个随机区间。式(6.1.1)的含义是 θ 的真值落在随机区间 $(\hat{\theta}_1, \hat{\theta}_2)$ 内的概率为 $1-\alpha$。显然，给定的 α 值越小，θ 落在 $(\hat{\theta}_1, \hat{\theta}_2)$ 内的可信度 $1-\alpha$ 就越高(但在样本容量不变时，区间的长度就越大)，这就是置信度 $1-\alpha$ 的含义。通常置信度取 0.90、0.95、0.99 等值。置信区间估计的任务就是在给定置信度的基础上，确定置信上下限(或只有置信上限或下限)。

由于正态分布的普遍性，下面仅介绍正态总体均值与方差的区间估计。

6.2　单个正态总体均值和方差的区间估计

设总体 $X \sim N(\mu, \sigma^2)$，$X_1, X_2, \cdots, X_n$ 为 X 的容量为 n 的样本，$\bar{X}$ 和 S^2 分别为样本均值和样本方差。

6.2.1　总体均值 μ 的区间估计

下面对总体方差已知和未知两种情况分别进行讨论。

1. σ^2 已知

由第 5 章中的式(5.1.5)可知，随机变量

$$Z = \frac{\bar{X} - \mu}{\sigma / \sqrt{n}} \sim N(0,1) \tag{6.2.1}$$

故对给定的置信度 $1-\alpha$，有

$$P\left\{\left|\frac{\bar{X} - \mu}{\sigma / \sqrt{n}}\right| < Z_{\alpha/2}\right\} = 1 - \alpha \tag{6.2.2}$$

如图 6.1 所示。

其中，Z_α 是标准正态分布的右侧 α 分位点，即满足 $P\{Z > Z_\alpha\} = \alpha$ 的 x 轴上某一点的值，如图 6.2 所示。

Z_α 的值可由关系

$$\phi(Z_\alpha) = 1 - \alpha \tag{6.2.3}$$

倒查正态分布表得到。例如，要查 $Z_{0.025}$ 的值，由 $1-\alpha = 0.975$，通过正态分布表可查得 $\phi(1.96) = 0.975$，故 $Z_{0.025} = 1.96$。

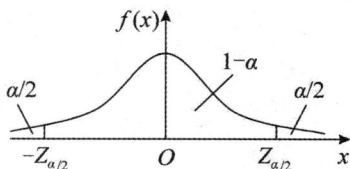

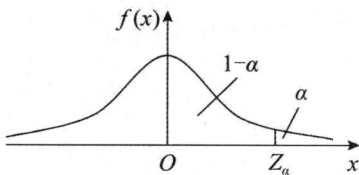

图 6.1　式(6.2.2)示意　　　　图 6.2　标准正态分布的右侧 α 分位点 Z_α

也可以利用 Excel 统计函数中的 NORMSINV 函数返回 Z_α，语法规则如下。

格式：NORMSINV(α)
功能：返回 $Z_{1-\alpha}$ 的值。

注意▶　NORMSINV(α)返回的是 $Z_{1-\alpha}$ 的值，NORMSINV($1-\alpha$)返回的才是 Z_α 的值。

应用统计学(第 4 版)

由式(6.2.2)可得

$$P\{\bar{X} - Z_{\alpha/2}\sigma/\sqrt{n} < \mu < \bar{X} + Z_{\alpha/2}\sigma/\sqrt{n}\} = 1 - \alpha$$

即 μ 的置信度为 $1-\alpha$ 的置信区间为

$$(\bar{X} - Z_{\alpha/2}\sigma/\sqrt{n},\ \bar{X} + Z_{\alpha/2}\sigma/\sqrt{n}) \tag{6.2.4}$$

为方便起见,可将式(6.2.4)的置信区间表示为

$$(\bar{X} - d,\ \bar{X} + d),\quad d = Z_{\alpha/2}\sigma/\sqrt{n} \tag{6.2.5}$$

式中,d 为半区间的长度。

【例 6.1】 假设 σ 已知,约为 1970,求第 5 章例 5.3 中压缩机平均寿命的 95% 置信区间。例 5.3 的具体信息包括:设某种压缩机的寿命 $X \sim N(\mu, \sigma^2)$,随机测得 10 台压缩机的寿命(小时)为 15 020,14 530,13 670,11 080,16 500,12 130,12 080,14 800,15 500,17 000。

解:由于 σ^2 已知,因此拟采用式(6.2.5)估计压缩机平均寿命。

由例 5.3 的计算结果可知,$\bar{X}=14\,231$,$n=10$,$\alpha = 1-0.95=0.05$,$\alpha/2=0.025$,查表得 $Z_{\alpha/2}=1.96$,则

$$d = 1.96 \times 1\,970 / \sqrt{10} \approx 1\,221$$

$$(\bar{X} - d,\ \bar{X} + d) = (13\,010,\ 15\,452)$$

故在 σ 约为 1970 的情况下,该压缩机平均寿命的 95% 置信区间为(13 010,15 452)小时。

2. σ^2 未知

在多数情况下,总体 X 的方差 σ^2 是未知的,此时式(6.2.1)中的 σ 可以用其估计量 S 代替,但不再服从标准正态分布。由式(5.1.12)可知,随机变量

$$t = \frac{\bar{X} - \mu}{S/\sqrt{n}} \sim t(n-1) \tag{6.2.6}$$

故对给定的置信度 $1-\alpha$,有

$$P\left\{\left|\frac{\bar{X} - \mu}{S/\sqrt{n}}\right| < t_{\alpha/2}(n-1)\right\} = 1 - \alpha$$

同理可得 μ 的置信度为 $1-\alpha$ 的置信区间为

$$(\bar{X} - d,\ \bar{X} + d),\quad d = t_{\alpha/2}(n-1)S/\sqrt{n} \tag{6.2.7}$$

在大多数情况下,σ^2 往往是未知的,因此式(6.2.7)比式(6.2.5)更有实用价值。

【例 6.2】 求例 6.1 中压缩机平均寿命的 95% 置信区间,其中 μ 和 σ^2 都未知。

解:由于 σ^2 未知,因此拟采用式(6.2.7)估计压缩机平均寿命。

由例 5.3 的计算结果可知,$\bar{X}=14\,231$,$S=1965$,$n=10$,$\alpha = 1-0.95=0.05$,$\alpha/2=0.025$,查表得 $t_{0.025}(9)=2.2622$,则

$$d = t_{\alpha/2}(n-1)S\big/\sqrt{n} = 2.2622 \times 1965\big/\sqrt{10} = 1406$$

$$(\bar{x} - d,\ \bar{x} + d) = (12\,825,\ 15\,637)$$

故该压缩机平均寿命的 95% 置信区间为(12 825, 15 637)小时。

【例 6.3】某疾控中心随机抽取了 100 例新型冠状病毒感染患者的临床信息，记录了他们的感染时间和出现症状的时间，二者相减得到每位患者的潜伏时间。经计算，潜伏时间平均值为 5 天，标准差为 10 天。求新型冠状病毒潜伏期的 95% 置信区间。

解： 由于样本容量 n 超过 30，可采用正态分布的右侧分位点，$\alpha = 1 - 0.95 = 0.05$，$\alpha/2 = 0.025$，查表得 $Z_{\alpha/2} = 1.96$，则

$$d = Z_{\alpha/2}s\big/\sqrt{n} = 1.96 \times 10/10 = 1.96$$

$$(\bar{x} - d,\ \bar{x} + d) = (5 - 1.96, 5 + 1.96) = (3.04,\ 6.96)$$

故新型冠状病毒潜伏期的 95% 置信区间为(3.04，6.96)。取整后，我们一般认为新型冠状病毒潜伏期在 3～7 天。

3. 用 Excel 求总体均值的置信区间

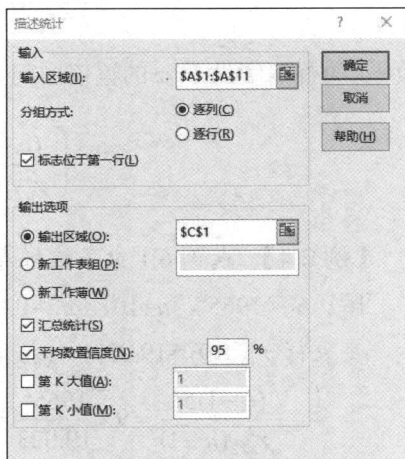

利用 Excel 数据分析中的描述统计功能，可以方便地计算出总体均值的置信区间。下面通过例 6.2 来介绍其操作过程。

如图 6.3 所示，在 A 列中输入样本数据。执行【数据】→【数据分析】→【描述统计】命令，按图 6.4 所示设置【描述统计】对话框中的各项参数。注意：在【输出选项】中勾选【汇总统计】和【平均数置信度】，并在【平均数置信度】文本框中输入置信度，输出结果如图 6.3 中最右列所示。

操作视频

寿命	寿命		μ 的95%置信区间为：	
15020			12825.419	15636.581
14530	平均	14231		
13670	标准误差	621.3452252		
11080	中位数	14665		
16500	众数	#N/A		
12130	标准差	1964.866125		
12080	方差	3860698.889		
14800	峰度	-1.00126203		
15500	偏度	-0.27519547		
17000	区域	5920		
	最小值	11080		
	最大值	17000		
	求和	142310		
	观测数	10		
	置信度(95.0%)	1405.580552		

图 6.3　用 Excel 求总体均值的置信区间　　　　图 6.4　【描述统计】对话框的设置

此时系统输出的"置信度(95.0%)"就是给定置信度下置信区间的 d 值。然后在 F2 和 G2 中分别输入公式"= D3−D16"和"= D3+D16"，即可得到所求的置信区间。

6.2.2 总体方差 σ^2 的区间估计

由式(5.1.8)可知，随机变量

$$\chi^2 = \frac{(n-1)S^2}{\sigma^2} \sim \chi^2(n-1) \tag{6.2.8}$$

故对给定的置信度 $1-\alpha$，有

$$P\left\{ \chi^2_{1-\alpha/2}(n-1) < \frac{(n-1)S^2}{\sigma^2} < \chi^2_{\alpha/2}(n-1) \right\} = 1-\alpha \tag{6.2.9}$$

如图 6.5 所示。

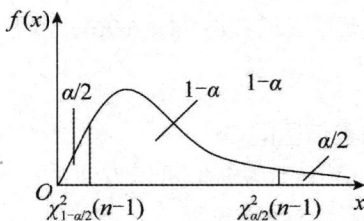

图 6.5　式(6.2.9)示意图

由式(6.2.9)可得

$$P\left\{ \frac{(n-1)S^2}{\chi^2_{\alpha/2}(n-1)} < \sigma^2 < \frac{(n-1)S^2}{\chi^2_{1-\alpha/2}(n-1)} \right\} = 1-\alpha$$

故 σ^2 的置信度为 $1-\alpha$ 的置信区间为

$$\left(\frac{(n-1)S^2}{\chi^2_{\alpha/2}(n-1)}, \quad \frac{(n-1)S^2}{\chi^2_{1-\alpha/2}(n-1)} \right) \tag{6.2.10}$$

【例 6.4】　求例 6.1 中压缩机寿命方差 σ^2 的 95%置信区间。

解：$S^2 = 1965^2$，$n = 10$，$\alpha/2 = 0.025$，$1-\alpha/2 = 0.975$，

查表得 $\chi^2_{0.025}(9) = 19.023$，$\chi^2_{0.975}(9) = 2.700$。

$$\frac{(n-1)S^2}{\chi^2_{\alpha/2}(n-1)} = 9 \times \frac{1965^2}{19.023} = 1\,826\,790$$

$$\frac{(n-1)S^2}{\chi^2_{1-\alpha/2}(n-1)} = 9 \times 1965^2 / 2.7 = 12\,870\,750$$

故该种压缩机寿命方差 σ^2 的 95%置信区间为(1 826 790，12 870 750)小时 ^{2}。

6.3 总体比例的区间估计

我们在前边已经说明了样本比例 $\hat{p}$ 是总体 p 的无偏估计。在大样本情况下，依据中心极限定理，$\hat{p}$ 近似服从正态分布，均值为 p，标准差为 $\sqrt{\dfrac{p(1-p)}{n}}$。因而从求解正态总体均值区间估计的过程，可以得到置信度为 $1-\alpha$，p 的区间估计为

$$\left(\hat{p} - Z_{\alpha/2}\sqrt{\frac{p(1-p)}{n}}, \quad \hat{p} + Z_{\alpha/2}\sqrt{\frac{p(1-p)}{n}} \right) \tag{6.3.1}$$

式(6.3.1)中 p 是未知的，所以我们简单地以样本比例 $\hat{p}$ 代替总体比例 p，就得到了总体比例的一般表达式为

$$\left(\hat{p} - Z_{\alpha/2}\sqrt{\frac{\hat{p}(1-\hat{p})}{n}}, \quad \hat{p} + Z_{\alpha/2}\sqrt{\frac{\hat{p}(1-\hat{p})}{n}} \right) \tag{6.3.2}$$

这里，$\hat{p} = p_s = \dfrac{k}{n}$，通常假设 $n\hat{p}$ 和 $n(1-\hat{p})$ 都大于 5。

【例 6.5】 一项调查表明，随机抽取的 400 名选民中有 32 人支持候选人 A。求支持候选人 A 的比例 p 的 95% 置信区间。

解：样本比例 $\hat{p} = \dfrac{32}{400} = 0.08$，$p$ 的 95% 置信区间计算公式为

$$\left(0.08 - 1.96 \times \sqrt{\frac{0.08(1-0.08)}{400}}, \quad 0.08 + 1.96 \times \sqrt{\frac{0.08(1-0.08)}{400}} \right)$$

进而，我们求得 p 的 95% 置信区间为 $(0.053, 0.107)$。

也可以用 Excel 求解上述区间估计，如图 6.6 所示。

数据		
样本容量	400	
抽样数	32	
置信度	95%	
中间计算过程		计算过程说明
样本比率	0.08	[=B3/B2]
Z值	-1.95996398	[=NORMSINV((1-B4)/2)]，注意结果是负值
比率标准差	0.01356466	[=SQRT(B7*(1-B7)/B2)]
Z值*比率标准差	0.026586245	[=ABS(B8*B9)]
置信区间		
置信上限	0.053413755	[=B7-B10]
置信下限	0.106586245	[=B7+B10]

图 6.6 用 Excel 求解总体比例的区间估计

6.4　样本容量确定

民意调查需要调查多少人

国外民意调查机构在进行民意调查时，通常要求在 95% 的置信度下将调查的允许误差(即置信区间的 d 值)控制在 3% 以内。

(1) 为满足该调查精度要求，至少需要多大的样本？

(2) 如果要求置信度达到 99%，调查误差仍为 3%，此时至少需要多大的样本？

在本章到目前为止所介绍的有关置信区间的例子里，对于样本容量与置信区间结果的讨论十分匮乏。在商业活动中，在收集数据之前就已经确定了样本容量，这个样本容量既要能够确保置信区间足够小，又要有助于做出决策。确定样本容量是一个相当复杂的过程，会受到成本、时间及可接受误差等因素的限制。

6.4.1　单个正态总体均值估计的样本容量确定

由式(6.2.4)可知，当 σ^2 已知时，置信度为 $1-\alpha$ 时的置信区间为

$$\bar{X} \pm Z_{\alpha/2}\frac{\sigma}{\sqrt{n}} \tag{6.4.1}$$

$\bar{X}$ 加上或减去的量等于半个区间的长度，表示的是因为抽样误差产生的估计不准确的量。**抽样误差(或误差限)** d 定义为

$$d = Z_{\alpha/2}\frac{\sigma}{\sqrt{n}} \tag{6.4.2}$$

为了构造均值的合适置信区间，需要解出样本容量 n。这里的"合适"意味着结果的区间是处于可接受的抽样误差之内。

由式(6.4.1)可知，样本容量 n 等于 $Z_{\alpha/2}$ 值的平方乘以方差 σ 的平方，再除以抽样误差 d 的平方，即

$$n = \frac{Z_{\alpha/2}^2\sigma^2}{d^2} \tag{6.4.3}$$

可以看到，理论上，随着 n 的增加，抽样误差将减少，从而置信区间的长度也减小，这样均值的估计就会更加集中和准确；但若 n 过大，统计的成本就会过高。因此，为了确定样本容量，通常会根据实际问题的需要，在已知下列三个变量值的情况下进行确定：①置信度 $1-\alpha$，其决定了 $Z_{\alpha/2}$ 的值，即标准正态分布的临界值；②可接受的抽样误差 d，即置信区间长度值的一半；③标准差 σ。

在实际应用中，像可接受的误差等级、置信度这类重要参数，通常会在公司间的合同

里具体列出，例如一家公司要求其供应商提供的轴承直径误差不得超过 ±5 毫米。对于药品和食品制造企业而言，相关法律法规已经对抽样误差和置信度做出了具体规定。通常，为求出样本容量，确定这两个变量的具体取值并非易事。虽然 95% 的置信度最为常见，但如果对置信度有更高要求，可以采用 99%；如果对置信度要求降低，则可以采用 90%。

除了确定置信度和抽样误差之外，还需要估计标准差。但遗憾的是，一般很少有人知晓总体的标准差 σ。在某些情况下，可以根据以往的数据来估计标准差；而在其他情况下，则可以用数值分布范围和变量的分布情况来进行估算。例如，如果确定为正态分布，那么数值分布的范围就近似等于 6σ（均值 $\pm 3\sigma$），这样就可以用取值范围除以 6 来求得 σ 的值。

如果还是不能确定 σ，可以进行小规模抽样，根据抽样数据来估算标准差。在给定置信度和允许误差 d 的条件下，由

$$d = t_{\alpha/2}(n-1)S / \sqrt{n}$$

可得

$$n = \left(\frac{t_{\alpha/2}(n-1)S}{d}\right)^2 \approx \left(\frac{Z_{\alpha/2}S}{d}\right)^2$$

其中，总体标准差或样本标准差也是未知的，通常可以先通过小规模抽样做出估计。由于使用的是近似公式，可知实际采用的最低样本容量应比计算结果稍大。

【例 6.6】假设某咨询公司在对某种产品销售数据进行抽样时提出，抽样误差不得超过 5 元，置信度为 95%。以往的数据显示销售额的标准差约为 25 元，请问需要多大的样本容量才能实现上述抽样结论。

解：由题意可知 $d = 5$，$Z_{\alpha/2} = 1.96$，$\sigma = 25$，则由式(6.4.3)可得

$$n = \frac{Z_{\alpha/2}^2 \sigma^2}{d^2} = \frac{1.96^2 \times 25^2}{5^2} = 96.04 \approx 97$$

通常，选择的样本容量要稍微高于求出值，即选择大于求出值的整数，所以选择样本容量为 97。

【例 6.7】在针对例 6.2 中压缩机平均寿命进行区间估计的问题里，存在以下要求：

(1) 在 95% 的置信度下，使估计的允许误差不超过其平均寿命的 10%，并设已得到例 6.1 的先期抽样数据，求所需的最低样本容量。

(2) 其他条件不变，在 99% 的置信度下，求所需的最低样本容量。

解：(1)由例 6.2，$\overline{X} = 14\,231$，$S = 1965$，$d = 14\,231/10 = 1423.1$，用近似公式

$$n \approx \left(\frac{z_{0.025}S}{d}\right)^2$$

经计算 n 等于 7.3，取整后等于 8。可知取 $n = 10$ 就能满足所给精度要求。

(2) $n \approx \left(\dfrac{z_{0.005}S}{d}\right)^2$，经计算 n 等于 12.7，可知此时取 $n = 20$ 就能满足所给精度要求。

6.4.2 总体比例估计的样本容量确定

与总体均值估计中样本容量的确定方法相似，为了确定用于估计总体比例 p 时的样本容量，可根据式(6.3.2)求得。回顾均值置信区间估计中样本容量的计算方法，抽样误差定义为

$$d = Z_{\alpha/2}\sqrt{\frac{\hat{p}(1-\hat{p})}{n}} \tag{6.4.4}$$

由式(6.4.4)可得，样本容量 n 的值为

$$n = \frac{Z_{\alpha/2}^2\hat{p}(1-\hat{p})}{d^2} \tag{6.4.5}$$

同样，为了确定样本容量，通常应根据实际问题的需要，在已知下列三个变量值的情况下进行确定：①置信度 $1-\alpha$，其决定了 $Z_{\alpha/2}$ 的值，即标准正态分布的临界值；②可接受的抽样误差 d，即置信区间长度值的一半；③样本比例 $\hat{p}$。

事实上，这些数值的选择需要设计。一旦确定了置信度，就可以在标准正态分布中查到对应的 $Z_{\alpha/2}$ 值。抽样误差 d 表示的是在估计总体比例时能接受的误差值。样本比例 $\hat{p}$ 实际上是所估计的参数。有两种估计 $\hat{p}$ 值的方法：一是根据以往信息或相关经验求出 $\hat{p}$ 的估计值；二是尝试不同的 $\hat{p}$ 值，使 $\hat{p}(1-\hat{p})$ 值尽可能大，从而确保绝不会低估样本容量。

例如，可以尝试下列不同的值，如表 6.1 所示。

表 6.1　不同的 $\hat{p}$ 值对应 $\hat{p}(1-\hat{p})$ 值举例

$\hat{p}$	$\hat{p}(1-\hat{p})$
0.9	0.09
0.7	0.21
0.5	0.25
0.3	0.21
0.1	0.09

因此，当没有关于总体比例 $\hat{p}$ 的先验值和估计值时，可以用 $\hat{p}=0.5$ 来确定样本容量。这样可以产生最大可能的样本容量及成本最高的抽样。如果实际的样本比例不是 0.5，则使用 $\hat{p}=0.5$ 所得到的置信区间的长度会比预期的更小。当然，这种准确性的提高是因为花费了更多的时间和金钱以增大样本容量。

【例 6.8】假设审计程序中要求包含错误销售发票的总体比例在置信度为 95%的前提下误差在 ±0.07 内，而且过去几个月的数据显示，最大的样本比例不会大于 0.15。请估计需要的样本容量大小。

解：由条件可知 $d=0.07$，$\hat{p}=0.15$，对应于 95%置信度的 $Z_{\alpha/2}=1.96$，则由式(6.4.5)可得

$$n = \frac{Z_{\alpha/2}^2 \hat{p}(1-\hat{p})}{d^2} = \frac{1.96^2 \times 0.15 \times 0.85}{0.07^2} = 99.96 \approx 100$$

同样地，因为通常在比例估计时求出的样本容量要稍微高于求出值，即选择大于求出值的整数，所以选择样本容量为 100。

应用案例 6.1 解答：

(1) 由 $d = Z_{\alpha/2}\sqrt{\dfrac{\hat{p}(1-\hat{p})}{n}}$ 可得 $n = \dfrac{Z_{\alpha/2}^2 \hat{p}(1-\hat{p})}{d^2}$。本案例中，当 $\hat{p}=0.5$ 时，$\hat{p}(1-\hat{p})$ 达到最大，故需要的样本容量至少为

$$n = \frac{1.96^2 \times 0.5 \times 0.5}{0.03^2} = 1067.1 \approx 1068$$

(2) 如果要求置信度达到 99%，则 $Z_{\alpha/2}=Z_{0.005}=2.575$，则

$$n = \frac{2.575^2 \times 0.5 \times 0.5}{0.03^2} = 1841.8 \approx 1842$$

6.5　两个正态总体的均值差和方差比的区间估计*

在许多实际问题中，还需要考察两个正态总体的均值或方差是否相等的问题。例如，在产品质量管理中，就需要了解在生产工艺、材料或操作方法等改变后，产品的某些质量指标是否也发生了变化；又如，许多统计推断方法是以两个或多个正态总体的方差相同为前提条件的，在运用这些方法之前就需要判断这些正态总体是否是同方差的。这类问题既可以用区间估计的方法，也可以用假设检验的方法加以解决。下面介绍用区间估计的方法比较两个正态总体均值和方差的问题。

设总体 $X_1 \sim N(\mu_1, \sigma_1^2)$，$X_2 \sim N(\mu_2, \sigma_2^2)$，$\bar{X}_1$、$\bar{X}_2$ 和 S_1^2、S_2^2 分别为它们的样本均值和样本方差，n_1 和 n_2 分别为它们的样本容量，且总体 X_1 和 X_2 相互独立。

6.5.1　两个正态总体的均值差 $\mu_1-\mu_2$ 的区间估计

1. σ_1^2、σ_2^2 都已知

不难证明，随机变量

$$Z = \frac{(\bar{X}_1 - \bar{X}_2) - (\mu_1 - \mu_2)}{\sqrt{\sigma_1^2/n_1 + \sigma_2^2/n_2}} \sim N(0,1) \tag{6.5.1}$$

于是，同理可推得 $\mu_1-\mu_2$ 的置信度为 $1-\alpha$ 的置信区间为

$$\left(\bar{X}_1 - \bar{X}_2 - d, \ \bar{X}_1 - \bar{X}_2 + d\right), \quad d = Z_{\alpha/2}\sqrt{\sigma_1^2/n_1 + \sigma_2^2/n_2} \tag{6.5.2}$$

2. 两个总体是同方差的，但方差未知

在实际问题中，大多数是这种情况，此时可以证明，随机变量

$$t = \frac{(\overline{X}_1 - \overline{X}_2) - (\mu_1 - \mu_2)}{S_\omega \sqrt{1/n_1 + 1/n_2}} \sim t(n_1 + n_2 - 2) \tag{6.5.3}$$

其中，

$$S_\omega^2 = \frac{(n_1 - 1)S_1^2 + (n_2 - 1)S_2^2}{n_1 + n_2 - 2} \tag{6.5.4}$$

称为两个样本的**合并方差**。

于是，同理可推得 $\mu_1 - \mu_2$ 的置信度为 $1 - \alpha$ 的置信区间为

$$\left(\overline{X}_1 - \overline{X}_2 - d, \ \overline{X}_1 - \overline{X}_2 + d \right), \quad d = t_{\alpha/2}(n_1 + n_2 - 2)S_\omega \sqrt{1/n_1 + 1/n_2} \tag{6.5.5}$$

3. 两个总体的方差不等且未知

当两个样本容量都较大($\geqslant 30$)时，由中心极限定理可知，这时无论两个总体服从何种分布，随机变量

$$Z^* = \frac{(\overline{X}_1 - \overline{X}_2) - (\mu_1 - \mu_2)}{\sqrt{S_1^2/n_1 + S_2^2/n_2}}$$

就近似服从 $N(0,1)$ 分布，故可得 $\mu_1 - \mu_2$ 的置信度为 $1 - \alpha$ 的置信区间为

$$\left(\overline{X}_1 - \overline{X}_2 - d, \overline{X}_1 - \overline{X}_2 + d \right), \quad d \approx Z_{\alpha/2} \sqrt{S_1^2/n_1 + S_2^2/n_2} \tag{6.5.6}$$

两个正态总体的均值差的置信区间具有如下意义：若 $\mu_1 - \mu_2$ 的置信下限大于零，就能以 $1 - \alpha$ 的置信度判定 $\mu_1 > \mu_2$；若置信上限小于零，则能以 $1 - \alpha$ 的置信度判定 $\mu_1 < \mu_2$；若置信区间包含零，则在 $1 - \alpha$ 的置信度下无法判定哪个总体的均值更大(即在水平 α 下认为两个总体的均值间无显著差异，可参见假设检验)。

【例 6.9】 设甲、乙两种轿车的首次故障里程数都服从正态分布，即甲种轿车的首次故障里程数 $X_1 \sim N(\mu_1, \sigma_1^2)$，乙种轿车的首次故障里程数 $X_2 \sim N(\mu_2, \sigma_2^2)$，且假定 $\sigma_1^2 = \sigma_2^2$。现随机抽取两种新车各 10 辆进行公路试验，测得两种轿车首次故障里程的样本均值和样本方差分别为 $\overline{x}_1 = 5896$，$S_1^2 = 926^2$；$\overline{x}_2 = 4001$，$S_2^2 = 824^2$。试在 95% 的置信度下比较两种轿车的平均首次故障里程数这一质量指标。

解： 由题意可知，$n_1 = n_2 = 10$，$n_1 + n_2 - 2 = 18$，$\alpha = 1 - 0.95 = 0.05$，$\alpha/2 = 0.025$。

$$t_{0.025}(18) = 2.1009$$

$$S_\omega = \sqrt{(9 \times 926^2 + 9 \times 824^2)/18} = 876.49$$

由式(6.5.5)可知, $d = 2.1009 \times 876.49 \times \sqrt{1/10 + 1/10} = 824$

$$(\bar{x}_1 - \bar{x}_2 - d, \ \bar{x}_1 - \bar{x}_2 + d) = (1071, \ 2719)$$

故 $\mu_1 - \mu_2$ 的 95% 置信区间为(1071, 2719)千米, 因置信下限 1071 > 0, 故在 95% 置信度下可以认为, 甲种轿车的平均首次故障里程数高于乙种轿车。

6.5.2 两个正态总体的方差比 σ_1^2/σ_2^2 的区间估计

在例 6.9 中假定两种轿车首次故障行驶里程数的方差是相等的, 这一假定是否合理, 可以通过对两个正态总体的方差比 σ_1^2/σ_2^2 做区间估计进行验证。

由式(5.1.16)可知, 随机变量

$$F = \frac{S_1^2/S_2^2}{\sigma_1^2/\sigma_2^2} \sim F(n_1 - 1, \ n_2 - 1) \tag{6.5.7}$$

于是, 对给定的置信度 $1-\alpha$, 有

$$P\{F_{1-\alpha/2}(n_1 - 1, \ n_2 - 1) < \frac{S_1^2/S_2^2}{\sigma_1^2/\sigma_2^2} < F_{\alpha/2}(n_1 - 1, \ n_2 - 1)\} = 1 - \alpha \tag{6.5.8}$$

由式(6.5.8)可得, σ_1^2/σ_2^2 的置信度为 $1-\alpha$ 的置信区间为

$$\left(\frac{S_1^2/S_2^2}{F_{\alpha/2}(n_1 - 1, \ n_2 - 1)}, \ \frac{S_1^2/S_2^2}{F_{1-\alpha/2}(n_1 - 1, \ n_2 - 1)} \right) \tag{6.5.9}$$

两个正态总体的方差比置信区间具有如下意义: 若置信下限大于 1, 则可以在 $1-\alpha$ 的置信度下判定 $\sigma_1^2 > \sigma_2^2$; 若置信上限小于 1, 则可以判定 $\sigma_1^2 < \sigma_2^2$; 若置信区间包含 1, 则无法判定两个总体的方差的大小(即在水平 α 下认为 σ_1^2 与 σ_2^2 间无显著差异)。

【例 6.10】 对例 6.9 所给问题, 在 95% 置信度下判断两种轿车首次故障里程数的方差是否相同。

解: 由例 6.9 所给数据可知, $n_1 = n_2 = 10$, $\alpha = 0.05$, $\alpha/2 = 0.025$, 查表得 $F_{0.025}(9, 9) = 4.03$, $F_{0.975}(9, 9) = 1/F_{0.025}(9, 9) = 0.25$

$$S_1^2/S_2^2 = 926^2/824^2 = 1.26$$

可求得 σ_1^2/σ_2^2 的 95% 置信区间为 $\left(\dfrac{1.26}{4.03}, \ \dfrac{1.26}{0.25} \right) = (0.31, \ 5.04)$。

由于置信区间包含 1, 故可认为两种轿车首次故障行驶里程数是同方差的。因此, 例 6.9 中关于 $\sigma_1^2 = \sigma_2^2$ 的假定是合理的。

6.6 单侧置信限的估计

以上讨论中所求的置信限都是双侧的, 但在许多实际问题中, 对某一未知参数, 人们

更关注的往往是其置信下限或置信上限。例如，对产品的寿命或需求量等指标，人们更关注的是其均值的置信下限是多少，即在给定的置信度下，其平均值不会低于哪一个值；而对零件的加工精度等问题，人们更关注的是所加工尺寸的方差(反映了设备的加工精度)的置信上限是多少。对上述这些问题，就需要进行单侧置信限的估计。

设 θ 为总体分布的未知参数，若由样本确定的统计量 $\underline{\theta}$，对于给定的概率 α，满足

$$P\{\ \theta > \underline{\theta}\ \} = 1 - \alpha \tag{6.6.1}$$

则称随机区间 $(\underline{\theta}, \infty)$ 为 θ 的置信度为 $1-\alpha$ 的单侧置信区间；$\underline{\theta}$ 称为置信度为 $1-\alpha$ 的单侧置信下限。

类似地，若由样本确定的统计量 $\overline{\theta}$，对于给定的概率 α，满足

$$P\{\theta < \overline{\theta}\ \} = 1 - \alpha \tag{6.6.2}$$

则称随机区间 $(-\infty, \overline{\theta})$ 为 θ 的置信度为 $1-\alpha$ 的单侧置信区间；$\overline{\theta}$ 称为置信度为 $1-\alpha$ 的单侧置信上限。

下面通过例子说明其估计的原理和方法。

【例 6.11】 设某种电子元件的寿命 $X \sim N(\mu, \sigma^2)$，现随机抽取 10 只做加速寿命试验，测得寿命数据如表 6.2 所示。

表 6.2 电子元件寿命

(单位：小时)

12 300	12 800	17 500	10 500	13 000	15 000	14 000	13 500	9050	8000

(1) 求该元件平均寿命的 95% 置信下限。

(2) 求该元件寿命方差的 95% 置信上限。

解：(1) 根据题意，σ^2 未知，由

$$\frac{\overline{X} - \mu}{S / \sqrt{n}} \sim t(n-1)$$

可得

$$P\{(\overline{X} - \mu)\sqrt{n}/S < t_\alpha(n-1)\} = 1 - \alpha \tag{6.6.3}$$

即

$$P\{\mu > \overline{X} - t_\alpha(n-1)S/\sqrt{n}\} = 1 - \alpha$$

故 μ 的置信度为 $1-\alpha$ 的单侧置信下限为

$$\overline{X} - t_\alpha(n-1)S/\sqrt{n} \tag{6.6.4}$$

本例中，由所给数据可求得

$$\overline{X} = 12\ 565,\ S = 2808.5,\ n = 10,\ \alpha = 0.05,\ t_{0.05}(9) = 1.8331$$

故所求 μ 的 95% 置信下限为

$$12\,565 - 1.8331 \times 2808.5 \big/ \sqrt{10} = 10\,937$$

即可以有 95% 的把握认为该元件的平均寿命大于 10 937 小时。

(2) 由

$$\frac{(n-1)S^2}{\sigma^2} \sim \chi^2(n-1)$$

可得

$$P\{(n-1)S^2/\sigma^2 > \chi^2_{1-\alpha}(n-1)\} = 1-\alpha \tag{6.6.5}$$

即

$$P\{\sigma^2 < (n-1)S^2/\chi^2_{1-\alpha}(n-1)\} = 1-\alpha$$

故 σ^2 的置信度为 $1-\alpha$ 的单侧置信上限为

$$\frac{(n-1)S^2}{\chi^2_{1-\alpha}(n-1)} \tag{6.6.6}$$

本例中，$\chi^2_{1-\alpha}(n-1) = \chi^2_{0.95}(9) = 3.325$，故所求 σ^2 的 95% 置信上限为

$$9 \times 2805.5^2 \big/ 3.325 = 4616^2 (\text{小时}^2)$$

由以上分析可知，求未知参数单侧置信限的原理与求双侧置信限是完全类似的，其计算公式也基本相同，主要区别在于：求双侧置信限时，使用的是有关分布的上侧 $\alpha/2$ 分位点和上侧 $1-\alpha/2$ 分位点；而求单侧置信限时，使用的则是相应分布的上侧 α 分位点或上侧 $1-\alpha$ 分位点，即只要将有关置信限公式中的 $\alpha/2$ 改为 α 即可。

6.7 区间估计小结

本节学习的重点是了解区间估计的意义及各种参数的区间估计在经济管理中的应用。为方便大家在实际问题中的使用，表 6.3 按不同的估计对象、条件及要求给出了各种置信区间及置信限的计算公式，以备使用时查用。

表 6.3 区间估计小结

估计对象	条件	要求	置信区间(上、下限)
均值 μ	σ^2 已知	双侧	$(\bar{x}-d,\ \bar{x}+d)$ $d = Z_{\alpha/2}\sigma/\sqrt{n}$
		单侧上限	$\bar{x} + Z_\alpha \sigma/\sqrt{n}$
		单侧下限	$\bar{x} - Z_\alpha \sigma/\sqrt{n}$

估计对象	条件	要求	置信区间(上、下限)
均值 μ	σ^2 未知	双侧	$(\bar{x}-d,\ \bar{x}+d)$ $d=t_{\alpha/2}(n-1)s/\sqrt{n}$
		单侧上限	$\bar{x}+t_\alpha(n-1)s/\sqrt{n}$
		单侧下限	$\bar{x}-t_\alpha(n-1)s/\sqrt{n}$
均值差 $\mu_1-\mu_2$	σ_1^2 和 σ_2^2 都已知	双侧	$(\bar{x}_1-\bar{x}_2-d,\ \bar{x}_1-\bar{x}_2+d)$ $d=Z_{\alpha/2}\sqrt{\sigma_1^2/n_1+\sigma_2^2/n_2}$
		单侧上限	$\bar{x}_1-\bar{x}_2+Z_\alpha\sqrt{\sigma_1^2/n_1+\sigma_2^2/n_2}$
		单侧下限	$\bar{x}_1-\bar{x}_2-Z_\alpha\sqrt{\sigma_1^2/n_1+\sigma_2^2/n_2}$
	$\sigma_1^2=\sigma_2^2$，但未知	双侧	$(\bar{x}_1-\bar{x}_2-d,\ \bar{x}_1-\bar{x}_2+d)$ $d=t_{\alpha/2}(n_1+n_2-2)s_\omega\sqrt{1/n_1+1/n_2}$
		单侧上限	$\bar{x}_1-\bar{x}_2+t_\alpha(n_1+n_2-2)s_\omega\sqrt{1/n_1+1/n_2}$
		单侧下限	$\bar{x}_1-\bar{x}_2-t_\alpha(n_1+n_2-2)s_\omega\sqrt{1/n_1+1/n_2}$
	$\sigma_1^2\neq\sigma_2^2$，且未知大样本	双侧	$(\bar{x}_1-\bar{x}_2-d,\ \bar{x}_1-\bar{x}_2+d)$ $d\approx Z_{\alpha/2}\sqrt{s_1^2/n_1+s_2^2/n_2}$
		单侧上限	$\bar{x}_1-\bar{x}_2+Z_\alpha\sqrt{s_1^2/n_1+s_2^2/n_2}$
		单侧下限	$\bar{x}_1-\bar{x}_2-Z_\alpha\sqrt{s_1^2/n_1+s_2^2/n_2}$
方差 σ^2		双侧	$\left(\dfrac{(n-1)s^2}{\chi_{\alpha/2}^2(n-1)},\ \dfrac{(n-1)s^2}{\chi_{1-\alpha/2}^2(n-1)}\right)$
		单侧上限	$\dfrac{(n-1)s^2}{\chi_{1-\alpha}^2(n-1)}$
		单侧下限	$\dfrac{(n-1)s^2}{\chi_\alpha^2(n-1)}$
方差比 σ_1^2/σ_2^2		双侧	$\left(\dfrac{s_1^2/s_2^2}{F_{\alpha/2}(n_1-1,n_2-1)},\ \dfrac{s_1^2/s_2^2}{F_{1-\alpha/2}(n_1-1,n_2-1)}\right)$
		单侧上限	$\dfrac{s_1^2/s_2^2}{F_{1-\alpha}(n_1-1,n_2-1)}$
		单侧下限	$\dfrac{s_1^2/s_2^2}{F_\alpha(n_1-1,n_2-1)}$

续表

估计对象	条件	要求	置信区间(上、下限)
总体比例 p		双侧	$\left(\hat{p} - Z_{\alpha/2}\sqrt{\dfrac{\hat{p}(1-\hat{p})}{n}}, \ \hat{p} + Z_{\alpha/2}\sqrt{\dfrac{\hat{p}(1-\hat{p})}{n}} \right)$
		单侧上限	$\hat{p} + Z_{\alpha}\sqrt{\dfrac{\hat{p}(1-\hat{p})}{n}}$
		单侧下限	$\hat{p} - Z_{\alpha}\sqrt{\dfrac{\hat{p}(1-\hat{p})}{n}}$

单个正态总体均值估计的样本容量确定公式为

$$n = \frac{Z_{\alpha/2}^2 \sigma^2}{d^2}$$

总体比例估计的样本容量确定公式为

$$n = \frac{Z_{\alpha/2}^2 \hat{p}(1-\hat{p})}{d^2}$$

6.8　其他软件实现

6.8.1　SPSS 实现

1. 求单个总体均值的置信区间

执行菜单栏的【分析】→【描述统计】→【探索】命令，打开【探索】对话框。从左边的源变量表中选择分析变量进入因变量列表中，单击【统计】按钮，打开【探索：统计】对话框。勾选【描述】，并设置【平均值的置信区间】，如图 6.7 所示，依次单击【继续】→【确定】按钮，即得到总体均值的置信区间。

SPSS 实现
操作视频

2. 求两个总体均值差的置信区间

若两个样本相互独立，则执行菜单栏的【分析】→【比较平均值】→【独立样本 T 检验】命令，打开【独立样本 T 检验】对话框。选择要进行检验的变量并将其送入【检验变量】框，将分组变量送入【分组变量】框，如图 6.8 所示。单击【定义组】按钮，打开【定义组】对话框，如图 6.9 所示。单击【继续】按钮，返回主对话框。单击【选项】按钮，设置【置信区间百分比】，如图 6.10 所示，依次单击【继续】→【确定】按钮，即可得到两个总体均值差的置信区间。

若两个样本为配对样本，则须执行菜单栏的【分析】→【比较平均值】→【配对样本 T 检验】命令。

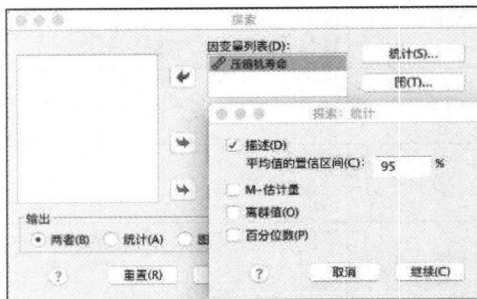

图 6.7 【探索】对话框

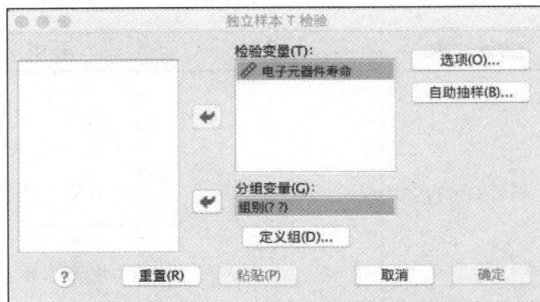

图 6.8 【独立样本 T 检验】对话框

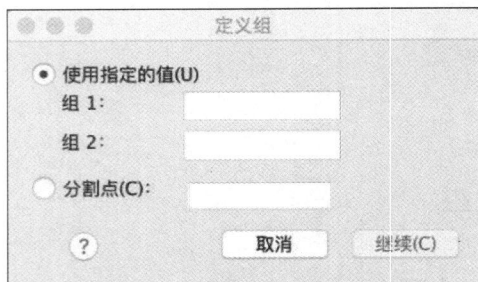

图 6.9 【定义组】对话框

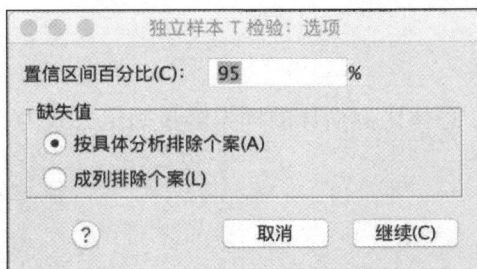

图 6.10 置信区间百分比设置

6.8.2 JMP 实现

1. 求单个总体均值和标准差的置信区间

执行菜单栏的【分析】→【分布】命令，打开【分布】对话框。从【选择列】下选择变量进入右边的【Y，列】框，如图 6.11 所示。单击【确定】按钮，得到输出结果。单击结果输出表中变量名左侧的【▼】按钮，出现下拉菜单，单击【置信区间】按钮，有多个置信度可供选择。若直接选择置信度 **0.90**、**0.95** 或 **0.99**，则出现标准差未知情况下的均值和标准差的双侧置信区间；若需改变置信度或只求单侧置信区间及标准差已知条件下的置信区间，则单击【其他】按钮，打开【置信区间】对话框，如图 6.12 所示，进行相关设置后，单击【确定】按钮，即可输出结果。

JMP 实现
操作视频

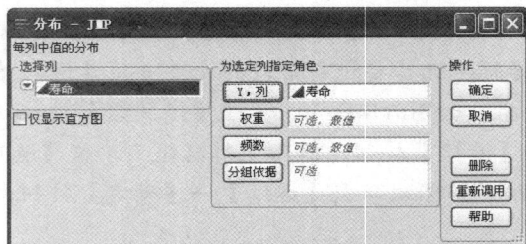

图 6.11 【分布】对话框

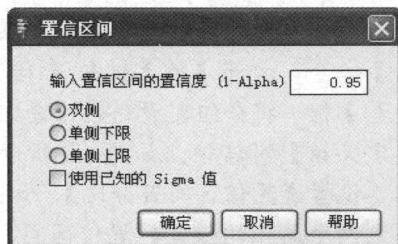

图 6.12 【置信区间】对话框

2. 求两个总体均值差的置信区间

若两个样本相互独立，则执行菜单栏的【分析】→【以 X 拟合 Y】命令，进入变量设置界面。在【选择列】中选择【Y(成绩)】，单击【Y,响应】按钮，将其指定为分析的响应；在【选择列】中选择【X(班级)】，单击【X，因子】按钮，将其指定为分析的分组变量，如图 6.13 所示。单击【确定】按钮，得到初始分析结果。单击左上角的【▼】按钮，在出现的下拉菜单中选择【均值/方差分析/合并的 t】或【t 检验】，如图 6.14 所示，即可得到默认置信度的置信区间。若需要改变 α，则通过下拉菜单中的【设置 α 水平】进行设置。

若两个样本为配对样本，则须执行菜单栏的【分析】→【配对】命令。

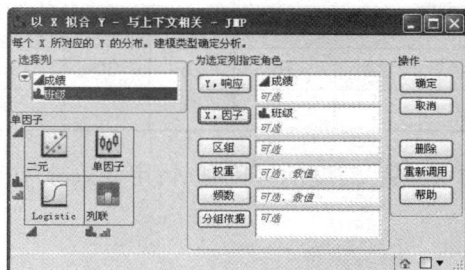

图 6.13 【以 X 拟合 Y】主对话框

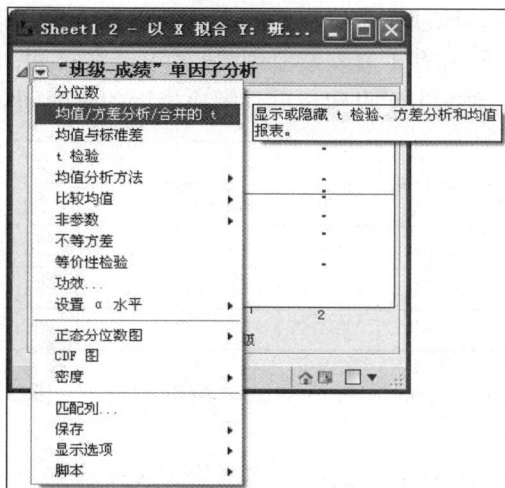

图 6.14 菜单选项

习 题 六

1. 某车床加工的缸套外径尺寸 $X \sim N(\mu, \sigma^2)$，下面是随机测得的 10 个加工后的某种缸套外径尺寸(单位：毫米)，分别用计算器和 Excel 软件求解下列问题。

90.01	90.01	90.02	90.03	89.99	89.98	89.97	90.00	90.01	89.99

(1) 求 μ 和 σ^2 的无偏估计。

(2) 求 μ 的置信度为 95%的置信区间。

(3) 求 μ 的置信度为 95%的单侧置信下限。

(4) 求 σ^2 的置信度为 95%的置信区间。

(5) 求 σ^2 的置信度为 95%的单侧置信上限。

2. 总体均值置信区间的长度与总体方差、置信度和样本容量都有关。设总体 $X \sim N(\mu, \sigma^2)$，当 σ^2 已知时，问至少需要多大的样本容量，才能使 μ 的置信度为 $1-\alpha$ 的置信区间的长度不大于给定的值 L？

3. 以 23 家银行对存款 100 美元以上客户收取空头支票的费用(美元)作为样本得到的数据如下表所示。

| 26 | 28 | 20 | 20 | 21 | 22 | 25 | 25 | 18 | 25 | 15 | 20 |
| 18 | 20 | 25 | 25 | 22 | 30 | 30 | 30 | 15 | 20 | 29 | |

(1) 求空头支票费用均值的 95%置信度的区间估计(用 Excel 软件求解)。

(2) 解释所求得(1)的结果的含义。

4. 衡量企业服务质量的一个重要因素是对客户投诉的反馈速度。一家专门销售家具、地板、地毯等装修材料的大型商场在过去几年经历了大规模的扩张。地毯部门从两名安装员发展到有 1 名安装监理员、1 名测量员和 15 名安装员。前一年有 50 个关于地毯的投诉。下表数据表示收到投诉到解决投诉的时间间隔(单位：天)。

54	5	35	137	31	27	152	2	123	81	74	27
11	19	126	110	110	29	61	35	94	31	26	5
12	4	165	32	29	28	29	26	25	1	14	13
13	10	5	27	4	52	30	22	36	26	20	23
33	68										

(1) 求收到投诉到解决投诉的时间间隔均值的 95%置信度的区间估计(用 Excel 软件求解)。

(2) 对于(1)的结论需要什么假设？

(3) 你认为(2)中的假设是否对结论有重大的影响？请说明理由。

(4) (3)的结论对(1)的结果的有效性有什么影响？

5. 一份关于 705 名劳动者在工作中使用网络情况的调查显示：423 名劳动者表示他们在工作中有限地使用网络，282 名劳动者表示他们在工作中没有使用网络。

(1) 求劳动者在工作中有限使用网络的 95%置信度的区间估计。

(2) 求劳动者在工作中没有使用网络的 95%置信度的区间估计。

6. 设甲型号显像管的使用寿命 $X \sim N(\mu, \sigma^2)$，现随机抽取 16 只做加速寿命试验，测得数据如下表所示。

| 17 380 | 18 820 | 14 580 | 12 475 | 15 800 | 16 428 | 11 965 | 19 268 |
| 16 390 | 13 680 | 20 248 | 15 450 | 14 740 | 24 610 | 13 975 | 9520 |

(1) 求该显像管平均寿命的置信度为 95%的置信区间(用 Excel 软件求解)。

(2) 求寿命方差的置信度为 95%的置信区间。

7. (继第 6 题)已测得乙型号显像管 10 只的寿命数据如下表所示。

| 13 250 | 15 438 | 17 190 | 18 570 | 19 236 | 20 480 | 22 800 | 18 450 | 16 300 | 10 520 |

(1) 求甲、乙两种型号显像管平均寿命之差的 95%置信区间。

(2) 求两种显像管寿命方差比的 90%置信区间。

8. 分别用计算器和 Excel 软件求解第 6、7 题中甲、乙两种型号显像管寿命的置信度为 95%的置信下限。

案例研究

为研究高考录取分数线的地区差异,本案例选取了某年我国 15 所重点高校在 6 个省市的本科录取分数线。调查数据可扫描右侧二维码获取。

仅考虑案例中列举的 15 所高校,请选用合适的统计分析方法回答如下问题。

案例数据

(1) 在不同置信水平(90%,95%,99%)下,某年北京市、四川省、山东省文科平均录取分数的置信区间。

(2) 在 95%的置信水平下,北京市和四川省的文科平均录取分数是否存在差异(即进行两地区平均分数之差的置信区间分析)。

(3) 在 95%的置信水平下,北京市和山东省的文科录取平均分数是否存在差异。

(4) 在 90%的置信水平下,各地区的文科和理科的录取分数之间是否存在差异(即进行同一地区文科、理科平均分数之差的置信区间分析)。

(5) 计算山东省和河南省的理科录取分数高于 600 分的高校所占比例;在 95%的置信水平下,分析这两个地区在该比例上是否存在显著差别(即进行两地区比例之差的置信区间分析)。

第7章

单个总体的假设检验

假设检验是统计推断的另一类基本问题,它不仅在工商管理领域有直接的应用,而且在各种统计方法中都有极其重要的应用。假设检验的对象可以是总体分布的某个未知参数,也可以是总体的分布形式或其他需要检验的内容,前者称为参数检验,后者称为非参数检验。本章将介绍参数检验的原理、方法及单个总体假设检验的基本应用,并结合实例讲解如何用 SPSS 软件和 JMP 软件进行假设检验分析。

学习目标: 掌握假设检验的基本原理,掌握单个总体假设检验的步骤及应用。

价值目标: 培养学生的理性思维,使其对事物和现象具备高瞻远瞩的理性洞察力;引导学生形成批判思维,鼓励学生敢于提出独立见解,增强自主思考和创新意识;鼓励学生进行实验和观察,通过实践验证假设,提高解决实际问题的能力。

7.1 引　　言

在介绍假设检验的原理和方法之前,我们先通过几个简单的应用案例,来了解假设检验可以用来解决哪些问题。

应用案例7.1 **新工艺是否有效**

某厂生产的一种钢丝绳抗拉强度服从均值为 10 560(kg/cm^2)的正态分布。为提高产品质量,该厂技术开发部门试验了一种新的生产工艺,并随机抽取了用新工艺生产的 10 根钢丝绳,测得它们的抗拉强度如表 7.1 所示。

表 7.1　钢丝绳的抗拉强度

10 512	10 623	10 668	10 554	10 776
10 707	10 557	10 581	10 666	10 670

现该厂技术开发人员需要了解,在显著性水平 $\alpha=0.05$ 的情况下,新工艺生产的钢丝绳的平均抗拉强度是否比原工艺生产的钢丝绳有显著提高?

企业在采取各种措施提高产品质量时都会遇到类似问题,要了解所采取的措施是否有显著效果,可以用假设检验的方法做出推断。对于应用案例 7.1,我们可以利用所取得的样本数据,对新工艺生产钢丝绳的平均抗拉强度进行检验。如果检验结果是新工艺生产的钢丝绳的平均抗拉强度比原指标有显著提高,就可推断新工艺对提高抗拉强度是有显著效果的,可以用新工艺替代原工艺进行生产;反之,如果检验结果是新工艺生产的钢丝绳的平均抗拉强度与原指标相比并无显著提高,则说明新工艺在提高抗拉强度上无显著效果,应分析原因,继续试验其他工艺,或考虑采取其他措施。

应用案例7.2　机床的加工是否满足要求

某台加工缸套外径的机床,在运行良好时所加工缸套外径的标准差为 0.02 毫米。经过一段时间的生产运行后,设备管理部门为了解该机床的加工精度是否仍然满足原精度指标,从该机床所加工的缸套中随机抽取了 9 个,测得外径尺寸的样本标准差为 $S = 0.03$ 毫米。试问:在显著性水平 $\alpha = 0.10$ 的情况下,该机床的加工精度是否满足要求(符合原指标)?

设备的加工精度(主要反映在所加工产品尺寸等指标的方差或标准差上,方差大则说明精度差)在很大程度上决定了产品的质量及其废品率。为有效控制产品质量,降低废品率,就需要经常对产品进行抽样检验,根据样本数据对设备的运行状况做出推断。对于应用案例 7.2,我们可以通过对所加工缸套外径的方差进行假设检验来做出统计推断。如果检验结果是所加工缸套外径的方差比原指标有显著增大,则说明该机床的精度已显著下降,应立即停工检修,否则会使废品率大大提高。

在以下几节中,我们将在介绍假设检验的基本原理和基本方法的基础上,分析求解上述问题。

应用案例7.3　电子优惠券活动是否获得成功

某电商企业为促销某一商品,向用户发放了电子优惠券。优惠券的有效期为 1 个月。如果能够证明在 1 个月内优惠券的使用率超过 25%,则可以断定该活动获得了成功。现假定由 400 名用户所组成的一个样本中,有 112 名用户在 1 个月内使用了优惠券。在显著性水平 $\alpha = 0.01$ 的情况下,检验这次电子优惠券活动是否获得了成功。

应用案例 7.3 列举的是目前电商企业比较关心的问题,企业常常采取一些促销活动,如发放电子优惠券、打折等,但这些活动是否有效? 我们可以利用比例的假设检验方法来解决。

应用案例7.4　考试及格线如何确定

对于考试,人们最关心及格线是多少,因为及格线上下的考生可能得到完全不同的待遇。目前国内最常采用的是传统的百分制 60 分及格的方法,即得分为总分的60%就及格。那么为什么通常认为 60 分就及格呢?

对于应用案例 7.4,我们可以根据比例的假设检验证明百分制下 60 分及格的合理性。

7.2 假设检验的基本原理和步骤

7.2.1 假设检验的基本原理

1. 实际推断原理

假设检验的理论是小概率原理,又称为实际推断原理,其具体内容是:小概率事件在一次试验中是几乎不可能发生的。

2. 假设检验推理的思想方法

假设检验推理的思想方法是某种带有概率性质的反证法。

【例 7.1】

"女士品茶"故事背后的假设检验思想

20 世纪 20 年代,剑桥的一个夏日午后,大学的绅士们及其夫人们正在享用下午茶。在品茶过程中,一位女士说,把茶加进奶里与把奶加进茶里,这两种不同的做法会使茶的味道不同。大多数人都觉得这位女士在乱说,但是大名鼎鼎的英国统计学家费希尔却不这么认为,他提出要用科学的方法去验证茶的味道是否真的不同。那么,如何用假设检验的思想来解决这个问题呢?

费希尔设计并调制出 8 杯不同的茶:其中 4 杯为先放茶水再加牛奶,另外 4 杯为先放牛奶再加茶水。然后打乱顺序逐杯拿给女士品尝分辨,让女士告诉他哪 4 杯是先倒奶的。

分析试验结果时,费希尔首先假设女士没有这个能力,如果女士正确鉴别了这 8 杯"奶茶",那就说明在原假设成立的情况下,发生了反常的现象,此时原假设的成立就变得令人怀疑。从统计的角度来说,如果在原假设成立的前提下,发生了非常小概率的事件,那我们就有理由怀疑原假设的真实性。而女士分辨出正确杯数的概率计算如下。

$$P(x = 4) = \frac{1}{C_8^4} = \frac{1}{70} \approx 0.014$$

这是一个小概率事件,概率小于 0.05,即通常的统计显著性水平。如此看来,这位女士确实有这种分辨能力,绝非吹嘘,也就是把奶加到茶里和把茶加到奶里得到的"奶茶"的确是有差别的。

我们将上述过程称为假设检验。费希尔的试验给予我们深刻启示:科学的结论是在审慎的观察、周密的思考和严谨的实验中逐步发展而来的。有时候我们所观测到的情形只是一种随机现象,并不能代表真实情况。

7.2.2 假设检验的步骤

下面通过一个例子来说明假设检验的步骤。

以往的统计资料表明，某电子元件的寿命 $X \sim N(\mu_0, \sigma^2)$，其中 μ_0 和 σ^2 均已知。现采用了新的生产工艺，随机测得新工艺生产的 n 个元件寿命分别为 $x_1, x_2, \cdots, x_n$。企业希望了解采用新工艺后元件的平均寿命 μ 是否比原工艺下的 μ_0 有显著提高。

在本例中，需要推断的是：是否 $\mu > \mu_0$。这可以借助假设检验的方法加以解决，现将其基本原理和步骤详述如下。

1. 提出一个原假设

假设检验中采用的是类似于"反证法"的方法，因此需要提出一个假设，该假设通常是检验者**希望推翻**的假设(即检验者希望推翻的结论)，称为**原假设**，记为 H_0。本例中的原假设为

$$H_0: \mu = \mu_0$$

2. 再提出一个备择假设

通常是根据检验者**希望出现**的结论再提出一个与原假设 H_0 对立的假设，称为**备择假设**，记为 H_1。本例中的备择假设为

$$H_1: \mu > \mu_0$$

对同一原假设，由于检验的目的不同，可以有以下三种不同的备择假设：$\mu \neq \mu_0$(即要了解 μ 与 μ_0 是否存在显著差异)、$\mu > \mu_0$(即要了解 μ 是否显著大于 μ_0)、$\mu < \mu_0$(即要了解 μ 是否显著小于 μ_0)。

3. 构造一个检验原假设 H_0 的统计量

假设检验是根据所得到的样本数据计算某一统计量的值来对原假设是否成立做出推断的，因此需要构造一个用以检验原假设的统计量。构造统计量的原则是：该统计量应含有待检验参数的样本信息，当原假设为真时，该统计量就服从某一确定分布。本例中要检验的是总体均值 μ，由于样本均值 $\bar{X}$ 是 μ 的优良估计，σ^2 已知，故可构造如下统计量 Z。由第 6.2 节可知，当 H_0 为真时，统计量

$$Z = \frac{\bar{X} - \mu_0}{\sigma / \sqrt{n}} \sim N(0,1)$$

4. 给定一个小概率 α，称为显著性水平

任何统计推断结论都不可避免地会犯错误，显著性水平 α 是指当原假设 H_0 为真时，检验结果却拒绝 H_0 的概率，即犯"**弃真**"错误的概率。α 通常取 0.05、0.01 等较小的值，给定显著性水平 α 就控制了犯"弃真"错误的概率，不犯"弃真"错误的概率就是 $1-\alpha$。换言之，若检验结果拒绝了 H_0，就能以 $1-\alpha$ 的可信度接受备择假设 H_1，α 越小，拒绝原假设、接受备择假设的可信度就越高。显著性水平 α 也简称水平 α。

5. 确定原假设 H_0 的拒绝域

拒绝 H_0 时统计量的取值范围称为 H_0 的**拒绝域**，拒绝域的边界点称为**临界值**。拒绝域

由统计量的分布、给定的水平 α 和备择假设三者决定。本例中,由于备择假设为 $H_1: \mu > \mu_0$ (称为**右边检验**),故当 H_0 为真时,有

$$P\{Z > Z_\alpha\} = \alpha$$

将样本数据代入后,如果统计量 $Z > Z_\alpha$,在原假设为真时出现这一结果的概率仅为 α,这是一个小概率事件,通常认为在一次抽样中小概率事件是不应出现的,因而就可以认为是原假设 H_0 不真所导致的结果,也就可以有 $1 - \alpha$ 的把握判定原假设 H_0 不真(犯错误的概率仅为 α),此时应拒绝 H_0。故本例中 H_0 的拒绝域为 $Z > Z_\alpha$,临界值为 Z_α,如图 7.1 所示。

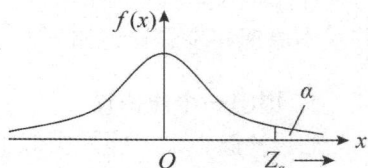

图 7.1　右边检验的临界值与拒绝域

6. 根据统计量的计算结果做出检验结论

若统计量的观察值落入拒绝域,就拒绝 H_0,接受 H_1;否则不能拒绝 H_0。本例中,若 $Z > Z_\alpha$,就拒绝 H_0,接受 H_1,并称在水平 α 下 μ 与 μ_0 **存在显著差异**,否则认为在水平 α 下 μ 与 μ_0 间**无显著差异**。

由以上分析可知,临界值与给定的水平 α 有关。对同一问题,给定不同的水平 α,检验结论就可能不同,这就是称 α 为"显著性水平"的原因。

7.2.3　检验中可能犯的两类错误

设 Z 为检验原假设 H_0 的统计量,Z_α 为临界值,则由水平 α 的定义(以右边检验为例)

$$P\{Z > Z_\alpha \mid H_0 \text{ 为真}\} = \alpha \tag{7.2.1}$$

可知,根据检验结果所做出的推断可能会犯以下两类错误。

第一类错误:当 H_0 为真时拒绝 H_0 的错误,即**"弃真"**错误。记犯此类错误的概率为 α。

第二类错误:当 H_0 不真时接受 H_0 的错误,即**"取伪"**错误。记犯此类错误的概率为 β,即

$$P\{Z < Z_\alpha \mid H_0 \text{ 不真}\} = \beta \tag{7.2.2}$$

由于 H_0 不真时统计量 Z 的分布与 H_0 为真时的分布是不同的,故 $\beta \neq 1 - \alpha$。为简单起见,设原假设和备择假设分别为 $H_0: \mu = \mu_0$ 和 $H_1: \mu = \mu_1$ ($\mu_1 > \mu_0$),则由图 7.2 可知,在固定的样本容量下,减小 α 将使 β 增大,也即我们不可能同时减小犯两类错误的概率。

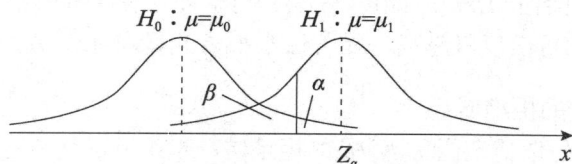

图 7.2　两类错误的关系

通常将希望出现的结论作为备择假设 H_1，为使"拒绝 H_0，接受 H_1"有较高的可信度，应控制犯第一类错误的概率 α。若要使犯两类错误的概率都较小，则必须增大样本容量。

7.3　单个正态总体均值的检验

以下设总体 $X \sim N(\mu,\ \sigma^2)$，$X_1, X_2, \cdots, X_n$ 为 X 的样本，给定显著性水平 α，原假设为

$$H_0\text{: } \mu = \mu_0$$

下面对几种不同的情况分别进行讨论。

1. σ^2 已知(Z 检验)

当 H_0 为真时，统计量

$$Z = \frac{\overline{X} - \mu_0}{\sigma / \sqrt{n}} \sim N(0,1) \tag{7.3.1}$$

由于当 σ^2 已知时，检验使用的是服从标准正态分布的统计量 Z，故这类检验也称为 Z 检验。下面对三种不同的备择假设分别进行讨论。

1) H_1: $\mu \neq \mu_0$(双边检验)

当 H_0 为真时，有

$$P\{\,|Z| > Z_{\alpha/2}\,\} = \alpha$$

故当 $|Z| > Z_{\alpha/2}$ 时，就拒绝 H_0，接受 H_1；否则接受 H_0。

2) H_1: $\mu > \mu_0$(右边检验)

当 H_0 为真时，有

$$P\{Z > Z_{\alpha}\} = \alpha$$

故当 $Z > Z_{\alpha}$ 时，就拒绝 H_0，接受 H_1；否则不能接受 H_1。

3) H_1: $\mu < \mu_0$(左边检验)

当 H_0 为真时，有

$$P\{Z < -Z_{\alpha}\} = \alpha$$

故当 $Z < -Z_{\alpha}$ 时，就拒绝 H_0，接受 H_1；否则不能接受 H_1。

2. σ^2 未知(t 检验)

当 H_0 为真时，统计量

$$t = \frac{\overline{X} - \mu_0}{S / \sqrt{n}} \sim t(n-1) \tag{7.3.2}$$

与 σ^2 已知时的分析完全类似，可以导出表 7.2 所列示的检验方法。

表7.2 σ^2 未知时单个正态总体均值的检验

检验 H_0 的统计量	备择假设	拒绝域
$t = \dfrac{\overline{X} - \mu_0}{S/\sqrt{n}}$	$H_1: \mu \neq \mu_0$	$\lvert t \rvert > t_{\alpha/2}(n-1)$
	$H_1: \mu > \mu_0$	$t > t_\alpha(n-1)$
	$H_1: \mu < \mu_0$	$t < -t_\alpha(n-1)$

因以上检验中所用的统计量服从 t 分布，故通常也称为 t 检验。由于实际问题中 σ^2 往往是未知的，故 t 检验比 Z 检验更有实用价值。

应用案例 7.1 解答：设新钢丝绳的平均抗拉强度为 μ，σ^2 未知，可用 t 检验法，由题意可判断为右边检验。令 H_0: $\mu = \mu_0(\mu_0 = 10\ 560)$；$H_1$: $\mu > \mu_0$。可求得

$$\overline{X} = 10\ 631.4, \quad S = 81, \quad n = 10, \quad \alpha = 0.05, \quad t_{0.05}(9) = 1.8331$$

$$t = \frac{\overline{X} - \mu_0}{S/\sqrt{n}} = \frac{10\ 631.4 - 10\ 560}{81/\sqrt{10}} = 2.7875 > t_{0.05}(9) = 1.8331$$

故拒绝 H_0，即在水平 $\alpha = 0.05$ 下，新工艺生产的钢丝绳的平均抗拉强度显著高于原工艺。

在应用案例 7.1 中，若取显著性水平 $\alpha = 0.01$，则结论不同。因为 $t = 2.7875 < t_{0.01}(9) = 2.814$，故不能拒绝 H_0。即在水平 $\alpha = 0.01$ 下，新工艺钢丝绳的平均抗拉强度并不显著高于原工艺。

由以上分析可知，对同一问题，其检验结果与给定的显著性水平 α 有关。通常若在 $\alpha = 0.05$ 下拒绝 H_0，就称检验结果为**一般显著**；若在 $\alpha = 0.01$ 下拒绝 H_0，则称检验结果为**高度显著**；若在 $\alpha = 0.001$ 下拒绝 H_0，则称检验结果为**极高度显著**。

7.4 单个正态总体方差的检验(χ^2 检验)

设总体 $X \sim N(\mu, \sigma^2)$，原假设为

$$H_0: \sigma^2 = \sigma_0^2$$

则当 H_0 为真时，统计量

$$\chi^2 = \frac{(n-1)S^2}{\sigma_0^2} \sim \chi^2(n-1) \tag{7.4.1}$$

下面同样对三类不同的备择假设分别进行讨论。

1. $H_1: \sigma^2 \neq \sigma_0^2$ (双边检验)

由

$$P\{\chi_{1-\alpha/2}^2(n-1) < \chi^2 < \chi_{\alpha/2}^2(n-1)\} = 1 - \alpha$$

可知，若

$$\chi^2 < \chi^2_{1-\alpha/2}(n-1) \text{ 或 } \chi^2 > \chi^2_{\alpha/2}(n-1) \tag{7.4.2}$$

就拒绝 H_0，接受 H_1；否则接受 H_0。

2. $H_1: \sigma^2 > \sigma_0^2$ (右边检验)

由

$$P\{\chi^2 < \chi^2_\alpha(n-1)\} = 1 - \alpha$$

可知，若

$$\chi^2 > \chi^2_\alpha(n-1) \tag{7.4.3}$$

就拒绝 H_0，接受 H_1；否则不能接受 H_1。

3. $H_1: \sigma^2 < \sigma_0^2$ (左边检验)

由

$$P\{\chi^2 > \chi^2_{1-\alpha}(n-1)\} = 1 - \alpha$$

可知，若

$$\chi^2 < \chi^2_{1-\alpha}(n-1) \tag{7.4.4}$$

就拒绝 H_0，接受 H_1；否则不能接受 H_1。

以上在单个正态总体方差的检验中，由于使用了服从 χ^2 分布的统计量，故又常称为 χ^2 检验。三类 χ^2 检验的拒绝域，如图 7.3 所示。

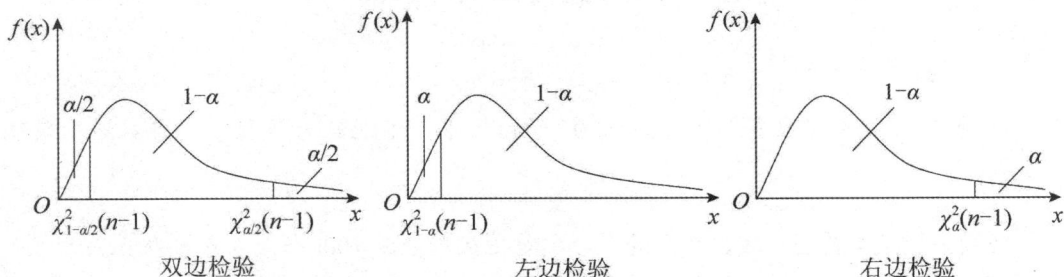

图 7.3　χ^2 检验的拒绝域

应用案例 7.2 解答： 本案例的问题显然是对总体方差的检验。要确定是单边检验还是双边检验，应根据问题的实际含义进行判断。由于只有方差大了才会不满足精度要求，故本案例应为右边检验。设 $H_0: \sigma^2 = \sigma_0^2$，$H_1: \sigma^2 > \sigma_0^2$（$\sigma_0^2 = 0.02^2$）。可求得

$$\chi^2 = \frac{(n-1)S^2}{\sigma_0^2} = \frac{8 \times 0.03^2}{0.02^2} = 18 > \chi^2_{0.10}(8) = 13.362$$

故在水平 $\alpha = 0.10$ 下应拒绝 H_0，接受 H_1。即该机床加工的误差显著增大，加工精度不能满足要求，需要立即检修。

> **说明** 本案例之所以取较大的显著性水平 $\alpha = 0.10$，是由于在此类问题的检验中犯第二类错误(机床精度已显著下降，但推断精度仍满足要求)所造成的损失要比犯第一类错误(机床精度并无显著下降，但推断精度不满足要求)大得多，因此应着重控制犯第二类错误(取伪)的概率 β。由两类错误的关系可知，此时显著性水平 α 不能取得过小，否则会使犯第二类错误的概率 β 增大。

7.5　单个总体比例的检验

设总体比例为 p，则当 np 和 $n(1-p)$ 都大于 5 时，样本比例 $\hat{p}$ 近似服从均值为 p，方差为 $p(1-p)/n$ 的正态分布。因此，当原假设 $H_0: p = p_0$ 为真时，统计量如表 7.3 所示。

表7.3　单个正态总体比例的检验

统计量	H_1	拒绝域
$Z = \dfrac{\hat{p} - p_0}{\sqrt{p_0(1-p_0)/n}}$	$p \neq p_0$	$|Z| > Z_{\alpha/2}$
	$p > p_0$	$Z > Z_\alpha$
	$p < p_0$	$Z < -Z_\alpha$

应用案例7.3解答： 根据题意，$H_0: p = p_0 = 25\%$，$H_1: p > 25\%$。

$$样本比例\ Z = \frac{\hat{p} - p_0}{\sqrt{p_0(1-p_0)/n}} = \frac{0.28 - 0.25}{\sqrt{0.25(1-0.25)/400}} = 1.3856 < 2.326$$

$$\hat{p} = \frac{112}{400} = 0.28$$

不能拒绝 H_0，因而在显著性水平 $\alpha = 0.01$ 的情况下，不能认为该电子优惠券活动获得了成功。

应用案例7.4解答： 我国常见的百分制是把试卷分成 100 个采分点，并且假设每个采分点是相互独立的。最典型的例子就是，试卷中有 100 道"正误"判断题，也就是说，答题者在完全不具备相关知识的情况下，仅凭猜测判断，那么正确的概率为 0.5。

这个问题的总体是 0-1 分布，答题者回答 100 道题目，就相当于从 0-1 分布的总体中抽取样本容量 $n = 100$ 的样本，记做 $X_1, X_2, \cdots, X_{100}$。答题者的总分 $Y = X_1 + X_2 + \cdots + X_{100}$。显然，总分 Y 服从二项分布 $B(100, p)$。

在 n 充分大的时候，由中心极限定理可知 $\overline{X}$ 近似服从正态分布。一般情况下，只要 $np > 5$，并且 $n(1-p) > 5$ 就可以认为 n 足够大了。

由于 $E\overline{X} = p$，$D\overline{X} = p(1-p)/n$，所以 $\overline{X}$ 近似服从正态分布 $N(p, p(1-p)/n)$。将该分布标准化可得到检验统计量 $Z = \dfrac{\overline{X} - p}{\sqrt{p(1-p)/n}}$，近似服从标准正态分布。故建立如下假设

检验

$$H_0: p = 0.5 (答题者猜答案，不及格)$$
$$H_1: p > 0.5 (答题者依据相关知识做出判断)$$

给定显著性水平 $\alpha = 0.01$（即犯第一类错误"弃真"的概率），由 $Z_\alpha \approx 2.33$ 可知拒绝域为

$$Z = \frac{\overline{X} - 0.5}{\sqrt{\dfrac{0.5 \times 0.5}{100}}} \geq 2.33$$

相应 $\overline{X}$ 的最小值为 0.617，也就是说，如果答题者答对了 62 分，就认为其不是瞎猜，可以及格。此时，瞎猜得到 62 分的概率不超过 1%。当 $\alpha = 0.05$ 时，查表得 $Z_\alpha \approx 1.645$，此时 $\overline{X} = 0.5823$。同样还可以计算得到，百分制 60 分及格是基于显著性水平为 $\alpha = 0.0233$ 的假设检验。由于答题者掌握的知识有限，特别是处于及格线边缘的答题者，在不同的考试中可能会在及格与不及格之间徘徊，而由于假设检验不可避免地会犯两类错误，由 α 控制的是把本来应该不及格的判定为及格(弃真)的概率，而由 β 控制的是把及格判定为不及格(取伪)的概率。在本模型中，α 取 0.0233，属于一般显著。α 未取 0.01(高度显著) 或 0.05，是为了比较合理地控制两类错误的概率，体现了一般性。根据实际情况，若老师要求比较严格，增加学生的学习压力，可以降低 α 的取值，从而提高及格线。

7.6　单个总体的假设检验小结

本章学习的重点是了解假设检验的意义及其在经济管理领域的应用。为方便使用，表 7.4 按不同的检验对象、原假设及备择假设，给出了在手工计算时检验用的统计量及其拒绝域，以备查用。

表 7.4　假设检验小结

原假设	条件	检验用统计量	备择假设	拒绝域
单个总体均值 $\mu = \mu_0$	σ^2 已知	$Z = \dfrac{\overline{X} - \mu_0}{\sigma / \sqrt{n}}$	$\mu \neq \mu_0$	$\lvert Z \rvert > Z_{\alpha/2}$
			$\mu > \mu_0$	$Z > Z_\alpha$
			$\mu < \mu_0$	$Z < -Z_\alpha$
	σ^2 未知	$t = \dfrac{\overline{X} - \mu_0}{S / \sqrt{n}}$	$\mu \neq \mu_0$	$\lvert t \rvert > t_{\alpha/2}(n-1)$
			$\mu > \mu_0$	$t > t_\alpha(n-1)$
			$\mu < \mu_0$	$t < -t_\alpha(n-1)$
单个总体方差 $\sigma^2 = \sigma_0^2$		$\chi^2 = \dfrac{(n-1)S^2}{\sigma_0^2}$	$\sigma^2 \neq \sigma_0^2$	$\chi^2 > \chi_{\alpha/2}^2(n-1)$ 或 $\chi^2 < \chi_{1-\alpha/2}^2(n-1)$
			$\sigma^2 > \sigma_0^2$	$\chi^2 > \chi_\alpha^2(n-1)$
			$\sigma^2 < \sigma_0^2$	$\chi^2 < \chi_{1-\alpha}^2(n-1)$

续表

原假设	条件	检验用统计量	备择假设	拒绝域
单个总 体比例 $p = p_0$		$Z = \dfrac{\hat{p} - p_0}{\sqrt{p_0(1-p_0)/n}}$	$p \neq p_0$	$\lvert Z \rvert > Z_{\alpha/2}$
			$p > p_0$	$Z > Z_\alpha$
			$p < p_0$	$Z < -Z_\alpha$

7.7　其他软件实现

本节以应用案例 7.1 为例说明用 SPSS 和 JMP 软件解决问题的方法。

7.7.1　SPSS 实现

新建数据表，输入应用案例 7.1 的数据。执行菜单栏的【分析】→【比较平均值】→【单样本 T 检验】命令，在打开的对话框(见图 7.4)中选择要检验的变量，并单击【选项】按钮，在打开的对话框中选择置信区间，然后依次单击【继续】→【确定】按钮即可。

操作视频

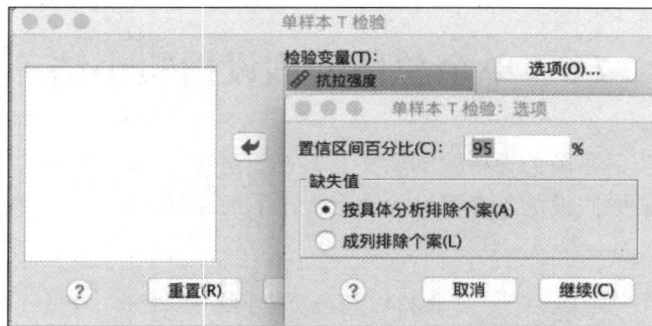

图 7.4　【单样本 T 检验】对话框

7.7.2　JMP 实现

在 JMP 软件的主窗口执行【文件】→【新建】→【数据表】命令，在出现的表中输入样本数据，因为是单个总体，数据为一列。执行菜单栏的【分析】→【分布】命令，打开如图 7.5 所示的【分布】对话框。选择列选"第 1 列"，单击【确定】按钮，出现分布脚本结果，如图 7.6 所示。

操作视频

在脚本上单击第 1 列旁的红色三角形按钮，如果是均值的检验，则选择第 1 列下的检验均值，打开如图 7.7 所示的对话框。在第一个输入框中输入指定假设均值；若标准差已知，则在第二个输入框中输入实际标准差，之后再单击【确定】按钮，否则直接单击【确定】按钮，得到均值检验的检验结果。

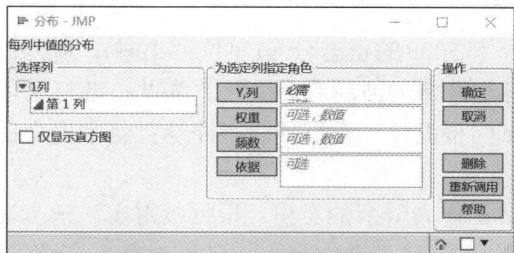

图 7.5　【分布】对话框

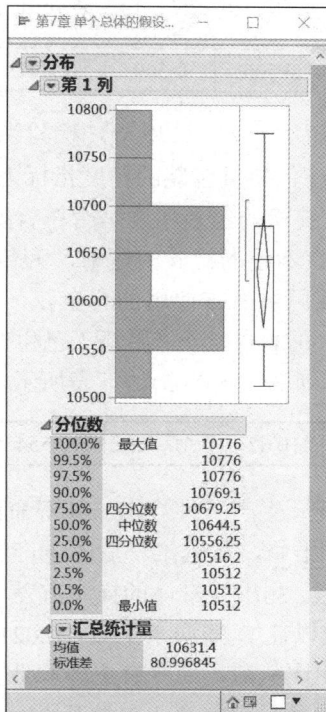

图 7.6　假设检验的分布脚本

如果是单个正态总体方差的检验，则选择第 1 列下的检验标准差，打开如图 7.8 所示的对话框，输入指定假设标准差，单击【确定】按钮，得到检验结果。

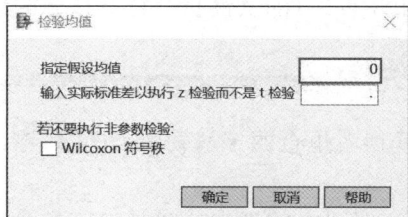

图 7.7　JMP 单个总体均值检验

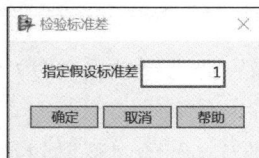

图 7.8　JMP 单个总体方差检验

习　题　七

1. 对于给定的样本容量，如果 α 从 0.05 变为 0.01，β 会怎么变化？

2. 对于 $H_0: \mu = 100$，$H_1: \mu \neq 100$，为什么当 μ 的实际值是 90 时的 β 大于 μ 的实际值是 70 时的 β？

3. 某测距仪在 500 米范围内的测距精度为 $\sigma = 10$ 米。现对距离 500 米的目标测量 9 次，得到平均距离 $\overline{X} = 510$ 米，问该测距仪是否存在系统误差(水平 $\alpha = 0.05$)？

4. 一台自动包装奶粉的包装机，其额定标准为每袋净重 0.5 千克，设该包装机所包装奶粉的重量服从正态分布。某天开工时，随机抽取了 10 袋产品，称得其净重如下表所示。

0.497	0.506	0.509	0.508	0.497	0.510	0.506	0.495	0.502	0.507

(1) 在水平 $\alpha = 0.20$ 下，检验当天包装机的重量设定是否正确。

(2) 该包装机包装的精度指标为所包装重量的标准差为 0.005。在水平 $\alpha = 0.25$ 下，检验当天包装机的包装精度是否符合要求。

(3) 在本题的检验问题中，为什么要将 α 取得较大？

5. 某厂生产吉他用的合金弦，按以往资料可知其抗拉强度(单位：kg/cm^2)服从正态分布 $N(10\,560, 80^2)$。今采用新工艺生产了一批弦，并随机抽取 10 根弦进行抗拉试验，测得其抗拉强度(水平 $\alpha=0.05$)如下表所示。试判断这批弦的抗拉强度是否有提高。

10 512	10 623	10 668	10 554	10 776	10 707	10 557	10 581	10 666	10 670

6. 某厂生产一种灯泡，其寿命服从方差为 $\sigma^2 = 5000$ 的正态分布(单位：小时)。现因设备进行了维修，从其维修后的生产情况来看，灯泡寿命的波动有所变化。为此，随机抽取 26 个灯泡，测出其寿命的样本方差 $S^2 = 9200$。试问根据这一数据能否推断这批灯泡寿命的波动性较以往增大了(水平 $\alpha = 0.02$)？

7. 相比从前，如今有更多职业女性忘记了自己作为母亲的身份。根据《财富》杂志在 2024 年 3 月发起的商业中最有影响力女性的调查，178 名女性中有 133 名至少有一个孩子。假设这 178 名女性是从所有成功的女性执行官群体中随机抽取的。

(1) 有孩子的女性执行官的样本比例是多大？

(2) 在显著性水平 $\alpha=0.05$ 的情况下，你能得出超过一半的女性执行官有孩子的结论吗？

(3) 在显著性水平 $\alpha=0.05$ 的情况下，你能得出超过 2/3 的女性执行官有孩子的结论吗？

案例研究

下面一段文字摘自 2017 年诺贝尔经济学奖获得者里查德·塞勒所著的《"错误的"的行为》一书：

我刚当老师的时候教过微观经济学这门课，当时班上的学生对我都很不满，原因其实并不在于我上课所讲的内容不好，而是因为一次期中考试。

我设计了一次考试，意在将班上的同学分为三组：第一组是熟练掌握了这门课程的优等生；第二组是掌握了基本概念的中等生；第三组是没有理解课程内容的后进生。为了达到这个目的，考试中必须设计一些只有优等生才能答对的问题，也就是说考试会很难。结果，考试分数的差异很大，我的目的达到了，但是学生们却很愤怒，因为总分为 100 分的考试，全班的平均分却只有 72 分。

学生们的反应其实很奇怪，因为他们最终的考试成绩是以 A、B、C、D 来划分等级的。学校一般会将平均分作为等级 B 或 B+的划分依据，所以具体的平均分值对他们的成绩其实没有任何影响，得到 C 以下等级的学生仅占极少数。在此之前，我已经想到了平均分较低可能会引起学生的不满，所以我提前说明了考试分值对应的具体等级。80 分以上会得到 A

或 A-；65 分以上、80 分以下是 B，只有低于 50 分才可能达不到 C。所以，最终的成绩分布与一般考试没有什么差异，但我的解释并没有明显改善学生们的情绪。他们还是很讨厌我的考试，对我也没什么好感。作为一名希望保住饭碗的年轻教授，我决定改变这种情况，但又不想降低考试的难度，我该怎么办呢？

后来，我想到了一个好主意。在接下来的考试中，我把考试总分从 100 分提高至 137 分。其实，这次考试比以往略难，学生一般只能答对其中 70%的问题，但平均分却能达到 100 分。学生们十分开心！这一变化并没有改变他们的成绩等级，但每个人都很高兴。从那时起，每当教授这门课时，我都会把总分定为 137 分。我选择这一分数的原因有两个：第一，考试平均分会达到 90 分以上，有些学生的分数甚至会超过 100 分，这让他们欣喜若狂；第二，心算和 137 相关的除法不是很容易，大多数学生不会将自己的分数转化为百分制下的相应分值。为了防止别人说我欺骗学生，我总是在课程大纲中用粗体字注明："这门考试的总分为 137 分，而非平常的 100 分。这种打分方式不会影响最后的成绩评级，而且会让你更高兴。"事实上，做了这种改变后，再也没有学生抱怨我的考试难了。

在经济学家看来，学生的行为似乎"很不正常"，我的意思是他们的行为与理想的行为模型并不一致，而这些模型正是经济学理论的核心。对经济学家而言，与总分为 100 分时得到 72 分相比，在总分为 137 分时得到 100 分(相当于百分制下的 70 分)不会更令人高兴，但学生们却恰恰相反。我正是因为意识到了这一事实，才得以顺利推行我的考试，同时还能保证学生不抱怨。

请仔细阅读上述文字，并结合所学的研究方法，谈谈你的理解和看法。

第 **8** 章

两个总体的假设检验

在第 7 章中，我们探讨了单个总体的假设检验问题。本章将沿用这一理论框架，介绍两个总体的假设检验问题。与单个总体的假设检验不同，两个总体的假设检验并非逐一针对每个参数的值进行假设检验，而是重点关注两个总体之间的差异，例如两个总体的均值或者方差是否相等的问题。每个知识点都结合实例讲解如何利用 Excel 解决相关问题，最后还增添了 SPSS 软件和 JMP 软件的上机实现内容。

教学目标：掌握两个总体假设检验的方法和步骤，结合计算机软件解决实际问题。

价值目标：树立诚信经营意识，积极承担社会责任；培养学生以科学思维看待问题，透过现象看本质。

8.1 引　言

在学习本章内容之前，我们先来看一个实例，用以检验两个独立总体的均值之间是否存在显著差异。

应用案例8.1 **哪种安眠药的疗效好**

某制药厂为分析该厂生产的甲、乙两种安眠药的疗效，将 20 个失眠病人分成两组，每组 10 人，两组病人分别服用甲、乙两种安眠药做对比试验，测得试验结果如表 8.1 所示。

表 8.1　服用甲、乙两种安眠药的延长睡眠时间

(单位：小时)

失眠病人编号	1	2	3	4	5	6	7	8	9	10
甲种安眠药	1.9	0.8	1.1	0.1	−0.1	4.4	5.5	1.6	4.6	3.4
乙种安眠药	0.7	−1.6	−0.2	−1.2	−0.1	3.4	3.7	0.8	0.0	2.0

(1) 请问两种安眠药的疗效间有无显著差异？

(2) 如果将试验方法修改为：对同一组 10 个病人，每人分别服用甲、乙两种安眠药做对比试验，并假定试验结果仍如表 8.1 所示，此时结论又如何？

本案例给出了医学试验中经常采用的两种不同的试验方法。

在前一种试验方法下，由于是对两组不同的病人分别进行试验，因此两组病人分别服用两种安眠药的疗效之间没有影响，是相互独立的，表 8.1 是从两个独立的总体中分别获得的两组样本数据，此时就是要检验两个独立总体的均值之间是否存在显著差异。

在后一种试验方法下，显然两种安眠药对同一病人的疗效是互有影响的，通常重度失眠病人无论服用哪种安眠药的效果都不会很好，而轻度失眠病人则通常服用任何一种安眠药(即使是某种安慰剂)的效果都会很好，此时表 8.1 的两组数据之间就是不独立的，而且两组数据之间是一一对应的，不能打乱顺序，故称为"成对样本试验"。

这类"成对样本试验"在管理中同样有着非常普遍的应用。例如，企业要分析实施某种激励约束措施后对提高员工工作质量或工作效率的效果，就需要对同一组员工在实施该激励约束措施前后的工作质量或效率数据进行统计分析，这显然属于"成对样本试验"。对于这一类"成对样本试验"，由于数据间不独立，就必须化为单个总体的数据来进行检验，对同样的数据，其检验结果与两个独立总体均值的检验是截然不同的，用错方法就会导致错误的结论。

8.2　两个独立正态总体均值的检验

与区间估计的情况类似，许多实际问题都需要检验两个独立正态总体的均值是否存在显著差异，或方差是否存在显著差异。

以下设总体 $X_1 \sim N(\mu_1, \sigma_1^2)$，$X_2 \sim N(\mu_2, \sigma_2^2)$，且 X_1、X_2 相互独立。$\bar{X}_1$、$\bar{X}_2$ 和 S_1^2、S_2^2 分别为它们的样本均值和样本方差，n_1 和 n_2 分别为它们的样本容量，并设原假设为

$$H_0 : \mu_1 = \mu_2$$

下面就几种情况分别进行讨论。

1. σ_1^2、σ_2^2 都已知(Z 检验)

当 H_0 为真时，统计量

$$Z = \frac{\bar{X}_1 - \bar{X}_2}{\sqrt{\sigma_1^2/n_1 + \sigma_2^2/n_2}} \sim N(0,1) \tag{8.2.1}$$

与单个正态总体均值检验完全类似，可以导出表 8.2 所列示的检验方法。

表 8.2　σ_1^2 和 σ_2^2 已知时两个正态总体均值的检验

统计量	备择假设	拒绝域
$Z = \dfrac{\bar{X}_1 - \bar{X}_2}{\sqrt{\sigma_1^2/n_1 + \sigma_2^2/n_2}}$	$H_1 : \mu_1 \neq \mu_2$	$|Z| > Z_{\alpha/2}$
	$H_1 : \mu_1 > \mu_2$	$Z > Z_\alpha$
	$H_1 : \mu_1 < \mu_2$	$Z < -Z_\alpha$

2. 两个总体方差相等但未知(t 检验)

可以证明，当 H_0 为真时，统计量

$$t = \frac{\overline{X}_1 - \overline{X}_2}{S_\omega \sqrt{\dfrac{1}{n_1} + \dfrac{1}{n_2}}} \sim t(n_1 + n_2 - 2) \tag{8.2.2}$$

其中，

$$S_\omega^2 = \frac{(n_1 - 1)S_1^2 + (n_2 - 1)S_2^2}{n_1 + n_2 - 2} \tag{8.2.3}$$

为两样本的合并方差。同样，可以导出表 8.3 所列示的检验方法。

表 8.3　$\sigma_1^2 = \sigma_2^2 = \sigma^2$，$\sigma^2$ 未知时两个正态总体均值的检验

统计量	备择假设	拒绝域
$t = \dfrac{\overline{X}_1 - \overline{X}_2}{S_\omega \sqrt{\dfrac{1}{n_1} + \dfrac{1}{n_2}}}$	$H_1 : \mu_1 \neq \mu_2$	$\lvert t \rvert > t_{\alpha/2}(n_1 + n_2 - 2)$
	$H_1 : \mu_1 > \mu_2$	$t > t_\alpha(n_1 + n_2 - 2)$
	$H_1 : \mu_1 < \mu_2$	$t < -t_\alpha(n_1 + n_2 - 2)$

　　应用案例 8.1 问题(1)解答：设服用甲、乙两种安眠药的延长睡眠时间分别为总体 X_1 和 X_2，$X_1 \sim N(\mu_1,\ \sigma_1^2)$，$X_2 \sim N(\mu_2,\ \sigma_2^2)$，由试验方法可知，两组不同的病人服用两种安眠药的疗效是互不影响的，故 X_1 与 X_2 相互独立。由题意可知，$H_0 : \mu_1 = \mu_2$，$H_1 : \mu_1 \neq \mu_2$。由表 8.1 所给数据可求得

$$\overline{X}_1 = 2.33,\quad S_1^2 = 2.002^2,\quad \overline{X}_2 = 0.75,\quad S_2^2 = 1.789^2,\quad n_1 = n_2 = 10,$$

$$S_\omega = \sqrt{(9 \times 2.002^2 + 9 \times 1.789^2)/18} = 1.8985$$

$$\lvert t \rvert = \frac{\lvert 2.33 - 0.75 \rvert}{1.8985 \sqrt{1/10 + 1/10}} = 1.8609 < t_{0.025}(18) = 2.1009$$

故不能拒绝 H_0，在水平 $\alpha = 0.05$ 下两种安眠药的疗效无显著差异。

3. $\sigma_1^2 \neq \sigma_2^2$ 且都未知

当 n_1、n_2 都很大($\geqslant 30$)时，则在 H_0 为真时，统计量

$$Z = \frac{\overline{X}_1 - \overline{X}_2}{\sqrt{S_1^2/n_1 + S_2^2/n_2}} \tag{8.2.4}$$

近似服从 $N(0, 1)$ 分布。此时，可按表 8.3 所列示的方法进行检验，但注意统计量是不同的。

4. 利用 Excel 的数据分析功能检验两个独立总体的均值

Excel 的数据分析功能提供了在以上三种条件下检验两个独立总体均值的方法。

(1) 在两个独立总体的方差已知时，执行【数据】→【数据分析】→【Z-检验：双样本平均值差检验】命令。

(2) 在两个独立总体的方差未知但相等时，执行【数据】→【数据分析】→【t-检验：双样本等方差假设】命令。

(3) 在两个独立总体的方差未知且不相等时，执行【数据】→【数据分析】→【t-检验：双样本异方差假设】命令。

以上三种检验的操作方法及其输出结果都是类似的，下面以应用案例 8.1 为例介绍两个独立总体均值检验的操作步骤及其输出结果的含义。

(1) 如图 8.1 所示输入样本数据。

(2) 执行【数据】→【数据分析】→【t-检验：双样本等方差假设】命令，打开【t-检验：双样本等方差假设】对话框，如图 8.2 所示。

操作视频

(3) 分别在【变量 1 的区域】和【变量 2 的区域】文本框中选定两个样本的数据区域(包括 A2 和 B2 标志所在的单元格)；勾选【标志】复选框，指出选定的数据区域中第 1 行为说明文字。【α(A)】文本框中给出的是系统默认的显著性水平 $\alpha = 0.05$，可修改，但一般无须修改。最后，设定【输出区域】为 D2，单击【确定】按钮，系统即输出运行结果，如图 8.1 中右侧所列的数据所示。

图 8.1 两个独立总体的均值检验 　　图 8.2 【t-检验：双样本等方差假设】对话框

输出结果说明：

① "平均"和"方差"分别给出两个样本的样本均值和样本方差；"合并方差"即 ω^2；df 为自由度；t Stat 为检验中 t 统计量的值。

② "假设平均差"的含义是：Excel 在检验中所使用的原假设可表示为 $H_0: \mu_1 - \mu_2 = a$，数值 a 就是假设平均差。原假设 $H_0: \mu_1 = \mu_2$ 等价于 $H_0: \mu_1 - \mu_2 = 0$，即假设平均差为 0。由此可知，利用假设平均差，可以进一步分析 μ_1 是否显著大于 μ_2 a 个单位，其检验的功能得到进一步扩展。

③ "$P(T \leqslant t)$单尾"和"$P(T \leqslant t)$双尾"分别给出单边检验和双边检验所达到的临界显著性水平，其中"$P(T \leqslant t)$双尾"的值是"$P(T \leqslant t)$单尾"值的 2 倍。它们通常称为"P 值"。单尾 P 值，如图 8.3 所示。

图 8.3 P 值的含义

由图 8.3 可知，$t > t_\alpha$ 等价于 $P(T \leqslant t)$单尾 $< \alpha$；类似地，我们可以得到，$t > t_{\alpha/2}$ 等价于 $P(T \leqslant t)$双尾 $< \alpha$。也即，

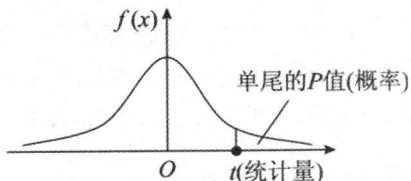

若 $P(T{\leq}t)$ 单尾或 $P(T{\leq}t)$ 双尾>0.05，则检验结果为不显著；

若 $P(T{\leq}t)$ 单尾或 $P(T{\leq}t)$ 双尾<0.05，则检验结果为一般显著；

若 $P(T{\leq}t)$ 单尾或 $P(T{\leq}t)$ 双尾<0.01，则检验结果为高度显著；

若 $P(T{\leq}t)$ 单尾或 $P(T{\leq}t)$ 双尾<0.001，则检验结果为极高度显著。

本例是双边检验，由 $P(T{\leq}t)$ 双尾= 0.079 18 > 0.05 可知，两种安眠药的疗效无显著差异。但若所给问题是分析甲种安眠药的疗效是否显著优于乙种安眠药(即单边检验)，则由 $P(T{\leq}t)$ 单尾= 0.039 59 <0.05 可知，结论是一般显著。

④ "t 单尾临界"和"t 双尾临界"分别给出 t 分布的右侧 α 分位点 $t_\alpha(n_1+n_2-2)$ 和右侧 $\alpha/2$ 分位点 $t_{\alpha/2}(n_1+n_2-2)$ 的值，本例中是 $t_{0.05}(18)$ 和 $t_{0.025}(18)$。由 $t=1.8608 <t_{0.025}(18)=2.1009$ 也可知，双边检验时两者无显著差异；但由 $t=1.8608>t_{0.05}(18)=1.7341$ 也可知，如果是单边检验，则甲种安眠药的疗效显著高于乙种安眠药。

8.3　成对样本试验的均值检验

应用案例 8.1 问题(2)解答：由此时所采用的试验方法可知，两个总体 X_1 和 X_2 是不独立的。这是由于对严重的失眠患者来说，服用两种安眠药的疗效通常都会较差，而对轻度的失眠患者，服用任何一种安眠药，即使是安慰剂，通常也会有较好的效果。

对于这一类不独立的"成对样本试验"的均值检验，就需要转化为单个正态总体均值的检验，方法如下。

设总体 X 为病人服用甲、乙两种安眠药后延长的睡眠时间之差，则 $X \sim N(\mu,\ \sigma^2)$，此时要检验的假设为

$$H_0:\mu=0, \quad H_1:\mu{\neq}0 \tag{8.3.1}$$

由表 8.1 所给数据，可求得 $\overline{X}=1.58$，$S=1.23$，$n=10$，并取 $\alpha=0.01$，则

$$|t|=\frac{|1.58-0|}{1.23/\sqrt{10}}=4.0621>t_{0.005}(9)=3.2498$$

可知在水平 $\alpha=0.01$ 下，两种安眠药的疗效也存在显著差异，即两种安眠药疗效的差异是高度显著的。

由应用案例 8.1 可知，在进行两个总体的均值检验时，要特别注意两个总体是否独立，这通常由所采用的试验方法决定。两种情况的检验方法是不同的，用错方法就有可能得出完全错误的结论。

成对样本试验在经济管理及其他领域中都有广泛的应用。例如，企业要考察某种激励措施的效果，通常总是对比该措施实施前后同一批员工的工作业绩；又如，比较同一批运动员采用不同训练方法的运动成绩等。

利用 Excel 进行成对样本试验的均值检验

下面仍以应用案例 8.1 说明成对样本 t 检验的操作过程及其输出结果分析。

仍如图 8.1 所示输入样本数据，执行【数据】→【数据分析】→【t-检验: 平均值的成对二样本分析】命令，对话框的设置与图 8.2 完全相同，输出结果如图 8.4 所示。由输出结果可知，单边检验和双边检验所达到的 P 值分别为 0.001 416 和 0.002 833，因而两种安眠药疗效间的差异是高度显著的。

操作视频

	A	B	C	D	E	F
1	成对样本试验的均值检验					
2	甲种安眠药	乙种安眠药		t-检验: 成对双样本均值分析		
3	1.9	0.7				
4	0.8	-1.6			甲种安眠药	乙种安眠药
5	1.1	-0.2		平均	2.33	0.75
6	0.1	-1.2		方差	4.009	3.20055556
7	-0.1	-0.1		观测值	10	10
8	4.4	3.4		泊松相关系数	0.79517021	
9	5.5	3.7		假设平均差	0	
10	1.6	0.8		df	9	
11	4.6	0		t Stat	4.06212768	
12	3.4	2		P(T<=t) 单尾	0.00141645	
13				t 单尾临界	1.83311293	
14				P(T<=t) 双尾	0.00283289	
15				t 双尾临界	2.26215716	

图 8.4 成对样本试验的均值检验

8.4 两个正态总体方差的检验(F检验)

许多统计推断方法都是建立在两个或多个正态总体同方差的条件下，如前述在方差未知时两个独立正态总体均值的 t 检验。而在实际情况中，两个正态总体方差是否相同往往是未知的，这就需要进行 F 检验。

设总体 $X_1 \sim N(\mu_1, \sigma_1^2)$，$X_2 \sim N(\mu_2, \sigma_2^2)$，且相互独立，$S_1^2$、$S_2^2$ 和 n_1、n_2 分别为它们的样本方差和样本容量，原假设为

$$H_0: \sigma_1^2 = \sigma_2^2$$

可以证明，当 H_0 为真时，统计量

$$F = \frac{S_1^2}{S_2^2} \sim F(n_1 - 1, n_2 - 1) \tag{8.4.1}$$

与单个正态总体方差的检验完全类似，可导出表 8.4 所列示的检验方法。

表 8.4 两个正态总体方差的检验

检验 H_0 的统计量	备择假设	拒绝域
$F = \dfrac{S_1^2}{S_2^2}$	$H_1:\ \sigma_1^2 \neq \sigma_2^2$	$F > F_{\alpha/2}(n_1-1, n_2-1)$ 或 $F < F_{1-\alpha/2}(n_1-1, n_2-1)$
	$H_1:\ \sigma_1^2 > \sigma_2^2$	$F > F_\alpha(n_1-1, n_2-1)$
	$H_1:\ \sigma_1^2 < \sigma_2^2$	$F < F_{1-\alpha}(n_1-1, n_2-1)$

以上检验中因所用统计量服从 F 分布，故也常称为 F 检验。

【例 8.1】 在水平 $\alpha = 0.20$ 下，检验应用案例 8.1 中两个正态总体的方差间是否存在显著差异。

分析：这类检验称为"方差齐次检验"。由于我们希望得到的结论是无显著差异，即原假设 H_0 成立，为使检验结论有较高的可信度，重点应控制犯第二类错误(方差间存在显著差异，但推断无显著差异)的概率 β。由两类错误的概率 α 与 β 间的关系可知，此时 α 不能取得太小。

根据题意，$H_0: \sigma_1^2 = \sigma_2^2$，$H_0: \sigma_1^2 \neq \sigma_2^2$。由前述计算结果可知，$S_1^2 = 2.002^2$，$S_2^2 = 1.789^2$。已知 $n_1 = n_2 = 10$，$\alpha/2 = 0.10$，$1 - \alpha/2 = 0.90$，则

$$F = \frac{S_1^2}{S_2^2} = \frac{2.002^2}{1.789^2} = 1.25$$

$$F_{0.90}(9, 9) = 0.41 < F = 1.25 < F_{0.10}(9, 9) = 2.44$$

故在水平 $\alpha = 0.20$ 下，σ_1^2 与 σ_2^2 间无显著差异。这说明应用案例 8.1 的检验方法是有效的。

利用 Excel 进行两个正态总体方差的检验

下面以应用案例 8.1 为例说明两个正态总体方差的检验的操作过程及其输出结果分析。

仍如图 8.1 所示输入样本数据，执行【数据】→【数据分析】→【F 检验：双样本方差】命令，对话框的设置与图 8.2 类似，输出结果如图 8.5 所示。由输出结果可知，单边检验的 P 值为 0.37，则双边检验的 P 值为 $2 \times 0.37 = 0.74$，因而 σ_1^2 与 σ_2^2 间无显著差异。

操作视频

图 8.5 两个正态总体方差的检验

8.5 两个总体比例的检验

有时，研究者想基于两个总体比例之差进行一些推论。这些分析在经济管理领域有许多应用，例如比较一种产品在两个不同市场中所占的份额，研究不同地区女性消费者比例的差异，或者比较从一个时间段到另一时间段次品率的不同。

设 p_1 和 p_2 分别为两个独立总体的比例，$\hat{p}_1$ 和 $\hat{p}_2$ 分别为它们的样本比例。$\hat{p}_1 - \hat{p}_2$ 的数学期望和标准差分别为

$$E(\hat{p}_1 - \hat{p}_2) = p_1 - p_2 \tag{8.5.1}$$

$$D(\hat{p}_1 - \hat{p}_2) = \sqrt{\frac{p_1(1-p_1)}{n_1} + \frac{p_2(1-p_2)}{n_2}} \tag{8.5.2}$$

式中，n_1 和 n_2 分别为来自两个总体的样本容量。如果样本容量较大(即 $n_1 p_1$，$n_1(1-p_1)$，$n_2 p_2$ 及 $n_2(1-p_2)$ 都大于或等于 5)，则由中心极限定理可知，$\hat{p}_1 - \hat{p}_2$ 近似服从正态分布。即

$$\frac{\hat{p}_1 - \hat{p}_2 - (p_1 - p_2)}{\sqrt{\dfrac{p_1(1-p_1)}{n_1} + \dfrac{p_2(1-p_2)}{n_2}}} \approx \frac{\hat{p}_1 - \hat{p}_2 - (p_1 - p_2)}{\sqrt{\dfrac{\hat{p}_1(1-\hat{p}_1)}{n_1} + \dfrac{\hat{p}_2(1-\hat{p}_2)}{n_2}}} \overset{\text{近似}}{\sim} N(0,1) \tag{8.5.3}$$

则原假设 $H_0 : P_1 = P_2$ 检验的统计量如表 8.5 所示。

表 8.5　两个总体比例的检验

统计量	备择假设	拒绝域
$Z = \dfrac{\hat{p}_1 - \hat{p}_2}{\sqrt{\dfrac{\hat{p}_1(1-\hat{p}_1)}{n_1} + \dfrac{\hat{p}_2(1-\hat{p}_2)}{n_2}}}$	$H_1 : p_1 \neq p_2$	$\|Z\| > Z_{\alpha/2}$
	$H_1 : p_1 > p_2$	$Z > Z_\alpha$
	$H_1 : p_1 < p_2$	$Z < -Z_\alpha$

【例 8.2】某机构就企业家对成功的理解展开调研，提供了两个备选答案：贡献/社会责任、销售/利润。根据企业家们业务的总销售额将其分为两组，销售额低于 100 万元的为一组，销售额在 100 万至 500 万元的为另一组。

假定我们以总销售额对企业家进行定位。在接受采访的 95 名总销售额低于 100 万元的企业家中，有 35 人将"贡献/社会责任"定义为成功。随后，我们又采访了 100 名总销售额在 100 万至 500 万元的女企业家，其中有 25 人把"贡献/社会责任"定义为成功。试问，在显著性水平 $\alpha=0.01$ 的情况下，前一组中将"贡献/社会责任"定义为成功的比例是否高于后一组？

解：由题意可知，$H_0 : p_1 = p_2$，$H_1 : p_1 > p_2$。我们可以分别计算出它们的样本比例为

$$\hat{p}_1 = \frac{35}{95} = 0.368, \quad \hat{p}_2 = \frac{25}{100} = 0.25$$

继而，再计算出 Z 值

$$Z = \frac{\hat{p}_1 - \hat{p}_2}{\sqrt{\dfrac{\hat{p}_1(1-\hat{p}_1)}{n_1} + \dfrac{\hat{p}_2(1-\hat{p}_2)}{n_2}}} = \frac{0.368 - 0.25}{\sqrt{\dfrac{0.368 \times (1-0.368)}{95} + \dfrac{0.25 \times (1-0.25)}{100}}} = \frac{0.118}{0.065\,99} = 1.788$$

$$1.788 > Z_\alpha = Z_{0.01} = 2.33$$

由计算结果可知，原假设不能被拒绝。也就是说，不能认为两组对这个问题的回答存在统计差异，所以我们不能从统计角度做出这个结论：总销售量更低的一组企业家中把成功定义为"贡献/社会责任"的比例更高一些。

【好学深思】对于企业家而言，定义成功的方式或许各不相同，但在追求商业成功时，不能仅仅关注利润和销售额，还要坚持诚信经营，承担起对消费者、社区和环境的责任，即企业的社会责任。企业的社会责任常常被忽视，然而它却是企业长远经营的根本所在。

参数的区间估计和参数的假设检验的原理是相同的，其中，双边检验与双侧区间估计有许多类似之处，而单边检验与单侧置信限估计类似。所不同的是，在区间估计中置信区间是对未知参数而言的，而假设检验中的拒绝域或接受域则是对统计量而言的。正是由于两者之间存在着非常紧密的内在关系，因此，对于两个正态总体参数的比较问题，既可以用区间估计的方法，也可以用假设检验的方法来解决。但显然这类问题用假设检验的方法其意义更明确，计算上也相对简单。

8.6　假设检验小结

本章重点是了解假设检验的意义及其在经济管理领域的应用。为方便使用，表 8.6 按不同的检验对象、原假设及备择假设，给出了在手工计算时检验用的统计量及其拒绝域，以备查用。

表 8.6　假设检验小结

原假设	条件	检验用统计量	备择假设	拒绝域
两个总体均值 $\mu_1 = \mu_2$	σ_1^2 和 σ_2^2 都已知	$Z = \dfrac{\overline{X}_1 - \overline{X}_2}{\sqrt{\sigma_1^2/n_1 + \sigma_2^2/n_2}}$	$\mu_1 \neq \mu_2$	$\|Z\| > Z_{\alpha/2}$
			$\mu_1 > \mu_2$	$Z > Z_\alpha$
			$\mu_1 < \mu_2$	$Z < -Z_\alpha$
	$\sigma_1^2 = \sigma_2^2$，但未知	$t = \dfrac{\overline{X}_1 - \overline{X}_2}{s_\omega\sqrt{1/n_1 + 1/n_2}}$	$\mu_1 \neq \mu_2$	$\|t\| > t_{\alpha/2}(n_1+n_2-2)$
			$\mu_1 > \mu_2$	$t > t_\alpha(n_1+n_2-2)$
			$\mu_1 < \mu_2$	$t < -t_\alpha(n_1+n_2-2)$
两个总体均值 $\mu_1 = \mu_2$	$\sigma_1^2 \neq \sigma_2^2$，且未知大样本	$Z = \dfrac{\overline{X}_1 - \overline{X}_2}{\sqrt{S_1^2/n_1 + S_2^2/n_2}}$	$\mu_1 \neq \mu_2$	$\|Z\| > Z_{\alpha/2}$
			$\mu_1 > \mu_2$	$Z > Z_\alpha$
			$\mu_1 < \mu_2$	$Z < -Z_\alpha$
两个总体方差 $\sigma_1^2 = \sigma_2^2$		$F = \dfrac{S_1^2}{S_2^2}$	$\sigma_1^2 \neq \sigma_2^2$	$F > F_{\alpha/2}(n_1-1, n_2-1)$ 或 $F < F_{1-\alpha/2}(n_1-1, n_2-1)$
			$\sigma_1^2 > \sigma_2^2$	$F > F_\alpha(n_1-1, n_2-1)$
			$\sigma_1^2 < \sigma_2^2$	$F < F_{1-\alpha}(n_1-1, n_2-1)$
两个总体比例 $p_1 = p_2$		$Z = \dfrac{\hat{p}_1 - \hat{p}_2}{\sqrt{\dfrac{\hat{p}_1(1-\hat{p}_1)}{n_1} + \dfrac{\hat{p}_2(1-\hat{p}_2)}{n_2}}}$	$p_1 \neq p_2$	$\|Z\| > Z_{\alpha/2}$
			$p_1 > p_2$	$Z > Z_\alpha$
			$p_1 < p_2$	$Z < -Z_\alpha$

8.7　其他软件实现

8.7.1　SPSS 实现

在进行两个样本的均值检验时，新建数据组，然后进行如图 8.6 所示的操作。执行菜单栏的【分析】→【比较平均值】→【成对样本 T 检验】命令，在打开的对话框(见图 8.7)中，将要检验的两个总体放入【配对变量】框后单击【确定】按钮即可得到结果。如要进行独立样本的 T 检验，则只需在图 8.6 所示的菜单中执行【独立样本 T 检验】命令；如果要进行单样本的 T 检验，则需执行【单样本 T 检验】命令。

操作视频

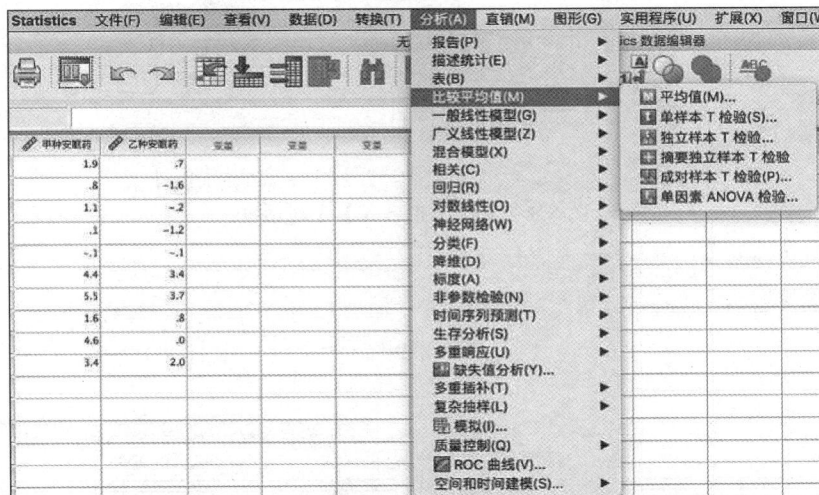

图 8.6　SPSS 两个总体均值检验的操作过程

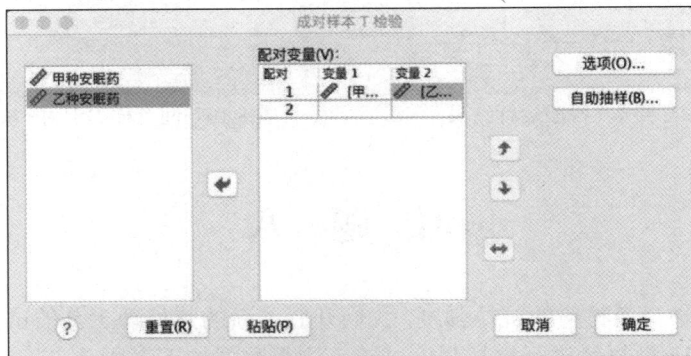

图 8.7　【成对样本 T 检验】对话框

8.7.2　JMP 实现

在进行两个独立样本的均值检验时，新建数据表，然后执行菜单栏的【分析】→【以 X 拟合 Y】命令，打开如图 8.8 所示的对话框。将要分析的指定为 Y，将分组变量指定为 X，单击【确定】按钮，得到初始分析结果(见图 8.9)，在单因子分析红色三角形下拉菜单中选择【t 检验】选项。若要进行标准差的检验，只需在该红色三角形下拉菜单中选择【均值】与【标准差】选项即可。

操作视频

在进行两个成对样本的均值检验时，则需执行菜单栏的【分析】→【配对】命令，打开如图 8.10 所示的对话框，单击【确定】按钮即可得到运行结果。

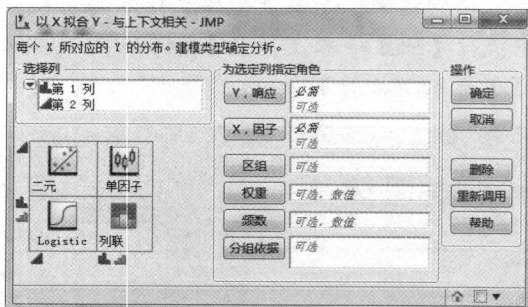

图 8.8　【以 X 拟合 Y】主对话框

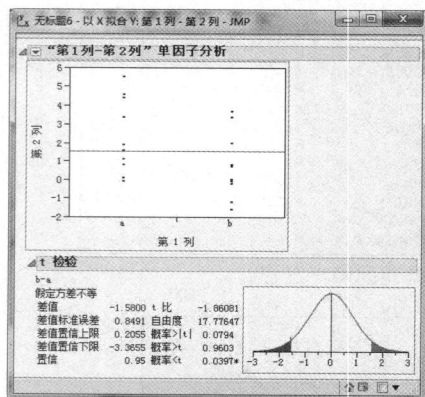

图 8.9　独立样本 t 检验运行结果

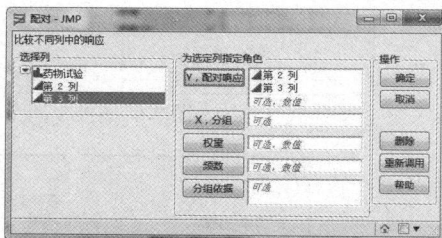

图 8.10　两个样本配对 t 检验对话框

习　题　八

1. 为提高某种金属材料的抗拉强度，我们开展了新的热处理工艺的试验。针对采用新、旧工艺处理的各 13 批材料进行抗拉强度试验，测得数据如下表所示。

新工艺	31	34	30	27	33	35	38	34	30	36	31	32	35
原工艺	28	24	26	29	30	31	28	27	29	28	30	25	26

设两个总体服从同方差正态分布，在给定显著性水平 $\alpha = 0.01$ 的情况下，分别用计算器和 Excel 求解下列问题。

(1) 新、旧工艺处理材料的平均抗拉强度是否有显著差异？

(2) 新工艺生产的材料抗拉强度是否比旧工艺有显著提高？

(3) 在水平 $\alpha = 0.20$ 的情况下，关于两个总体方差相等的假定是否成立？

2. 设新车的首次故障行驶里程数服从正态分布，现测得甲、乙两种品牌轿车首次故障行驶里程的数据如下表所示。

| 甲品牌 | 1200 | 1400 | 1580 | 1700 | 1900 | |
| 乙品牌 | 1100 | 1300 | 1800 | 1800 | 2000 | 2400 |

用 Excel 求解下列问题。

(1) 在水平 $\alpha = 0.20$ 的情况下，检验两种轿车的首次故障行驶里程是否是同方差的。

(2) 在水平 $\alpha = 0.05$ 的情况下，检验乙品牌轿车的平均首次故障行驶里程是否显著高于甲品牌轿车。

3. 为分析体育疗法对高血压的治疗效果，对 10 位高血压患者分别测定了他们在进行体育疗法前后的舒张压，测得数据如下表所示。在水平 $\alpha = 0.01$ 的情况下，分别借助计算器和 Excel 检验体育疗法对高血压是否具有显著疗效。

患者编号	1	2	3	4	5	6	7	8	9	10
治疗前	112	113	134	110	125	117	108	120	118	138
治疗后	104	96	130	90	108	119	92	90	102	121

4. 一项试验研究关于共同基金选择行为的差异。试验招募了 100 名本科生和 100 名 MBA 学生作为参与者，他们可以选择不同的标普 500 指数基金，这些基金除了费用之外都是相同的。部分结果如下表所示。

基金	本科生	MBA 学生
高成本基金	27	18
非高成本基金	73	82

(1) 在显著性水平 $\alpha = 0.05$ 的情况下，是否有证据表明本科生和 MBA 学生选择高成本基金的比例之间存在显著差异？

(2) 确定(1)中的 p 值并解释其含义。

案例研究

从 2023 年和 2024 年某市申请共有产权房的 3 万多户家庭中，随机抽取 100 户户主为男性的家庭，同时也随机抽取 100 户户主为女性的家庭，对他们的家庭年收入进行考察。具体数据可扫描右侧二维码获取。

试分析户主为男性的家庭和户主为女性的家庭，其家庭年收入是否存在显著差异。

案例数据

第**9**章

方 差 分 析

方差分析是一种重要的统计分析方法,在经济管理中有着非常重要的应用价值。本章将介绍方差分析的基本原理、软件求解方法及其在经济管理中的应用。由于方差分析的计算量很大,本章不再讨论其手工计算方法,主要介绍如何用 Excel、SPSS 及 JMP 进行方差分析。

学习目标:理解方差分析的基本原理,掌握方差分析的基本步骤,能够运用方差分析解决实际问题。

价值目标:培养学生的科学精神和严谨态度;增强辩证思维和逻辑理解能力;培育爱国情怀和社会责任感。

9.1 引 言

在生产经营、科研和社会经济等领域,人们常常要分析哪些因素会对产品的产量、质量、销售量及经济增长率、通货膨胀率等指标产生显著影响,并进一步探究这些因素处在何种状态时能够获得最佳效果,从而为生产经营、科学实验和宏观经济运行等提供科学依据。例如,影响某化工产品得率(即产出的产品与投入的原料之比)的有原料配比、溶液浓度、反应温度、压力和催化剂等多种因素;影响农作物产量的有品种、光照、雨水量、土壤、播种期和播种量和肥料等多种因素;在市场环境不变的条件下,影响产品销售量的有技术含量、质量、性能、品牌、价格、广告宣传、销售策略和售后服务等多种因素;在宏观经济方面,影响内需的则有居民的可支配收入、国家的货币政策、财政和税收政策、就业水平、社会保障水平、收入的分配情况、人们对未来的收入预期和支出预期及固定资产投资水平等因素。为了达到最佳的生产经营和社会经济效果,就需要在各种因素的不同状态水平下进行试验,通过对试验数据进行分析,找出它们之间的内在关系。方差分析就是解决这类问题的一种统计分析方法。下面,我们先来看两个可以运用方差分析方法解决问题的应用案例。

应用案例9.1 哪种促销方式效果最好

某连锁超市为了研究不同的促销方式对商品销售额的影响,选择某类日常生活用品在其下属的 5 个门店分别采用一种促销方式进行了 4 个月的试验。试验前该类商品在这 5 个门店的月销售额基本处于同一水平。试验结果如表 9.1 所示。

表 9.1 不同促销方式的试验结果

促销方式	月销售额/万元			
A_1(普通销售)	12.5	15.4	11.8	13.2
A_2(广告宣传)	13.1	14.7	12.3	13.6
A_3(有奖销售)	15.6	16.5	13.4	13.1
A_4(特价销售)	17.9	19.6	21.8	20.4
A_5(买一送一)	18.2	17.1	16.5	16.2

其中，"普通销售"是指不采用任何促销手段；"广告宣传"是指没有价格优惠的单纯广告促销；"买一送一"是指买一件商品送另一件小商品。现该公司管理部门希望了解以下信息：

(1) 不同的促销方式是否对该类商品销售量的增长有显著影响？

(2) 若有显著影响，哪种促销方式效果最好？

(3) 任意两种促销方式的效果之间是否都存在显著差异？

掌握这些信息对该公司制定今后的最佳销售策略有着非常重要的意义。

应用案例9.2 **如何确定最优生产工艺条件**

某化工企业为研究温度和催化剂对某种化工产品得率的影响，在其他条件不变的情况下，选择了 4 种温度、3 种催化剂，在不同温度和催化剂的组合下各进行一次试验，结果如表 9.2 所示。

表 9.2 某化工产品得率试验结果

温度	催化剂		
	B_1	B_2	B_3
A_1(60 °C)	66	73	70
A_2(70 °C)	81	96	53
A_3(80 °C)	97	79	66
A_4(90 °C)	79	76	88

本案例需要研究的问题如下：

(1) 温度对该产品的得率是否有显著影响？如有显著影响，应将温度控制在什么范围内可使产品得率最高？

(2) 催化剂的种类对该产品的得率是否有显著影响？如有显著影响，哪种催化剂的效果最好？

(3) 温度和催化剂不同组合的搭配对该产品的得率是否有显著影响？若有显著影响，哪种温度和催化剂的组合可使产品得率最高？

了解这些情况，可以为制定该产品的最佳生产工艺条件提供科学依据。

9.2 方差分析概述

9.2.1 方差分析的基本概念

在方差分析中，将试验中状态发生变化的因素称作**因子**，用字母 $A, B, C, \cdots$ 表示；将因子在试验中所取的不同状态称作**水平**。设因子 A 有 a 个水平，记为 $A_1, A_2, \cdots, A_a$；因子 B 有 b 个水平，记为 $B_1, B_2, \cdots, B_b$ 等。

在应用案例 9.1 中，只有一个因子 A(促销方式)发生变化，4 种促销方式分别代表因子 A 的 4 个不同水平。在应用案例 9.2 中，有两个因子 A(温度)和 B(催化剂)发生变化，其中，4 种温度代表因子 A 的 4 个水平 A_1, A_2, A_3, A_4；3 种催化剂代表因子 B 的 3 个水平 B_1, B_2, B_3。

从表 9.1 可以看出，不同促销方式下月销售额的增长存在差异，这表明促销方式对销售额的增长很可能有显著影响。但同一种促销方式下各月销售额的增长也存在差异，产生这种差异的原因是其他未加控制或无法控制的随机因素的影响，称为**试验误差**。由于试验误差的存在，可以认为同一水平下的试验结果是服从某一分布的总体，该水平下的各次试验结果就是这个总体的一个样本。试验中因子 A 的 a 个水平就对应 a 个总体。

若试验中只有一个变动的因子，称为**单因子试验**；若有两个变动的因子，称为**双因子试验**；当有两个以上变动的因子时，则称为**多因子试验**。本章仅讨论单因子试验和双因子试验的方差分析。

9.2.2 方差分析的基本假设条件

设试验中因子 A 在水平 A_i 下的某项指标为总体 X_i，$i=1, 2, \cdots, a$，假定各总体 X_i 相互独立且服从同方差的正态分布，即

$$\begin{cases} X_i \sim N(\mu_i, \sigma^2) \\ X_i \text{ 相互独立} \end{cases} \quad i=1, 2, \cdots, a \tag{9.2.1}$$

其中，μ_i 和 σ^2 都未知。显然，只要不同水平下的试验都是独立进行的，且除了变动的因子外，能保持其他条件基本不变，则条件(9.2.1)通常是能够满足的。

这些假设条件可以概括为：①随机性和独立性；②正态性；③方差一致性。

第一个假设条件——**随机性和独立性**非常重要。任何试验的有效性都取决于随机抽样和随机化过程。为了避免结果的偏差，需要从样本组中随机抽取。随机抽取样本或随机确定水平，确保一组的数据独立于试验中的任何其他数据。如果背离了这个假设，会严重影响方差分析的推断。

第二个假设条件——**正态性**，要求每组的样本数据是从正态分布总体随机抽取的，如式(9.2.1)所示。只要不是严重背离正态分布的假设，方差分析的结果都不会受太大的影响，尤其是对于大样本。当不符合正态性假设条件时，应用非参数 Kruskal-Wallis 秩检验比较合

适(参见第 10.5 节)。

第三个假设条件——**方差一致性**，要求样本组方差是相等的，如式(9.2.1)中的方差都是相同的。如果每组的样本容量相等，方差分析的推断不会因方差不等而受到严重影响。然而，如果有不相等的样本容量，那么不相等的方差会严重影响方差分析的推断。因此，如果有可能，应该使每个组的样本容量相等。

9.2.3 方差分析的目的

方差分析的目的，就是要检验原假设

$$H_0: \mu_1 = \mu_2 = \cdots = \mu_a \tag{9.2.2}$$

是否成立。若拒绝 H_0，就说明因子 A 的不同水平对该项指标有显著影响，进而应确定能使效果最佳的水平；若不能拒绝 H_0，则说明因子 A 对该项指标并无显著影响，试验结果间的差异主要是由其他未加控制的因素和随机误差引起的。

在第 8 章中，我们曾介绍利用 t 检验法来检验两个正态总体均值是否相等的方法，而在上述案例中则存在多个正态总体，若仍采用 t 检验法对各总体进行两两比较，操作就很不便。特别是对双因子试验和多因子试验，t 检验无法分析因子间的交互作用，而这正是方差分析的主要任务。

9.3 单因子方差分析

9.3.1 单因子试验的数学模型

设试验中只有一个变动的因子 A，水平 A_i 下的试验结果为 x_{ij}，$j = 1, 2, \cdots, n_i$；它们是总体 X_i 的一组样本观察值，$i = 1, 2, \cdots, a$。由式(9.2.1)可得，x_{ij} 有如下数据结构。

$$\begin{cases} x_{ij} = \mu_i + \varepsilon_{ij} \\ \varepsilon_{ij} \sim N(0, \sigma^2), \text{且相互独立} \\ i = 1, 2, \cdots, a \text{；} j = 1, 2, \cdots, n_i \end{cases} \tag{9.3.1}$$

其中，x_{ij} 是观察到的试验结果；ε_{ij} 是由各种无法控制的因素引起的，称为不可观察的**随机误差**或**试验误差**。

为便于讨论，引入以下记号，称

$$\mu = \frac{1}{N} \sum_i n_i \mu_i \ (N = \sum_i n_i \ \text{为样本总数}) \tag{9.3.2}$$

为**一般平均**，它是 a 个不同水平总体的值 μ_i 的加权平均；称

$$\alpha_i = \mu_i - \mu, \ i = 1, 2, \cdots, a \tag{9.3.3}$$

为水平 A_i 的**效应**，它反映了总体 X_i 的均值与一般平均间的差异。于是，式(9.3.1)可改写为

$$x_{ij} = \mu + \alpha_i + \varepsilon_{ij}$$

$$i = 1, 2, \cdots, a; \ j = 1, 2, \cdots, n_i \qquad (9.3.4)$$

式(9.3.4)表明任一观察值由一般平均、水平的效应和试验误差三部分组成。于是，要检验的原假设也可改写为

$$H_0: \alpha_1 = \alpha_2 = \cdots = \alpha_a = 0 \qquad (9.3.5)$$

9.3.2　单因子方差分析的基本方法

根据式(9.3.4)，试验结果 x_{ij} 间的差异源于两方面因素：其一源于试验误差，其二则来自各水平效应的差异。方差分析检验原假设 H_0 的基本思路是：将因子的不同水平和随机误差对试验结果的影响进行分离，并比较两者中哪一个对试验结果的影响起主要作用。若因子的不同水平对试验结果 x_{ij} 之间差异的影响是主要的，就可以拒绝 H_0；反之，若 x_{ij} 之间的差异主要是由随机误差引起的，就不能拒绝 H_0，说明因子 A 对试验结果无显著影响。为此就需要用一个量来反映 x_{ij} 间总的差异量的大小，并将上述两方面原因所引起的差异量从总的差异量中分离出来。

显然，x_{ij} 与数据总平均 $\bar{x}$ 的偏差平方和

$$S_T = \sum_i \sum_j (x_{ij} - \bar{x})^2 \quad (\bar{x} = \frac{1}{N} \sum_i \sum_j x_{ij}) \qquad (9.3.6)$$

反映了 x_{ij} 间总的差异量，称为**总的偏差平方和**。为便于对 S_T 进行分解，记水平 A_i 下的样本均值为 $\bar{x}_i$，即

$$\bar{x}_i = \frac{1}{n_i} \sum_j x_{ij}, \ i = 1, 2, \cdots, a \qquad (9.3.7)$$

则

$$
\begin{aligned}
S_T &= \sum_i \sum_j (x_{ij} - \bar{x})^2 = \sum_i \sum_j (x_{ij} - \bar{x}_i + \bar{x}_i - \bar{x})^2 \\
&= \sum_i \sum_j (x_{ij} - \bar{x}_i)^2 + \sum_i n_i (\bar{x}_i - \bar{x})^2 \\
&\hateq S_e + S_A
\end{aligned} \qquad (9.3.8)
$$

其中，交叉乘积项 $\sum_i \sum_j (x_{ij} - \bar{x}_i)(\bar{x}_i - \bar{x}) = 0$，称式(9.3.8)为**平方和分解式**。$S_e = \sum_i \sum_j (x_{ij} - \bar{x}_i)^2$ 反映了各样本组内的数据差异量，主要是由试验误差引起的，称为**样本组内平方和**或**误差平方和**；$S_A = \sum_i n_i (\bar{x}_i - \bar{x})^2$ 则反映了各样本间数据的差异，主要是由因子 A 的不同水平均值或效应间的差异引起的，称为**组间平方和**或**因子 A 的平方和**。

9.3.3　检验 H_0 的统计量

显然，若原假设 H_0 为真，即各水平的效应都为零，则因子 A 的平方和 S_A 就应当较小，

因而它与误差平方和 S_e 之比也应当较小。若它们的比值较大，就说明原假设 H_0 不真。因此，可以用 S_A 和 S_e 来构造检验 H_0 的统计量。可以证明，当 H_0 为真时，统计量

$$F = \frac{S_A/(a-1)}{S_e/(N-a)} \sim F(a-1, N-a) \tag{9.3.9}$$

其中，S_e 服从自由度为 $N-a$ 的 χ^2 分布；在 H_0 为真时，S_A 服从自由度为 $a-1$ 的 χ^2 分布，且与 S_e 相互独立。故在给定水平 α 下，若

$$F > F_\alpha(a-1, N-a) \tag{9.3.10}$$

就拒绝 H_0，说明各水平 A_i 的均值或效应间存在显著差异，或称因子 A 的作用是显著的。

在以上检验方法中，$S_A/(a-1)$ 和 $S_e/(N-a)$ 就是样本组间数据和组内数据的样本方差，因此将这种基于检验样本方差比的统计分析方法称为方差分析。

9.3.4 单因子方差分析表

通常，将检验过程列示为如表 9.3 所示的方差分析表。

表 9.3 单因子方差分析表

来源	平方和	自由度	均方和	F 比
因子 A	S_A	$a-1$	$S_A/(a-1)$	$\dfrac{S_A/(a-1)}{S_e/(N-a)}$
误差	S_e	$N-a$	$S_e/(N-a)$	
总和	S_T	$N-1$		

通常情况下，若 P 值<0.001，即 $F > F_{0.001}(a-1, N-a)$，则称因子 A 的作用是极高度显著的；若 P 值<0.01，即 $F > F_{0.01}(a-1, N-a)$，则称因子 A 的作用是高度显著的；若 P 值<0.05，即 $F > F_{0.05}(a-1, N-a)$，则称因子 A 的作用是一般显著的；若 $F < F_{0.05}(a-1, N-a)$，则认为因子 A 的作用不显著。

下面介绍如何用 Excel 对应用案例 9.1 的问题进行方差分析。

(1) 如图 9.1 所示输入样本数据。

(2) 执行【数据】→【数据分析】→【方差分析：单因素方差分析】命令，打开对话框，如图 9.2 所示。

(3) 选定输入区域(本例中为 A1:E5)，分组方式选择【行】，并选中【标志位于第一列】复选框。水平 α 采用系统的默认值 0.05，无须修改。选定输出区域，并单击【确定】按钮，系统即输出运行结果，如图 9.1 所示。

操作视频

输出结果说明：

① SUMMARY 给出的是该因子各水平的扼要分析结果，包括各样本的容量、数据及样本均值和样本方差。

② 图 9.1 最下面给出的是方差分析表。其中，"组间"即因子 A；"组内"即误差；SS 即平方和；df 为自由度；MS 为均方和；F 为 F 统计量的值；P-value 为 P 值，即所达到的临

界显著性水平；F crit 为 $F_\alpha(a-1，N-a)$ 的值。由于 P-value 的值为 2.22 E-05<0.001，故不同销售方式间的差异是极高度显著的。

图 9.1 单因子方差分析

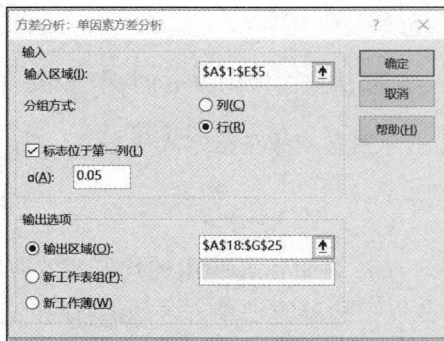

图 9.2 【方差分析：单因素方差分析】对话框

9.3.5 进一步的分析

在应用案例 9.1 中，由于检验结果说明促销方式对销售额的增长有显著影响，即不同促销方式的效果(因子 A 不同水平的均值或效应)间存在显著差异。接下来就需要确定：

(1) 哪种促销方式(A 的哪一水平)效果最佳？

(2) 每种促销方式(即各水平)的效果间是否都存在显著差异？

对于上述问题(1)，可根据各 μ_i 的点估计 $\bar{x}_i$ 来确定。由图 9.1 中 SUMMARY 函数的输出结果得：$\bar{x}_1 = 13.23$，$\bar{x}_2 = 13.43$，$\bar{x}_3 = 14.65$，$\bar{x}_4 = 19.93$，$\bar{x}_5 = 17$。由此可知，$\bar{x}_4 = 19.93$ 最大，即特价销售的促销效果最好，平均月销售额达到 19.93 万元。

对于上述问题(2)，则可通过对各 μ_i 进行两两单边 t 检验的方法进行分析。Excel 软件的单因素方差分析输出结果中虽未给出各水平均值间的两两 t 检验结果，但可以在如图 9.1 所示的工作表中，利用已有的样本数据，调用"数据分析"中的"t 检验：双样本等方差假设"功能进行检验，检验的步骤如下。

首先检验效果最好的 μ_4 与效果次之的 μ_5，结果表明 μ_4 高度显著大于 μ_5，显然，μ_4 也一定高度显著大于 μ_1、μ_2 和 μ_3；接下来检验 μ_5 和 μ_3，结果同样高度显著，由此可知 μ_5 也一定高度显著大于 μ_1 和 μ_2；再检验 μ_3 与 μ_2，结果不显著，于是还要再检验 μ_3 与 μ_1，结果也不显著，进而可知 μ_2 与 μ_1 也一定无显著差异。由此可以得出，"特价销售"的促销效果高度显著好于其他 4 种促销方式，是唯一效果最好的促销方式；"买一送一"的效果次之，其促销效果也高度显著好于前三种促销方式；"有奖销售"与"广告宣传"则基本上没有促销效果。

由应用案例 9.1 的分析可知，方差分析在经济管理中具有非常重要的应用价值。该超市主管人员通过这一分析结果可获得如下重要信息：对顾客最具吸引力的是能直接看到实惠的"特价销售"方式，而"有奖销售"及无价格优惠的"广告宣传"方式，虽然投入不少，但基本没有效果，因此不宜再采用。

9.4 双因子方差分析

在实际问题中，影响某项指标的主要因素往往有多个。要了解各因素对该指标的综合影响，不但要分别考虑每个因子的影响，还需研究各因子不同水平组合所产生的影响。由于各因子的不同水平组合所产生的效果，被称为**交互作用**。分析因子间是否存在显著的交互作用，是双因子和多因子方差分析中需解决的主要问题。

要分析是否存在显著的交互作用，就需要在各因子的不同水平组合下进行重复试验。为便于理解，我们先介绍不考虑交互作用的双因子方差分析，之后再讨论考虑交互作用的情况。

9.4.1 不考虑交互作用时的双因子方差分析

1. 不考虑交互作用时双因子试验的数学模型

设试验中有 A、B 两个变动的因子，因子 A 取 a 个不同水平，因子 B 取 b 个不同水平；在 A_i 和 B_j 水平组合下各进行一次试验，试验结果为总体 X_{ij}，并假设

$$X_{ij} \sim N(\mu_{ij}, \sigma^2)，且相互独立$$
$$i=1, 2, \cdots, a;\ j=1, 2, \cdots, b \tag{9.4.1}$$

并设 x_{ij} 为 X_{ij} 的观察值。与单因子方差分析类似，记 α_i 为因子 A 的水平 A_i 的效应，β_j 为因子 B 的水平 B_j 的效应，于是 x_{ij} 就有如下数据结构。

$$\begin{cases} x_{ij} = \mu_{ij} + \varepsilon_{ij} = \mu + \alpha_i + \beta_j + \varepsilon_{ij} \\ \varepsilon_{ij} \sim N(0, \sigma^2)，且相互独立 \\ i=1, 2, \cdots, a;\ j=1, 2, \cdots, b \end{cases} \tag{9.4.2}$$

其中，$\mu = \dfrac{1}{N} \sum_i \sum_j \mu_{ij}$ 为一般平均；$N = ab$ 为样本总数；ε_{ij} 为试验误差，则

$$\mu_{ij} = \mu + \alpha_i + \beta_j \tag{9.4.3}$$

此时要检验的原假设有以下两个：

$$\begin{cases} H_{01}: \alpha_1 = \alpha_2 = \cdots = \alpha_a = 0 \\ H_{02}: \beta_1 = \beta_2 = \cdots = \beta_b = 0 \end{cases} \tag{9.4.4}$$

若拒绝 H_{01}，说明因子 A 的作用显著；若拒绝 H_{02}，说明因子 B 的作用显著。

2. 偏差平方和的分解

与单因子方差分析类似，双因子方差分析也是通过对总的偏差平方和的分解来导出检验式(9.4.4)的统计量。同样记：

$$\bar{x} = \frac{1}{N} \sum_i \sum_j x_{ij}\ 为数据总平均；$$

$$\bar{x}_{i\cdot} = \frac{1}{b}\sum_j x_{ij} \text{ 为因子 } A \text{ 的水平 } A_i \text{ 下试验数据的样本均值;}$$

$$\bar{x}_{\cdot j} = \frac{1}{a}\sum_i x_{ij} \text{ 为因子 } B \text{ 的水平 } B_j \text{ 下试验数据的样本均值。}$$

同样,可将总的偏差平方和 S_T 分解为以下三项。

$$
\begin{aligned}
S_T &= \sum_i \sum_j (x_{ij} - \bar{x})^2 \\
&= \sum_i \sum_j [(x_{ij} - \bar{x}_{i\cdot} - \bar{x}_{\cdot j} + \bar{x}) + (\bar{x}_{i\cdot} - \bar{x}) + (\bar{x}_{\cdot j} + \bar{x})]^2 \\
&= \sum_i \sum_j (x_{ij} - \bar{x}_{i\cdot} - \bar{x}_{\cdot j} + \bar{x})^2 + \sum_i b(\bar{x}_{i\cdot} - \bar{x})^2 + \sum_j a(\bar{x}_{\cdot j} - \bar{x})^2 \\
&\hat{=} S_e + S_A + S_B
\end{aligned}
\tag{9.4.5}
$$

其中, $S_e = \sum_i \sum_j (x_{ij} - \bar{x}_{i\cdot} - \bar{x}_{\cdot j} + \bar{x})^2$ 仅反映了误差间的波动,称为**误差平方和**; $S_A = \sum_i b(\bar{x}_{i\cdot} - \bar{x})^2$ 除反映部分误差外,主要反映了因子 A 不同水平效应间的差异,称为 A 间平方和或因子 A 的平方和; $S_B = \sum_j a(\bar{x}_{\cdot j} - \bar{x})^2$ 除反映部分误差外,主要反映了因子 B 不同水平效应间的差异,称为 B 间平方和或因子 B 的平方和。

3. 检验用统计量及其分布

同样可以证明,当 H_{01} 为真时,统计量

$$F_A = \frac{S_A/(a-1)}{S_e/(a-1)(b-1)} \sim F(a-1, (a-1)(b-1)) \tag{9.4.6}$$

当 H_{02} 为真时,统计量

$$F_B = \frac{S_B/(b-1)}{S_e/(a-1)(b-1)} \sim F(b-1, (a-1)(b-1)) \tag{9.4.7}$$

因此,当

$$
\begin{aligned}
F_A &> F_\alpha(a-1, (a-1)(b-1)), \quad \text{就拒绝} H_{01}; \\
F_B &> F_\alpha(a-1, (a-1)(b-1)), \quad \text{就拒绝} H_{02}。
\end{aligned}
\tag{9.4.8}
$$

该检验过程同样可以列成一张方差分析表,如表 9.4 所示。

表 9.4 双因子方差(不考虑交互作用)分析表

来源	平方和	自由度	均方和	F 比
因子 A	S_A	$a-1$	$S_A/(a-1)$	$\dfrac{S_A/(a-1)}{S_e/(a-1)(b-1)}$
因子 B	S_B	$b-1$	$S_B/(b-1)$	$\dfrac{S_B/(b-1)}{S_e/(a-1)(b-1)}$

续表

来源	平方和	自由度	均方和	F 比
误差	S_e	$(a-1)(b-1)$	$S_e/(a-1)(b-1)$	
总和	S_T	$N-1$		

下面用 Excel 对应用案例 9.2 的问题进行无重复双因素方差分析。

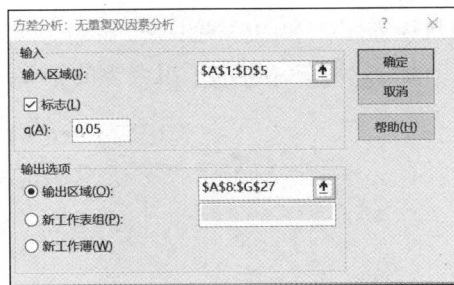

(1) 如图 9.3 所示输入样本数据。

(2) 执行【数据】→【数据分析】→【方差分析：无重复双因素分析】命令，打开对话框，如图 9.4 所示。

(3) 设定输入区域和输出区域，勾选【标志】复选框，α 为默认值 0.05，单击【确定】按钮，系统输出运行结果，如图 9.3 所示。

操作视频

图 9.3 应用案例 9.2 的无重复双因素方差分析   图 9.4 【方差分析：无重复双因素分析】对话框

输出结果说明：

输出的方差分析表中 "行" 即因子 A，"列" 即因子 B，其余各项含义同前。在本例中，由两个因子的 P 值都远大于 0.05 可知，温度和催化剂的作用都不显著，故不能拒绝 H_{01} 和 H_{02}，即温度和催化剂对该化工产品的得率都无显著影响。

显然，以上分析结果既不符合生产中的实际情况，也违背了化学反应的基本常识。问题出在哪里呢？由图 9.3 可以看到，误差的平方和比两个因子的平方和都要大得多。而由前面的分析可知，误差平方和仅反映了误差的随机波动；各因子的平方和除含有随机误差的影响外，还反映了不同水平效应间的差异。因此，通常情况下误差的平方和应小于各因子的平方和，但在本例中却出现了相反的情况。这是什么原因造成的呢？分析表 9.2 中的数据可以清楚地看出，温度和催化剂在不同水平搭配下的得率间的差异是非常明显的。由此可以推断，很可能是由于忽略了因子间的交互作用，才致使出现了错误的分析结果。

9.4.2 考虑交互作用时的双因子方差分析

1. 考虑交互作用时双因子试验的数学模型

设试验中有两个因子在变动，因子 A 取 a 个水平，因子 B 取 b 个水平，并记 A、B 间的交互作用为 $A \times B$；μ、μ_{ij}、α_i、β_j 的定义同前。由于存在交互作用，因此 $\mu_{ij} \neq \mu + \alpha_i + \beta_j$，称

$$(\alpha\beta)_{ij} = \mu_{ij} - \mu - \alpha_i - \beta_j$$
$$i = 1, 2, \cdots, a; \quad j = 1, 2, \cdots, b \tag{9.4.9}$$

为 A_i 与 B_j 的**交互效应**，它反映了因子间不同水平的组合对试验结果的影响，于是

$$\mu_{ij} = \mu + \alpha_i + \beta_j + (\alpha\beta)_{ij} \tag{9.4.10}$$

由于考虑了交互作用，因此要检验的原假设有以下三个：

$$\begin{cases} H_{01}: \alpha_1 = \alpha_2 = \cdots = \alpha_a = 0 \\ H_{02}: \beta_1 = \beta_2 = \cdots = \beta_b = 0 \\ H_{03}: (\alpha\beta)_{ij} = 0 \text{对一切} i, j \end{cases} \tag{9.4.11}$$

为检验 H_{03}，就需要在每一 $A_i B_j$ 水平组合下进行重复试验，否则无法将交互作用的平方和从误差平方和中分离出来。以下仅讨论在各种水平组合下做 n 次等重复试验的情况。

记 x_{ijk} 为在 $A_i B_j$ 水平组合下的第 k 次试验的观察值，则 x_{ijk} 有如下数据结构。

$$\begin{cases} x_{ijk} = \mu + \alpha_i + \beta_j + (\alpha\beta)_{ij} + \varepsilon_{ijk} \\ \varepsilon_{ijk} \sim N(0, \sigma^2), \text{且相互独立} \\ i = 1, 2, \cdots, a; \quad j = 1, 2, \cdots, b; \quad k = 1, 2, \cdots, n \end{cases} \tag{9.4.12}$$

2. 偏差平方和的分解

与前面类似，引入以下记号，记：

$\bar{x} = \dfrac{1}{N} \sum\limits_i \sum\limits_j \sum\limits_k x_{ijk}$ 为数据总平均；

$\bar{x}_{ij\cdot} = \dfrac{1}{n} \sum\limits_k x_{ijk}$ 为各 $A_i B_j$ 组合下的样本均值；

$\bar{x}_{i\cdot\cdot} = \dfrac{1}{bn} \sum\limits_j \sum\limits_k x_{ijk}$ 为因子 A 的水平 A_i 下的样本均值；

$\bar{x}_{\cdot j\cdot} = \dfrac{1}{an} \sum\limits_i \sum\limits_k x_{ijk}$ 为因子 B 的水平 B_j 下的样本均值。

其中，$N = abn$ 为样本总数。于是，可将总的偏差平方和分解为以下 4 项。

$$S_T = \sum_i \sum_j \sum_k (x_{ijk} - \overline{x})^2$$

$$= \sum_i \sum_j \sum_k (x_{ijk} - \overline{x}_{ij\cdot})^2 + \sum_i \sum_j n(\overline{x}_{ij\cdot} - \overline{x}_{i\cdot\cdot} - \overline{x}_{\cdot j\cdot} + \overline{x})^2 \qquad (9.4.13)$$

$$+ \sum_i bn(\overline{x}_{i\cdot\cdot} - \overline{x})^2 + \sum_j an(\overline{x}_{\cdot j\cdot} - \overline{x})^2$$

$$\triangleq S_e + S_{A\times B} + S_A + S_B$$

其中，$S_e = \sum_i \sum_j \sum_k (x_{ijk} - \overline{x}_{ij\cdot})^2$ 仅反映了重复试验中误差引起的差异，称为误差平方和；

$S_{A\times B} = \sum_i \sum_j n(\overline{x}_{ij\cdot} - \overline{x}_{i\cdot\cdot} - \overline{x}_{\cdot j\cdot} + \overline{x})^2$ 除反映部分误差外，主要反映了交互效应间的差异，称为

$\boldsymbol{A\times B}$ 间平方和；$S_A = \sum_i bn(\overline{x}_{i\cdot\cdot} - \overline{x})^2$、$S_B = \sum_j an(\overline{x}_{\cdot j\cdot} - \overline{x})^2$ 除反映部分误差外，分别主要

反映了 A、B 不同水平效应间的差异，分别称为 A 间平方和与 B 间平方和。

3. 检验用统计量及其分布

同样可以证明，当 H_{01} 为真时，统计量

$$F_A = \frac{S_A/(a-1)}{S_e/ab(n-1)} \sim F\big(a-1, ab(n-1)\big) \qquad (9.4.14)$$

当 H_{02} 为真时，统计量

$$F_B = \frac{S_B/(b-1)}{S_e/ab(n-1)} \sim F\big(b-1, ab(n-1)\big) \qquad (9.4.15)$$

当 H_{03} 为真时，统计量

$$F_{A\times B} = \frac{S_{A\times B}/(a-1)(b-1)}{S_e/ab(n-1)} \sim F\big((a-1)(b-1), ab(n-1)\big) \qquad (9.4.16)$$

从而可得 H_{01}、H_{02}、H_{03} 的拒绝域分别为

$$\begin{cases} F_A > F_\alpha\big(a-1, ab(n-1)\big) \\ F_B > F_\alpha\big(b-1, ab(n-1)\big) \\ F_{A\times B} > F_\alpha\big((a-1)(b-1), ab(n-1)\big) \end{cases} \qquad (9.4.17)$$

该检验过程同样可以列成一张方差分析表，如表 9.5 所示。

表 9.5　双因子方差(考虑交互作用)分析表

来源	平方和	自由度	均方和	F 比
因子 A	S_A	$a-1$	$S_A/(a-1)$	$\dfrac{S_A/(a-1)}{S_e/ab(n-1)}$
因子 B	S_B	$b-1$	$S_B/(b-1)$	$\dfrac{S_B/(b-1)}{S_e/ab(n-1)}$

续表

来源	平方和	自由度	均方和	F 比
交互作用	$S_{A\times B}$	$(a-1)(b-1)$	$S_{A\times B}/(a-1)(b-1)$	$\dfrac{S_{A\times B}/(a-1)(b-1)}{S_e/ab(n-1)}$
误差	S_e	$ab(n-1)$	$S_e/ab(n-1)$	
总和	S_T	$N-1$		

假设在应用案例 9.2 中对温度和催化剂的每种组合又各进行了一次试验，两批试验的结果如表 9.6 所示。我们可以用 Excel 进一步分析温度、催化剂及它们的交互作用对产品得率的影响。

表 9.6　化工产品得率试验

温度	催化剂		
	B_1	B_2	B_3
A_1(60℃)	66，58	73，68	70，65
A_2(70℃)	81，79	96，97	53，55
A_3(80℃)	97，95	79，69	66，56
A_4(90℃)	79，71	76，56	88，82

用 Excel 进行考虑交互作用的双因子方差分析的步骤如下。

(1) 如图 9.5 所示输入样本数据，注意行与列必须都要有标记，且重复试验数据必须输在同一列的多行上。

(2) 执行【数据】→【数据分析】→【方差分析：可重复双因素分析】命令，打开对话框，如图 9.6 所示。

(3) 设定输入区域和输出区域，注意输入区域一定要包含行与列的标志部分。【每一样本的行数】是指重复试验次数，本例中为 2，单击【确定】按钮后系统输出运行结果，如图 9.7 所示。

操作视频

	A	B	C	D
1		B1	B2	B3
2		66	73	70
3	A1	58	68	65
4		81	96	53
5	A2	79	97	55
6		97	79	66
7	A3	95	69	56
8		79	76	88
9	A4	71	56	82

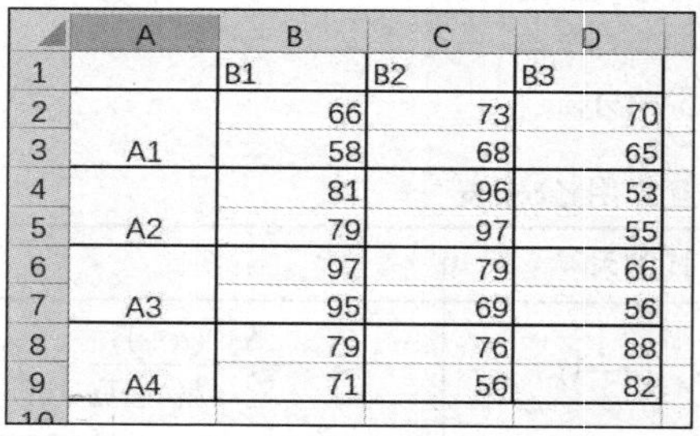

图 9.5　数据输入格式

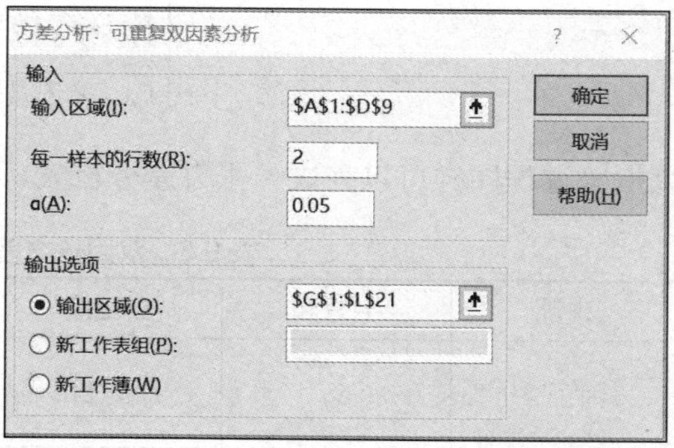

图 9.6　【方差分析：可重复双因素分析】对话框

G	H	I	J	K	L	M	N	O	P	Q
方差分析: 可重复双因素分析										
SUMMARY B1		B2	B3	总计			A3			
A1						观测数	2	2	2	6
观测数	2	2	2	6		求和	192	148	122	462
求和	124	141	135	400		平均	**96**	74	61	77
平均	62	70.5	67.5	66.66667		方差	2	50	50	270.8
方差	32	12.5	12.5	26.26667						
A2						A4				
观测数	2	2	2	6		观测数	2	2	2	6
求和	160	193	108	461		求和	150	132	170	452
平均	80	**96.5**	54	76.83333		平均	75	66	85	75.33333
方差	2	0.5	2	368.1667		方差	32	200	18	122.2667
总计										
观测数	8	8	8							
求和	626	614	535							
平均	78.25	76.75	66.875							
方差	179.0714	195.3571	162.9821							

方差分析						
差异源	SS	df	MS	F	P-value	F crit
样本	435.4583	3	145.1528	4.212414	0.029846	3.490295
列	611.0833	2	305.5417	8.866989	0.004321	3.885294
交互	2912.917	6	485.4861	14.08908	8.25E-05	2.99612
内部	413.5	12	34.45833			
总计	4372.958	23				

图 9.7　输出结果

输出结果说明:

① SUMMARY 表的前 4 部分给出的是各 A_iB_j 组合下的扼要分析结果。其中, "平均" 行的前 3 列给出的是各 A_iB_j 组合下的样本均值 $\bar{x}_{ij}$, 它们是各 μ_{ij} 的点估计, 可以用来比较各种组合的效果; "平均" 行的 "总计" 列给出的则是因子 A 的水平 A_i 下的样本均值 $\bar{x}_{i\cdot\cdot}$ 。 "总计" 部分给出了因子 B 的水平 B_j 下的数据, 其中, "平均" 行给出的是因子 B 的水平 B_j 下的样本均值 $\bar{x}_{\cdot j\cdot}$ 。

② 方差分析表中的 "样本" 即因子 A ; "列" 即因子 B ; "交互" 为交互作用 A×B; "内部" 为误差; 其余各项含义同前。

③ 由方差分析表可知, 因子 A (温度)的作用是一般显著的(P-value 的值为 0.0298<0.05); 因子 B (催化剂)的作用是高度显著的(P-value 的值为 0.0043<0.01); 而交互作用则是极高度显著的(P-value 为 8.25E-05), 这说明催化剂的作用与温度之间有密切关系, 也即每一种催化剂都有各自的最佳催化温度。

接下来还需求出能使产品得率达到最高的温度与催化剂的组合。

$$\hat{\mu}_{ij} = \bar{x}_{ij\cdot} \tag{9.4.18}$$

由式(9.4.18)可知, 在本例中, 只需找出 $\bar{x}_{ij\cdot}$ 的最大值所对应的 A_iB_j 间的组合即可。由图 9.7 中 SUMMARY 函数的输出结果可以看出, $A2B2$ 和 $A3B1$ 两种组合的平均得率最高, 分别为 96.5% 和 96%。

通过对应用案例 9.2 的分析可知, 如果因子间存在显著的交互作用而在分析时未加考虑, 就会得出错误的结论。在实际应用中, 因子间是否存在交互作用, 除了可依据有关专业理论知识和实践经验做出初步判断外, 最终还是应在对试验数据进行方差分析后才能得到可靠结论。因此, 对双因子和多因子方差分析, 通常都应考虑交互作用。

9.5 其他软件实现

9.5.1 SPSS 实现

1. 单因子方差分析

将变量输入为 n 行×2 列的形式，执行【分析】→【比较平均值】→【单因素 ANOVA 检验】命令，打开的对话框如图 9.8 所示。分别设置【因变量列表】和【因子】，然后单击【事后比较】按钮，打开的对话框如图 9.9 所示。勾选【LSD】复选框，单击【继续】按钮，出现如图 9.10 所示的对话框，根据需求勾选【描述】和【方差齐性检验】复选框，单击【继续】按钮，再单击【确定】按钮后得到分析结果。

操作视频

图 9.8　【单因素 ANOVA 检验】对话框

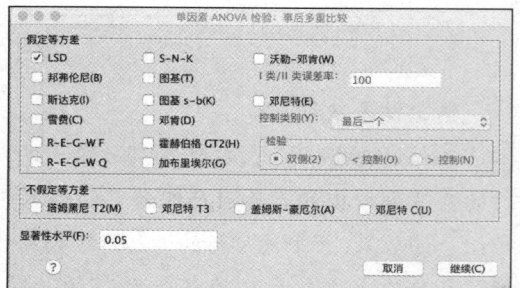

图 9.9　【事后多重比较】对话框

2. 双因子方差分析

在进行不考虑交互作用的双因子方差分析时，若以应用案例 9.2 为例，如图 9.11 所示输入数据。执行【分析】→【一般线性模型】→【单变量】命令，在打开的对话框中，将

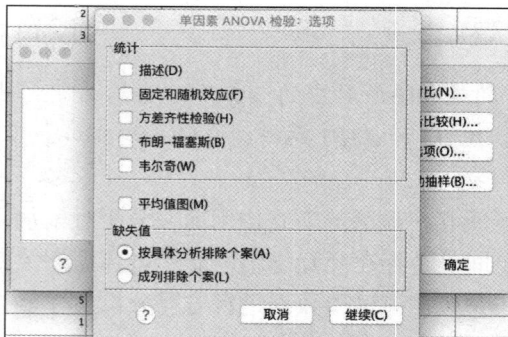

图 9.10　【选项】对话框(单因子方差分析)

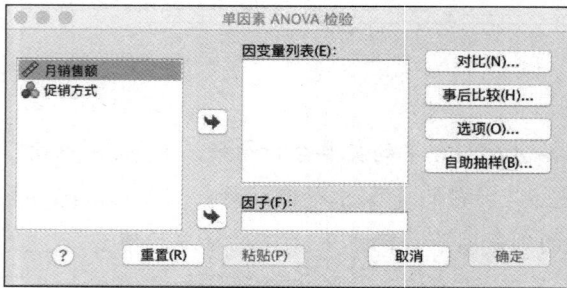

图 9.11　双因子方差分析数据

产品得率作为因变量，将温度和催化剂作为自变量，单击【确定】按钮，打开【模型】对话框。选择【设定】，构建项为【主效应】，将温度和催化剂导入【模型(M)】框中，平方和选择【类型Ⅲ】，打开【实测平均值的事后多重比较】对话框，如图9.12所示进行操作。在【选项】对话框中，如图9.13所示进行操作，最终得到运行结果。

若进行考虑交互作用的双因子方差分析，只需要将前面不考虑交互作用的分析步骤中的构建项由"主效应"改为"交互"即可。

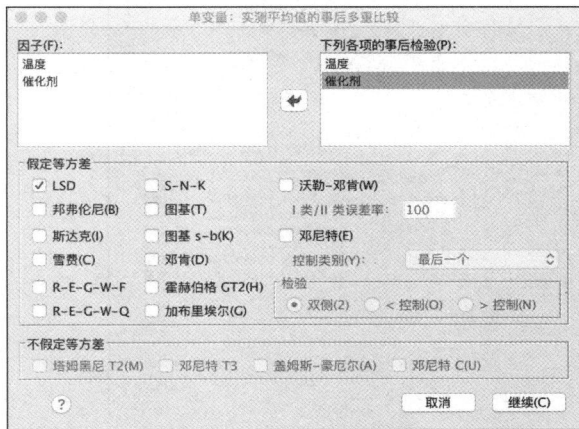

图 9.12 【实测平均值的事后多重比较】对话框   图 9.13 【选项】对话框(双因子方差分析)

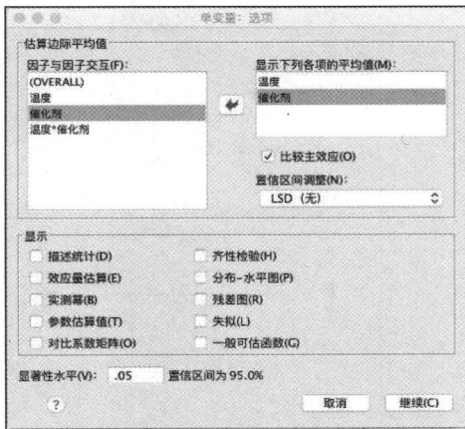

9.5.2 JMP 实现

进行单因子方差分析时，以应用案例9.1为例，打开JMP，执行【文件】→【新建】→【数据表】命令，输入数据。执行【分析】→【拟合模型】命令，打开的对话框如图9.14所示。将"月销售额"作为角色变量，将"促销手段"添加到构造模型效应中，单击【运行】按钮，得到运行结果，如图9.15所示。

操作视频

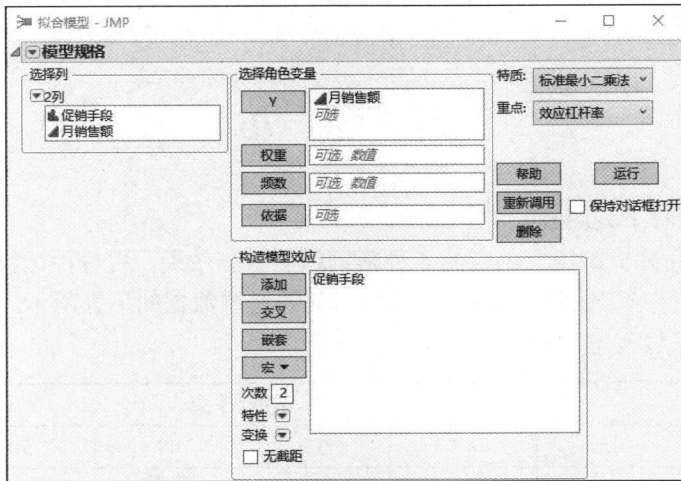

图 9.14 【拟合模型】对话框参数设置

进行双因子方差分析时，只需要在【拟合模型】对话框放入两个构造模型效应即可。

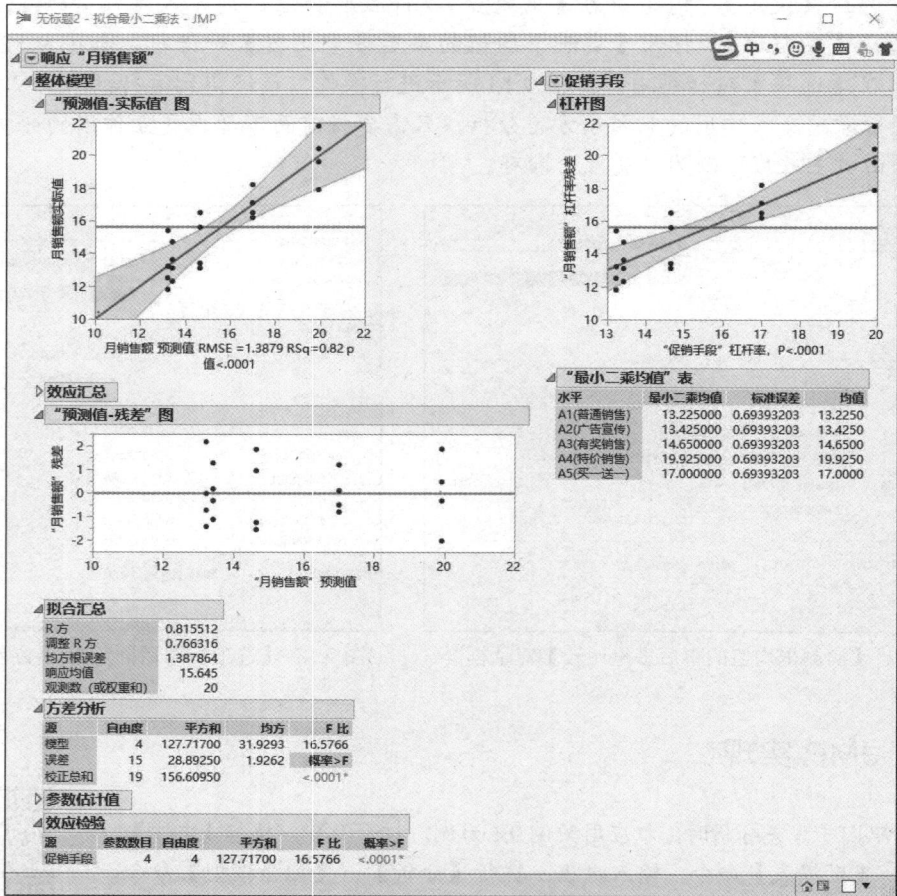

图 9.15　单因子方差分析运行结果

可以从方差分析和效应检验中看出，概率远小于显著性水平 $\alpha=0.05$，所以不同销售方式的差异是极高度显著的。

习　题　九

请用 Excel 求解下列问题。

1. 某养猪场为分析市场上供应的 4 种猪饲料的喂养效果，用每种饲料分别喂养 6 头出生 30 天的幼猪进行对比试验，饲养 60 天后，猪的增重数据如下表所示。请问 4 种饲料的喂养效果是否存在显著差异？

饲料	增重/千克					
甲饲料	45	42	37	49	50	45
乙饲料	38	39	50	41	38	49

续表

饲料	增重/千克					
丙饲料	38	33	40	34	36	47
丁饲料	40	38	41	42	48	43

2. 为确定适合某地区的高产小麦品种，共选择了 5 个品种，每一品种各种了 4 块试验田，各块试验田的土壤、肥、水等条件基本相同。各品种小麦每公顷产量(单位：千克)如下表所示。

品种	每公顷产量/千克			
A_1	256	222	280	298
A_2	244	300	290	275
A_3	250	277	230	322
A_4	288	280	315	259
A_5	206	212	220	212

(1) 不同品种小麦的平均每公顷产量是否存在显著差异？

(2) 任意两个品种小麦的平均每公顷产量是否都存在显著差异？并确定适合该地区的高产小麦品种。

3. 某钢锭模厂对钢锭模进行选材试验，共选择了 4 种不同材质的生铁做成试样进行热疲劳测定，方法是将试样加热到 700℃后投入 20℃的水中急冷，如此反复直到试样出现断裂为止。断裂前经受的次数越多，则抗热疲劳性越好。各试样抗热疲劳经受次数的试验结果如下表所示。请问不同材质生铁的抗热疲劳性能是否存在显著差异？

材质	试样号							
	1	2	3	4	5	6	7	8
A_1	160	161	165	168	170	172	180	
A_2	158	164	164	170	175			
A_3	146	155	160	162	164	166	174	182
A_4	151	152	153	157	160	168		

4. 为研究蒸馏水的 pH 值和硫酸铜溶液浓度对化验血清中白蛋白与球蛋白的影响，对上述两个因素分别取了 4 个和 3 个不同水平，在每一水平组合下用取自同一血样的血清各做了一次试验，测得白蛋白与球蛋白之比如下表所示。请问蒸馏水的 pH 值和硫酸铜溶液浓度对血清化验结果是否有显著影响？

pH 值	浓度/(摩尔/升)		
	B_1	B_2	B_3
A_1	3.5	2.3	2.0
A_2	2.6	2.0	1.9
A_3	2.0	1.5	1.2
A_4	1.4	0.8	0.3

5. 为研究燃料和推进器及它们的不同组合对火箭射程的影响，对某种型号的火箭在4种燃料和3种推进器的不同组合下各做了两次试验，测得射程数据如下表所示。

燃料	推进器		
	B_1	B_2	B_3
A_1	58.2，52.6	56.2，41.2	65.3，60.8
A_2	49.1，42.8	54.1，50.5	51.6，48.4
A_3	60.1，58.3	70.9，73.2	39.2，40.7
A_4	75.8，71.5	58.2，51.0	48.7，41.4

(1) 燃料、推进器及它们的不同组合对火箭射程是否有显著影响？

(2) 确定使平均射程最远的燃料与推进器的组合(需要分析平均射程最远的两种燃料与推进器的组合之间是否存在显著差异)。

案例研究 1

针对2024年在某市申请共有产权房的3万多户家庭，按照户主所受教育程度划分为4组：A(小学文化及以下)，B(初中和高中，包括职高、技校和中专)，C(大专和本科)，D(研究生，包括硕士和博士)。每一组用受教育年限表示：A(0～6)，B(9～12)，C(15～16)，D(19～22)。每组我们随机抽取50户家庭，各组家庭年收入数据可扫描右侧二维码获取。

案例数据

请分析：

(1) 户主的受教育程度是否对家庭年收入有显著影响？

(2) 是否受教育程度越高，家庭年收入就越高？

案例研究 2

1984年，是西瓜种植历史中值得铭记的一年。在这一年，中国工程院院士、新疆农科院哈密瓜研究中心育种专家吴明珠教授从几十组试验配比组合里，培育出了著名的"8424"西瓜。1989年，该西瓜被引入上海并在南汇试种。自此，上海烈日炎炎的夏日就与皮薄瓤红、口感甜脆的"8424"西瓜紧密相连。然而，很少有人知道"8424"的名字由来，"8424"指的是吴明珠院士在1984年育成的西瓜品种中的第24个杂交组合，因在培育过程中表现出相较其他品种更为优越的特性而脱颖而出。但是，从编号24可以看出，当时与"8424"竞争的至少还有另外23个西瓜品种。假设每个品种一批次都能结出100个瓜，且在甜度等指标上可能各不相同。那么，该如何确定"8424"西瓜的性状显著优于其他品种，而不仅仅是一个"巧合"呢？请问用什么方法解决这个问题，并给出计算步骤。

第10章

卡方检验和非参数检验*

在前面几章中，我们讨论了在总体分布形式已知的条件下未知参数检验的问题。但在实际问题中，总体的分布形式往往是未知的。虽然根据中心极限定理，我们可以有相当的把握认为大多数经济变量服从或近似服从正态分布，但有时为了使所做的统计推断更具说服力，就需要对总体的分布形式进行检验。此外，在某些情况下，如果无法确定样本数据是否来自正态分布总体，那么前面几章中提到的两个或多个独立总体之间的关系假设检验和方差分析的假设条件将不符合，这种情况下就需要新的检验方法来分析两个或多个独立总体之间的相互关系。这类检验属于**非参数检验**范畴。

本章将主要介绍总体分布的卡方(χ^2)检验、两个比例差异的卡方(χ^2)检验(独立样本)、两个以上比例差异的卡方(χ^2)检验(独立样本)、独立性的卡方(χ^2)检验、两个比例差异的McNEMAR 检验(相关样本)、两个独立总体的非参数检验(Wilcoxon 秩和检验)和单因素方差分析的非参数检验(Kruskal-Wallis 秩检验)，并结合相关实例介绍 Excel 的求解方法，以及 SPSS 和 JMP 软件的上机实现内容。

学习目标：掌握卡方(χ^2)检验、Wilcoxon 秩和检验和 Kruskal-Wallis 秩检验的应用及上机实现。

价值目标：了解卡方检验背后所蕴含的科学精神，即客观、严谨、批判、求真的科学精神；增强数据分析和解释数据的能力。

10.1 总体分布的 χ^2 检验

10.1.1 χ^2 检验的基本原理

(1) 设 $x_1, x_2, \cdots, x_n$ 为总体 X 的一组样本观察值，$F(x)$ 为已知分布的一个分布函数，$\theta_1, \theta_2, \cdots, \theta_r$ 是 $F(x)$ 的 r 个待定参数，$\hat{\theta}_1, \hat{\theta}_2, \cdots, \hat{\theta}_r$ 分别是 r 个参数的点估计，以 $\hat{\theta}_1, \hat{\theta}_2, \cdots, \hat{\theta}_r$ 分别代替 $\theta_1, \theta_2, \cdots, \theta_r$，作原假设

$$H_0: 总体 X 的分布函数为 F(x) \qquad (10.1.1)$$

(2) 将 $F(x)$ 的定义域划分为 k 个互不相交的区间$(a_i, a_{i+1}]$，$i=1, 2, \cdots, k$；记 f_i 为样本观

察值 $x_1, x_2, \cdots, x_n$ 落在第 i 个区间 $(a_i, a_{i+1}]$ 内的频数，并记

$$P_i = P\{a_i < X \leqslant a_{i+1}\} = F(a_{i+1}) - F(a_i) \tag{10.1.2}$$

为以 $F(x)$ 为分布函数的随机变量在区间 $(a_i, a_{i+1}]$ 内取值的概率，$i = 1, 2, \cdots, k$。H_0 为真时，由贝努里定理可知，当 n 充分大时，n 次独立重复试验结果的实际频率 f_i/n 与其概率 P_i 之间的差异并不显著，于是，显然可以用统计量来刻画它们之间总的差异的大小。其中，nP_i 为理论频数。当 H_0 为真时，式(10.1.3)的值就应当较小。

$$\chi^2 = \sum_{i=1}^{k} \frac{(f_i - nP_i)^2}{nP_i} \tag{10.1.3}$$

(3) 可以证明，当 n 充分大时 $(n \geqslant 50)$，若 H_0 为真，则统计量

$$\chi^2 = \sum_{i=1}^{k} \frac{(f_i - nP_i)^2}{nP_i}$$

近似服从 $\chi^2(k-r-1)$ 分布。其中，r 为分布 $F(x)$ 中待定参数的个数。

于是，在给定显著性水平 α 下，若

$$\chi^2 > \chi_\alpha^2(k-r-1) \tag{10.1.4}$$

就拒绝 H_0，说明总体 X 的真实分布函数与 $F(x)$ 间存在显著差异；否则接受 H_0，即可以认为两者在水平 α 下并无显著差异。

以上检验总体分布的方法通常称为 χ^2 检验。

10.1.2　χ^2 检验的具体步骤

(1) 根据问题的实际背景提出总体 X 分布的原假设。

(2) 利用已获取的样本观察值 $x_1, x_2, \cdots, x_n$ 对所假设的总体分布 $F(x)$ 中的 r 个未知参数进行点估计。

(3) 将 $F(x)$ 的定义域划分为 k 个互不相交的区间 $(a_i, a_{i+1}]$，$i = 1, 2, \cdots, k$；区间的划分应视 $F(x)$ 的具体情况而定，原则上要求 X 落在每一区间内的理论频数 nP_i 不应小于 5。

(4) 计算出样本观察值落在各区间 $(a_i, a_{i+1}]$ 内的频数 f_i，并计算出各理论频数 nP_i。

(5) 计算统计量 χ^2 的值，若 $\chi^2 > \chi_\alpha^2(k-r-1)$，则拒绝 H_0，否则接受 H_0。

下面结合例题来说明 χ^2 检验的应用。

【例 10.1】 某厂有一台经常需要维修的设备，该设备中有一个易损坏的重负荷轴承，设备故障的主要原因是轴承损坏。为了制订该设备的维修计划和维修预算，需要了解该轴承的寿命分布。表10.1给出了100个轴承寿命的观察数据，请问该轴承寿命是否服从正态分布？

表 10.1　100 个轴承的寿命观察值

(单位：小时)

107	155	105	148	49	143	120	115	142	87
103	141	118	168	123	105	80	107	172	122

89	69	97	135	92	31	68	88	95	146
99	121	104	63	12	57	120	139	107	156
167	136	173	136	179	129	88	75	144	105
192	149	128	111	127	91	103	145	113	114
123	136	8	190	181	121	158	83	223	93
72	120	130	103	144	89	113	60	76	176
94	190	139	140	151	145	142	118	185	140
59	118	212	117	52	128	168	174	155	116

解：依据表 10.1 中的数据，用 Excel 可求得 $\bar{x} = 120.95$，$S_2 = 40.582$，由此可作原假设

$$H_0: X \sim N(120, 40^2)$$

将实轴划分为如下 7 个互不相交的区间。用 Excel 统计函数中的 FREQUENCY 函数计算数据落在各区间内的频数，用 NORMDIST 函数求出各理论频数 nP_i。统计量 χ^2 的计算如表 10.2 所示。

表 10.2 统计量 χ^2 计算表

区间	f_i	nP_i	$(f_i - nP_i)^2 / nP_i$
$(-\infty, 70]$	11	10.56	0.018
$(70, 90]$	10	12.1	0.364
$(90, 110]$	17	17.47	0.013
$(110, 130]$	23	19.74	0.538
$(130, 150]$	19	17.47	0.134
$(150, 170]$	8	12.1	1.389
$(170, +\infty)$	12	10.56	0.196
总计	100	100	2.653

取显著性水平 $\alpha = 0.25$(由于原假设 H_0 是我们希望得到的结果，为使检验结论更具说服力，控制的重点应是原假设 H_0 不真而接受 H_0 的概率，即第二类错误的概率，故 α 的取值应稍大些)。本例中，$k = 7$，$r = 2$，因此 $k-r-1 = 4$。

$$\chi^2 = 2.653 < \chi^2_{0.25}(4) = 5.385$$

故在水平 $\alpha = 0.25$ 的情况下接受原假设 H_0，即可认为该轴承的使用寿命服从 $N(120, 402)$ 分布。

10.2　比例差异的 χ^2 检验(独立样本)

10.2.1　两个比例差异的 χ^2 检验

在第 8 章中，我们研究了两个比例的 Z 检验。本章从不同角度检验数据。假设检验过程使用近似卡方(χ^2)分布的检验数据。

如果想要比较两个独立样本组的分类变量，可以做两维的列联表(见第 2 章)，显示每组的第一类(正向类，如"成功""是"等)和第二类(反向类，如"失败""否"等)出现的频数，如表 10.3 所示。

表 10.3　2×2 列联表

行变量	列变量		
	组一	组二	总计
类一(正向)	x_1	x_2	$X(=x_1+x_2)$
类二(反向)	n_1-x_1	n_2-x_2	$n-X$
总计	n_1	n_2	$n(=n_1+n_2)$

表 10.3 中， x_1 表示组一中属于类一的频数， n_1 为第一组的样本容量，则 n_1-x_1 表示组一中属于类二的频数； x_2 表示组二中属于类一的频数， n_2 为第二组的样本容量，则 n_2-x_2 表示组二中属于类二的频数； $n(=n_1+n_2)$ 为样本容量总和， $X(=x_1+x_2)$ 为属于类一的频数总和，则 $n-X$ 为属于类二的频数总和。

为了检验组一样本中有关类一的比例 p_1 是否等于组二样本中有关类一的比例 p_2 ，即假设检验为

$$原假设为两个比例之间无显著差异 \quad H_0:p_1=p_2$$
$$备择假设为两个比例之间有差异 \quad H_1:p_1 \neq p_2$$

使用卡方(χ^2)检验的基本思路如下。

(1) 确定统计量为

$$\chi^2 = \sum_{表格中所有单元} \frac{(f_o-f_e)^2}{f_e} \tag{10.2.1}$$

其中， f_o 为列联表中特定单元的观测频数； f_e 为列联表中特定单元的期望频数。因此，这里的统计量 χ^2 是观测频数和期望频数的差的平方除以每单元的期望频数，并对表中的所有单元格取和求得。

(2) 可以证明，上述统计量 χ^2 近似服从自由度为 1 的 χ^2 分布。因此，在显著性水平 α 下，决策规则为：如果 $\chi^2 > \chi_\alpha^2(1)$ ，则拒绝 H_0 ；否则接受 H_0 。

为了计算任意单元的期望频数 f_e ，必须明确如果原假设为真，两项比例 p_1 和 p_2 是相同的，但要计算的每组样本比例有可能不同。每组的样本比例都可以作为参数 p_1 和 p_2 的

估计值。将两个独立比例参数估计组合起来的统计量，相比各自独立的比例参数估计能够提供更多信息。用 $\bar{p}$ 表示两组组合样本中属于表 10.3 中类一比例的估计值，则 $1-\bar{p}$ 就是两组组合样本中属于类二比例的估计值。使用表 10.3 中的符号，$\bar{p}$ 的定义如下。

$$\bar{p} = \frac{x_1 + x_2}{n_1 + n_2} = \frac{X}{n} \tag{10.2.2}$$

这样，为了计算属于类一(即列联表中第一行)的期望频数 f_e，用 $\bar{p}$ 乘以组一(或组二)的样本容量 n_1(或 n_2)即可得到；类似地，为了计算属于类二(即列联表中第二行)的期望频数 f_e，用 $1-\bar{p}$ 乘以组一(或组二)的样本容量 n_1(或 n_2)即可得到，如表 10.4 所示。

表 10.4　2×2 列联表中 f_e 的计算

行变量	列变量	
	组一	组二
类一(正向)	$\bar{p} \times n_1$	$\bar{p} \times n_2$
类二(反向)	$(1-\bar{p}) \times n_1$	$(1-\bar{p}) \times n_2$

下面结合例题来说明 χ^2 检验在分析两个比例差异(独立样本)时的应用。

【例 10.2】 有两家酒店，为了确定服务质量，要求顾客离开时做满意度调查，根据调查数据得到的列联表如表 10.5 所示。问在显著性水平 $\alpha = 0.05$ 的情况下，顾客会再次入住酒店一和酒店二的比例是否相同？

表 10.5　酒店满意度的 2×2 列联表

是否再次入住	酒店		
	酒店一	酒店二	总计
类一(是)	163	154	317
类二(否)	64	108	172
总计	227	262	489

解：(1) 设 p_1 和 p_2 分别为顾客再次入住酒店一和酒店二的比例。

原假设为顾客再次入住这两家酒店的比例之间无显著差异，即 $H_0: p_1 = p_2$。

备择假设为顾客再次入住这两家酒店的比例之间有差异，即 $H_1: p_1 \neq p_2$。

(2) 由表 10.5，利用式(10.2.2)计算得到

$$\bar{p} = \frac{x_1 + x_2}{n_1 + n_2} = \frac{163 + 154}{227 + 262} = 0.6483$$

(3) 根据表 10.4，计算各个单元的期望频数 f_e，结果如表 10.6 所示。

表 10.6　酒店满意度的 2×2 列联表的期望频数 f_e

行变量	列变量	
	酒店一	酒店二
类一(是)	$\bar{p} \times n_1 = 0.6483 \times 227 = 147.16$	$\bar{p} \times n_2 = 0.6483 \times 262 = 169.84$
类二(否)	$(1-\bar{p}) \times n_1 = 0.3517 \times 227 = 79.84$	$(1-\bar{p}) \times n_2 = 0.3517 \times 262 = 92.16$

(4) 根据式(10.2.1)计算 χ^2，计算过程如表 10.7 所示，得到计算结果 $\chi^2 = 9.05$。

表 10.7   酒店顾客满意度调查的 χ^2 检验计算

f_o	f_e	$(f_o - f_e)$	$(f_o - f_e)^2$	$(f_o - f_e)^2 / f_e$
163	147.16	15.84	250.91	1.71
154	169.84	−15.84	250.91	1.48
64	79.84	−15.84	250.91	3.14
108	92.16	15.84	250.91	2.72
总计				9.05

(5) 查附录 C 的 χ^2 分布表，当 $\alpha = 0.05$，自由度为 1 时，查得 $\chi^2_{0.05}(1) = 3.841$。由于 $\chi^2 = 9.05 > \chi^2_{0.05}(1) = 3.841$，因此，拒绝原假设 H_0，可以认为顾客再次入住酒店一和酒店二的比例是不同的。

还可以用 Excel 进行检验，如图 10.1 所示，对应的计算公式都注释在结果的旁边。Excel 表中的结果也给出了 p 值，p 值小于 $\alpha = 0.05$，因此，也可据此拒绝原假设。

操作视频

图 10.1   两家酒店顾客满意度调查的 χ^2 检验计算(Excel 工作表)

对于两个比例差异之间的分析，通常需要满足每个期望频数至少为 5。如果小于 5，就需要考虑采用其他的检验方法。

另外，对于两个总体比例差异的检验，Z 检验和 χ^2 检验的结果是相似的。但是，如果检验是单边的，如 $p_1 > p_2$，必须使用 Z 检验，整个拒绝域位于标准正态分布的单边；而如果是对两个以上比例差异之间的检验，就不能采用 Z 检验。

下面介绍两个以上比例差异的 χ^2 检验。

10.2.2 两个以上比例差异的 χ^2 检验

1. 两个以上比例差异的 χ^2 检验方法

假设有 c 组独立样本,对两类指标(类一和类二)有不同的频数,形成 c 个对于类一指标的独立比例 $p_1, p_2, \cdots, p_c$。如此,可以构建具有两行 c 列的列联表(见表 10.8)。

表 10.8 $2 \times c$ 列联表

行变量	列变量				
	组一	组二	...	组 c	总计
类一(正向)	x_1	x_2	...	x_c	$X(=x_1 + x_2 + \cdots + x_c)$
类二(反向)	$n_1 - x_1$	$n_2 - x_2$	...	$n_c - x_c$	$n - X$
总计	n_1	n_2	...	n_c	$n(=n_1 + n_2 + \cdots + n_c)$

为了检验 c 项比例有没有区别的假设,假设检验需要解决的是

$$原假设 \quad H_0 : p_1 = p_2 = \cdots = p_c$$
$$备择假设 \quad H_1 : 不是所有的 p_i 都相同 \,(i = 1, 2, \cdots, c)$$

假设检验的基本思路与第 10.2.1 节相似,也是构建如式(10.2.1)所示的统计量 χ^2。其中,f_o 为 $2 \times c$ 列联表特定单元的观测频数;f_e 为如果原假设为真,列联表某特定单元的期望频数。统计量 χ^2 是观测频数和期望频数的差的平方除以每单元的期望频数,并对表中的 $2 \times c$ 个所有单元格取和求得。此时得到的统计量 χ^2 自由度近似为

$$(r-1)(c-1) \tag{10.2.3}$$

其中,r 为行数;c 为列数。

由于是 $2 \times c$ 列联表,因此统计量 χ^2 的自由度为 $c-1$。

因此,在显著性水平 α 下,两个以上源自独立样本的比例差异假设检验的决策规则为:如果 $\chi^2 > \chi_\alpha^2(c-1)$,则拒绝 $H_0 : p_1 = p_2 = \cdots = p_c$;否则接受 H_0。

类似两个比例差异的假设检验,为了计算式(10.2.1)中的期望频数 f_e,引入 $\bar{p}$ 作为组合 c 项独立检验为一个总比例检验的统计量,如式(10.2.4)所示。

$$\bar{p} = \frac{x_1 + x_2 + \cdots x_c}{n_1 + n_2 + \cdots + n_c} = \frac{X}{n} \tag{10.2.4}$$

这样,为了计算属于类一(即列联表中第一行)的期望频数 f_e,用 $\bar{p}$ 乘以每个组的样本容量即可得到;类似地,为了计算属于类二(即列联表中第二行)的期望频数 f_e,用 $1 - \bar{p}$ 乘以每个组的样本容量即可得到,如表 10.9 所示。

表 10.9 $2 \times c$ 列联表中 f_e 的计算

行变量	列变量			
	组一	组二	...	组 c
类一(正向)	$\bar{p} \times n_1$	$\bar{p} \times n_2$	...	$\bar{p} \times n_c$
类二(反向)	$(1 - \bar{p}) \times n_1$	$(1 - \bar{p}) \times n_2$	...	$(1 - \bar{p}) \times n_c$

下面结合例题来说明上述 χ^2 检验在分析两个以上比例差异(独立样本)时的应用。

【例 10.3】 在例 10.2 中，如果有 4 家酒店，根据调查数据得到的列联表如表 10.10 所示。问在显著性水平 $\alpha=0.05$ 的情况下，顾客再次入住这 4 家酒店的比例是否相同？

表 10.10　酒店满意度的 2×4 列联表

是否再次入住	酒店				
	酒店一	酒店二	酒店三	酒店四	总计
类一(是)	173	164	186	199	722
类二(否)	66	108	71	33	278
总计	239	272	257	232	1 000

解：(1) 设 p_1、p_2、p_3 和 p_4 分别为顾客再次入住酒店一、酒店二、酒店三和酒店四的比例。

原假设为顾客再次入住这 4 家酒店的比例之间无显著差异，即 $H_0: p_1=p_2=p_3=p_4$；备择假设为不是 4 个比例都相等。

(2) 由表 10.10，利用式(10.2.4)计算得到

$$\bar{p}=\frac{x_1+x_2+x_3+x_4}{n_1+n_2+n_3+n_4}=\frac{173+164+186+199}{239+272+257+232}=0.722$$

(3) 根据表 10.9，计算各个单元的期望频数 f_e，结果如表 10.11 所示。

表 10.11　酒店满意度的 2×4 列联表的期望频数 f_e

是否再次入住	列变量			
	酒店一	酒店二	酒店三	酒店四
类一(是)	172.56	196.38	185.55	167.50
类二(否)	66.44	75.62	71.45	64.50

(4) 根据公式(10.2.1)计算 χ^2，计算过程如表 10.12 所示。得到的计算结果是 $\chi^2=40.52$。

表 10.12　酒店顾客满意度调查的 χ^2 检验计算

f_o	f_e	(f_o-f_e)	$(f_o-f_e)^2$	$(f_o-f_e)^2/f_e$
173	172.56	0.44	0.19	0.00
164	196.38	-32.38	1048.72	5.34
186	185.55	0.45	0.20	0.00
199	167.50	31.5	992.25	5.92
66	66.44	-0.44	0.19	0.00
108	75.62	32.38	1048.72	13.87
71	71.45	-0.45	0.20	0.00
33	64.50	-31.5	992.25	15.38
总计				40.52

(5) 查附录 C 的 χ^2 分布表，当 $\alpha = 0.05$，自由度为 3 时，查得 $\chi^2_{0.05}(3) = 7.815$。由于 $\chi^2 = 40.52 > \chi^2_{0.05}(3) = 7.815$，因此，拒绝原假设 H_0，可以认为顾客会再次入住这 4 家酒店的比例不是都相同的。

还可以用 Excel 进行检验，如图 10.2 所示，对应的计算公式都注释在结果的旁边。Excel 表中的结果也给出了 P 值，P 值近似于 0，小于 $\alpha = 0.05$，因此，也可据此拒绝原假设。

图 10.2　4 家酒店顾客满意度调查的 χ^2 检验计算(Excel 工作表)

对于 $2 \times c$ 列联表的 χ^2 检验，每个单元所得到的期望频数最好不少于 1。如果少于 1，在检验之前，可以将列联表中的两项或更多的低期望频数项合为一项。这样的结合使得期望频数足够大，能得出精确的 χ^2 检验结果。如果无法组合，可以使用其他检验。

2. Marascuilo 检验

在 $2 \times c$ 列联表中，比例 χ^2 检验拒绝原假设只能得出不是所有的 c 项比例都相同的结论，无法判断哪些不同。因为等比例 χ^2 检验的结果没有回答这一问题，需要使用复合比较检验(如 Marascuilo 检验)。

Marascuilo 检验能够对不同组间做出比较。先针对所有 $c(c-1)/2$ 对组，计算观测比例差 $p_j - p_{j'}$(其中 $j \neq j'$)。然后，使用式(10.2.5)计算与之相对应的 Marascuilo 检验的临界区域。

$$T_M = \sqrt{\chi^2_\alpha((c-1)(r-1))} \sqrt{\frac{p_j(1-p_j)}{n_j} + \frac{p_{j'}(1-p_{j'})}{n_{j'}}} \tag{10.2.5}$$

这里需要计算每对样本比例的不同临界区域。比较 $c(c-1)/2$ 对样本比例和其对应的临界区域，如果样本比例的绝对值 $|p_j - p_{j'}|$ 大于它的临界区域，那么这两个组的比例之间就存在显著差异。

下面结合例题来说明 Marascuilo 检验的计算。

【例 10.4】　根据例 10.3 的数据，问在显著性水平 $\alpha = 0.05$ 的情况下，顾客再次入住这 4 家酒店的两两比例之间是否存在显著差异？

解：在例 10.3 中我们已经使用 χ^2 检验得到这 4 家酒店的总体比例极为不同。根据 Marascuilo 检验计算过程，这里需要进行两两检验。

(1) 由于 $c=4$，$c(c-1)/2=6$，根据表 10.10 求得 4 个样本比例分别是

$$p_1=\frac{x_1}{n_1}=\frac{173}{239}=0.72 \quad p_2=\frac{x_2}{n_2}=\frac{164}{272}=0.60$$

$$p_3=\frac{x_3}{n_3}=\frac{186}{257}=0.72 \quad p_4=\frac{x_4}{n_4}=\frac{199}{232}=0.86$$

(2) 根据附录 C 的 χ^2 分布表，当 $\alpha=0.05$，自由度为 3 时，查得 $\chi^2_{0.05}(3)=7.815$。

(3) 计算两两绝对值差和 Marascuilo 检验临界值 T_M，比较后可得在显著性水平 $\alpha=0.05$ 的情况下 4 家酒店之间比例的两两差异，结果如表 10.13 所示。由此可以发现，除酒店一和酒店三之间不存在差异外，其他两两之间都存在差异。

表 10.13 Marascuilo 检验的计算和决策过程

(j,j')	$\lvert p_j-p_{j'}\rvert$	$T_M=\sqrt{7.815}\sqrt{\dfrac{p_j(1-p_j)}{n_j}+\dfrac{p_{j'}(1-p_{j'})}{n_{j'}}}$	是否有两两差异
(1，2)	0.12	0.1158	是
(1，3)	0	0.1123	否
(1，4)	0.14	0.1012	是
(2，3)	0.12	0.1138	是
(2，4)	0.26	0.1048	是
(3，4)	0.14	0.1009	是

10.2.3 独立性的 χ^2 检验

第 10.2.1 节和第 10.2.2 节使用 χ^2 检验来判断各组样本的总体比例之间是否存在差异。对于 r 行 c 列的列联表，可以将 χ^2 检验扩展到检验两个变量的独立性。

对于独立性检验，要检验的原假设和备择假设分别如下。

H_0：两类变量独立(即它们之间没有联系)

H_1：两类变量不独立(即它们之间有联系)

再次使用公式(10.2.1)计算统计量 χ^2。类似地，在显著性水平 α 下，检验的决策规则为：如果 $\chi^2>\chi^2_\alpha((c-1)(r-1))$，则拒绝 H_0；否则不拒绝 H_0。

独立性的 χ^2 检验与比例 χ^2 检验相似。检验变量和决策规则相同，但假设和结论不同。在比例检验中，有一个因子有两个或两个水平以上(组别，即列联表中的列)。这些水平之间是相互独立的。每一水平下有两类结果(类别，即列联表中的行)，例如成功和失败。目的是比较和计算不同水平下成功比例间的差异。然而，在独立性检验中，存在两个因子，每个因子有两个或两个以上的水平(即列联表中的行数和列数可能分别有两个或两个以上)。选择一个样本，在列联表单元中记录两类变量不同水平间组合的个数。

下面结合例题来说明独立性 χ^2 检验。

【例 10.5】假设在例 10.3 的酒店顾客满意度调查中，向表明不会再次入住酒店的顾客问第二个问题，即不会再次入住的原因是什么，包括价格、位置、客房服务和其他等。调

查结果的列联表如表 10.14 所示。问在显著性水平 $\alpha = 0.05$ 的情况下，不会再次入住的理由与酒店之间是否有联系？

表 10.14 不会再次入住酒店的理由的列联表

不再入住的理由	酒店				
	酒店一	酒店二	酒店三	酒店四	总计
价格	23	20	40	10	93
位置	35	55	5	10	105
客房服务	6	11	20	6	43
其他	2	22	6	7	37
总计	66	108	71	33	278

解：在上述 4×4 列联表中，每个单元的观测频数表示顾客不会再次入住酒店的联合记录。检验所要完成的任务是分析这些不再入住的理由与酒店之间是否独立。因此，分析步骤如下。

(1) 原假设与备择假设分别如下。

H_0：不会再次入住的理由和酒店间没有联系

H_1：不会再次入住的理由和酒店间有联系

(2) 根据公式(10.2.1)计算统计量 χ^2，这里的 f_o 即为表 10.14 中特定单元的观测频数；f_e 为如果独立假设为真时特定单元的期望频数。为了计算 f_e，根据独立事件概率的乘法法则，引入式(10.2.6)。

$$f_e = P_{行因子概率} \times P_{列因子概率} \times 样本容量$$
$$= \frac{行总计}{n} \times \frac{列总计}{n} \times n \tag{10.2.6}$$
$$= \frac{行总计 \times 列总计}{n}$$

式中，行总计为某一行中所有频数之和；列总计为某一列中所有频数之和；n 为总样本容量。

使用上述公式，计算不会再次入住酒店的理由的期望频数 f_e，如表 10.15 所示。

表 10.15 不会再次入住酒店的理由的期望频数 f_e

不再入住的理由	酒店				
	酒店一	酒店二	酒店三	酒店四	总计
价格	22.08	36.13	23.75	11.04	93
位置	24.93	40.79	26.82	12.46	105
客房服务	10.21	16.71	10.98	5.10	43
其他	8.78	14.37	9.45	4.39	37
总计	66	108	71	33	278

独立性检验 χ^2 值的计算过程如表 10.16 所示。

表 10.16　独立性检验 χ^2 值的计算

组合单元	f_o	f_e	$(f_o - f_e)$	$(f_o - f_e)^2$	$(f_o - f_e)^2 / f_e$
价格/酒店一	23	22.08	0.92	0.85	0.04
价格/酒店二	20	36.13	−16.13	260.18	7.20
价格/酒店三	40	23.75	16.25	264.06	11.12
价格/酒店四	10	11.04	−1.04	1.08	0.10
位置/酒店一	35	24.93	10.07	101.40	4.07
位置/酒店二	55	40.79	14.21	201.92	4.95
位置/酒店三	5	26.82	−21.82	476.11	17.75
位置/酒店四	10	12.46	−2.46	6.05	0.49
客房服务/酒店一	6	10.21	−4.21	17.72	1.74
客房服务/酒店二	11	16.71	−5.71	32.60	1.95
客房服务/酒店三	20	10.98	9.02	81.36	7.41
客房服务/酒店四	6	5.10	0.90	0.81	0.16
其他/酒店一	2	8.78	−6.78	45.97	5.24
其他/酒店二	22	14.37	7.63	58.22	4.05
其他/酒店三	6	9.45	−3.45	11.90	1.26
其他/酒店四	7	4.39	2.61	6.81	1.55
总计					69.05

因此，通过计算得到统计量 $\chi^2 = 69.05$ 。

显著性水平 $\alpha = 0.05$ ，自由度$=(4-1)\times(4-1)=9$，查附录 C 得到 $\chi^2_{0.05}(9)=16.919$，由于 $\chi^2 = 69.05 > \chi^2_{0.05}(9) = 16.919$，因此拒绝原假设，即认为不会再次入住的理由与酒店之间是不独立的，存在很大的相关性。这一结果也可以通过 Excel 表求得的 P 值进一步佐证(见图 10.3)，P 值$=2.34\times10^{-11}$ 远远小于 $\alpha = 0.05$ 。

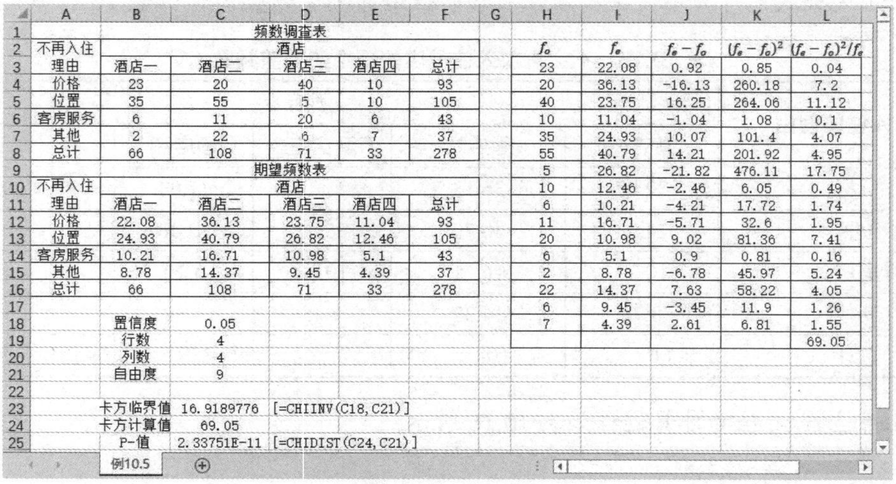

	A	B	C	D	E	F	G	H	I	J	K	L
1				频数调查表								
2	不再入住			酒店				f_o	f_e	$f_e - f_o$	$(f_e - f_o)^2$	$(f_e - f_o)^2/f_e$
3	理由	酒店一	酒店二	酒店三	酒店四	总计		23	22.08	0.92	0.85	0.04
4	价格	23	20	40	10	93		20	36.13	-16.13	260.18	7.2
5	位置	35	55	5	10	105		40	23.75	16.25	264.06	11.12
6	客房服务	6	11	20	6	43		10	11.04	-1.04	1.08	0.1
7	其他	2	22	6	7	37		35	24.93	10.07	101.4	4.07
8	总计	66	108	71	33	278		55	40.79	14.21	201.92	4.95
9				期望频数表				5	26.82	-21.82	476.11	17.75
10	不再入住			酒店				10	12.46	-2.46	6.05	0.49
11	理由	酒店一	酒店二	酒店三	酒店四	总计		6	10.21	-4.21	17.72	1.74
12	价格	22.08	36.13	23.75	11.04	93		11	16.71	-5.71	32.6	1.95
13	位置	24.93	40.79	26.82	12.46	105		20	10.98	9.02	81.36	7.41
14	客房服务	10.21	16.71	10.98	5.1	43		6	5.1	0.9	0.81	0.16
15	其他	8.78	14.37	9.45	4.39	37		2	8.78	-6.78	45.97	5.24
16	总计	66	108	71	33	278		22	14.37	7.63	58.22	4.05
17								6	9.45	-3.45	11.9	1.26
18		置信度	0.05					7	4.39	2.61	6.81	1.55
19		行数	4									69.05
20		列数	4									
21		自由度	9									
22												
23		卡方临界值	16.9189776	[=CHIINV(C18,C21)]								
24		卡方计算值	69.05									
25		P-值	2.33751E-11	[=CHIDIST(C24,C21)]								

例10.5

图 10.3　不会再次入住的理由与酒店之间独立性检验计算(Excel 工作表)

10.3　两个相关样本比例差异检验

前面几节在运用 χ^2 检验来检验比例差异时，都要求独立性条件。然而，有时用于检验比例间差异的数据源于重复度量或配对取样，因此样本具有相关性。例如，当希望确定在某一时期内态度、比例或行为是否发生变化时，这样的情况经常发生。

为了检验两个相关样本比例间是否存在差异，可以使用 McNEMAR 检验。如果运用 McNEMAR 检验进行双边检验，可以使用服从 χ^2 分布或近似服从正态分布的检验统计量；而如果用 McNEMAR 检验进行单边检验，则需使用近似服从正态分布的检验统计量。

下面先介绍 McNEMAR 检验的基本思路。假设从一个样本总体中调查条件一和条件二的情况，得到的结果如表 10.17 所示。

表 10.17　McNEMAR 检验的 2×2 列联表

条件(组)一	条件(组)二		
	是	否	总计
是	A	B	A+B
否	C	D	C+D
总计	A+C	B+D	n

其中，

A=对条件一反应为"是"并且对条件二反应为"是"的频数；
B=对条件一反应为"是"并且对条件二反应为"否"的频数；
C=对条件一反应为"否"并且对条件二反应为"是"的频数；
D=对条件一反应为"否"并且对条件二反应为"否"的频数。
则样本比例是

$$f_{o1}=\frac{A+B}{n}$$ 为对条件一反应为"是"的比例；

$$f_{o2}=\frac{A+C}{n}$$ 为对条件二反应为"是"的比例。

总体比例是

f_{e1}：对条件一反应为"是"的总体比例；
f_{e2}：对条件二反应为"是"的总体比例。
McNEMAR 检验所要进行的检验任务是

原假设为 H_0: $f_{e1}=f_{e2}$
备选假设为 H_1: $f_{e1}\neq f_{e2}$
当 $B+C<25$ 时，双侧检验的精确概率为

$$p(x\leqslant r)=2\sum_{i=0}^{r}\begin{bmatrix}B+C\\i\end{bmatrix}(0.5)^{(B+C)} \tag{10.3.1}$$

当 $B+C \geqslant 25$ 时，则使用连续性修正的 χ^2 近似值

$$\chi_c^2 = \frac{(|B-C|-1)^2}{B+C} \sim \chi^2(1) \tag{10.3.2}$$

当 $P(H_0) < \alpha$ 时，拒绝原假设。

下面结合例题来说明 McNEMAR 检验。

【例 10.6】 假设有一个由 600 人组成的顾客组被挑选出来进行酒店入住的市场调查。顾客被要求在两家竞争酒店 S 和 V 之间做出选择。其中，有 282 位成员选择了 S 酒店，318 位成员选择了 V 酒店。在得知 V 酒店实行市场竞争策略后，同样的 600 人组再次被询问选择，得出以下结果：先前选择 S 酒店的 282 人中有 246 人维持原选择，36 人改选 V 酒店；先前选择 V 酒店的 318 人中有 306 人维持原选择，12 人改选 S 酒店。具体情况如表 10.18 所示。问在显著性水平 $\alpha = 0.05$ 的情况下，V 酒店实行市场竞争策略前后，两个总体比例之间是否存在差异？

表 10.18　酒店的支持率

市场竞争前	市场竞争后		
	S 酒店	V 酒店	总计
S 酒店	246	36	282
V 酒店	12	306	318
总计	258	342	600

解： 设 f_{e1} 和 f_{e2} 分别为 S 酒店实行市场竞争策略前后的两个总体比例。为了确定市场竞争策略对总体比例的差异，问题抽象成为两个相关样本的比例差异检验，其原假设为 $H_0: f_{e1} = f_{e2}$，备择假设为 $H_1: f_{e1} \neq f_{e2}$。

(1) 确定统计量 $\chi_c^2 = \dfrac{(|36-12|-1)^2}{36+12} = 11.021$，得到 $f_{o1} = \dfrac{A+B}{n} = \dfrac{246+36}{600} = 0.47$，$f_{o2} = \dfrac{A+C}{n} = \dfrac{246+12}{600} = 0.43$。

(2) 查附录 C 的 χ^2 分布表，得到 $\chi^2_{0.05}(1) = 3.841$，由于 $\chi_c^2 = 11.021 > \chi^2_{0.05}(1) = 3.841$，因此拒绝原假设，即认为实行市场竞争策略后，选择两家酒店的比例是显著不同的。由于 $f_{o1} > f_{o2}$，说明实行市场竞争策略后，更多的顾客选择了 V 酒店，放弃了 S 酒店。

该例的 Excel 表如图 10.4 所示，得到的 P 值也小于 $\alpha = 0.05$，因而拒绝原假设。

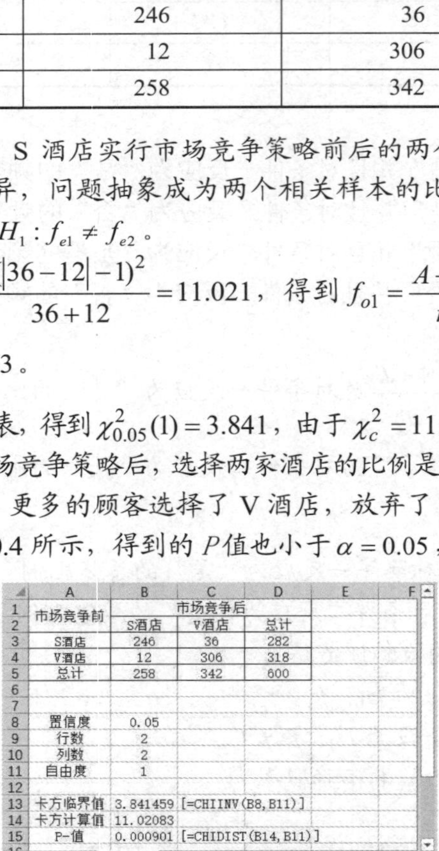

	A	B	C	D
1	市场竞争前	市场竞争后		
2		S酒店	V酒店	总计
3	S酒店	246	36	282
4	V酒店	12	306	318
5	总计	258	342	600
6				
7				
8	置信度	0.05		
9	行数	2		
10	列数	2		
11	自由度	1		
12				
13	卡方临界值	3.841459	[=CHIINV(B8,B11)]	
14	卡方计算值	11.02083		
15	P-值	0.000901	[=CHIDIST(B14,B11)]	

例 10.6

图 10.4　酒店支持率的 McNEMAR 检验(Excel 工作表)

10.4　两个独立总体的非参数分析：Wilcoxon 秩和检验

如果样本容量很小，且无法确定样本数据是否来自正态分布总体，此时可选择以下两种方法分析两个独立总体均值间的区别。

(1) 采用不依赖于正态总体假设的 Wilcoxon 秩和检验。

(2) 对数据进行正态转换后，使用合并方差的 t 检验。

本节介绍利用 Wilcoxon 秩和检验来检验两组值间是否存在差别。在满足检验条件的情况下，Wilcoxon 秩和检验与合并方差及独立方差的 t 检验具有同等效力；当 t 检验假设不满足时，Wilcoxon 秩和检验则更为有效。

设 X 为一个总体，将容量为 n 的样本观察值按从小到大的次序编号排列成 $X_{(1)} < X_{(2)} < \cdots < X_{(n)}$，称 $X_{(i)}$ 的足标 i 为 $X_{(i)}$ 的秩，$i = 1, 2, \cdots, n$。当其中有几个数据相等时，这几个数据的秩取平均值。

现设从总体 1 和总体 2 分别抽取容量为 n_1 和 n_2 的样本，两样本独立，且设 $n = n_1 + n_2$。假定 $n_1 \leqslant n_2$，将这 $n_1 + n_2$ 个样本值放在一起，按自小到大的次序排列，求出每个样本值的秩，然后将属于第 1 个总体的样本值的秩相加，记为 T_1，称为第 1 个样本的秩和；其余样本的秩总和记为 T_2，称为第 2 个样本的秩和。上述条件满足公式(10.4.1)。

$$T_1 + T_2 = \frac{(n_1 + n_2)(n_1 + n_2 + 1)}{2} = \frac{n(n+1)}{2} \tag{10.4.1}$$

这样，一般只需考虑统计量 T_1 即可。当 $n_1 = n_2$ 时，两个样本容量中的任意一个都可用于计算 T_1。Wilcoxon 秩和检验可以是双边检验，也可以是单边检验(见表 10.19)。

表 10.19　Wilcoxon 秩和检验的原假设和备择假设

项目	双边检验	左边检验	右边检验
原假设	$H_0 : M_1 = M_2$	$H_0 : M_1 \geqslant M_2$	$H_0 : M_1 \leqslant M_2$
备择假设	$H_1 : M_1 \neq M_2$	$H_1 : M_1 < M_2$	$H_1 : M_1 > M_2$

其中，$M_1 =$ 总体 1 的均值；$M_2 =$ 总体 2 的均值。

当样本 n_1 和 n_2 都不大于 10 时，可以使用附录 F 找出检验数据 T_1 的临界值。对于双边检验，如果计算值 T_1 等于或大于上临界值，或者 T_1 等于或小于下临界值，则拒绝原假设。对于备择假设 $H_1 : M_1 < M_2$ 的单边检验，如果观测值 T_1 等于或小于下临界值，则拒绝原假设。对于备择假设 $H_1 : M_1 > M_2$ 的单边检验，如果观测值 T_1 等于或大于上临界值，则拒绝原假设。

对于大样本，检验统计量 T_1 近似服从均值为 μ_{T_1}、标准差为 σ_{T_1} 的正态分布，其中，

$$\mu_{T_1} = \frac{n_1(n+1)}{2} \tag{10.4.2}$$

$$\sigma_{T_1} = \sqrt{\frac{n_1 n_2 (n+1)}{12}} \tag{10.4.3}$$

因此，可以采用 Z 检验，统计量为

$$Z = \frac{T_1 - \dfrac{n_1(n+1)}{2}}{\sqrt{\dfrac{n_1 n_2 (n+1)}{12}}} \qquad (10.4.4)$$

当观察值中有相等的值，即有结时，需要对统计量 T_1 进行修正，此时 T_1 的渐近正态性为

$$T_1 \sim N\left(n_1(n+1)/2, \ n_1 n_2 (n+1)/12 - n_1 n_2 \sum_{i=1}^{g}(t_i^3 - t_i)/[12n(n-1)] \right) \qquad (10.4.5)$$

其中，t_i 为结的长度；$i=1, 2, \ldots, g$。

值得一提的是，JMP 软件采取的修正方案为

$$T_1 \sim N\left(n_1(n+1)/2 \pm 0.5, \ n_1 n_2 (n+1)/12 - n_1 n_2 \sum_{i=1}^{g}(t_i^3 - t_i)/[12n(n-1)] \right) \qquad (10.4.6)$$

其中，正态分布的均值加 0.5 或减 0.5 是为了对离散变量进行连续性修正。若 $T_1 - n_1(n+1)/2$ 大于 0，则减 0.5 修正，反之加 0.5 修正。

因此，对于 Wilcoxon 秩和检验，当样本容量超出附录 F 的范围时，可以使用式(10.4.4) 所示的 Z 检验，在特定的显著性水平 α 下决定是否接受或拒绝原假设。

下面结合例题来说明 Wilcoxon 秩和检验。

【例 10.7】某高校为了提升德育课程的教学效果，尝试引入两种新的教学方法(方法 A 和方法 B)进行试点教学。为了评估这两种方法对学生学习效果的影响，学校随机选取各 10 名分别参与方法 A 和方法 B 试点教学的学生进行测试(百分制)。两种教学方法的比较 如表 10.20 所示。

如果认为总体不服从正态分布，请用 Wilcoxon 秩和检验说明在显著性水平 $\alpha = 0.05$ 的 情况下，两种教学方法是否影响学生的考试成绩。

表 10.20　两种教学方法的比较

方法 A					方法 B				
22	34	52	62	30	52	71	76	54	67
40	64	84	56	59	83	66	90	77	84

解：(1) 由于不能确定哪种方法效果好，可使用以下原假设和备择假设的双边检验。

$$H_0 : M_1 = M_2 \ (\text{均值相等})$$
$$H_1 : M_1 \neq M_2 \ (\text{均值不等})$$

(2) 为了进行 Wilcoxon 秩和检验，需计算 $n_1 = 10$ 的方法 A 和 $n_2 = 10$ 的方法 B 的秩。 表 10.21 显示了组合秩。

表 10.21　组合秩

正常(n_1=10)	组合秩	过道(n_2=10)	组合秩
22	1.0	52	5.5
34	3.0	71	14.0
52	5.5	76	15.0
62	10.0	54	7.0
30	2.0	67	13.0
40	4.0	83	17.0
64	11.0	66	12.0
84	18.5	90	20.0
56	8.0	77	16.0
59	9.0	84	18.5

(3) 计算小样本秩的总和 T_1。在这个案例中，两样本容量相等，任意一组均可计算 T_1。选择"正常"作为第一样本。

$$T_1 = 1+3+5.5+10+2+4+11+18.5+8+9 = 72$$

为了对秩和检验进行验证，计算 T_2 得

$$T_2 = 5.5+14+15+7+13+17+12+20+16+18.5 = 138$$

依据公式(10.4.1)，组合秩的总和等于 $T_1 + T_2$，即

$$T_1 + T_2 = \frac{n(n+1)}{2}$$

$$72+138 = 20 \times 21/2$$

$$210 = 210$$

(4) 为了检验原假设，两个总体均值间没有区别，使用附录 F 来确定检验数据 T_1 的上下临界值。表 10.22 是附录 F 的一部分，在显著性水平 $\alpha = 0.05$ 的情况下，临界值是 78 和 132。据此得出决策规则：如果 $T_1 \leqslant 78$ 或 $T_1 \geqslant 132$，则拒绝 H_0；否则，接受 H_0。

表 10.22　当 α=0.05，n_1=10，n_2=10，Wilcoxon 秩和检验数据 T_1 的上下临界值

	α		n_1						
n_2	单边	双边	4	5	6	7	8	9	**10**
	0.05	0.10	16, 40	24, 51	33, 63	43, 76	54, 90	66, 105	—
9	0.025	0.05	14, 42	22, 53	31, 65	40, 79	51, 93	62, 109	—
	0.01	0.02	13, 43	20, 55	28, 68	37, 82	47, 97	59, 112	—
	0.005	0.01	11, 45	18, 57	26, 70	35, 84	45, 99	56, 115	—
	0.05	0.10	17, 43	26, 54	35, 67	45, 81	56, 96	69, 111	82, 128
10	0.025	0.05	15, 45	23, 57	32, 70	42, 84	53, 99	65, 115	**78, 132**
	0.01	0.02	13, 47	21, 59	29, 73	39, 87	49, 103	61, 119	74, 136
	0.005	0.01	12, 48	19, 61	27, 75	37, 89	47, 105	58, 122	71, 139

(5) 因为检验统计量 $T_1=72<78$，所以拒绝 H_0，认为两种教学方法的考试分数均值间存在较大差异。因为方法 B 的秩总和较高，因而采用方法 B 的学生考试分数均值更高。由于相对简单，这里就不再给出 Excel 表，读者可以自行尝试。

附录 F 显示了当 n_1 和 n_2 都不大于 10 时，Wilcoxon 秩和检验的上下临界值。如果两个样本中至少有一个大于 10，则需使用大样本 Z 近似公式。在某些情况下，当可以查到 n_1 和 n_2 都大于 10 时的 Wilcoxon 秩和检验临界值，这时可以不采用大样本 Z 近似公式。

为了说明大样本 Z 近似公式，我们以例 10.7 的数据进行说明。合并后的样本有两个结，每个结的长度都为 2，因此 Z 统计量为

$$Z = \frac{T_1 - \dfrac{n_1(n+1)}{2}}{\sqrt{n_1 n_2 (n+1)/12 - n_1 n_2 \sum_{i=1}^{g}(t_i^3 - t_i)\Big/[12n(n-1)]}}$$

$$Z = \frac{72 - \dfrac{10 \times 21}{2}}{\sqrt{10 \times 10 \times 21/12 - 10 \times 10 \times \left[(2^3 - 2) + (2^3 - 2)\right]\Big/[12 \times 20 \times (20-1)]}} = -2.4964$$

因为 $Z=-2.4964<-1.96$，所以在显著性水平 $\alpha=0.05$ 的情况下拒绝 H_0。

10.5　单因素方差分析的非参数分析：Kruskal–Wallis 秩检验

如果在第 9 章中单因素方差分析的 F 检验的正态分布假设条件不满足，可以采用 Kruskal-Wallis 秩检验。Kruskal-Wallis 秩检验是两个独立总体 Wilcoxon 秩和检验的扩展，主要用于检验 $c(c>2)$ 项独立总体是否具有相等均值。Kruskal-Wallis 秩检验和单因素方差分析的 F 检验具有同等效力。

1. 秩的计算
为了进行 Kruskal-Wallis 秩检验，先将各个样本容量为 n_j $(j=1, 2, \cdots, c)$ 的样本组合形成总样本容量为 $n(n=n_1+n_2+\cdots+n_c)$ 的组合样本，并用它们的组合秩代替样本数据。组合样本最小值的秩为 1，最大值的秩为 n。如果几个样本数据是相等的，那么这几个数据的秩取平均值并求得结的长度 t_i，并计算 $R_i=t_i^3-t_i$ 的总和。

2. 假设检验
使用 Kruskal-Wallis 秩检验来检验 $c(c>2)$ 项独立总体是否具有相等均值。
原假设为

$$H_0: M_1 = M_2 = \cdots = M_c$$

备选假设为

$$H_1: 不是所有的 M_j 都相等 (j=1, 2, \cdots, c)$$

对于无结时，Kruskal-Wallis 秩检验的统计量为

$$H = \left[\frac{12}{n(n+1)}\sum_{j=1}^{c}\frac{T_j^2}{n_j}\right] - 3(n+1) \qquad (10.5.1)$$

式中，T_j 为样本 j 的秩的总和。

对于有结时，Kruskal-Wallis 秩检验的修正统计量为

$$H' = \frac{H}{1 - \sum_{i=1}^{m} R_i / (n^3 - n)} \qquad (10.5.2)$$

式中，m 为结集的数量。

当样本容量大于 5 时，可以证明上述检验统计量 H 近似服从自由度为 c-1 的 χ^2 分布。因此，在显著性水平 α 下，Kruskal-Wallis 秩检验的决策规则是：如果 $H > \chi_\alpha^2(c-1)$，则拒绝 H_0；否则不拒绝 H_0。

下面结合例题来说明 Kruskal-Wallis 秩检验。

【例 10.8】 为了检验不同供应商提供的合成纤维制造的降落伞强度是否存在显著性差异，对 4 组供应商——供应商一、供应商二、供应商三和供应商四进行了检测，每组包括 5 个降落伞。利用一个检测装置测量降落伞的强度，检测时拉动降落伞的两端直至其被撕开。测量撕开降落伞所需的力，力较大时，降落伞的抗拉强度就更强。试验结果(抗拉强度)如表 10.23 所示，但无法确定每组测试强度是否都服从正态分布。问在显著性水平 $\alpha = 0.05$ 的情况下，4 个供应商所提供的降落伞强度的均值是否相等？

表 10.23 4 个供应商提供的降落伞的强度

供应商一	供应商二	供应商三	供应商四
18.5	26.3	20.6	25.4
24.0	25.3	25.2	19.9
17.2	24.0	20.8	22.6
19.9	21.2	24.7	17.5
18.0	24.5	22.9	20.4

解：(1) 原假设是 4 个供应商提供的降落伞的强度均值相等。备择假设是至少一个供应商不同。

$$H_0: M_1 = M_2 = M_3 = M_4$$
$$H_1: 不是所有的 M_j 都相等(其中，j = 1,2,3,4)$$

(2) 根据样本数据，将总计 20 个样本数据转换为秩，如表 10.24 所示。计算每组的秩和，$T_1 = 27$；$T_2 = 76.5$，$T_3 = 62$，$T_4 = 44.5$，并检验总的秩和，看 $\sum_{i=1}^{4} T_i$ 是否等于 $\frac{n(n+1)}{2}$。

$$\sum_{i=1}^{4} T_i = 27 + 76.5 + 62 + 44.5 = 210$$

$$\frac{n(n+1)}{2} = \frac{20 \times 21}{2} = 210$$

表 10.24 4 个供应商提供的降落伞的强度及其对应的秩

供应商一		供应商二		供应商三		供应商四	
强度	秩	强度	秩	强度	秩	强度	秩
18.5	4	26.3	20	20.6	8	25.4	19
24.0	13.5	25.3	18	25.2	17	19.9	5.5
17.2	1	24.0	13.5	20.8	9	22.6	11
19.9	5.5	21.2	10	24.7	16	17.5	2
18.0	3	24.5	15	22.9	12	20.4	7

(3) 检验等总体均值的原假设。

$$H = \left[\frac{12}{n(n+1)} \sum_{j=1}^{c} \frac{T_j^2}{n_j} \right] - 3(n+1) = \left\{ \frac{12}{20 \times 21} \left[\frac{(27)^2}{5} + \frac{(76.5)^2}{5} + \frac{(62)^2}{5} + \frac{(44.5)^2}{5} \right] \right\} - 3 \times 21$$

$$=(12/420) \times 2481.1 - 63 = 7.8886$$

$$H' = \frac{H}{1 - \sum_{i=1}^{m} R_i / (n^3 - n)} = \frac{7.8886}{1 - (6+6)/(20^3 - 20)} = 7.9005$$

(4) 在显著性水平 $\alpha = 0.05$ 的情况下，$\chi_{0.05}^2(c-1) = \chi_{0.05}^2(3) = 7.815$，因为 $H' = 7.9005 > 7.815$，所以拒绝原假设。即可认为 4 家供应商提供的降落伞的强度均值间存在较大差异。进一步可以比较所有供应商来确定哪两个不同。

注意，使用 Kruskal-Wallis 秩检验需满足以下假设：
① c 组样本是从各自的总体中随机、独立选取的；
② 潜在的变量是连续的；
③ 可以给出数据在 c 组间的一系列秩；
④ c 总体有相同方差；
⑤ c 总体有相同形态。

Kruskal-Wallis 秩检验比 F 检验的假设少一些。如果忽略最后两项假设(方差和形态)，仍可使用 Kruskal-Wallis 秩检验来确定是否至少有一个总体在某些特征上异于其他总体，例如中心趋势、方差或形态。然而，为了使用 F 检验，必须假设 c 样本是来自等方差的正态总体。

当适用于 F 检验的假设成立时，可用 F 检验替代 Kruskal-Wallis 秩检验，因为 F 检验能更好地判定组间的差别。然而，如果没有满足 F 检验的假设，则须使用 Kruskal-Wallis 秩检验。

10.6 小　　结

图 10.5 显示了本章各部分内容的关系图。先运用假设检验对两样本(独立和相关)和两

个以上独立样本的数据进行分析。当样本不满足 t 检验假设时，可以采用 Wilcoxon 秩和检验。当单因素方差检验假设不成立时，可以使用 Kruskal-Wallis 秩检验来替代 F 检验。

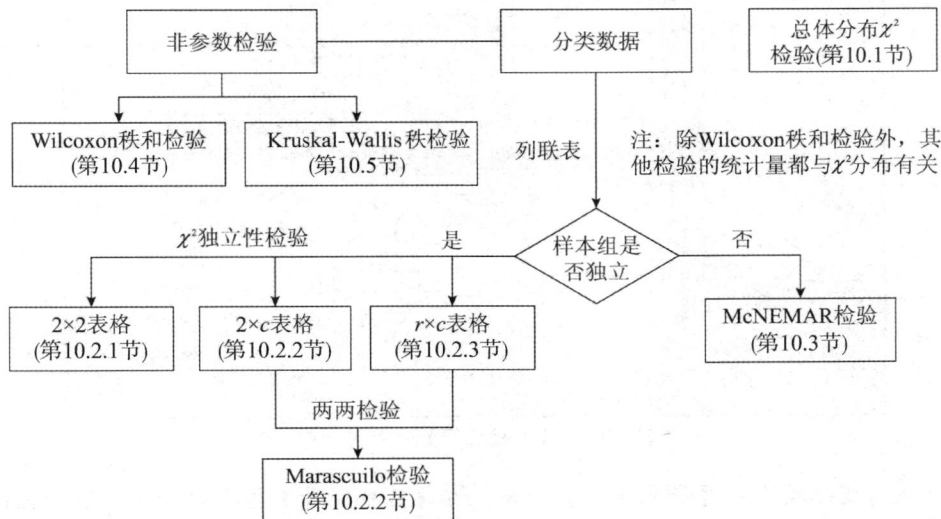

图 10.5　χ^2 检验和非参数检验内容关系图

10.7　其他软件实现

10.7.1　SPSS 实现

1. 总体卡方检验

以例 10.1 为例用 SPSS 进行总体卡方检验的方法。

(1) 打开数据文件，执行【分析】→【描述统计】→【描述】命令，将"寿命值"变量移入【变量】框，单击【确定】按钮，得到均值和标准差的分析结果。

操作视频

(2) 确定分组区间，计算频数分布。

确定组 70，90，110，130，150，170 和无穷大作为各分组区间的上限，执行【转换】→【可视分箱】命令，在打开的对话框(见图 10.6)中将变量移入要分箱的变量框，单击【继续】按钮，打开的对话框如图 10.7 所示，将【分箱化变量】命名为"组上限"，然后在【网格】表格中分别输入各分割点值和相应的标签。

(3) 执行【分析】→【描述统计】→【频率】命令，打开【频率】对话框，将"组上限值"变量移入【变量】框，单击【确定】按钮，得到频数分布表。

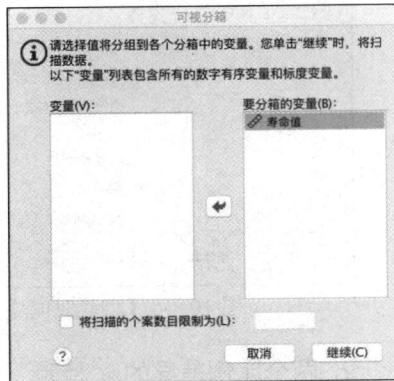

图 10.6　【可视分箱】对话框

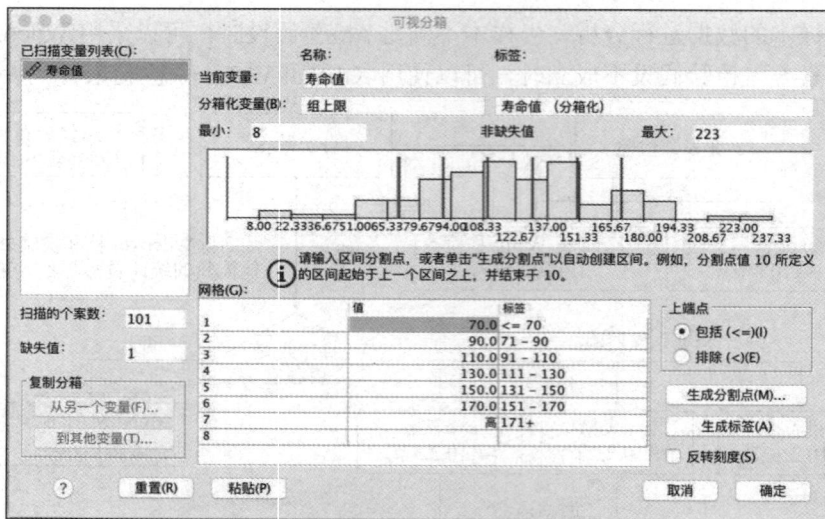

图 10.7　【可视分箱】分割对话框

(4) 执行【转换】→【计算变量】命令，在【目标变量】框中输入变量名"理论累积频数"，在【数字表达式】框中输入"100*CDF.NORMAL(组，120，40)"，单击【确定】按钮，得到各组理论累积频数。

(5) 执行【转换】→【创建时间序列】命令，在打开的对话框(见图 10.8)中将"理论累积频数"移入【变量】框并将名称改为"各组理论频数"，依次单击【变化量】→【确定】按钮，得到各组理论频数值，第一个缺失数据可人工将其补齐。

(6) 执行【分析】→【非参数检验】→【旧对话框】→【卡方】命令，将"组上限值"移入【检验变量列表】框；选中【值】选项，并依次添加各组理论频数。单击【确定】按钮，得到卡方统计量，如图 10.9 所示。值得注意的是，检验结果自由度为 6(=7-1)，因此渐近显著概率不能作为决策的依据。

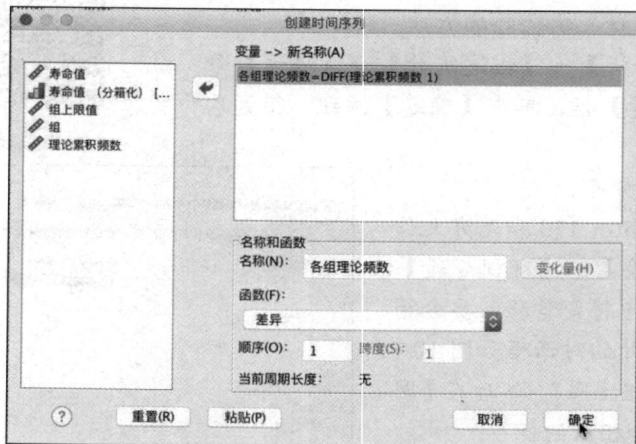

图 10.8　【创建时间序列】对话框

检验统计

	组
卡方	2.653[a]
自由度	6
渐近显著性	851

a. 0 个单元格(0.0%)的期望频率小于 5。最少的期望频率数为 10.6。

图 10.9　检验结果

2. 两个比例差异的 χ^2 检验

以例 10.2 为例说明用 SPSS 进行两个比例差异的 χ^2 检验的方法。

　　打开数据文件，执行【数据】→【个案加权】命令，打开【个案加权】对话框。选中【个案加权系数】，将"频数"变量移入【频率变量】框。然后，执行【分析】→【描述统计】→【交叉表】命令，打开【交叉表】对话框，如图 10.10 所示。将行变量和列变量放入【行】和【列】框，然后单击【统计】按钮，在打开的对话框中选择【卡方】，依次单击【继续】→【确定】按钮，即得到检验结果。

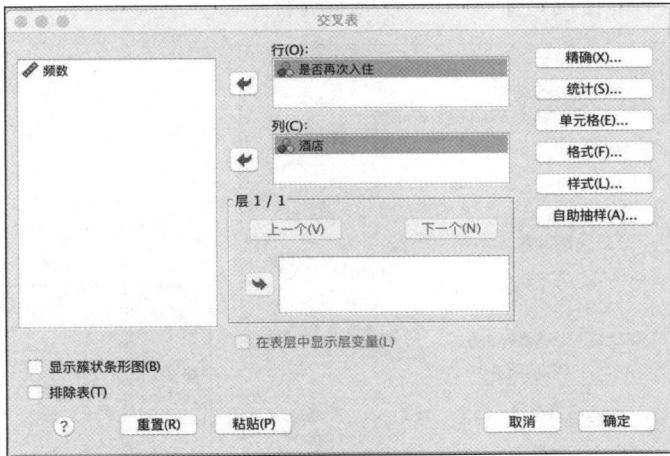

图 10.10　【交叉表】对话框

3. McNEMAR 检验

以例 10.6 为例说明用 SPSS 进行 McNEMAR 检验的方法。

　　打开数据文件，执行【数据】→【个案加权】命令，打开【个案加权】对话框。选中【个案加权系数】，将"频数"变量移入【频率变量】框。然后，执行【分析】→【非参数检验】→【旧对话框】→【2 个相关样本】命令，打开【双关联样本检验】对话框。将数据表中的变量放入【检验对】框中，在【检验类型】框中勾选【麦克尼马尔】复选框，如图 10.11 所示。单击【确定】按钮，即得到检验结果。

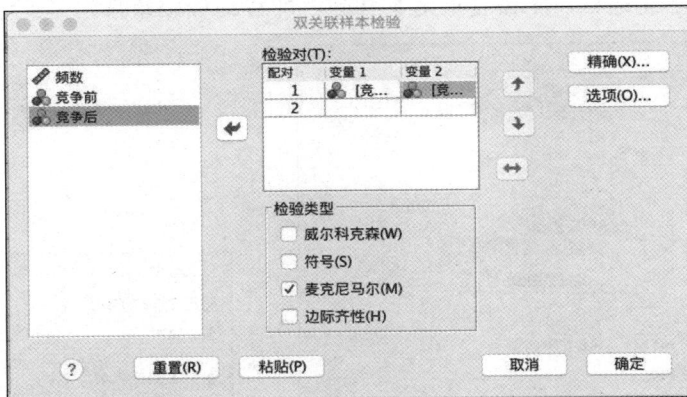

图 10.11　【双关联样本检验】对话框

4. Wilcoxon 秩和检验

以例 10.7 为例说明用 SPSS 进行 Wilcoxon 秩和检验的方法。

打开数据文件，执行【分析】→【非参数检验】→【旧对话框】→【2个独立样本】命令，打开【双独立样本检验】对话框，如图 10.12 所示。将数据表中的变量分别放入相应的【检验变量列表】框和【分组变量】框。然后单击【分组变量】框下方的【定义组】按钮，打开的对话框如图 10.13 所示。【组 1】一栏输入"1"，【组 2】一栏输入"2"，单击【继续】按钮，返回【双独立样本检验】对话框。最后，在【检验类型】框中勾选【曼-惠特尼 U】复选框，单击【确定】按钮，即得到检验结果。

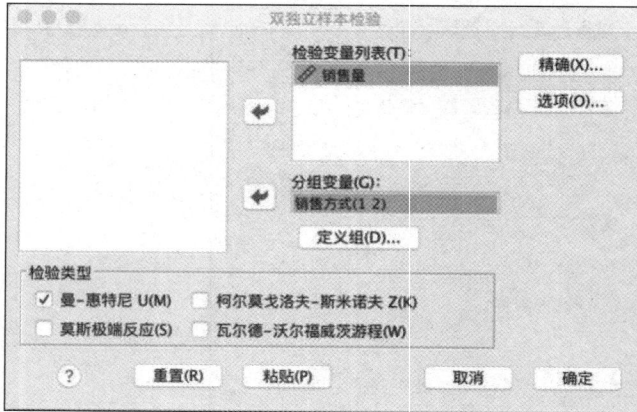

图 10.12 　【双独立样本检验】对话框

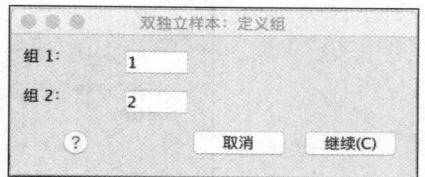

图 10.13 　【定义组】对话框

5. Kruskal-Wallis 秩检验

以例 10.8 为例说明用 SPSS 进行 Kruskal-Wallis 秩检验的方法。

打开数据文件，执行【分析】→【非参数检验】→【旧对话框】→【K个独立样本】命令，打开【针对多个独立样本的检验】对话框，如图 10.14 所示。将数据表中的变量分别放入相应的【检验变量列表】框和【分组变量】框。单击【分组变量】框下方的【定义范围】按钮，打开的对话框如图 10.15 所示。输入分组变量范围的最大值和最小值，单击【继续】按钮，返回【针对多个独立样本的检验】对话框。最后，在【检验类型】框中勾选【克鲁斯卡尔-沃利斯】复选框，单击【确定】按钮，即得到检验结果。

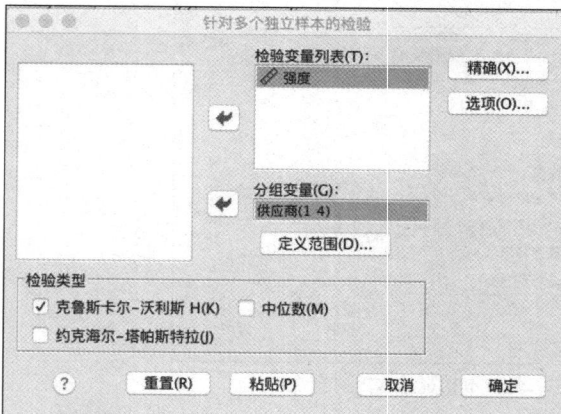

图 10.14 　【针对多个独立样本的检验】对话框

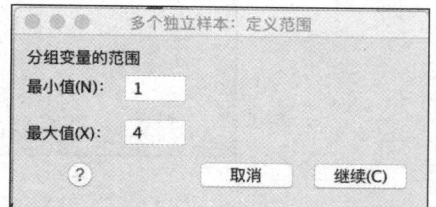

图 10.15 　【定义范围】对话框

10.7.2 JMP 实现

1. 总体卡方检验

以例 10.1 为例说明用 JMP 进行总体卡方检验的方法。

(1) 在数据编辑窗口建立数据文件或打开已有的数据文件。

(2) 执行【分析】→【分布】命令。将 "寿命值" 变量移入 Y, 单击
【确定】按钮, 得到均值和标准差等汇总统计信息。

(3) 确定组变量, 作为各分组区间的上限。新增一列, 命名为 "组上限" (名义型), 选中该列名称并单击鼠标右键, 选择【公式】, 在函数列表中选择【条件】, 再选择 **if** 函数, 完成公式的输入, 如图 10.16 所示。单击【确定】按钮, 得到组上限数据。

(4) 新增一列, 命名为 "理论累积频数", 选中该列名称并单击鼠标右键, 选择【公式】, 在函数列表中选择【条件】, 再选择 **Normal Distribution** 函数, 完成公式的输入, 如图 10.17 所示。单击【确定】按钮, 得到各组理论累积频数。

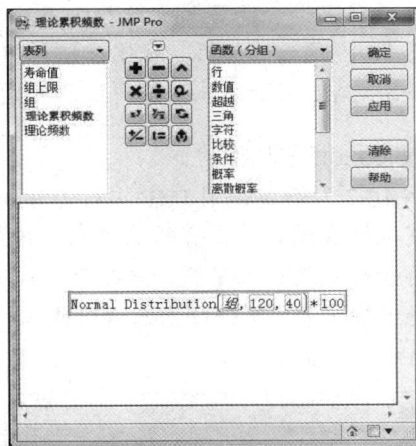

图 10.16 if 函数   图 10.17 Normal Distribution 函数

(5) 新增一列, 命名为 "理论累积频数", 选中该列名称并单击鼠标右键, 选择【公式】, 在函数列表中选择【行】, 再选择 **Dif** 函数, 对理论累积频数做一节差分, 单击【确定】按钮, 得到各组理论频数。

(6) 执行【分析】→【分布】命令, 将 "组上限" 变量移入 Y, 单击【确定】按钮, 单击 "组上限" 旁边的红色按钮, 选择【检验概率】。将理论频数填充假设概率, 单击【完成】按钮, 得到卡方统计量。

2. 两个比例差异的 χ^2 检验

以例 10.2 为例说明用 JMP 进行两个比例差异的 χ^2 检验的方法。

新建数据组或打开已有的数据文件, 执行【分析】→【以 X 拟合 Y】命令, 在打开的对话框(见图 10.18)中将行变量放入 X 框, 列变量放入 Y 框, 频数变量放入频数, 并单击【确定】按钮, 得到 χ^2 检验结果。

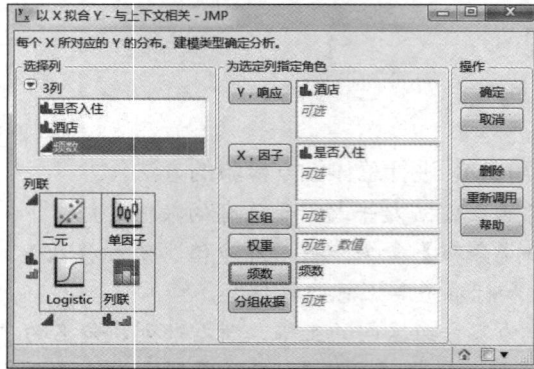

图 10.18　比例检验参数设置

3. McNEMAR 检验

以例 10.6 为例说明用 JMP 进行 McNEMAR 检验的方法。

新建数据表或打开已有的数据表，执行菜单栏的【分析】→【以 X 拟合 Y】命令，在打开的对话框中将条件 2 变量放入 Y 框，条件 1 变量放入 X 框，将频数变量放入【频数】框，如图 10.19 所示。然后，在输出结果中，单击红色三角形按钮，选择【一致性统计量】，得到 McNEMAR 检验结果。值得注意的是，JMP 软件没有对统计量进行连续性修正。

4. Wilcoxon 秩和检验

以例 10.7 为例说明用 JMP 进行 Wilcoxon 秩和检验的方法。

新建数据表或打开已有的数据表，执行【分析】→【以 X 拟合 Y】命令，在打开的对话框中将检验变量放入 Y 框，分组变量放入 X 框，单击【确定】按钮，如图 10.20 所示。然后，在输出结果中，单击红色三角形按钮，选择【非参数检验】→【Wilcoxon 检验】，得到 Wilcoxon 秩和检验结果。

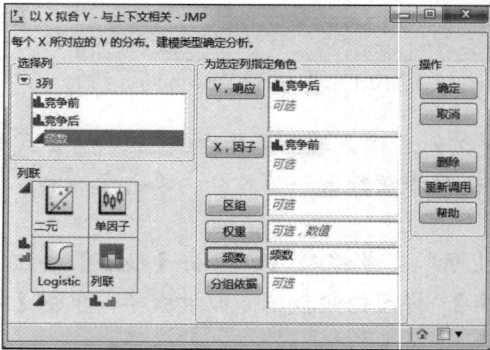

图 10.19　McNEMAR 检验参数设置

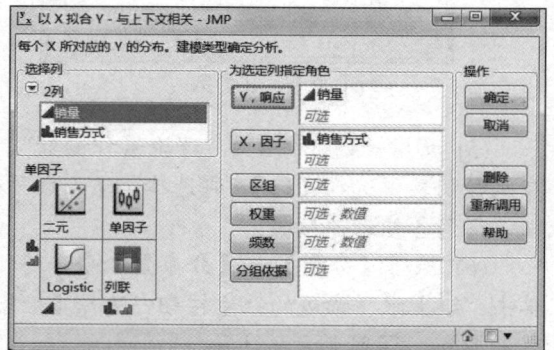

图 10.20　Wilcoxon 秩和检验参数设置

5. Kruskal-Wallis 秩检验

以例 10.8 为例说明用 JMP 进行 Kruskal-Wallis 秩检验的方法。

新建数据表或打开已有的数据表，执行【分析】→【以 X 拟合 Y】命令，在打开的对话框中将检验变量放入 Y 框，分组变量放入 X 框，单击【确定】按钮，如图 10.21 所示。然后，在输出结果中，单击红色三角形按钮，选择【非参数检验】→【Kruskal-Wallis 秩检验】，得到 Kruskal-Wallis 秩检验结果。

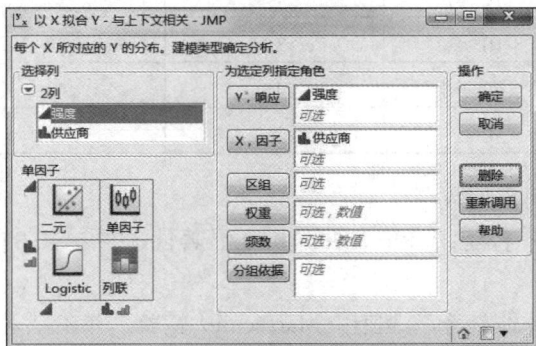

图 10.21　Kruskal-Wallis 秩检验参数设置

习 题 十

1. 使用以下列联表回答问题。

项目	A	B	总计
1	20	30	50
2	30	45	75
总计	50	75	125

(1) 计算每单元的期望频数。

(2) 计算 χ^2 统计量值，并进行卡方检验，说明在 $\alpha=0.05$ 的情况下是否显著。

2. 美国一家网站的调查显示，认为美国税收制度不公正的人群涵盖不同收入、年龄、教育水平阶层。该网站在 2024 年 4 月对 1005 人展开调查，结果发现，近 60% 认为税收制度不公正，而薪资大于 50 000 美元的人群中，超过 60% 的人也持同样看法。根据以下列联表回答问题。

项目	收入水平		总计
	小于等于 50 000 美元	大于 50 000 美元	
公正	225	180	405
不公正	280	320	600
总计	505	500	1005

(1) 在显著性水平 $\alpha=0.05$ 的情况下，两种收入人群认为美国税收制度不公正的比例是否有显著差别？

(2) 确定(1)中的 p 值并解释其含义。

3. 使用以下列联表回答问题。

项目	A	B	C	总计
1	10	30	50	90
2	40	45	50	135
总计	50	75	100	225

(1) 计算各单元的期望频数。

(2) 计算列联表的 χ^2 检验统计值，并分析在显著性水平 $\alpha=0.05$ 的情况下，该 χ^2 检验统计值是否显著。

(3) 如果 χ^2 检验统计值显著，则使用 Marascuilo 检验，并在显著性水平 $\alpha=0.05$ 的情况下，确定哪组存在差异？

4. 许多购物者主要在周六购物。然而，一周中主要在哪天购物是否取决于年龄？以下是根据相关调查得到的年龄和主要购物日的列联表，数据是以百分比形式描述的，没有给出样本容量。

主要购物日	年龄		
	35 岁以下	35~54 岁	54 岁以上
周六	24%	28%	12%
除周六外	76%	72%	88%

假设每个年龄段有 200 名购物者。

(1) 在显著性水平 $\alpha=0.05$ 的情况下，不同年龄段的主要购物日是否有显著差异？

(2) 确定(1)中的 p 值并解释其含义。

(3) 如果不同年龄段的主要购物日分布情况显著，则使用 Marascuilo 检验，并在显著性水平 $\alpha=0.05$ 的情况下确定哪组存在差异，然后对结果进行讨论。

(4) 讨论(1)和(3)在管理上的应用。如何根据这些信息改进市场和销售策略，并说明理由。

5. 一家大公司研究雇员交流时间和工作压力之间是否存在联系。该公司对 116 名一线工人进行了调查，结果如下表所示。

交流时间	压力水平			
	高	适合	低	总计
15 分以下	9	5	18	32
15~45 分	17	8	28	53
45 分以上	18	6	7	31
总计	44	19	53	116

(1) 在显著性水平 $\alpha=0.01$ 的情况下，交流时间和压力水平是否存在很大联系？

(2) 如果显著性水平为 0.05，(1)的结果是什么？

6. 不同年龄人群其新闻的获得途径是不同的。研究表明，不同年龄获得新闻的途径如下表所示。

媒体	年龄组		
	36 岁以下	36～50 岁	50 岁以上
地方电视台	107	119	133
国家电视台	73	102	127
无线电广播	75	97	109
报纸	52	79	107
网络	95	83	76

在显著性水平 α =0.05 的情况下，不同年龄段和获得信息来源是否存在很大联系？如果是，请解释原因。

7. 一家医疗器械公司的总经理专注于通过六西格玛管理提升顾客满意度。研究人员从上一周及上一年的 1000 名病人中，随机抽取 100 人作为样本，调查结果如下表所示。

上一年满意度	现在满意度		
	是	否	总计
是	67	5	72
否	20	8	28
总计	87	13	100

(1) 在显著性水平 α =0.05 的情况下，上一年的顾客满意度是否低于引入六西格玛管理后的顾客满意度？

(2) 确定(1)的 p 值，并解释其含义。

8. 两个党派的代表参加竞选。研究人员选取了一个 500 人的随机样本，在竞选前后分别开展民意调查，调查结果如下表所示。

竞选前	竞选后		
	A	B	总计
A	269	21	290
B	36	174	210
总计	305	195	500

(1) 在显著性水平 α =0.01 的情况下，支持 A 的比例在竞选前后是否有显著差异？

(2) 确定(1)中的 p 值，并解释其含义。

9. 市场主管随机选择了 20 名大学生做管理培训，每 10 人一组。第一组使用传统训练方法(T)，第二组使用试验方法(E)。6 个月培训后，主管对他们的表现打分，从 1(最差)到 20(最好)，结果如下表所示。在显著性水平 α =0.05 的情况下，试分析两种培训方法是否有显著差异。

T	1	2	3	5	9	10	12	13	14	15
E	4	6	7	8	11	16	17	18	19	20

10. 凹版印刷需在坚硬的金属或石头上雕刻图案。设计一个试验来对凹版印刷(以凹痕深浅来衡量)中使用的金属盘平均表面硬度的差异性进行比较。此项试验依据两种不同的表面状态展开，即对表面进行过轻度砂纸抛光处理和未进行过表面抛光处理。在试验中，随机抽取了 40 个铁板，其中 20 个未处理，20 个经过处理，其表面硬度的统计结果如下表所示。在显著性水平 $\alpha = 0.05$ 的情况下，判断未加工和加工过的铁板表面硬度是否有显著差异。

未加工		加工过	
164.368	177.135	158.239	150.226
159.018	163.903	138.216	155.620
153.871	167.802	168.006	151.233
165.096	160.818	149.654	158.653
157.184	167.433	145.456	151.204
154.496	163.538	168.178	150.869
160.920	164.525	154.321	161.657
164.917	171.230	162.763	157.016
169.091	174.964	161.020	156.670
175.276	166.311	167.706	147.920

11. 下面的数据提供了不同类型账户的最高收益率。试问在显著性水平 $\alpha = 0.05$ 的情况下，不同账户的平均收益是否有显著差异？

货币市场	6 个月定期存单	1 年定期存单	2.5 年定期存单	5 年定期存单
4.55%	4.75%	4.94%	4.95%	5.05%
4.50%	4.70%	4.90%	4.91%	5.05%
4.40%	4.69%	4.85%	4.85%	5.02%
4.38%	4.65%	4.85%	4.82%	5.00%
4.38%	4.65%	4.85%	4.80%	5.00%

12. 针对以下 5 种等级的表格数据，试问在显著性水平 $\alpha = 0.05$ 的情况下，5 种等级是否有显著差异？

A	B	C	D	E
15	16	8	5	12
18	17	7	6	19
17	21	10	13	18
19	16	15	11	12
19	19	14	9	17
20	17	14	10	14

案例研究

以第 8 章案例研究中的数据为例，解决下列问题：

(1) 户主为男性的和户主为女性的家庭年收入是否服从正态分布？

(2) 户主为男性的和户主为女性的家庭年收入是否有显著差异？

第**11**章

一 元 回 归

回归分析是最重要且应用最为广泛的统计分析方法。本章旨在阐述回归分析的基本概念、基本原理、求解分析方法及其在经济管理中的广泛应用，并着重介绍一元回归。鉴于回归分析的计算量极大，使用手工计算非常烦琐，因此本章除了结合 Excel 软件进行求解，还展示如何用 SPSS 软件和 JMP 软件进行计算。

学习目标：理解一元回归模型的基本概念；掌握一元回归分析的步骤和方法；理解一元回归的显著性检验；应用一元回归模型解决实际问题。

价值目标：弘扬严谨的科学精神，深入理解变量的因果关系，引导学生关注国家经济、社会发展的热点问题，鼓励学生将所学知识应用于解决实际问题。

11.1　引　　言

在介绍回归分析的概念前，让我们先看一个可用回归分析方法解决的质量控制应用案例，初步了解回归分析的应用领域。

应用案例11.1　**质量控制应用**

某钢厂生产的某种合金钢有两个重要的质量指标：抗拉强度(千克/平方毫米)和延伸率(%)。该合金钢的质量标准要求：抗拉强度大于 32 千克/平方毫米，延伸率大于 33%。根据冶金学的专业理论知识和实践经验，该合金钢的含碳量是影响抗拉强度和延伸率的主要因素。含碳量高时，抗拉强度会相应提高，但延伸率会降低。为提升产品质量、降低质量成本、增强产品的竞争力，该厂质量控制部门要求该种合金钢产品的上述两项质量指标的合格率达到 99%以上。为了达到上述质量控制标准，就需要重新修订该合金钢冶炼中关于含碳量的工艺控制规范，即要精准明确在冶炼中含碳量应被严格控制的具体范围，以确保有99%以上的概率使抗拉强度和延伸率这两项指标满足要求。

这是一个典型的产品质量控制问题。为有效实现质量控制目标，就需要分析抗拉强度和延伸率这两项指标与含碳量之间的关系，因此需要大量的样本数据。质量管理科查阅了该合金钢的质量检验记录，在剔除了异常情况后，整理了该合金钢的上述两项指标与含碳量的 92 炉实测数据(略)。为解决本案例问题，还需要分别建立描述该合金钢的抗拉强度及延伸率与含碳量之间相互关系的回归模型，再根据所得到的样本数据求解出反映该合金钢的抗拉强度及延伸率与含碳量之间相互关系的回归方程，然后根据概率统计的原理，求解出能满足以上要求的含碳的控制范围。这些就是本章所要讨论的主要内容。

11.1.1　变量间的两类关系

在自然界和社会经济领域中，各种现象之间普遍存在着相互联系和相互制约的关系。要深入了解事物的本质及其发展变化规律，就需要分析各种现象之间客观存在着的相互关系，也即变量间的关系。变量间的关系通常可以分为以下两大类。

1. 确定性关系

如果一个变量的取值能由另一个或若干个变量的值完全确定，则称这些变量间存在**确定性关系**或**函数关系**，此时变量间的关系可用函数表示为

$Y = f(X)$ 或 $F(X, Y) = 0$

$Y = f(X_1, X_2, \cdots, X_n)$

或 $F(X_1, X_2, \cdots, X_n, Y) = 0$

例如，当某商品的销售价格 C 不变时，销售收入 Y 可由销售量 X 确定，其确定性关系如图 11.1 所示。

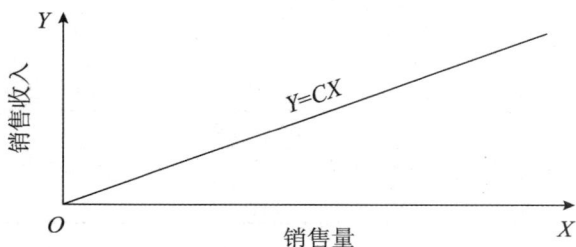

图 11.1　销售收入与销售量的确定性关系

2. 非确定性关系

非确定性关系是指变量间虽然存在着密切相关性，但由于涉及的变量过多、关系过于复杂，人们暂时还不了解它们之间的精确函数关系；或者是受许多无法计量和控制的随机因素的影响，使变量间的关系呈现不确定性，即不能由一个或若干个变量的值确定另一个变量的值。在自然界和社会经济领域中，各种现象之间大量、普遍地存在着非确定性关系。例如，人的血压通常随年龄增长而增高，但同龄人之间的血压却不尽相同；在社会购买力保持不变的情况下，商品的销售量与其价格密切相关，但二者之间并不存在确定性关系；在炼钢过程中，钢水的含碳量与冶炼时间同样存在着非确定性关系。又如，通常家庭收入高，消费支出也会较大，但消费支出并不能完全由收入决定，它还受到家庭人口、人口构成、生活习惯、消费偏好、职业、对未来的收入预期和支出预期及周围家庭的消费水平等众多因素的影响，即使收入和人口构成等情况都相同的家庭，消费支出也存在着明显的差异。

对于非确定性关系，虽然不能由某个或某组变量的取值完全确定另一个变量的值，但通过大量的观察或试验可以发现，这些变量之间存在着一定的统计规律，例如图 11.2 所示的家庭消费支出与家

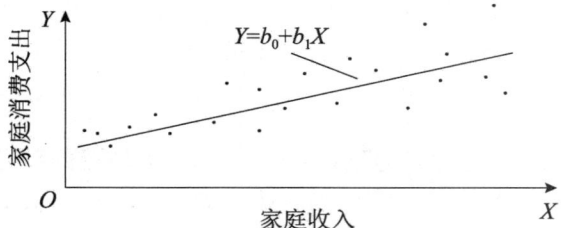

图 11.2　非确定性关系

庭收入间的关系。变量间的这类统计规律就称为**相关关系**或**回归关系**。

有关回归关系的理论、方法及其应用统称为**回归分析**。回归分析在生产、科研及经济与管理等领域中有着非常广泛的应用，其中应用最为广泛的是**线性回归模型**。

11.1.2　线性回归的数学模型

线性函数是最容易进行数学处理和分析的一类函数，在自然界和社会经济领域中，变量间普遍存在着线性相关关系，且许多非线性关系可转化为线性关系进行分析，因此线性回归成为应用最广泛的回归模型。同时，线性回归也是回归分析的基础，所有非线性回归只有转化为线性回归后才能分析和求解。

在介绍线性回归的概念之前，我们先来看一个简单的案例。

【例 11.1】 以三口之家为单位，某种食品在各月的家庭月均消费量 Y(千克)与其价格 X(元/千克)间的调查数据如表 11.1 所示(表中数据按价格做了递增排序)，试分析该食品的家庭月均消费量与价格间的关系。

表 11.1　某种食品的价格与家庭月均消费量的关系

价格(x_i)	4.0	4.0	4.8	5.4	6.0	6.0	7.0	7.2	7.6	8.0	9.0	10
家庭月均消费量(y_i)	3.0	3.8	2.6	2.8	2.0	2.9	1.9	2.2	1.9	1.2	1.5	1.6

解：为找出该食品家庭月均消费量与价格间的大致关系，可在直角坐标平面上将所得的观察值(x_i, y_i)绘制成散点图，如图 11.3 所示。

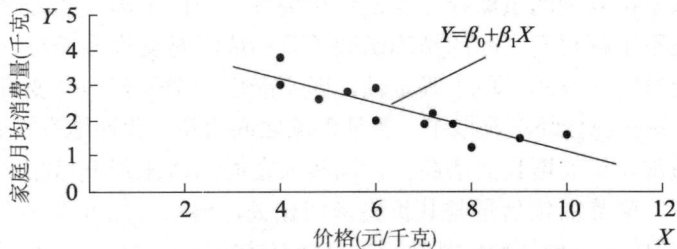

图 11.3　价格和家庭月均消费量的散点图

由图 11.3 可知，这些点都落在了一条直线附近，因此可以假定该食品的家庭月均消费量 Y 与价格 X 之间基本呈线性相关关系(负线性相关关系)。图 11.3 中各点与直线 $Y=\beta_0+\beta_1 X$ 之间的偏差是由其他一些未加控制或无法控制的因素及观察误差所引起的，故可以建立 Y 与 X 之间相关关系的线性回归模型

$$Y=\beta_0 + \beta_1 X + \varepsilon \qquad (11.1.1)$$

并称 X 为**解释变量(自变量)**，Y 为**被解释变量(因变量或反应变量)**；β_0 和 β_1 是模型中的**未知参数**，其中，β_0 为总体的 Y 截距，β_1 为总体斜率；ε 为**随机误差项**。式(11.1.1)就称为一元线性回归模型。这是本章将要重点介绍的内容。

随机误差项产生的原因主要有以下几个方面：

(1) 模型中忽略的其他因素对 Y 的影响；

(2) 由于模型不正确所产生的偏差(例如，将某种非线性关系误设为线性关系)；

(3) 模型中包含了对被解释变量无显著影响的解释变量；

(4) 对变量的观察误差；

(5) 其他随机因素的影响(例如，人们的经济行为并不是严格按理性规则行事的，其本身就是一种随机现象)。

当 X 取不完全相同的 N 个值 $x_1, x_2, \ldots, x_N$ 进行试验时，得到被解释变量 Y 的一组观察值 $y_1, y_2, \ldots, y_N$，由式(11.1.1)，显然每一对观察值(x_i, y_i)有如下数据结构。

$$y_i = \beta_0 + \beta_1 x_i + \varepsilon_i \qquad i=1, 2, \ldots, N \tag{11.1.2}$$

式中，ε_i 是第 i 次试验中其他因素和试验误差对 y_i 影响的总和。

一般地，若模型中含有 p 个解释变量，则相应的多元线性回归模型为

$$Y = \beta_0 + \beta_1 x_1 + \beta_2 x_2 + \cdots + \beta_p x_p + \varepsilon \tag{11.1.3}$$

式中，$\beta_j (j=0, 1, 2, \cdots, p)$为模型中的 $p+1$ 个未知参数。多元回归模型将是第 12 章重点介绍的内容。

11.1.3　线性回归模型的经典假设条件

为了便于分析和处理，模型中的解释变量和随机误差项假定满足以下条件(称为经典假设条件)。

(1) 各 $\varepsilon_i \sim N(0, \sigma^2)$，且相互独立。

(2) 解释变量是可以精确观察的普通变量(非随机变量)。

(3) 解释变量与随机误差项不相关(即解释变量和随机误差项各自独立地对被解释变量产生影响)。

(4) 无多重共线性(即在多元线性回归中，各解释变量的样本数据之间不存在密切的线性相关性)，共线性的判断在第 12 章中介绍。

满足以上条件的线性回归模型称为经典线性回归模型。需要指出的是，在经济领域中，各种经济变量之间的关系通常不会完全满足上述条件。当实际问题中的回归模型不满足经典假设条件时，通常需要采取相应的数据变换方法进行处理。本章将讨论满足经典假设条件的回归分析，它是所有回归分析的基础。

11.1.4　回归分析的步骤

(1) 根据问题的实际背景和有关专业理论知识，或对样本数据分析后，建立描述变量间相关关系的回归模型。

(2) 利用所得到的样本数据估计模型中的未知参数，得到回归方程。

(3) 对所得回归方程和回归系数进行显著性检验。

(4) 利用回归方程对被解释变量进行预测或控制。

11.2　一元线性回归

11.2.1　一元线性回归的数学模型

由第 11.1 节的分析可知，一元线性回归模型为

$$Y = \beta_0 + \beta_1 X + \varepsilon$$
$$\varepsilon \sim N(0, \sigma^2) \tag{11.2.1}$$

式中，X 是自变量；ε 表示除 X 外其他因素对随机变量 Y 的影响。

由式(11.2.1)可知，

$$Y \sim N(\beta_0 + \beta_1 X, \sigma^2) \tag{11.2.2}$$

称 Y 的条件期望

$$E(Y|X) = \beta_0 + \beta_1 X \tag{11.2.3}$$

为 Y 对 X 的回归。

设 (y_i, x_i)，$i = 1, 2, \cdots, N$ 为 N 对样本观察值，则一元线性回归有如下数据结构。

$$y_i = \beta_0 + \beta_1 x_i + \varepsilon_i, \quad i = 1, 2, \cdots, N$$
$$\varepsilon_i \sim N(0, \sigma^2)，且相互独立 \tag{11.2.4}$$

接下来，就是要利用所得的试验数据估计模型中的未知参数 β_0 和 β_1。

11.2.2　参数 β_0 和 β_1 的最小二乘估计

回归分析中使用所谓的**最小二乘法**估计模型中的未知参数。

记 $\hat{\beta}_0, \hat{\beta}_1$ 分别是参数 β_0 和 β_1 的点估计，$\hat{Y}$ 为 Y 的条件期望 $E(Y|X)$ 的点估计，则由式(11.2.3)得

$$\hat{Y} = \hat{\beta}_0 + \hat{\beta}_1 X \tag{11.2.5}$$

称式(11.2.5)为 Y 对 X 的一元线性回归方程；并称 $\hat{\beta}_0, \hat{\beta}_1$ 为回归方程式(11.2.5)的回归系数；而回归方程的图形就称为回归直线。

对每一个 x_i 值，由回归方程式(11.2.5)可以确定 Y 的一个回归值 $\hat{y}_i$，它是在 $X = x_i$ 条件下 Y 期望值的一个点估计

$$\hat{y}_i = \hat{\beta}_0 + \hat{\beta}_1 x_i, \quad i = 1, 2, \cdots, N \tag{11.2.6}$$

Y 的各观察值 y_i 与回归值 $\hat{y}_i$ 之差 $y_i - \hat{y}_i$（称为残差）反映了 y_i 与回归直线(11.2.5)之间的偏离程

度，从而全部观察值与回归值的残差平方和

$$Q(\hat{\beta}_0, \hat{\beta}_1) = \sum_i (y_i - \hat{y}_i)^2 = \sum_i (y_i - \hat{\beta}_0 - \hat{\beta}_1 x_i)^2 \tag{11.2.7}$$

就反映了全部观察值与回归直线间总的偏离程度。显然，Q 的值越小，说明回归直线对所有试验数据的拟合程度越好。所谓最小二乘法，就是由

$$Q(\hat{\beta}_0, \hat{\beta}_1) = \min$$

来确定 $\hat{\beta}_0$ 和 $\hat{\beta}_1$ 的方法，即最小二乘法是根据残差平方和最小化来确定回归系数的。显然，由最小二乘法配出的直线与全部数据 (y_i, x_i) 间的偏离程度是所有直线中最小的。最小二乘法的原理如图 11.4 所示。

由微分学的知识可知，$\hat{\beta}_0$ 和 $\hat{\beta}_1$ 是以下方程组的解。

$$\begin{cases} \dfrac{\partial Q}{\partial \hat{\beta}_0} = -2\sum_i (y_i - \hat{\beta}_0 - \hat{\beta}_1 x_i) = 0 \\ \dfrac{\partial Q}{\partial \hat{\beta}_1} = -2\sum_i (y_i - \hat{\beta}_0 - \hat{\beta}_1 x_i) x_i = 0 \end{cases} \tag{11.2.8}$$

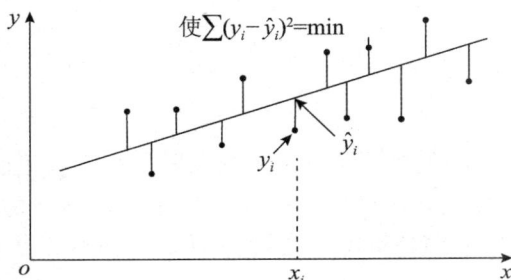
图 11.4　最小二乘法原理

由式(11.2.8)可解得

$$\begin{cases} \hat{\beta}_0 = \overline{y} - \hat{\beta}_1 \overline{x} \\ \hat{\beta}_1 = \dfrac{\sum_i (x_i - \overline{x})(y_i - \overline{y})}{\sum_i (x_i - \overline{x})^2} \end{cases} \tag{11.2.9}$$

式中，$\overline{x} = \dfrac{1}{N}\sum_i x_i$；

$\overline{y} = \dfrac{1}{N}\sum_i y_i$。

式(11.2.9)就是参数 β_0 和 β_1 的**最小二乘估计**，也称为**普通最小二乘估计**，记为 OLSE(ordinary least square estimator)。

如果数据较少，可以使用计算器计算最小二乘回归系数。而当数据量较大时，只能利用计算机软件求解和对其进行输出结果的分析。

将 $\hat{\beta}_0 = \overline{y} - \hat{\beta}_1 \overline{x}$ 代入回归方程式(11.2.5)，可得

$$\hat{y} - \overline{y} = \hat{\beta}_1 (x - \overline{x}) \tag{11.2.10}$$

可知回归直线是经过点 $(\overline{x}, \overline{y})$ 的。

由于用软件求解回归方程时将同时给出对回归方程和回归系数的显著性检验结果，故具体求解方法将在有关内容之后再介绍。

11.2.3 最小二乘估计 $\hat{\beta}_0$ 和 $\hat{\beta}_1$ 的性质

以下关于最小二乘估计 $\hat{\beta}_0$, $\hat{\beta}_1$ 性质的讨论，能够为我们带来许多有用的信息。可以证明，在满足经典假设的条件下，普通最小二乘估计 $\hat{\beta}_0$, $\hat{\beta}_1$ 有如下重要性质。

(1) $\hat{\beta}_0$ 和 $\hat{\beta}_1$ 分别是参数 β_0 和 β_1 的一致最小方差无偏估计。

由此可见，最小二乘估计 $\hat{\beta}_0$, $\hat{\beta}_1$ 分别是参数 β_0 和 β_1 的优良估计。

(2) $\hat{\beta}_0$, $\hat{\beta}_1$ 的方差分别为

$$D(\hat{\beta}_0) = \sigma^2 \left[\frac{1}{N} + \frac{\overline{x}^2}{\sum_i (x_i - \overline{x})^2} \right] \tag{11.2.11}$$

$$D(\hat{\beta}_1) = \frac{\sigma^2}{\sum_i (x_i - \overline{x})^2} \tag{11.2.12}$$

我们了解到，方差反映随机变量取值的离散程度。估计量 $\hat{\beta}_0$, $\hat{\beta}_1$ 的方差越小，对未知参数 β_0, β_1 估计的精度就越高，$\hat{\beta}_0$, $\hat{\beta}_1$ 的取值也将越集中在未知参数 β_0, β_1 的真值附近。式(11.2.11)和式(11.2.12)表明，回归系数 $\hat{\beta}_0$ 和 $\hat{\beta}_1$ 对参数 β_0 和 β_1 的估计精度不仅与 σ^2 和样本容量 N 有关，而且与各 x_i 值的分散程度有关。样本容量 N 越大，x_i 的取值越分散，$\hat{\beta}_0$, $\hat{\beta}_1$ 的方差就越小，对参数 β_0 和 β_1 的估计也就越精确；反之，估计的精度则越差。了解这一点，对于指导试验(抽样)安排具有非常重要的意义。

11.2.4 回归方程的显著性检验

在实际问题中，变量间的相关关系是非常复杂的，人们根据问题的实际背景或有关专业理论知识所建立的回归模型，只是对变量间相关关系的一种假设和简化。所做的假设是否基本符合变量间实际存在的相互关系，则还需要用统计学的原理进行检验。对于一元线性回归模型，如果变量 Y 与 X 之间并不存在线性相关关系，则模型(11.2.1)中一次项的系数 β_1 应为 0；反之，β_1 就应当显著地不为 0。故对一元线性回归模型，要检验的原假设为

$$H_0 : \beta_1 = 0 \tag{11.2.13}$$

对回归方程的检验，采用的仍是方差分析的方法，需要将 Y 的观察值 $y_1, y_2, \cdots, y_N$ 之间的差异进行分解。由式(11.2.4)可知，$y_1, y_2, \cdots, y_N$ 之间的差异是由以下两方面的原因引起的：

(1) 解释变量 X 的取值 $x_1, x_2, \cdots, x_N$ 不同；

(2) 其他因素和试验误差的影响。

1. 偏差平方和的分解

为检验以上两方面中哪一个对 Y 取值的影响是主要的，需要将它们各自对 y_i 取值的影响，从 y_i 间总的差异中分解出来。与方差分析类似，可以用全部观察值 y_i 与其平均值 $\overline{y}$ 的偏差平方和来刻画 y_i 间总的波动量，称

$$S_T = \sum_i (y_i - \overline{y})^2 \tag{11.2.14}$$

为**总的偏差平方和**。将 S_T 进行如下分解，即

$$
\begin{aligned}
S_T &= \sum_i (y_i - \overline{y})^2 \\
&= \sum_i (y_i - \hat{y}_i + \hat{y}_i - \overline{y})^2 \\
&= \sum_i (y_i - \hat{y}_i)^2 + \sum_i (\hat{y}_i - \overline{y})^2 \\
&\hat{=} S_E + S_R
\end{aligned}
\tag{11.2.15}
$$

并称

$$S_R = \sum_i (\hat{y}_i - \overline{y})^2 \tag{11.2.16}$$

为**回归平方和**，它主要是由解释变量 X 的取值 x_i 的不同引起的，其大小反映了模型中 X 的一次项对 Y 影响的重要程度。称

$$S_E = \sum_i (y_i - \hat{y}_i)^2 \tag{11.2.17}$$

为**剩余平方和**(或残差平方和)，它主要是由随机误差和其他因素的影响引起的。

S_T、S_R 和 S_E 本身并没有太大意义，但是回归平方和(S_R)与总平方和(S_T)的比值表示回归模型中由自变量 X 解释的 Y 的偏差部分。这个比值称为判定系数 r^2，定义如下。

$$r^2 = \frac{回归平方和}{总平方和} = \frac{S_R}{S_T} \tag{11.2.18}$$

判定系数度量了回归模型中由自变量 X 解释的 Y 的偏差部分。譬如当 $r^2 = 0.9$，说明自变量 X 能解释 Y 90%的偏差，表示两者之间存在很强的正线性关系；而剩余10%的偏差是由除 X 外的其他因素引起的。在 Excel 分析中，判定系数用"R Square"表示。

2. 线性假设的显著性检验

可以运用两种方法对总体斜率 β_1 进行假设检验。

一种方法是 t 检验。

可以证明，当 H_0 为真时($\beta_1 = 0$)，统计量

$$t = \frac{\hat{\beta}_1 - \beta_1}{S_{b_1}} \sim t(N-2) \tag{11.2.19}$$

其中，$S_{b_1} = \dfrac{S_{YX}}{\sqrt{\text{SSX}}}$；$S_{YX} = \sqrt{\dfrac{\sum_{i=1}^N (Y_i - \hat{Y}_i)^2}{N-2}}$；$\text{SSX} = \sum_{i=1}^N (X_i - \overline{X})^2$。

检验统计量 t 服从自由度为 $N-2$ 的 t 分布。在 Excel 结果中，t 统计量被标注为"t Stat"。

另一种方法是 F 检验。

用回归平方和 S_R 与剩余平方和 S_E 来构造检验 H_0 的统计量。可以证明，当 H_0 为真时，

统计量

$$F = \frac{S_R}{S_E/(N-2)} \sim F(1, N-2) \tag{11.2.20}$$

其中，S_E 服从自由度为 $N-2$ 的 χ^2 分布；而当 H_0 为真时，S_R 服从自由度为 1 的 χ^2 分布，且与 S_E 相互独立。故在给定显著性水平 α 下，若

$$F > F_\alpha(1, N-2) \tag{11.2.21}$$

就拒绝 H_0，并称回归方程是显著的，说明回归模型与回归方程合理反映了解释变量与被解释变量间的相关关系，可以用来进行预测和控制；反之，则称回归方程无显著意义。若回归方程不显著，则可能有以下原因：

(1) Y 与 X 之间并不是线性相关关系；

(2) 模型中疏漏了对 Y 有重要影响的其他解释变量；

(3) Y 与 X 间基本不相关；

(4) 试验(观察)误差过大。

应在查明原因后，重新建立更为合理的回归模型，或重新获取更准确的样本数据。

上述检验过程同样可以列成表 11.2 所示的方差分析表。

表 11.2　方差分析表

来源	平方和	自由度	均方和	F 比
回归	S_R	1	S_R	$\dfrac{S_R}{S_E/(N-2)}$
剩余	S_E	$N-2$	$S_E/(N-2)$	
总和	S_T	$N-1$		

3. 回归系数 $\hat{\beta}_1$ 的置信区间

当回归效果显著时，我们通常需要对 $\hat{\beta}_1$ 进行区间估计。实际上，由式(11.2.19)可知，在置信度为 α 的情况下，$\hat{\beta}_1$ 的置信区间为

$$\hat{\beta}_1 \pm t_{\alpha/2}(N-2) \times S_{b_1} \tag{11.2.22}$$

在 Excel 中给出了 $\alpha = 0.05$ 时的默认置信区间。

4. 用 Excel 求解实例

【例 11.2】　用 Excel 软件求解分析例 11.1 所给出的问题。

解：在 Excel 中，一元线性回归和多元线性回归的求解过程是完全相同的，其具体操作步骤如下。

(1) 如图 11.5 所示输入样本数据，需注意每个变量的数据要输入在一列中；如果有多个解释变量，则它们必须录入在相邻的列中。

操作视频

(2) 执行【数据】→【数据分析】→【回归】命令，打开【回归】对话框，如图 11.6 所示。

	A	B	C	D
1	消费量Y	价格X		
2	3	4		
3	3.8	4		
4	2.6	4.8		
5	2.8	5.4		
6	2	6		
7	2.9	6		
8	1.9	7		
9	2.2	7.2		
10	1.9	7.6		
11	1.2	8		
12	1.5	9		
13	1.6	10		

图 11.5　数据输入格式

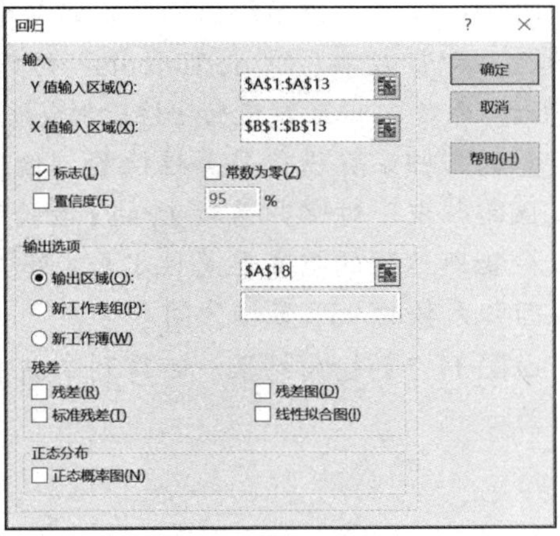

图 11.6　【回归】对话框

（3）分别选定 Y 和 X 的输入区域。若勾选【标志】复选框，则将明确 A1 和 B1 单元格中的值为标志值；若勾选【常数为零】复选框，则回归方程将不含常数项，通常不应选择此项。选定【置信度】复选框，可以改变系统默认的置信度，系统会按给定的置信度输出各回归参数的置信区间。

（4）选定输出区域，单击【确定】按钮，系统即输出运行结果，如图 11.7 所示。

	A	B	C	D	E	F	G	H	I
18	SUMMARY OUTPUT								
19									
20	回归统计								
21	Multiple R	0.860747							
22	R Square	0.7408854							
23	Adjusted R Square	0.714974							
24	标准误差	0.4007052							
25	观测值	12							
26									
27	方差分析								
28		df	SS	MS	F	Significance F			
29	回归分析	1	4.59102	4.59102	28.59297	0.000324878			
30	残差	10	1.605647	0.160565					
31	总计	11	6.196667						
32									
33		Coefficients	标准误差	t Stat	P-value	Lower 95%	Upper 95%	下限 95.0%	上限 95.0%
34	Intercept	4.5216114	0.434275	10.41187	1.1E-06	3.553987328	5.489236	3.553987	5.489236
35	价格X	-0.339992	0.063583	-5.34724	0.000325	-0.48166257	-0.19832	-0.48166	-0.19832

图 11.7　输出结果

输出结果说明：

① "回归统计"中，"Multiple R"为复相关系数，它是判定系数 r^2 的平方根（即 r），又称为相关系数，用于衡量变量 X 和 Y 之间相关程度的大小；"R Square"为判定系数 r^2；"Adjusted R Square"为修正的判定系数 $\bar{r}^2$，其计算公式为 $\left(S_R - \dfrac{S_E}{N-2}\right)/S_T$；"标准误差"为对模型中 σ 的点估计 $\hat{\sigma}$ 的值，其值为 $\sqrt{S_E/(N-2)}$，该值在求 Y 的预测区间和控制范围时会用到。

② 方差分析表中，"Significance F"为对回归方程检验所达到的临界显著性水平，即 P 值；方差分析表中其余各项的含义与第 9 章的方差分析结果相同。

③ 图 11.7 中最后给出的是各回归系数及对回归系数的显著性检验结果。"Intercept"为截距，即常数项；"Coefficients"为回归系数；"标准误差"为回归系数标准差的估计；"t Stat"为对回归系数进行 t 检验时 t 统计量的值。在多元线性回归中，还需要对每个解释变量的回归系数进行显著性检验，但通常并不需要考虑对常数项 β_0 的检验结果。在一元线性回归中，对回归系数 β_1 的 t 检验结果与回归方程的检验结果是相同的；"P-Value"为 t 检验所达到的临界显著性水平，即 P 值；"Lower 95.0%"和"Upper 95.0%"分别给出了各回归系数的 95%置信区间。

由图 11.7 的输出结果，可得到本例中的回归系数为 $\hat{\beta}_0 = 4.52$，$\hat{\beta}_1 = -0.34$，故所求回归方程为

$$\hat{Y} = 4.52 - 0.34X$$

即该食品的价格每上涨 1 元，家庭月平均消费量将下降 0.34 千克。其中，$\hat{\beta}_0 = 4.25$ 千克可视为该食品的家庭月平均最大需求量。

由于 Significance F = 0.000 32<0.001，由此可知回归方程是极高度显著的，这表明该回归模型和回归方程合理地反映了该食品的家庭月平均消费量与价格之间的相关关系，可以用于进行预测和控制。

11.2.5 预测和控制

回归分析的目的，除了揭示变量间客观存在的相关关系外，更主要的是可以借助通过检验的回归方程，对被解释变量展开预测和控制。这种分析方法在经济与管理领域中有着非常重要的应用价值。

1. 预测

所谓预测，就是对解释变量 X 的某一给定值 x_0，在给定的水平 α 下，估计被解释变量的对应值 y_0 的置信度为 $1-\alpha$ 的预测区间，类似于区间估计问题。

对 X 的任一给定值 x_0，由回归方程可得 y_0 的回归值

$$\hat{y}_0 = \hat{\beta}_0 + \hat{\beta}_1 x_0 \tag{11.2.23}$$

它是 y_0 条件期望的一个点估计。

记 y_0 的置信度为 $1-\alpha$ 的预测区间为 $(\hat{y}_0 - d, \hat{y}_0 + d)$，即满足

$$P\{\hat{y}_0 - d < y_0 < \hat{y}_0 + d\} = 1-\alpha \tag{11.2.24}$$

其中，

$$d = t_{\alpha/2}(N-2)\sqrt{\left[1 + \frac{1}{N} + \frac{(x_0 - \bar{x})^2}{\sum_i (x_i - \bar{x})^2}\right] S_E/(N-2)} \tag{11.2.25}$$

式(11.2.25)说明，预测区间的大小(反映了预测精度)不仅与水平 α、样本容量 N 及各 x_i 值的分散程度有关，而且和 x_0 的值有关。x_0 越靠近 $\bar{x}$，d 就越小；反之，x_0 越远离 $\bar{x}$，d 就越大。因此，在给定样本数据及 α 后，d 是 x_0 的函数 $d(x_0)$。在如图 11.8 所示的平面中分别绘制 $y=\hat{y}-d(x_0)$ 和 $y=\hat{y}+d(x_0)$ 的图形，则这两条曲线将回归直线夹在当中，两头呈喇叭形，且在 $x=\bar{x}$ 处最窄。

由此可知，预测精度是随 x_0 远离 $\bar{x}$ 而逐渐降低的。

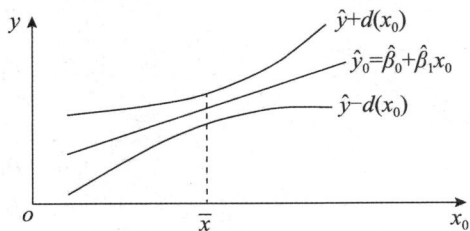

图 11.8　预测区间与 x_0 的关系

当样本容量较大时，式(11.2.25)方括号内的值就近似于 1，此时可用式(11.2.26)求得 d 的近似值

$$d \approx t_{\alpha/2}(N-2)\sqrt{S_E/(N-2)} \tag{11.2.26}$$

式中的 $\sqrt{S_E/(N-2)}$ 称为标准误差，它是模型中 σ 的估计值，在 Excel 的回归分析结果中已描述了该标准误差值。

【例 11.3】 对例 11.1 所提出的问题，求当该食品价格为 5.6 元/千克时，家庭月平均消费量的置信度为 90%的预测区间。

解： 由软件的输出结果得到 $\sqrt{S_E/(N-2)}=0.4007$，将 $x_0=5.6$ 代入回归方程，得 $\hat{y}_0=4.52-0.34\times5.6=2.62$，则

$$d \approx t_{0.05}(10)\sqrt{S_E/(N-2)}=1.8125\times0.4007=0.73$$

$$(\hat{y}_0-d,\ \hat{y}_0+d)=(1.89, 3.35)$$

故所求预测区间为(1.89, 3.35)。由于本案例中的 N=12 较小，故预测精度是不高的。

2. 控制

控制问题在质量管理及微观和宏观经济管理领域有着广泛的应用，它是预测的反问题。具体而言，当我们期望以 $1-\alpha$ 的概率，将被解释变量 Y 的值控制在某一给定范围(y_1, y_2)内时，应当将解释变量 X 控制在怎样的范围内。我们无法直接控制 Y，但可以通过控制 X 来实现对 Y 的间接控制。因此，也就是要寻找 X 的两个值 x_1 和 x_2，当 $x\in(x_1, x_2)$ 时，可在 $1-\alpha$ 的置信度下使 $y_1<y<y_2$，即要使

$$p\{y_1<y<y_2\,|\,x_1<x<x_2\}=1-\alpha \tag{11.2.27}$$

如图 11.9 所示。

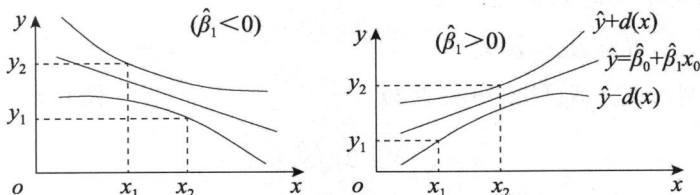

图 11.9　控制问题示意图

由图 11.9 可知，x_1 和 x_2 应是以下方程组的解

$$\begin{cases} \hat{\beta}_0 + \hat{\beta}_1 x_1 - d(x_1) = y_1 \\ \hat{\beta}_0 + \hat{\beta}_1 x_2 + d(x_2) = y_2 \end{cases} \quad (\hat{\beta}_1 > 0) \tag{11.2.28}$$

或

$$\begin{cases} \hat{\beta}_0 + \hat{\beta}_1 x_2 - d(x_2) = y_1 \\ \hat{\beta}_0 + \hat{\beta}_1 x_1 + d(x_1) = y_2 \end{cases} \quad (\hat{\beta}_1 < 0) \tag{11.2.29}$$

倘若由以上方程组解出的 $x_1 > x_2$，则表明所要求的控制目标无法实现，也即对 y 的控制范围不能定得过小(也与 α、样本容量 N 及 x_i 的分散程度等有关)。

由式(11.2.28)或式(11.2.29)解出 x_1 和 x_2 比较麻烦，当样本容量 N 足够大时，就可用式(11.2.26)作为 d 的近似值，此时式(11.2.28)和式(11.2.29)可简化为

$$\begin{cases} \hat{\beta}_0 + \hat{\beta}_1 x_1 - d = y_1 \\ \hat{\beta}_0 + \hat{\beta}_1 x_2 + d = y_2 \end{cases} \quad (\hat{\beta}_1 > 0) \tag{11.2.30}$$

或

$$\begin{cases} \hat{\beta}_0 + \hat{\beta}_1 x_2 - d = y_1 \\ \hat{\beta}_0 + \hat{\beta}_1 x_1 + d = y_2 \end{cases} \quad (\hat{\beta}_1 < 0) \tag{11.2.31}$$

如图 11.10 所示。

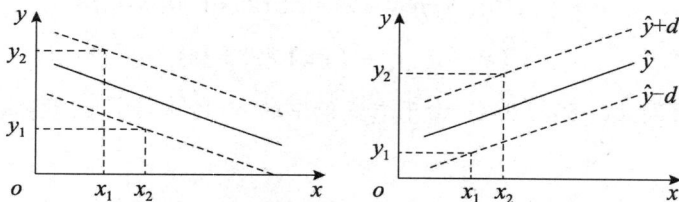

图 11.10 近似控制

以上讨论的都是双侧控制问题，而在实际应用中往往要求的是单侧控制。请看下例。

【例 11.4】 在例 11.1 所提出的问题中，若厂方或销售商希望该食品的家庭月平均消费量能以 90% 的概率达到 2.5 千克以上，应将价格控制在什么水平之下？

解：显然，这是个单侧控制。由图 11.11 可知，所提的目标也就是要确定 x_2 的值，使

$$\hat{\beta}_0 + \hat{\beta}_1 x - d > 2.5$$

对于单侧控制问题，式(11.2.26)应改为

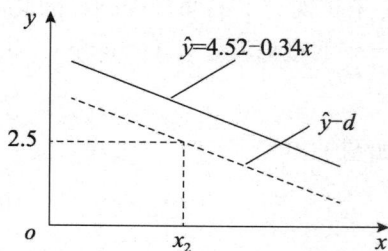

图 11.11 单侧控制

$$d \approx t_\alpha (N-2) \sqrt{S_E/(N-2)}$$

在本例中，$d = t_{0.1}(10) \sqrt{S_E/(N-2)} = 1.3722 \times 0.4007 = 0.55$

由 $4.52 - 0.34x - 0.55 > 2.5$，可解得 $x < 4.32$，故应将该食品价格控制在 4.32 元/千克之下。

应用案例 11.1 解答: 下面我们将综合利用前面学习的各个知识点来解决问题。具体求解过程描述如下。

1. 建立回归模型

为分析抗拉强度和延伸率这两项指标与含碳量之间的关系,就需要建立反映它们之间相关关系的回归模型。设 Y_1、Y_2 分别为该合金钢的抗拉强度和延伸率,X 为含碳量,则

$$Y_1 = \beta_{01} + \beta_1 X + \varepsilon_1$$
$$Y_2 = \beta_{02} + \beta_2 X + \varepsilon_2$$

分别为该合金钢的抗拉强度和延伸率关于含碳量的一元线性回归方程。

2. 收集样本数据

为分析抗拉强度和延伸率这两项指标与含碳量之间的关系,需要有关该合金钢的含碳量与抗拉强度及延伸率的样本数据,这在该厂质量检验科的数据库中可以查到。该厂质量控制部门查阅了这种合金钢的质量检验记录,在剔除了异常情况后,整理了该合金钢的上述两项指标与含碳量的 92 炉实测数据以供分析,如表 11.3 所示。其中,x 为含碳量;y_1、y_2 分别为抗拉强度和延伸率。

表 11.3 某合金钢的含碳量与性能的实测数据

x	y_1	y_2	x	y_1	y_2	x	y_1	y_2
0.03%	40.5	40.0%	0.10%	43.5	39.0%	0.13%	47.5	37.0%
0.04%	41.5	34.5%	0.10%	40.5	39.5%	0.13%	49.5	37.0%
0.04%	38.0	43.5%	0.10%	44.0	39.5%	0.14%	49.0	40.0%
0.05%	42.5	41.5%	0.10%	42.5	37.5%	0.14%	41.0	41.5%
0.05%	40.0	41.0%	0.10%	41.5	39.5%	0.14%	43.0	42.0%
0.05%	41.0	40.0%	0.10%	37.0	40.0%	0.14%	47.5	39.0%
0.05%	40.0	37.0%	0.10%	43.0	40.5%	0.15%	46.0	40.5%
0.06%	43.0	37.5%	0.10%	41.5	36.5%	0.15%	49.0	38.0%
0.06%	43.5	40.0%	0.10%	45.0	39.5%	0.15%	39.5	40.5%
0.07%	39.5	36.0%	0.10%	41.0	44.0%	0.15%	55.0	34.5%
0.07%	43.0	41.0%	0.11%	42.5	31.5%	0.16%	48.0	33.0%
0.07%	42.5	38.5%	0.11%	42.0	36.0%	0.16%	48.5	36.5%
0.08%	42.0	40.0%	0.11%	42.0	35.5%	0.16%	51.0	34.5%
0.08%	42.0	35.5%	0.11%	46.0	38.5%	0.16%	48.0	37.0%
0.08%	42.0	42.0%	0.11%	45.5	39.0%	0.17%	53.0	36.5%
0.08%	41.5	38.5%	0.12%	49.0	41.0%	0.18%	50.0	37.0%
0.08%	42.0	39.5%	0.12%	42.5	40.5%	0.20%	52.5	33.0%
0.08%	41.5	32.5%	0.12%	44.0	39.5%	0.20%	55.5	33.0%
0.08%	42.0	36.5%	0.12%	42.0	38.5%	0.20%	57.0	31.0%
0.09%	42.5	34.5%	0.12%	43.0	39.0%	0.21%	56.0	33.5%
0.09%	39.5	38.0%	0.12%	46.5	40.5%	0.21%	52.5	36.5%
0.09%	43.5	41.0%	0.12%	46.5	42.0%	0.21%	56.0	32.5%
0.09%	39.0	41.5%	0.13%	43.0	37.0%	0.23%	60.0	32.4%
0.09%	42.5	36.0%	0.13%	46.0	38.0%	0.24%	56.0	34.5%
0.09%	42.0	42.5%	0.13%	43.0	39.5%	0.24%	53.0	34.0%

续表

x	y_1	y_2	x	y_1	y_2	x	y_1	y_2
0.09%	43.0	38.5%	0.13%	44.5	36.5%	0.24%	53.0	34.0%
0.09%	43.0	40.5%	0.13%	49.5	39.0%	0.25%	54.5	35.5%
0.09%	44.5	39.5%	0.13%	43.0	39.0%	0.26%	61.5	33.3%
0.09%	43.0	40.5%	0.13%	45.5	39.5%	0.29%	59.5	31.0%
0.09%	45.0	36.5%	0.13%	44.5	41.0%	0.32%	64.0	32.0%
0.09%	45.5	40.5%	0.13%	46.0	39.5%	—	—	—

3. 用软件求解回归系数并进行显著性检验

用 Excel 分别求解本案例的两个回归方程，可得 $\hat{\beta}_{01}$=34.7728，$\hat{\beta}_1$=87.8269，从而得到抗拉强度和含碳量间的线性回归方程为

$$\hat{Y}_1 = 34.7728+87.8269X$$

由输出的方差分析表可得，Significance F=2.05E-32<0.001，回归方程极高度显著。此外，还可得到标准误差为 $\sqrt{S_{1E}/(N-2)}$=2.6088，这一数据在求解控制问题时需要用到。

同样可得 $\hat{\beta}_{02}$=41.8075，$\hat{\beta}_2$=−31.6092，从而得到延伸率与含碳量间的回归方程为

$$\hat{Y}_2 = 41.8075-31.6092X$$

再由输出的方差分析表可得，Significance F=3.69E-10<0.001，回归方程也是极高度显著的。同时还得到标准误差为 $\sqrt{S_{1E}/(N-2)}$=2.4669，这一数据在求解控制问题时也要用到。

4. 求含碳量的控制范围

由于所得到的两个回归方程都是极高度显著的，因此可以用来进行控制。由本案例所给的质量控制要求：抗拉强度 Y_1 大于 32 千克/平方毫米，延伸率 Y_2 大于 33%，可知对两个指标抗拉强度 Y_1 和延伸率 Y_2 都是单侧控制要求，即要求含碳量 X 的控制范围应使以下两式同时满足

$$P\{\hat{Y}_1 - d_1 >32\} = 0.99$$
$$P\{\hat{Y}_2 - d_2 >33\} = 0.99$$

由于在本例中样本容量 N=92 很大，因此可用近似公式求解 d_1 和 d_2 的值。α=0.01，$t_\alpha(N-2)=t_{0.01}(90)$ 在 t 分布表中通常查不到，由标准正态分布是 t 分布的极限分布可知，此时可用标准正态分布的右侧分位点 $Z_{0.01}$ 来代替 $t_{0.01}(90)$。查表可得 $Z_{0.01}$=2.33。于是，

$$d_1=Z_{0.01}\sqrt{S_{1E}/(N-2)}=2.33\times2.6088 = 6.0785$$
$$d_2=Z_{0.01}\sqrt{S_{2E}/(N-2)}=2.33\times2.4669 = 5.7479$$

如图 11.12 所示，可得

$$\begin{cases} 34.7728 + 87.8269X - 6.0785 > 32 \\ 41.8075 - 31.6092X - 5.7479 > 33 \end{cases}$$

解此不等式组，得

$$0.0376 < X < 0.0968$$

故只要在冶炼中将含碳量控制在 0.04%～0.09%，就可以有 99% 的把握使该合金钢的抗拉强度大于 32 千克/平方毫米，延伸率大于 33%。

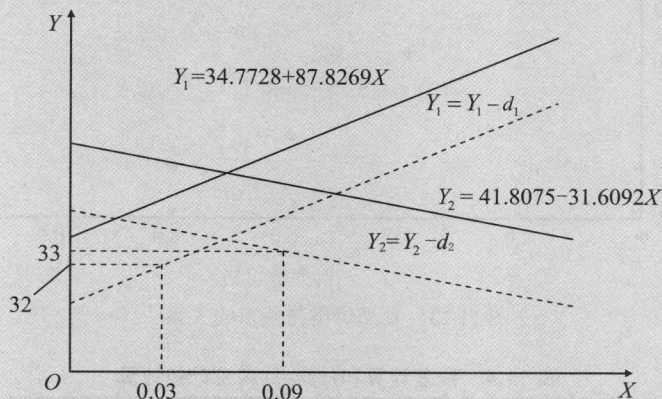

图 11.12 含碳量控制

11.3 残 差 分 析

残差分析主要用于评估回归分析假设并确定所选回归模型是否合适。

由第 11.1.3 节中的假设条件可知，回归分析需要一些前提假设条件。由"各 $\varepsilon_i \sim N(0, \sigma^2)$，且相互独立"这一假设可知，回归分析具有三项基本假设：①误差独立性；②误差正态分布；③等方差。此外，由于是线性回归，所以也假设变量之间的关系是④线性关系。这 4 项假设是否成立可通过残差分析进行评估。

1. 线性

要评估线性，先在与横轴自变量 X_i 值相对应的纵轴上标出残差，形成残差图。根据第 11.1.3 节中的假设条件"解释变量与随机误差项不相关"，如果线性模型适合，那么在残差图中，解释变量和残差之间就不会有明显的图形关系。但是，如果线性模型不适合，解释变量和残差之间就会存在某种关系。例如，图 11.13 就是应用例 11.2 的回归系数得到的残差图(残差的计算如表 11.4 所示)。可以看出残差与自变量之间没有明显的关系，残差基本上在 0 上下均匀分布，因此可得出结论，线性模型适合解释食品的家庭月平均消费量与价格之间的关系。

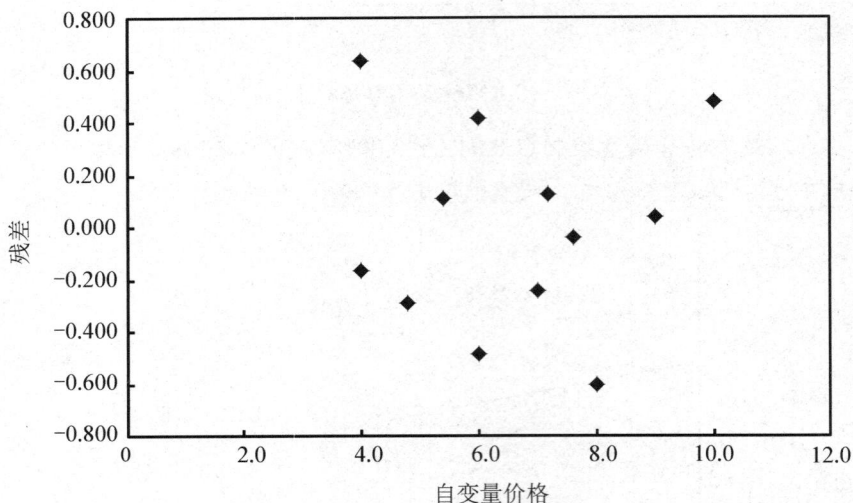

图 11.13 食品价格与残差的关系

表 11.4 残差计算和杜宾-瓦森统计量计算

消费量 Y	预测消费量	残差 e	e^2	$e(i+1)-e(i)$	$[e(i+1)-e(i)]^2$
3.0	3.161 644 99	-0.162	0.026 129		
3.8	3.161 644 99	0.638	0.407 497	0.800	0.64
2.6	2.889 651 70	-0.290	0.083 898	-0.928	0.861 196 462
2.8	2.685 656 74	0.114	0.013 174	0.404	0.163 211 931
2.0	2.481 661 77	-0.482	0.231 998	-0.596	0.355 222 003
2.9	2.481 661 77	0.418	0.175 007	0.900	0.81
1.9	2.141 670 16	-0.242	0.058 404	-0.660	0.435 611 079
2.2	2.073 671 84	0.126	0.015 959	0.368	0.135 422 765
1.9	1.937 675 20	-0.038	0.001 419	-0.164	0.026 897 101
1.2	1.801 678 56	-0.602	0.362 017	-0.564	0.318 099 787
1.5	1.461 686 95	0.038	0.001 468	0.640	0.409 589 257
1.6	1.121 695 34	0.478	0.228 775	0.440	0.193 592 614
			1.605 745		4.348 842 998
				杜宾-瓦森统计量 D	2.708 302

2. 正态性

可以将残差绘制成频率分布直方图,以此进行正态性假设评估。通过对比真实值的残差图与理论上的残差图,或者构建残差的正态概率图,可以评估正态假设。如果不做特别说明,一般情况下,本书中所考虑的例子都服从正态分布;即使是偏离正态分布的数据,也可以根据中心极限定理转化为正态分布。因此,一般情况下不过多考虑正态分布这一假设条件。

3. 误差独立性

可以按照时间顺序绘制残差图来评估误差独立性假设。如果是多个时期的数据，在连续的观测值之间可能存在自相关效应(见第 13 章时间序列的数据)。在这种情况下，连续的残差之间会存在一定的关系。如果存在这样的关系，就违反了独立性假设，并且会在残差与时间的关系图上体现出来。我们也可以运用杜宾-瓦森统计量检验自相关，该统计量表述为

$$D = \frac{\sum_{i=2}^{n}(e_i - e_{i-1})^2}{\sum_{i=1}^{n}e_i^2} \tag{11.3.1}$$

式中，e_i 表示 i 时的残差；分子 $\sum_{i=2}^{n}(e_i - e_{i-1})^2$ 表示从第 1 个残差到第 n 个残差之间每两个连续残差的平方和；分母 $\sum_{i=1}^{n}e_i^2$ 表示残差平方和。

计算 D 值后，可以与附录 G 中的临界值做比较。表中的 d_L 是临界下值，d_U 是临界上值。如果 $D < d_L$，则表示残差存在正相关；如果 $D > d_U$，则表示残差中没有正自相关。如果 $d_L < D < d_U$，则不能得出确定的结论，残差独立性仍需进一步分析。临界值大小与所选择的显著性水平 α、样本容量 n 和模型中的自变量个数 k(一元线性回归中 $k=1$)有关。

例 11.2 中该食品的家庭月平均消费量与价格间数据的 D 统计量计算过程如表 11.4 所示，最后得到 $D = 2.7083$。在显著性水平 $\alpha = 0.05$ 的情况下，$n=12$，$k=1$，查附录 G 可知，$D = 2.7083 > d_U$，说明残差不存在正自相关性，符合误差独立性假设。

4. 等方差性

可以运用残差与 X_i 的关系图评估等方差性。当 X_i 值不同，残差之间似乎没有大的偏差时，可以认为在每个 X 水平下没有明显违背等方差假设。

举一个违背等方差假设的例子。图 11.14 显示了一组虚拟数据的残差与 X_i 的关系。残差的偏差随着 X 的增大而急剧增大，这表明在每个 X_i 水平下 Y_i 的方差不相等。在这种情况下，等方差假设失效，就不能运用和构建线性回归模型。

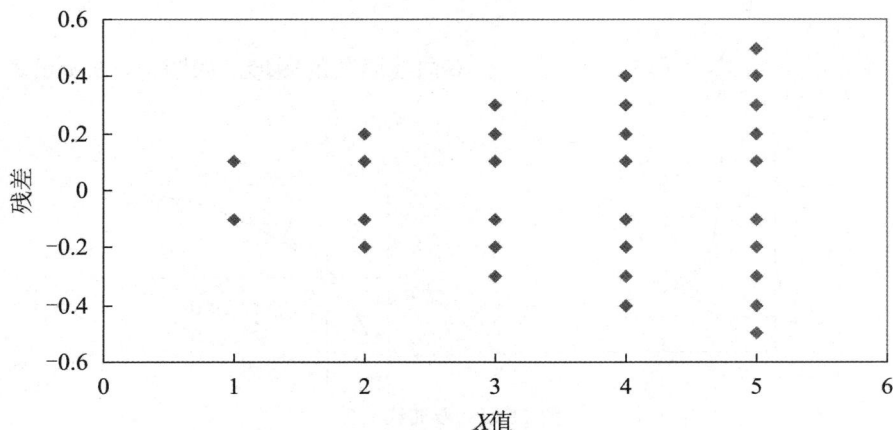

图 11.14 违背等方差假设的残差

如果要在 Excel 回归分析的同时输出残差图，可以在图 11.6 所示的【回归】对话框中选中【残差】和【残差图】复选框即可。

11.4　曲　线　回　归

在实际问题中，变量之间的相关关系有时是非线性的。这时，回归分析的任务就是为它们配置恰当的曲线。在许多情况下，两个变量之间的非线性关系可以通过简单的变量代换转化为线性关系，从而就可以运用线性回归方法进行求解和分析。

11.4.1　曲线回归的分析步骤

1. 确定函数类型

正确选择变量间相关关系的函数类型，是提高曲线拟合精度的关键所在。一般而言，既可根据有关专业的理论知识予以明确，也可通过分析样本数据的散点图来判定。恰当的曲线类型很难一次精准选定，通常需要为样本数据适配几种可能的曲线，通过对比它们对样本数据的拟合情况，进而确定最理想的曲线类型。

2. 对样本数据做线性化变换

通过变量代换将非线性函数转化为线性函数，然后对样本数据进行线性化变换。

3. 用线性回归方法求解和分析

运用前面所讲述的线性回归方法进行最小二乘估计，对回归方程进行显著性检验，同样也可以进行预测和控制。

11.4.2　常用曲线的线性化方法

1. 双曲线函数 $\dfrac{1}{Y} = a + \dfrac{b}{X}$

令 $Y' = \dfrac{1}{Y}$，$X' = \dfrac{1}{X}$，得 $Y' = a + bX'$。双曲线函数的图形，如图 11.15 所示。

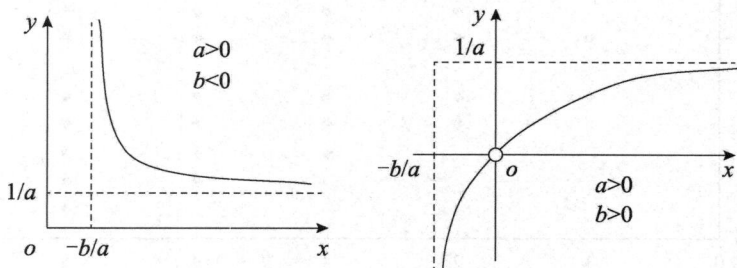

图 11.15　双曲线函数

2. 幂函数 $Y=aX^b$

(1) 若 $a>0$，则 $\ln Y = \ln a + b\ln X$。

令 $Y' = \ln Y$，$b_0 = \ln a$，$X' = \ln X$，得 $Y' = b_0 + bX'$。

(2) 若 $a<0$，则 $\ln(-Y) = \ln(-a) + b\ln X$。

令 $Y' = \ln(-Y)$，$b_0 = \ln(-a)$，$X' = \ln X$，得 $Y' = b_0 + bX'$。

$a>0$ 时幂函数的图形，如图 11.16 所示。

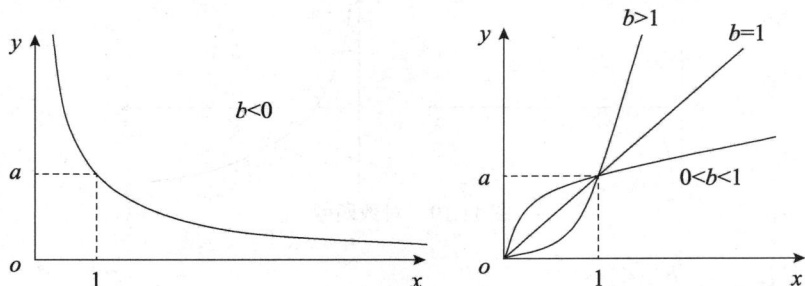

图 11.16　$a>0$ 时的幂函数

3. 指数函数 $Y=ae^{bx}$

(1) 若 $a>0$，则 $\ln Y = \ln a + bX$。

令 $Y' = \ln Y$，$b_0 = \ln a$，得 $Y' = b_0 + bX$。

(2) 若 $a<0$，则与幂函数中的情况同样处理。

指数函数的图形，如图 11.17 所示。

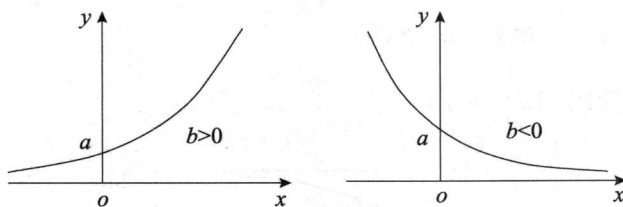

图 11.17　指数函数

4. 负指数函数 $Y = ae^{\frac{b}{X}}$

(1) 若 $a>0$，则 $\ln Y = \ln a + \dfrac{b}{X}$。

令 $Y' = \ln Y$，$b_0 = \ln a$，$X' = \dfrac{1}{X}$，得 $Y' = b_0 + bX'$。

(2) 若 $a<0$，则与幂函数中的情况同样处理。

负指数函数的图形，如图 11.18 所示。

5. 对数函数 $Y=a+b\ln X$

令 $X' = \ln X$，得 $Y = a + bX'$。

对数函数的图形，如图 11.19 所示。

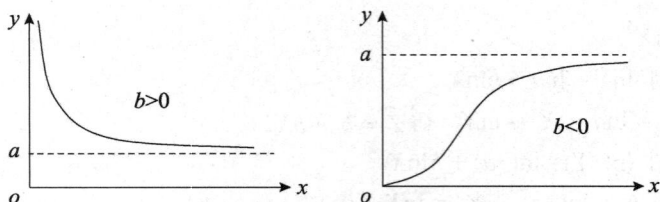

图 11.18 负指数函数

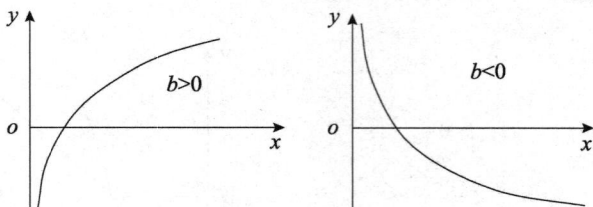

图 11.19 对数函数

6. 逆函数 $Y = a + \dfrac{b}{X}$

令 $X' = \dfrac{1}{X}$，得 $Y = a + bX'$。

逆函数也是一种双曲线函数，其图形如图 11.20 所示。

7. S 形曲线 $Y = \dfrac{1}{a + b\mathrm{e}^{-x}}$

令 $Y' = \dfrac{1}{Y}$，$X' = \mathrm{e}^{-X}$，得 $Y' = a + bX'$。

S 形曲线的图形如图 11.21 所示。

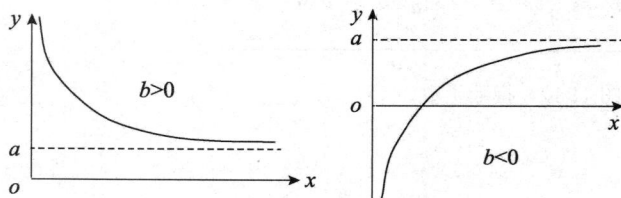

图 11.20 逆函数

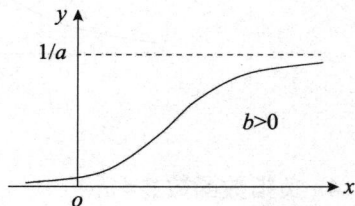

图 11.21 S 形曲线

了解以上函数曲线的图形，对于实际应用非常有用，因为它能帮助我们判断哪些曲线适合用于对样本数据进行拟合。

【例 11.5】对 10 家化妆品公司某年的产品销售额与当年广告费投入的调查数据如表 11.5 所示。试分析化妆品企业年销售额与年广告费投入之间的相关关系。

表 11.5 产品年销售额与年广告费投入

年广告费 x_i/百万元	2.0	3.0	4.5	5.4	6.0	6.8	7.6	8.2	9.5	10
年销售额 y_i/千万元	2.1	1.9	3.2	4.1	3.1	4.3	4.0	4.6	3.9	4.5

解：先用 Excel 对表 11.5 中的数据在 xoy 平面上绘制散点图，如图 11.22 所示。

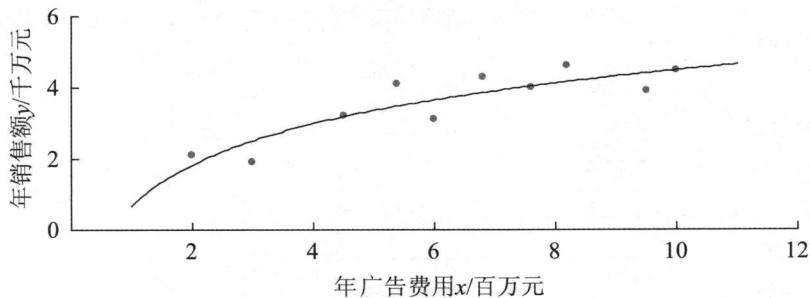

图 11.22 年广告费用与年销售额的散点图

由图 11.22 可知，Y 与 X 之间呈非线性相关关系，Y 随 X 的增加而增加，但增长率逐渐递减。根据这一特点，可试用以下两种曲线进行拟合：①幂函数；②对数函数。

(1) 设 Y 与 X 的回归模型为

$$Y = aX^{\beta_1}e^{\varepsilon}$$

令 $Y' = \ln Y$，$X' = \ln X$，$\beta_0 = \ln a$，则可转化为一元线性回归模型

$$Y' = \beta_0 + \beta_1 X' + \varepsilon$$

(2) 设 Y 与 X 的回归模型为

$$Y = \beta_0 + \beta_1 \ln X + \varepsilon$$

令 $X' = \ln X$，则可转化为线性回归模型

$$Y = \beta_0 + \beta_1 X' + \varepsilon$$

Excel 软件虽然没有直接提供曲线回归功能，但利用 Excel 的统计函数，可以便捷地对原数据进行对数变换，然后再调用回归功能。下面用 Excel 对例 11.5 进行分析。

(1) 如图 11.23 所示，在 A 列和 B 列中输入样本数据。

(2) 对数据进行变换。

操作视频

由于幂函数和对数函数的线性化中只需要使用对数变换，因此在本例中只需再分别求出 Y 和 X 样本数据的对数值 $y_i' = \ln(y_i)$ 和 $x_i' = \ln(x_i)$ 即可。

选定 C2 单元格，输入公式 "=LN(A2)"，然后拖动 C2 的填充柄将公式复制到 C3:C11 各单元格；选定 D2 单元格，输入公式 "=LN(B2)"，同样复制到 D3:D11 各单元格，结果如图 11.23 所示。

	A	B	C	D
1	销售额 Y	广告费 X	Y′	X′
2	2.1	2	0.741937	0.693147
3	1.9	3	0.641854	1.098612
4	3.2	4.5	1.163151	1.504077
5	4.1	5.4	1.410987	1.686399
6	3.1	6	1.131402	1.791759
7	4.3	6.8	1.458615	1.916923
8	4	7.6	1.386294	2.028148
9	4.6	8.2	1.526056	2.104134
10	3.9	9.5	1.360977	2.251292
11	4.5	10	1.504077	2.302585

图 11.23 数据的输入与变换

(3) 按幂函数进行曲线回归。

执行【数据】→【分析】→【数据分析】命令，在【回归】对话框中选定 C1:C11 为【Y

值输入区域】，选定 D1:D11 为【X值输入区域】即可。输出结果如图 11.24 所示。

	A	B	C	D	E	F	G	H	I
12	幂函数回归：								
13	SUMMARY OUTPUT								
14									
15	回归统计								
16	Multiple R	0.89442564							
17	R Square	0.79999722							
18	Adjusted R Square	0.77499688							
19	标准误差	0.14896569							
20	观测值	10							
21									
22	方差分析								
23		df	SS	MS	F	Significance F			
24	回归分析	1	0.710093	0.710093	31.99944	0.000477641			
25	残差	8	0.177526	0.022191					
26	总计	9	0.887619						
27									
28		Coefficients	标准误差	t Stat	P-value	Lower 95%	Upper 95%	下限 95.0%	上限 95.0%
29	Intercept	0.2859992	0.173831	1.645267	0.138534	-0.114856898	0.686855	-0.11486	0.686855
30	X'	0.54470373	0.096292	5.656805	0.000478	0.322654533	0.766753	0.322655	0.766753

图 11.24 线性化后的幂函数回归输出的部分结果

由图 11.24 可知，线性化后的回归方程显著性检验的结果是极高度显著的，所得线性化后的回归系数为 $\hat{\beta}_0 = 0.2860$，$\hat{\beta}_1 = 0.5447$。由 $\beta_0 = \ln a$ 可得 $\hat{a} = e^{\hat{\beta}_0} = e^{0.286} = 1.331$，进而得到幂函数回归方程为

$$\hat{Y} = 1.331 X^{0.5447}$$

(4) 按对数函数进行回归。

在【回归】对话框中以 A1:A11 为【Y值输入区域】，以 D1:D11 为【X值输入区域】即可。输出结果如图 11.25 所示。

	A	B	C	D	E	F	G	H	I
33	对数函数回归：								
34	SUMMARY OUTPUT								
35									
36	回归统计								
37	Multiple R	0.8873448							
38	R Square	0.78738079							
39	Adjusted R Square	0.76080339							
40	标准误差	0.47083129							
41	观测值	10							
42									
43	方差分析								
44		df	SS	MS	F	Significance F			
45	回归分析	1	6.567543	6.567543	29.62595	0.000613804			
46	残差	8	1.773457	0.221682					
47	总计	9	8.341						
48									
49		Coefficients	标准误差	t Stat	P-value	Lower 95%	Upper 95%	下限 95.0%	上限 95.0%
50	Intercept	0.69140163	0.549424	1.258412	0.243729	-0.575571941	1.958375	-0.57557	1.958375
51	X'	1.65654922	0.304346	5.442973	0.000614	0.954725125	2.358373	0.954725	2.358373

图 11.25 线性化后的对数函数回归输出的部分结果

由图 11.25 可知，回归方程也是极高度显著的，所得线性化后的回归系数为 $\hat{\beta}_0 = 0.6914$，$\hat{\beta}_1 = 1.6565$，因此对数函数回归方程为

$$\hat{Y} = 0.6914 + 1.6565 \ln X$$

比较图 11.24 和图 11.25 可知，幂函数回归方程的临界显著性水平更高，因而本问题较合适的曲线回归方程为

$$\hat{Y}=1.331X^{0.5447}$$

在实际应用中，可以使用更多的函数类型进行分析，以便找到最佳的回归曲线。

11.5　其他软件实现

11.5.1　SPSS 实现

以例 11.1 为例说明用 SPSS 进行一元线性回归分析的方法。

新建数据表或打开已有的数据表，执行【分析】→【回归】→【线性】命令，打开的对话框如图 11.26 所示。将自变量和因变量放入相应选项内，单击【确定】按钮即可得到运行结果。

操作视频

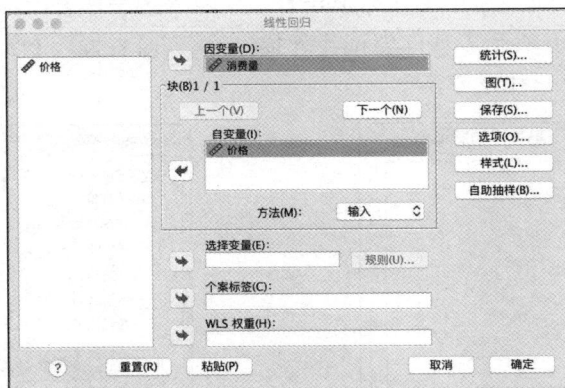

图 11.26　一元线性回归设置

以例 11.5 为例说明用 SPSS 进行一元曲线回归的方法。

新建数据表或打开已有的数据表，执行【分析】→【回归】→【曲线估算】命令，打开的对话框如图 11.27 所示。将自变量和因变量放入相应选项内，勾选要进行分析的函数类型，如幂回归，单击【确定】按钮即可得到运行结果。

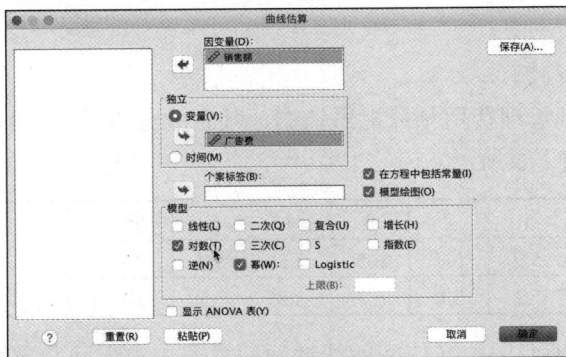

图 11.27　一元曲线回归设置

11.5.2　JMP 实现

以例 11.1 为例说明用 JMP 进行一元线性回归分析的方法。

在 JMP 软件的主窗口执行【文件】→【新建】→【数据表】命令，在出现的表中输入样本数据。执行【分析】→【以 X 拟合 Y】命令，打开的对话框如图 11.28 所示。为选定列指定角色，然后单击【确定】按钮即可得到分析结果，如图 11.29 所示。单击运行结果图左上角的红色三角形按钮，可以得到一系列命令。选择【拟合线】命令，可以得到诸如回归方程、方差分析等结果。

操作视频

在处理曲线回归时，JMP 的做法与 Excel 略有不同。前面的操作不变，在得到散点图后单击左上角的红色三角形按钮，选择【特殊拟合】，打开的对话框如图 11.30 所示。可以尝试各种拟合方式，选择最适合的一种即可。

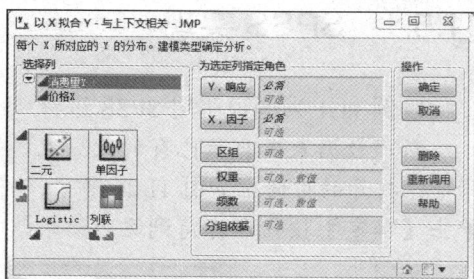

图 11.28　【以 X 拟合 Y】对话框

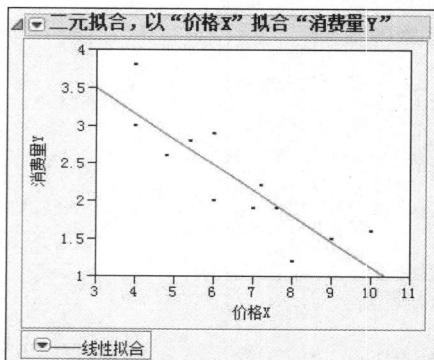

图 11.29　线性回归初步运行结果

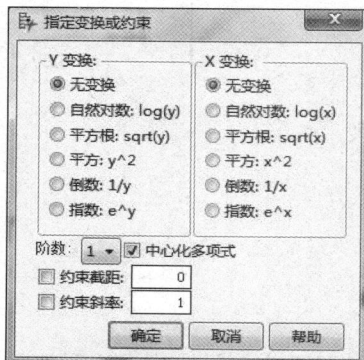

图 11.30　特殊拟合方式参数设置

习 题 十 一

用 Excel 求解下列问题。

1. 为了给今后编制管理费用预算提供依据，某企业分析了近 10 年来企业管理费用与产值间的关系，结果如下表所示。

年份	1	2	3	4	5	6	7	8	9	10
管理费用/百万元	5.9	6.3	6.5	7.3	6.9	7.8	8.5	8.1	9.2	9.4
产值/千万元	5.2	5.8	6.3	6.8	7.5	8.3	9.1	10.0	10.9	11.8

(1) 建立该企业管理费用与产值间的线性回归模型，求出回归方程并进行检验。

(2) 下一年该企业的产值预计为 1.5 亿元，求管理费用的置信度为 95% 的预测区间。

2. 某房产中介公司想要根据公寓的面积预测月租金。在某居民区选择 25 所公寓作为样本，收集到的信息如下表所示。

公寓	月租金/美元	面积/平方英尺	公寓	月租金/美元	面积/平方英尺
1	950	850	14	1800	1369
2	1600	1450	15	1400	1175
3	1200	1085	16	1450	1225
4	1500	1232	17	1100	1245
5	950	718	18	1700	1259
6	1700	1485	19	1200	1150
7	1650	1136	20	1150	896
8	935	726	21	1600	1361
9	875	700	22	1650	1040
10	1150	956	23	1200	755
11	1400	1100	24	800	1000
12	1650	1285	25	1750	1200
13	2300	1985			

(1) 构建散点图。

(2) 运用最小二乘法确定回归系数 β_0 和 β_1。

(3) 解释本题中 β_0 和 β_1 的含义。

(4) 预测一所面积为 1000 平方英尺的公寓的平均月租金，并做区间预测(置信度为 0.95)。

(5) 确定判定系数 r^2 并解释其含义。

(6) 确定估计的标准误差。

(7) 进行残差分析，以确定模拟模型的适用性，并评估其是否严重违背了回归假设。

3. 已知连续 15 个时期的残差如下表所示。

时期	残差	时期	残差
1	4	9	6
2	−6	10	−3
3	−1	11	1
4	−5	12	3
5	2	13	0
6	5	14	−4
7	−2	15	−7
8	7		

(1) 绘制残差随时间变化的残差图。从残差图中可以得出什么结论？

(2) 计算杜宾-瓦森统计量。在显著性水平 $\alpha=0.05$ 的情况下，残差中存在正自回归现象吗？

(3) 根据(1)和(2)可以得出关于残差的自相关性的何种结论？

4. 某电视机厂分析本厂某种型号电视机单位成本与月产量之间的关系，下表给出了该型号电视机从 2021 年 1 月起连续 16 个月的月产量与单位成本的数据。分别使用线性、逆函数($Y=a+b/X$)和幂函数，为单位成本与月产量间的关系配置回归曲线。比较三个回归方程的检验结果，你认为哪个回归方程较为合适？

月产量/台	4300	4004	4300	5016	5511	5648	5876	6651
单位成本/元	1730	1715	1637	1566	1554	1538	1573	1529
月产量/台	6024	6194	7558	7381	6590	6471	6354	8000
单位成本/元	1554	1534	1526	1504	1534	1517	1490	1481

案例研究

互联网医疗平台为患者提供了便捷的就医服务，近年来持续受到人们关注。平台医生的访问量受多种因素影响，包括知名度、专业方向、所在医院及患者需求等。互联网平台通过医生的服务量、回复及时性、回复满意度及患者评价等多个维度综合评估医生的推荐热度，该热度全面反映了医生的专业水平、服务质量和患者认可度。本案例将研究综合推荐热度对平台医生访问量的影响。

从 2021 年某互联网医疗平台神经内科 7459 名医生中抽取 99 名医生，其访问量和综合推荐热度的相关数据可扫描右侧二维码获取。

案例数据

试用一元回归模型分析平台医生的访问量与其综合推荐热度之间的关系。

第 *12* 章

多元线性回归

在许多实际问题中,影响某一被解释变量(因变量)Y 的解释变量(自变量)往往不止一个,此时就需要研究一个随机变量 Y 与多个普通变量 $X_1, X_2, \cdots, X_P$ 之间的回归关系,这就是多元回归问题。本章仅讨论多元线性回归,多元非线性回归通常也可转化为多元线性回归进行求解和分析。多元线性回归分析的原理与一元线性回归相同,但分析时要使用矩阵,且运算量要大得多。因此,本章不过多介绍理论分析,主要通过 Excel 进行分析说明,最后还增加了 SPSS 和 JMP 软件的上机实现内容。

学习目标: 掌握多元线性回归建模;了解多元线性回归模型的显著性检验。

价值目标: 以科学严谨的态度对待数据分析,理解多元回归模型背后的统计学原理和假设条件,培育实事求是的科学精神;通过分析多元回归模型的输出结果,培养学生质疑、评估和改进模型的能力,学会以批判性思维审视数据和分析结果。

12.1 多元线性回归的数学模型

设被解释变量 Y 与 p 个解释变量 $X_1, X_2, \cdots, X_P$ 之间存在线性相关关系,即

$$Y = \beta_0 + \beta_1 X_1 + \beta_2 X_2 + \cdots + \beta_p X_p + \varepsilon, \quad \varepsilon \sim N(0, \sigma^2) \tag{12.1.1}$$

式(12.1.1)就是多元线性回归的数学模型。

设第 i 次试验的数据为 $(y_i; x_{i1}, x_{i2}, \cdots, x_{ip})$, $i = 1, 2, \cdots, N$, 则多元线性回归有如下数据结构。

$$\begin{cases} y_i = \beta_0 + \beta_1 x_{i1} + \beta_2 x_{i2} + \cdots + \beta_p x_{ip} + \varepsilon_i \\ \varepsilon_i \sim N(0\ \sigma^2), \ 且相互独立, \ i = 1, 2, \cdots, N \end{cases} \tag{12.1.2}$$

式(12.1.2)还可详细表述为

$$\begin{cases} y_1 = \beta_0 + \beta_1 x_{11} + \beta_2 x_{12} + \cdots + \beta_p x_{1p} + \varepsilon_1 \\ y_2 = \beta_0 + \beta_1 x_{21} + \beta_2 x_{22} + \cdots + \beta_p x_{2p} + \varepsilon_2 \\ \qquad\qquad\qquad \vdots \\ y_N = \beta_0 + \beta_1 x_{N1} + \beta_2 x_{N2} + \cdots + \beta_p x_{Np} + \varepsilon_N \end{cases}$$

为了便于分析,引入以下矩阵,记

$$X = \begin{pmatrix} 1 & x_{11} & x_{12} & \dots & x_{1p} \\ 1 & x_{21} & x_{22} & \dots & x_{2p} \\ \vdots & \vdots & \vdots & \vdots & \vdots \\ 1 & x_{N1} & x_{N2} & \dots & x_{NP} \end{pmatrix}, \quad Y = \begin{pmatrix} y_1 \\ y_2 \\ \vdots \\ y_N \end{pmatrix}, \quad \beta = \begin{pmatrix} \beta_0 \\ \beta_1 \\ \beta_2 \\ \vdots \\ \beta_p \end{pmatrix}, \quad \varepsilon = \begin{pmatrix} \varepsilon_1 \\ \varepsilon_2 \\ \vdots \\ \varepsilon_N \end{pmatrix}$$

则式(12.1.2)可以写成如下矩阵形式。

$$Y = X\beta + \varepsilon \tag{12.1.3}$$

式中，ε 为 N 维随机向量，各分量相互独立且服从 $N(0, \sigma^2)$ 分布。

12.2 参数 β 的最小二乘估计

在多元回归中，仍使用最小二乘估计模型中的未知参数。设

$$\hat{\beta} = \begin{pmatrix} \hat{\beta}_0 \\ \hat{\beta}_1 \\ \hat{\beta}_2 \\ \vdots \\ \hat{\beta}_p \end{pmatrix}$$ 为参数 β 的最小二乘估计，则多元线性回归方程为

$$\hat{Y} = \hat{\beta}_0 + \hat{\beta}_1 x_1 + \hat{\beta}_2 x_2 + \cdots + \hat{\beta}_p x_p \tag{12.2.1}$$

由最小二乘估计的原理，$\hat{\beta}$ 应使全部观察值与回归值 $\hat{y}_i$ 的残差平方和达到最小，即

$$\begin{aligned} Q &= \sum_i (y_i - \hat{y}_i)^2 \\ &= \sum_i (y_i - \hat{\beta}_0 - \hat{\beta}_1 x_{i1} - \hat{\beta}_2 x_{i2} - \cdots - \hat{\beta}_p x_{ip})^2 \\ &= \min \end{aligned}$$

则 $\hat{\beta}_0, \hat{\beta}_1, \cdots, \hat{\beta}_p$ 应是以下正规方程组的解

$$\begin{cases} \dfrac{\partial Q}{\partial \hat{\beta}_0} = -2 \sum_i (y_i - \hat{\beta}_0 - \hat{\beta}_1 x_{i1} - \hat{\beta}_2 x_{i2} - \cdots - \hat{\beta}_p x_{ip}) = 0 \\ \dfrac{\partial Q}{\partial \hat{\beta}_j} = -2 \sum_i (y_i - \hat{\beta}_0 - \hat{\beta}_1 x_{i1} - \hat{\beta}_2 x_{i2} - \cdots - \hat{\beta}_p x_{ip}) x_{ij} = 0 \\ j = 1, 2, \cdots, p \end{cases}$$

经整理后，正规方程组可转化为如下矩阵形式。

$$(X^{\mathrm{T}} X) \hat{\beta} = X^{\mathrm{T}} Y \tag{12.2.2}$$

称 $X^{\mathrm{T}} X$ 为正规方程组的系数矩阵。在系数矩阵 $X^{\mathrm{T}} X$ 满秩的条件下，可解得参数 β 的最小二乘估计为

$$\hat{\beta} = (\boldsymbol{X}^{\mathrm{T}}\boldsymbol{X})^{-1}\boldsymbol{X}^{\mathrm{T}}\boldsymbol{Y} \qquad\qquad (12.2.3)$$

同样，称 $\hat{\beta} = (\hat{\beta}_0, \hat{\beta}_1, \hat{\beta}_2, \cdots, \hat{\beta}_p)^{\mathrm{T}}$ 为回归方程式(12.2.1)的回归系数。多元回归中的回归系数被称为净回归系数(net regression coefficient)，它表示在其他自变量保持不变的情况下，一个自变量变化一个单位所引起因变量 Y 的变化。

用 Excel 软件能方便地求解多元线性回归的问题。

【例 12.1】　一家公司在将产品 A 推广至全国前，欲确定价格和店内促销月预算(包括标志和展示、店内优惠券和免费样品)对市场销售量的影响。该公司计划在一系列超市中选取 34 家作为样本，针对产品 A 的销售展开市场测试研究。表 12.1 是这 34 家超市的市场测试研究结果。试构建基于价格和促销费用对销售量的多元线性回归模型。

表 12.1　产品 A 的销售量、价格和促销费用

店号	销售量/个	价格/元	促销费用/元	店号	销售量/个	价格/元	促销费用/元
1	4141	59	200	18	2730	79	400
2	3842	59	200	19	2618	79	400
3	3056	59	200	20	4421	79	400
4	3519	59	200	21	4113	79	600
5	4226	59	400	22	3746	79	600
6	4630	59	400	23	3532	79	600
7	3507	59	400	24	3825	79	600
8	3754	59	400	25	1096	99	200
9	5000	59	600	26	761	99	200
10	5120	59	600	27	2088	99	200
11	4011	59	600	28	820	99	200
12	5015	59	600	29	2114	99	400
13	1916	79	200	30	1882	99	400
14	675	79	200	31	2159	99	400
15	3636	79	200	32	1602	99	400
16	3224	79	200	33	3354	99	600
17	2295	79	400	34	2927	99	600

解： 构建基于价格和促销费用对销售量的二元线性回归模型：$\hat{Y} = \hat{\beta}_0 + \hat{\beta}_1 x_1 + \hat{\beta}_2 x_2$。需要在表 12.1 数据的基础上确定回归系数 $\hat{\beta}_i (i = 0, 1, 2)$。

根据式(12.2.3)，可在 Excel 中手动求得 $\hat{\beta}_i (i = 0, 1, 2)$，具体步骤如下。

(1) 输入 $\boldsymbol{X}$(如图 12.1 所示，在 A 列中输入"1"是为了构建矩阵 $\boldsymbol{X}$)。

(2) 用 TRANSPOSE 函数计算 $\boldsymbol{X}^{\mathrm{T}}$。TRANSPOSE 函数的语法格式是

TRANSPOSE(array)

操作视频

其中，**array** 为需要进行转置的数组或工作表中的单元格区域。所谓数组的转置就是将数组

的第一行作为新数组的第一列，数组的第二行作为新数组的第二列，依此类推。

(3) 用 MMULT 函数计算 $X^T X$。MMULT 函数的语法格式为

$$\text{MMULT(array1, array2)}$$

其中，array1 和 array2 是要进行矩阵乘法运算的两个数组。

(4) 用 MINVERSE 函数计算 $X^T X$ 的逆矩阵。MINVERSE 函数的语法格式为

$$\text{MINVERSE(array)}$$

其中，array 是具有相同行数和列数的数值数组。该函数的功能是返回数据矩阵的逆矩阵。

	A	B	C	D (Y)	说明
1	X			Y	
2	1	59	200	4141	基于价格和促销手段对销售量的二元线性回归模型
3	1	59	200	3842	$\hat{Y}_i = \hat{\beta}_0 + \hat{\beta}_1 x_1 + \hat{\beta}_2 x_2$
4	1	59	200	3056	
5	1	59	200	3519	
6	1	59	400	4226	$\hat{\beta} = (X^T X)^{-1} X^T Y$
7	1	59	400	4630	
8	1	59	400	3507	求解 $\hat{\beta}_i (i=0,1,2)$
9	1	59	400	3754	
10	1	59	600	5000	X^T
11	1	59	600	5120	1 1 1 1 1 1
12	1	59	600	4011	59 59 59 59 59
13	1	59	600	5015	200 200 200 200 400 400 400
14	1	79	200	1916	$X^T X$
15	1	79	200	675	34 2646 13200
16	1	79	200	3636	2646 214674 1018800
17	1	79	200	3224	13200 1018800 6000000
18	1	79	400	2295	$X^T X$ 的逆矩阵
19	1	79	400	2730	0.969163 -0.00941 -0.000534598
20	1	79	400	2618	-0.00941 0.000151 1.11607E-06
21	1	79	400	4421	-0.00053 1.12E-06 1.15327E-06
22	1	79	600	4113	$(X^T X)^{-1} X^T$
23	1	79	600	3746	0.307143 0.307143 0.307142857 0.307143 0.200223 0.200223 0.200223 0.20
24	1	79	600	3532	-0.00238 -0.00238 -0.002380952 -0.00238 -0.00216 -0.00216 -0.00216
25	1	79	600	3825	-0.00024 -0.00024 -0.000240095 -0.00024 -7.4E-06 -7.4E-06 -7.4E-06 -7.4
26	1	99	200	1096	回归系数 $(X^T X)^{-1} X^T Y$
27	1	99	200	761	5837.521
28	1	99	200	2088	-53.2173
29	1	99	200	820	3.613058
30	1	99	400	2114	
31	1	99	400	1882	$\hat{Y}_i = \hat{\beta}_0 + \hat{\beta}_1 x_1 + \hat{\beta}_2 x_2$
32	1	99	400	2159	
33	1	99	400	1602	
34	1	99	600	3354	
35	1	99	600	2927	

图 12.1　回归系数的 Excel 计算过程

(5) 用 MMULT 函数计算 $(X^T X)^{-1} X^T$，然后用 MMULT 函数计算 $(X^T X)^{-1} X^T Y$，即可得到 $\hat{\beta}_i (i=0,1,2)$。如图 12.1 所示，最终得到 $\hat{\beta}_0 = 5837.5208$，$\hat{\beta}_1 = -53.2173$，$\hat{\beta}_2 = 3.6131$。

(6) 二元回归方程为

$$\hat{Y}_i = 5837.5208 - 53.2173 x_{1i} + 3.6131 x_{2i}$$

式中，$\hat{Y}_i$ 表示第 i 家店 A 产品的预期销售量；x_{1i} 表示第 i 家店 A 产品的价格；x_{2i} 表示每月第 i 家店店内促销的费用；样本截距 $(\hat{\beta}_0 = 5837.5208)$ 表示价格为 0、促销费用总和为 0 时，每月 A 产品的预期销售量。由于这两个值在市场测试研究中价格和促销费用的范围之外，并且不合理，所以 $\hat{\beta}_0$ 值没有实际意义。

(7) A 产品销售价格的斜率 $(\hat{\beta}_1 = -53.2173)$ 表示，对于给定数值的月促销费用，A 产品价格每上升 1 单位，每月预期销售量均值减少 53.2173 个。A 产品销售的月促销费用斜率 $(\hat{\beta}_2 = 3.6131)$ 表示，对于给定的价格，每多花费 1 单位进行促销，A 产品的预期销售量均值增加 3.6131 个。

当然，回归系数的计算可以在 Excel 的回归分析功能中直接求得，这将在第 12.3 节中进行介绍。

12.3　多元回归模型的显著性检验

12.3.1　回归方程的显著性检验

在利用样本数据求出回归方程后，同样需要对回归方程进行检验，以分析回归模型是否符合变量间的关系。

对多元线性回归，如果变量 Y 与 $X_1, X_2, \cdots, X_p$ 之间并不存在线性相关性，则模型(12.1.1)中一次项系数应全为 0，因此要检验的原假设为

$$H_0: \beta_1 = \beta_2 = \cdots = \beta_p = 0 \tag{12.3.1}$$

与一元线性回归完全相同，为构造检验 H_0 的统计量，可将总的偏差平方和 S_T 进行如下分解。

$$S_T = \sum_i (y_i - \overline{y})^2 = \sum_i (y_i - \hat{y}_i)^2 + \sum_i (\hat{y}_i - \overline{y})^2 = S_E + S_R \tag{12.3.2}$$

同样，称 $S_R = \sum_i (\hat{y}_i - \overline{y})^2$ 为回归平方和；称 $S_E = \sum_i (y_i - \hat{y}_i)^2$ 为剩余平方和或残差平方和。可以证明，当 H_0 为真时，统计量

$$F = \frac{S_R/p}{S_E/(N-p-1)} \sim F(p, N-p-1) \tag{12.3.3}$$

因此，在给定水平 α 下，若

$$F > F_\alpha(p, N-p-1) \tag{12.3.4}$$

就拒绝 H_0，说明回归方程是有显著意义的；反之，则称回归方程无显著意义。应分析具体情况，查明原因后，重新建立更恰当的回归方程，或重新获取更为准确的样本数据。

具体检验过程同样可以列成一张方差分析表，如表 12.2 所示。

表 12.2　多元回归方差分析表

来源	平方和	自由度	均方和	F 比
回归	S_R	p	S_R/p	$\dfrac{S_R/p}{S_E/(N-p-1)}$
剩余	S_E	$N-p-1$	$S_E/(N-p-1)$	
总和	S_T	$N-1$		

S_T、S_R 和 S_E 本身并没有太大意义，但是回归平方和(S_R)与总平方和(S_T)的比值表示回归模型中由自变量 X 解释 Y 的偏差部分。这个比值称为判定系数 r^2，定义同第 11 章中的式(11.2.18)，即 r^2 为回归平方和 S_R 除以总平方和 S_T 的值。

当预测同一个被解释变量，而自变量个数又不相同时，修正判定系数 $\bar{r}^2$ 就显得极为重

要。运用式(12.3.5)可确定修正判定系数

$$\bar{r}^2 = 1 - \left[\left(1 - r^2\right) \frac{N-1}{N-p-1} \right] \tag{12.3.5}$$

12.3.2 回归系数的显著性检验和置信区间估计

1. 回归系数的显著性检验

在多元回归中，回归方程显著的结论仅表明模型中的各参数 β_j ($j=1, 2, \cdots, p$)不全为 0，因此，回归方程显著并不能保证每个解释变量 $X_1, X_2, \cdots, X_p$ 都对被解释变量 Y 有重要影响。如果模型中含有对 Y 无显著影响的变量，就会降低回归方程的稳定性和预测精度，因此还需要对每个解释变量的作用进行检验。

如果某个解释变量 X_k 对 Y 的作用不显著，则模型中该变量的一次项系数 β_k 就应当为 0。故检验变量 X_k 的作用是否显著就是检验原假设

$$H_{0k} : \beta_k = 0, \quad k = 1, 2, \cdots, p \tag{12.3.6}$$

是否为真。可以证明，当 H_{0k} 为真时，统计量

$$t_k = \frac{\hat{\beta}_k}{S_{b_k}} \sim t(N-p-1) \tag{12.3.7}$$

式中，$S_{b_k} = \sqrt{C_{kk} \dfrac{\sum_{i=1}^{N}(y_i - \hat{y}_i)^2}{N-p-1}}$ (即第 k 个自变量对应的标准误差项，在 Excel 回归分析的结果中可以直接得到)，这里 C_{kk} 是矩阵 $(X'X)^{-1}$ 中第 k 行第 k 列的元素。

故在给定显著性水平 α 下，若

$$|t_k| > |t_{\alpha/2}(N-p-1)| \tag{12.3.8}$$

就拒绝 H_{0k}，说明 X_k 的作用是显著的；反之，则称 X_k 的作用不显著。

接下来，需要讨论当存在不显著变量后的处理方法。

若经检验 X_k 的作用不显著，则应从模型中剔除 X_k，重新求解 Y 对余下 $p-1$ 个变量的回归方程

$$\hat{Y} = \hat{\beta}_0^* + \hat{\beta}_1^* X_1 + \cdots + \hat{\beta}_{k-1}^* X_{k-1} + \hat{\beta}_{k+1}^* X_{k+1} + \hat{\beta}_{p-1}^* X_{p-1} \tag{12.3.9}$$

需要指出的是：

(1) $\hat{\beta}_j^* \neq \hat{\beta}_j$，$j \neq k$。这是由于各个自变量之间可能存在一定的相关性，因此当剔除了一个变量后，其他变量的回归系数就会受到影响而改变，特别是与被剔除变量相关程度较高的变量，其回归系数将会有较大的变化。

(2) 当检验中发现同时存在多个不显著变量时，基于(1)中同样的理由，每次只能剔除一个 t 统计量的绝对值最小(或 P 值最大)的变量，并重新求解新的回归方程，然后再对新的回归系数进行检验，直至所有变量都显著为止。

当模型中的自变量数很多并且存在较多不显著的变量时，上述(2)中所介绍方法的计算

量将是非常大的。为此，可以采用"逐步回归"方法来获得最优的线性回归方程。

逐步回归的基本思想是：采用一定的评价标准，将解释变量一个一个地逐步引入回归方程，每引入一个新变量后，都对方程中原有变量的回归系数进行检验，并剔除在新方程中不显著的变量，被剔除的变量以后就不能再进入回归方程。采用逐步回归方法最终得到的回归方程与(2)中所介绍方法的结果是一样的，但计算量要小得多。目前，逐步回归分析方法已经被广泛采用。

2. 置信区间估计

有时，可能不检验总体回归系数，而要对总体回归系数的值进行估计。式(12.3.10)定义了在多元回归模型中对总体回归系数进行置信区间估计的公式

$$\beta_k = \hat{\beta}_k \pm t_{\alpha/2}(N-p-1) \times S_{b_k} \tag{12.3.10}$$

3. 用 Excel 求解实例

【例 12.2】　假设在显著性水平 $\alpha=0.05$ 的情况下，基于表 12.1 中的数据：①分析价格和促销费用是否与销售量相关；②将产品 A 的价格考虑在内，确定变量 X_2(促销费用数额)对销售额是否有显著影响；③在保持促销费用 X_2 的效应为常数的情况下，针对价格 X_1 对销售额 Y 的影响 β_1 进行置信度95%的区间估计。

解：问题①需要解决如下假设检验。

原假设为价格和促销费用与销售量不存在线性关系。

$$H_{01}: \beta_1 = \beta_2 = 0$$

备择假设为 H_{11}：至少存在一个 β_1 或 β_2 不为 0(即至少存在一个解释变量与被解释变量之间存在线性关系)。

问题②需要解决如下假设检验。

原假设为 X_2(促销费用数额)对销售额没有显著影响。

$$H_{02}: \beta_2 = 0$$

备择假设为 X_2(促销费用数额)对销售额存在显著影响。

$$H_{12}: \beta_2 \neq 0$$

问题③需要解决回归系数的置信区间估计，这些问题都可以通过 Excel 回归分析解决。

(1) 在 Excel 中输入原始数据，如图 12.2(a)所示。第 11 章中我们已知，在 Excel 中一元和多元线性回归的求解过程基本相同。唯一不同的是，在打开的【回归】对话框中，【X 值输入区域】应该选择两个变量所在的区域。按照例 11.2 的操作步骤，得到回归分析结果如图 12.2(b)所示。

操作视频

(2) 由图 12.2 可知，统计量 $F = \dfrac{S_R/p}{S_E/(N-p-1)} = 48.4771$，查附录 E 的 F 分布表可知

$F_{0.05}(2,31)\approx3.32$，由于$F$=48.4771>$F_{0.05}(2,31)\approx3.32$或者由于$P$值≈0<0.05，所以拒绝$H_0$，接受$H_1$，即认为至少一个解释变量(价格或促销费用)与销售量相关。问题①解决。

(3) 问题②的检验量：$t=\dfrac{\hat{\beta}_2}{S_{b_2}}=\dfrac{3.6131}{0.6852}$=5.2728

在显著性水平$\alpha=0.05$的情况下，从附录D可以得到自由度为31的t临界值，即$t_{\alpha/2}(31)$为−2.0395和2.0395。P值为9.822E−06。由于t=5.2728>2.0395或P值=0.000 009 822<0.05，所以拒绝H_0，并得出结论：在考虑价格X_1的情况下，变量X_2(促销费用)与销售额之间存在显著关系。极小的P值表示强烈拒绝在销售额与促销费用之间没有线性关系这一原假设。问题②解决。

	A	B	C
1	价格	促销	销售量
2	59	200	4141
3	59	200	3842
4	59	200	3056
5	59	200	3519
6	59	400	4226
7	59	400	4630
8	59	400	3507
9	59	400	3754
10	59	600	5000
11	59	600	5120
12	59	600	4011
13	59	600	5015
14	79	200	1916
15	79	200	675
16	79	200	3636
17	79	200	3224
18	79	400	2295
19	79	400	2730
20	79	400	2618
21	79	400	4421
22	79	600	4113
23	79	600	3746
24	79	600	3532
25	79	600	3825
26	99	200	1096
27	99	200	761
28	99	200	2088
29	99	200	820
30	99	400	2114
31	99	400	1882
32	99	400	2159
33	99	400	1602
34	99	600	3354
35	99	600	2927

(a) 数据输入

H	I	J	K	L	M	N	O	P
SUMMARY OUTPUT								
回归统计								
Multiple R	0.870475							
R Square	0.757726							
Adjusted R	0.742095							
标准误差	638.0653							
观测值	34							
方差分析								
	df	SS	MS	F	ignificance F			
回归分析	2	39472731	19736365	48.47713	2.86E-10			
残差	31	12620947	407127.3					
总计	33	52093677						
	Coefficients	标准误差	t Stat	P-value	Lower 95%	Upper 95%	下限 95.0%	上限 95.0%
Intercept	5837.521	628.1502	9.293192	1.79E-10	4556.4	7118.642	4556.4	7118.642
价格	-53.2173	6.852221	-7.76644	9.2E-09	-67.1925	-39.2421	-67.1925	-39.2421
促销	3.613058	0.685222	5.272828	9.82E-06	2.215538	5.010578	2.215538	5.010578

(b) 输出结果

图12.2 产品销售与价格和促销费用的回归分析

(4) 由(3)已知自由度31、置信度95%时的t临界值为2.0395。运用式(12.3.10)得

$$\begin{aligned}\beta_1&=\hat{\beta}_1\pm t_{\alpha/2}(N-p-1)\times S_{b_1}\\&=-53.2173\pm2.0395\times6.8522\\&=-53.2173\pm13.9752\end{aligned}$$

即$-67.1925\leqslant\beta_1\leqslant-39.2421$。

将促销费用的效应考虑在内，预计1单位的价格增长将会使产品A的销售数量减少39.2～67.2个。有95%的置信度可以认为这个区间正确地估计了变量之间的关系。从假设检验的角度看，由于这个置信区间不包括0，可以得出结论：回归系数β_1有显著效应。问题③解决。

【例 12.3】 某家电产品的年需求量与价格及家庭年平均收入水平密切相关。表 12.3 给出了某市近 10 年中该商品的年需求量与价格、家庭年平均收入的统计数据。用 Excel 软件求该商品的年需求量对价格和家庭年平均收入水平的线性回归方程并进行显著性检验。

表 12.3　某家电产品年需求量与价格、家庭年平均收入数据

年需求量/万台	3.0	5.0	6.5	7.0	8.5	7.5	10.0	9.0	11	12.5
价格/千元	4.0	4.5	3.5	3.0	3.0	3.5	2.5	3.0	2.5	2.0
家庭年平均收入/千元	6.0	6.8	8.0	10.0	16.0	20	22	24	26	28

解：设该商品的年需求量为 Y，价格、家庭年平均收入分别为 X_1 和 X_2，由题意建立线性回归模型

$$Y=\beta_0+\beta_1X_1+\beta_2X_2+\varepsilon$$

用 Excel 求解的结果如图 12.3 所示，$\hat{\beta}_0$=11.1669，$\hat{\beta}_1$=−1.903，$\hat{\beta}_2$=0.1695，故所求回归方程为

$$\hat{Y}=11.1669-1.903X_1+0.1695X_2$$

	A	B	C	D	E	F	G	
16	SUMMARY OUTPUT							
17	回归统计							
18	Multiple R	0.963223918						
19	R Square	0.927800315						
20	Adjusted R	0.907171834						
21	标准误差	0.861757116						
22	观测值	10						
23	方差分析							
24		df	SS	MS	F	Significance F		
25	回归分析	2	66.80162271	33.40081	44.97667	0.000101128		
26	残差	7	5.198377293	0.742625				
27	总计	9	72					
28								
29		Coefficients	标准误差	t Stat	P-value	Lower 95%	Upper 95%	下
30	Intercept	11.16685678	3.043372351	3.669238	0.007972	3.970429857	18.363284	3.
31	价格X₁	-1.90303603	0.681297981	-2.79325	0.026783	-3.514048608	-0.292023	-3
32	家庭收入X₂	0.169526782	0.060368407	2.808204	0.026213	0.026778284	0.3122753	0.

图 12.3　回归分析结果

根据方差分析表，回归方程检验的 P 值为 0.0001，由此可见回归方程是极高度显著的。再由 X_1 和 X_2 的检验结果，其 P 值分别为 0.026 78 和 0.026 21，可知两个解释变量 X_1 和 X_2 的作用都是一般显著的，所得回归方程可用于进行预测和控制。此外，由回归统计的输出结果还得到标准误差 $\sqrt{S_E/(N-p-1)}=0.8618$，该值在求解预测和控制问题时要使用。

12.4　预测与控制

1. 预测

多元回归下的预测和一元回归下的预测的原理是相同的。在给定解释变量的一组取值 $(x_{01},x_{02},\cdots,x_{0p})$ 时，由回归方程可得 Y 的一个回归值

$$\hat{y}_0 = \hat{\beta}_0 + \hat{\beta}_1 x_{01} + \hat{\beta}_2 x_{02} + \cdots + \hat{\beta}_p x_{0p} \tag{12.4.1}$$

它是 $y_0 = \beta_0 + \beta_1 x_{01} + \beta_2 x_{02} + \cdots + \beta_p x_{0p} + \varepsilon_0$ 的期望值的一个点估计。记 y_0 的置信度为 $1-\alpha$ 的预测区间为 $(\hat{y}_0 - d, \hat{y}_0 + d)$。与一元线性回归类似，当样本容量 N 很大，且各 x_{0j} 离 $\bar{x}_j$ 较近时，d 可以用式(12.4.2)近似求得

$$d \approx t_{\alpha/2}(N-p-1)\sqrt{S_E/(N-p-1)} \tag{12.4.2}$$

【例 12.4】 在例 12.3 所给的问题中，预计下一年度该商品的价格水平为 1800 元，家庭年平均收入为 30 000 元，试求该家电商品年需求量的置信度为 90%的置信区间。

解： 由回归方程可得

$$\hat{y}_0 = 11.1669 - 1.903 \times 1.8 + 0.1695 \times 30 = 12.83$$

再由图 12.3 可知，$\sqrt{S_E/(N-p-1)} = 0.8618$，查 t 分布表可知，$t_{0.05}(7) = 1.8946$，

$$d \approx 1.8946 \times 0.8618 = 1.63, \quad (\hat{y}_0 - d, \hat{y}_0 + d) = (11.20, 14.46)$$

所以，该商品下一年在该市的年需求量的 90%的预测区间约为(11.20, 14.46)万台。

说明▷　由于本例中 $N=10$ 不够大，因此按式(12.4.2)求 d 的近似值将有较大误差(d 的精确值应为 1.98，具体计算公式略)。

2. 控制

在多元回归中，由于解释变量有多个，若控制问题的提法是：当要求以 $1-\alpha$ 的概率将被解释变量 Y 的值控制在某一给定范围内，那么应将各解释变量控制在什么范围内？显然，此问题可以有无穷多组解(当然也可能无解)。

因此，在多元回归分析中，控制问题的一般提法应当是：若要求以 $1-\alpha$ 的概率将 Y 控制在某一给定范围内，在给定其中 $p-1$ 个解释变量的取值范围时，应将另一解释变量控制在什么范围内？

多元回归的控制原理与一元回归是完全类似的。下面结合例题来说明控制问题的求解分析过程。

【例 12.5】 在例 12.3 所给的问题中，假定下一年度居民家庭年平均收入估计在 30 000～31 000 元，若要求以 90%的概率使该商品在该市的年需求量不低于 12 万台，问应将该商品的价格控制在什么范围内？

解： 此问题仍是单侧控制要求，由图 12.4 可知，即要控制解释变量 x_1 的取值范围，使

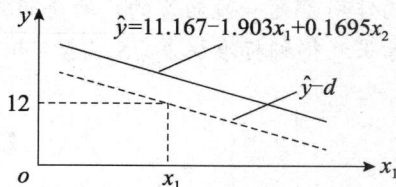

图 12.4　单侧控制

$$P\{\hat{y} - d > 12\} = 0.90$$

其中，$d \approx t_\alpha(N-p-1)\sqrt{S_E/(N-p-1)} = t_{0.1}(7) \times 0.8618 = 1.2193$

由所得回归方程，可以得到以下不等式组

$$\begin{cases} 11.167 - 1.903x_1 + 0.1695 \times 30 - 1.2193 > 12 \\ 11.167 - 1.903x_1 + 0.1695 \times 31 - 1.2193 > 12 \end{cases}$$

解此不等式组，可得 $x_1 < 1.593$ 千元，故应将该商品价格控制在 1593 元/台之下。

12.5　多元回归模型的偏 F 检验[*]

1. 偏 F 检验

创建多元回归模型尽量使用那些能够在预测被解释变量值时显著降低误差的解释变量。如果某个解释变量不能提高预测结果，那么可以将该变量从多元回归模型中删除，使用一个解释变量个数较少的模型。

偏 F 检验是一种确定解释变量贡献的方法。它可以在所有其他解释变量均包括在模型中的情况下，确定每个解释变量对回归平方和的贡献。新的解释变量只有在其显著改进模型的情况下才能够被加入。

例如，对例 12.1 中的销售数据进行偏 F 检验，需要衡量在模型中已有价格(X_1)的情况下促销费用(X_2)的贡献，并衡量在模型中已有促销费用(X_2)的情况下价格(X_1)的贡献。

一般地，如果有几个解释变量，通过计算除所感兴趣的那个变量 j 之外的其他所有变量的回归平方和 S_R，可以确定每个变量的贡献。再假设其他所有变量都包括在模型中，应用式(12.5.1)可确定变量 j 的贡献。

$$S_R(X_j | 除 j 外的所有变量) = S_R(包括 j 在内的所有变量) - S_R(除 j 外的所有变量) \quad (12.5.1)$$

对模型中 X_j 贡献检验的原假设和备择假设分别为

H_{0j}：在模型中包含其他变量的情况下，加入变量 j 没有显著改进模型 $\quad$ (12.5.2)

H_{1j}：在模型中包含其他变量的情况下，加入变量 j 显著改进了模型 $\quad$ (12.5.3)

式(12.5.4)定义了检验自变量贡献的偏 F 检验统计量。

$$F = \frac{S_R(X_j | 除 j 外的所有变量)}{S_E / (N - p - 1)} \quad (12.5.4)$$

可以证明，偏 F 统计量服从自由度为 1 和 $N - p - 1$ 的 F 分布，因此，在给定显著性水平 α 下，若

$$F > F_\alpha(1, N - p - 1) \quad (12.5.5)$$

则拒绝原假设 H_{0j}，否则就接受原假设 H_{0j}。

【**例 12.6**】 根据表 12.1 的数据，分析例 12.1 中价格和促销费用这两个变量对模型贡献的偏 F 检验。

解：由于只有两个解释变量，可以运用式(12.5.6)和式(12.5.7)确定每个变量的贡献。

X_2(促销费用)存在时，变量 X_1(价格)的贡献为

$$S_R(X_1|X_2) = S_R(X_1 与 X_2) - S_R(X_2) \tag{12.5.6}$$

X_1(价格)存在时，变量 X_2(促销费用)的贡献为

$$S_R(X_2|X_1) = S_R(X_1 与 X_2) - S_R(X_1) \tag{12.5.7}$$

$S_R(X_2)$ 表示模型中只包括变量 X_2(促销费用)时的回归平方和。类似地，$S_R(X_1)$ 表示模型中只包括变量 X_1(价格)时的回归平方和。图 12.5 与图 12.6 是从 Excel 中得到的这两个模型的结果。

从图 12.5 得出，$S_R(X_2) = 14\,915\,814$；而从图 12.2 得出，$S_R(X_1 与 X_2) = 39\,472\,731$。然后，运用式(12.5.6)得

$$S_R(X_1|X_2) = S_R(X_1 与 X_2) - S_R(X_2) = 39\,472\,731 - 14\,915\,814 = 24\,556\,917$$

	A	B	C	D	E	F	G
1	OmniPower销售分析						
2	All but 价格						
3		回归统计					
4	Multiple R	0.5351					
5	R Square	0.2863					
6	Adjusted R Square	0.2640					
7	标准误差	1077.8721					
8	观测值	34					
9							
10	方差分析						
11		df	SS	MS	F	Significance F	
12	回归分析	1	14915814.102	14915814.102	12.8384	0.0011	
13	残差	32	37177863.339	1161808.229			
14	总计	33	52093677.441				
15							
16		Coefficients	标准误差	t Stat	P-value	Lower 95%	Upper 95%
17	Intercept	1496.0161	483.9789	3.0911	0.0041	510.1835	2481.8488
18	促销	4.1281	1.1521	3.5831	0.0011	1.7813	6.4748

图 12.5 销售额与促销费用的 Excel 简单线性回归分析 $S_R(X_2)$

	A	B	C	D	E	F	G
1	OmniPower销售分析						
2	All but 促销						
3		回归统计					
4	Multiple R	0.7351					
5	R Square	0.5404					
6	Adjusted R Square	0.5261					
7	标准误差	864.9457					
8	观测值	34					
9							
10	方差分析						
11		df	SS	MS	F	Significance F	
12	回归分析	1	28153486.1	28153486.15	37.6318	7.35855E-07	
13	残差	32	23940191.3	748130.98			
14	总计	33	52093677.4				
15							
16		Coefficients	标准误差	t Stat	P-value	Lower 95%	Upper 95%
17	Intercept	7512.3480	734.6189	10.2262	1.3079E-11	6015.9783	9008.7176
18	价格	-56.7138	9.2451	-6.1345	7.3586E-07	-75.5455	-37.8822

图 12.6 销售额与价格的 Excel 简单线性回归分析 $S_R(X_1)$

要确定在已包含 X_2 的情况下 X_1 是否显著改进了模型，需要将回归平方和分成两个部分，如表 12.4 所示。

表 12.4　用以确定 X_1 贡献而分割回归平方和的方差分析表

来源	自由度	平方和	均方(方差)	F
回归	2	39 472 731	19 736 365	
$\begin{cases} X_2 \\ X_1 \mid X_2 \end{cases}$	$\begin{cases} 1 \\ 1 \end{cases}$	$\begin{cases} 14\,915\,814 \\ 24\,556\,917 \end{cases}$	24 556 917	60.32
误差	31	12 620 947	407 127.3	
合计	33	52 093 677		

对模型中 X_1 贡献检验的原假设和备择假设如下。

H_{01}：在模型中包含 X_2 的情况下，加入变量 X_1 没有显著改进模型

H_{11}：在模型中包含 X_2 的情况下，加入变量 X_1 显著改进了模型

由表 12.4 得偏 F 统计量为

$$F = \frac{24\,556\,917}{407\,127.3} = 60.32$$

偏 F 统计量有 1 和 $N-P-1=34-2-1=31$ 的自由度。在显著性水平 $\alpha = 0.05$ 的情况下，根据附录 E 可以得出临界值 $F_{0.05}(1, 31)$ 约为 4.17。

由于偏 F 检验统计量大于临界值 $F_{0.05}(1, 31)$，即 60.32>4.17，所以拒绝 H_0，并得出结论：在已包括变量 X_2(促销费用)的情况下，增加变量 X_1(价格)显著改进了回归模型。

要确定在已包含 X_1(价格)的情况下 X_2(促销费用)对模型的贡献，需要运用式(12.5.7)，计算步骤与上述过程基本相同。从图 12.6 可知；$S_R(X_1) = 28\,153\,486$。从图 12.2 可知，$S_R(X_1$ 与 $X_2)=39\,472\,731$。然后运用式(12.5.7)得

$$S_R(X_1 \mid X_2) = S_R(X_1 \text{ 与 } X_2) - S_R(X_1) = 39\,472\,731 - 28\,153\,486 = 11\,319\,245$$

要确定在已包含 X_1 的情况下，X_2 是否显著改进了模型，需要将回归平方和分成两个部分，如表 12.5 所示。

表 12.5　用以确定 X_2 贡献而分割回归平方和的方差分析表

来源	自由度	平方和	均方(方差)	F
回归	2	39 472 731	19 736 365	
$\begin{cases} X_1 \\ X_2 \mid X_1 \end{cases}$	$\begin{cases} 1 \\ 1 \end{cases}$	$\begin{cases} 28\,153\,486 \\ 11\,319\,245 \end{cases}$	11 319 245	27.80
误差	31	12 620 947	407 127.3	
合计	33	52 093 677		

对模型中 X_2 贡献检验的原假设和备择假设如下。

H_{01}：在模型中包含 X_1 的情况下，加入变量 X_2 没有显著改进模型

H_{12}：在模型中包含 X_1 的情况下，加入变量 X_2 显著改进了模型

运用式(12.5.4)和表 12.5 得偏 F 检验统计量为

$$F = \frac{11\ 319\ 245}{407\ 127.3} = 27.80$$

已知在显著性水平 $\alpha = 0.05$ 的情况下，自由度为 1 和 31 时，临界值 $F_{0.05}(1, 31)$ 大约为 4.17。由于偏 F 检验统计量远大于这个临界值(27.80>4.17)，所以拒绝 H_{02}，并得出结论：在已包括变量 X_1(价格)的情况下，增加变量 X_2(促销费用)显著改进了回归模型。

因此，通过检验某一变量已包括在内时另一个自变量对模型的贡献，可以确定每个自变量都显著改进了模型。所以，回归模型中应该同时包括价格 X_1 与促销费用 X_2。

2. 偏判定系数

多元判定系数 r^2 可用来衡量由自变量所解释的 Y 变化的比例。在其他变量保持为常数时，多元回归模型中每个自变量的贡献可知。**偏判定系数**($r_{Y1.2}^2$ 和 $r_{Y2.1}^2$)测定在另一自变量保持为常数时，由某一个自变量所解释的因变量变化的比例。式(12.5.8)和式(12.5.9)定义了包含两个自变量的多元回归模型的偏判定系数。

$$r_{Y1.2}^2 = \frac{S_R(X_1 \mid X_2)}{S_T - S_R(X_1 与 X_2) + S_R(X_1 \mid X_2)} \tag{12.5.8}$$

$$r_{Y2.1}^2 = \frac{S_R(X_2 \mid X_1)}{S_T - S_R(X_1 与 X_2) + S_R(X_2 \mid X_1)} \tag{12.5.9}$$

式中，$S_R(X_1 \mid X_2)$ 表示模型中已包含变量 X_2 时，变量 X_1 对回归模型的平方和贡献；$S_R(X_1 与 X_2)$ 表示 X_1 和 X_2 均包含在多元回归模型中时的回归平方和；$S_R(X_2 \mid X_1)$ 表示模型中已包含变量 X_1 时，变量 X_2 对回归模型的平方和贡献。

以例 12.1 中的销售数据为例，即

$$r_{Y1.2}^2 = \frac{24\ 556\ 917}{52\ 093\ 677 - 39\ 472\ 731 + 24\ 556\ 917} = 0.6605$$

$$r_{Y2.1}^2 = \frac{11\ 319\ 245}{52\ 093\ 677 - 39\ 472\ 731 + 11\ 319\ 245} = 0.4728$$

在 X_2 保持为常数时，变量 Y 与 X_1 的偏判定系数($r_{Y1.2}^2$)为 0.6605。因此，在促销费用为常数时，销售额变化的 66.05%可以由价格变化解释。在 X_1 保持为常数时，变量 Y 与 X_2 的偏判定系数($r_{Y2.1}^2$)为 0.4728。因此，在价格为常数时，销售额变化的 47.28%可以由促销费用的变化解释。

式(12.5.10)定义了在多个自变量时，第 j 个自变量在多元回归模型中的偏判定系数。

$$r_{Yj, 除 j 外的所有变量}^2 = \frac{S_R(X_j \mid 除 j 外的所有变量)}{S_T - S_R(包括 j 在内的所有变量) + S_R(X_j \mid 除 j 外的所有变量)} \tag{12.5.10}$$

12.6　在回归模型中运用虚拟变量和交互作用项*

12.6.1　虚拟变量

前面讨论的多元回归模型假设每个自变量都是数值型的，但是在某些情况下，回归模型中也包括一些分类变量作为自变量。如在例 12.1 中，运用价格和促销费用来预测产品的月销售额。此外，在建立产品销售预测模型时，可能需要增加货架在店内位置的效应这一变量(例如，有无过道端展示)。

运用**虚拟变量**可以使分类自变量成为回归模型的一部分。如果给出一个包含两个类别的分类变量，那么需要用一个虚拟变量来表示这两个类别。虚拟变量 X_d 可以定义为

$$X_d = 0 \text{ (如果观测值在类别 1 内)}$$
$$X_d = 1 \text{ (如果观测值在类别 2 内)}$$

【例 12.7】　为了说明虚拟变量在回归模型中的应用，考虑这样一个模型：从如表 12.6 所示的 15 座住宅样本中，根据面积(百平方米)和是否有壁炉来预测房屋的评估价值。试建立房屋的评估价值与面积和是否有壁炉两者之间的回归模型。

解： 想要包括一个关于壁炉存在与否的分类变量，虚拟变量 X_2 可定义为

$$X_2 = 0 \text{ (如果房屋没有壁炉)}$$
$$X_2 = 1 \text{ (如果房屋有壁炉)}$$

表 12.6 里最后一栏将分类变量转换成用数值表示的虚拟变量。

表 12.6　根据面积和是否有壁炉来预测房屋的评估价值

房屋	Y_i=评估价值/万元	X_1=房屋面积/百平方米	壁炉	X_{2i}=壁炉
1	84.4	2.00	有	1
2	77.4	1.71	无	0
3	75.7	1.45	无	0
4	85.9	1.76	有	1
5	79.1	1.93	无	0
6	70.4	1.20	有	1
7	75.8	1.55	有	1
8	85.9	1.93	有	1
9	78.5	1.59	有	1
10	79.2	1.50	有	1
11	86.7	1.90	有	1
12	79.3	1.39	有	1
13	74.5	1.54	无	0
14	83.8	1.89	有	1
15	76.8	1.59	无	0

假设无论有无壁炉，评估价值与房屋面积之间的斜率都相同，则多元回归模型为

$$Y_i = \beta_0 + \beta_1 X_{1i} + \beta_2 X_{2i} + \varepsilon_i$$

式中，Y_i 表示房屋 i 的评估价值；β_0 表示 Y 的截距；X_{1i} 表示房屋 i 的面积；β_1 表示在壁炉存在与否的既定情况下，房屋面积与评估价值之间的斜率；X_{2i} 表示房屋 i 中壁炉存在与否的虚拟变量；β_2 表示在房屋面积既定的情况下，有壁炉对评估价值增加带来的影响；ε_i 表示房屋 i 的评估价值的随机误差。

图 12.7 显示了该模型在 Excel 下的运行结果。由图可得，回归方程为

$$\hat{Y}_i = 50.0905 + 16.1858 X_{1i} + 3.8530 X_{2i}$$

	A	B	C	D	E	F	G
1	评估价值分析						
2							
3		回归统计					
4	Multiple R	0.9006					
5	R Square	0.8111					
6	Adjusted R Square	0.7796					
7	标准误差	2.2626					
8	观测值	15					
9							
10	方差分析						
11		df	SS	MS	F	Significance F	
12	回归分析	2	263.7039	131.8520	25.7557	4.54968E-05	
13	残差	12	61.4321	5.1193			
14	总计	14	325.1360				
15							
16		Coefficients	标准误差	t Stat	P-value	Lower 95%	Upper 95%
17	Intercept	50.0905	4.3517	11.5107	7.6794E-08	40.6090	59.5719
18	面积	16.1858	2.5744	6.2871	4.0244E-05	10.5766	21.7951
19	壁炉	3.8530	1.2412	3.1042	0.00911885	1.1486	6.5574

图 12.7　包括房屋面积和有无壁炉的回归模型

对于没有壁炉的房屋，可以将 $X_2=0$ 代入回归模型，得

$$\begin{aligned}\hat{Y}_i &= 50.0905 + 16.1858 X_{1i} + 3.8530 X_{2i} \\ &= 50.0905 + 16.1858 X_{1i}\end{aligned}$$

对于有壁炉的房屋，可以将 $X_2=1$ 代入回归模型，得

$$\begin{aligned}\hat{Y}_i &= 50.0905 + 16.1858 X_{1i} + 3.8530 X_{2i} \\ &= 53.9435 + 16.1858 X_{1i}\end{aligned}$$

在这个模型中，回归系数可以做如下解释。

(1) 确定房屋无壁炉的情况下，房屋面积每增加 100 平方米，大概会使平均评估价值增加 161 858 元。

(2) 确定房屋面积的情况下，有壁炉大约可以使平均评估价值增加 38 530 元。

(3) 房屋面积与房屋评估价值之间斜率的 t 统计量是 6.2871，P 值大约是 0.000；壁炉存在与否的 t 统计量为 3.1042，P 值为 0.0091。因此，在显著性水平 $\alpha = 0.01$ 的情况下，两个自变量均对模型有显著贡献(因为两个 P 值都小于显著性水平 0.01)。此外，多元回归系数表示评估价值 81.11% 的变化可由房屋面积和有无壁炉两者解释，即判定系数为 0.8111。

12.6.2 交互作用

在目前我们所讨论的所有回归模型中，假设一个自变量对因变量的效应与另一个自变量对因变量的效应互不影响。而当一个自变量对因变量的效应受到另一个自变量的影响时，就产生了**交互作用**。例如，当一种产品的价格较低时，广告可能对销售产生很大的影响。然而，当一种产品的价格太高时，增加广告可能对销售不会有太大的影响。如此一来，价格和广告之间就存在交互作用。换句话说，无法简单地确定广告对销售的影响。因为广告对销售的影响与产品价格有关。在建立具有交互作用的回归模型时，需要运用**交互作用项**(有时也称为**交叉乘积项**)。

【例 12.8】 为了描述交互作用的概念及交互作用项，回到前面关于房屋价值评估的例子，即例 12.7。假设房屋面积的效应与有无壁炉的效应之间存在交互作用，试就表 12.6 的数据建立房屋价值评估的回归模型。

解：要评价交互作用存在的可能性，需要先定义自变量 X_1(房屋面积)与虚拟变量 X_2(壁炉)的乘积为交互作用项。然后，检验这个交互作用变量对回归模型是否有显著贡献。如果交互作用显著，那么就不能用原来的预测模型。对于表 12.6 的数据，令 $X_{3i}=X_{1i} \cdot X_{2i}$ 表示自变量 X_{1i}(房屋面积)与虚拟变量 X_{2i}(壁炉)的交互作用项。回归方程设为

$$Y_i = \beta_0 + \beta_1 X_{1i} + \beta_2 X_{2i} + \beta_3 X_{3i} + \varepsilon_i$$

式中，β_3 表示交互作用参数项；其他参数定义与例 12.7 相同。

图 12.8 显示了回归模型在 Excel 下的运行结果，包括房屋面积 X_{1i}、有无壁炉 X_{2i} 及交互作用 $X_{1i} \cdot X_{2i}$(定义为 X_{3i})。

	A	B	C	D	E	F	G
1	评估价值分析						
2							
3		回归统计					
4	Multiple R	0.9179					
5	R Square	0.8426					
6	Adjusted R Square	0.7996					
7	标准误差	2.1573					
8	观测值	15					
9							
10	方差分析						
11		df	SS	MS	F	Significance F	
12	回归分析	3	273.9441	91.3147	19.6215	0.0001	
13	残差	11	51.1919	4.6538			
14	总计	14	325.1360				
15							
16		Coefficients	标准误差	t Stat	P-value	Lower 95%	Upper 95%
17	Intercept	62.9522	9.6122	6.5492	4.1399E-05	41.7959	84.1084
18	面积	8.3636	5.8173	1.4375	0.1784	-4.4414	21.1662
19	壁炉	-11.8404	10.6455	-1.1122	0.2898	-35.2710	11.5902
20	面积*壁炉	9.5180	6.4165	1.4834	0.1661	-4.6046	23.6406

图 12.8 包括房屋面积、有无壁炉和二者交互作用的回归模型

为检验交互作用的存在，采用以下假设。

原假设 $H_0: \beta_3 = 0$

备择假设 $H_1: \beta_3 \neq 0$

在图 12.8 中，面积与壁炉交互作用的 t 统计量为 1.4834。由于 P 值 = 0.1661>0.05，所以不能拒绝原假设。因此，在已包括面积和有无壁炉的情况下，交互作用对模型没有显著贡献。

12.7　二次回归模型*

多元回归模型通常假设 Y 和自变量之间是线性关系，但实际上变量之间有时候存在非线性关系。第 11 章描述了一元回归模型中的非线性转换，这些转换规则同样适用于多元回归模型。本节重点介绍非线性关系中最常见的两个变量之间的二次关系。式(12.7.1)的二次回归模型定义了 X 与 Y 之间的这种关系。

$$Y_i = \beta_0 + \beta_1 X_{1i} + \beta_2 X_{1i}^2 + \varepsilon_i \tag{12.7.1}$$

式中，β_0 表示 Y 的截距；β_1 表示 Y 的线性系数；β_2 表示 Y 的二次系数；ε_i 表示观察值 i 的随机误差。

二次回归模型与包含两个自变量的多元回归模型相似，只不过第二个自变量是第一个自变量的平方。同样，也是运用样本回归系数($\hat{\beta}_0$、$\hat{\beta}_1$ 和 $\hat{\beta}_2$)作为总体参数估计(β_0、β_1 和 β_2)。式(12.7.2)定义了一个自变量(X_1)和一个因变量(Y)的二次回归方程。

$$\hat{Y}_i = \hat{\beta}_0 + \hat{\beta}_1 X_{1i} + \hat{\beta}_2 X_{1i}^2 \tag{12.7.2}$$

式(12.7.2)中，第一个回归系数 $\hat{\beta}_0$ 代表 Y 的截距，第二个回归系数 $\hat{\beta}_1$ 代表线性效应，第三个回归系数 $\hat{\beta}_2$ 代表二次效应。

下面的试验用来研究不同量的飞尘成分对混凝土强度的影响。收集 18 份 28 天的混凝土做样本，混凝土中飞尘的比例从 0 到 60%不等，相关数据如表 12.7 所示。我们用这个试验来说明二次回归模型的应用。

表 12.7　飞尘比例和 18 份 28 天的混凝土的强度

飞尘/%	强度/psi	飞尘/%	强度/psi
0	4779	40	5995
0	4706	40	5628
0	4350	40	5897
20	5189	50	5746
20	5140	50	5719
20	4976	50	5782
30	5110	60	4895
30	5685	60	5030
30	5618	60	4648

1. 确定回归系数和预测 Y

图 12.9 的散点图有助于选择合适的模型来表达飞尘比例与混凝土强度之间的关系。随着飞尘比例的增加，混凝土的强度随之增加。在飞尘比例为 40%左右时混凝土强度达到最

大值，之后保持稳定，随后下降。飞尘比例为 50% 的混凝土强度比飞尘比例为 40% 的混凝土强度略低，但是飞尘比例为 60% 的混凝土强度显著低于飞尘比例为 50% 的混凝土强度。因此，在根据飞尘比例估计混凝土强度的时候，二次模型比线性模型更为合适。

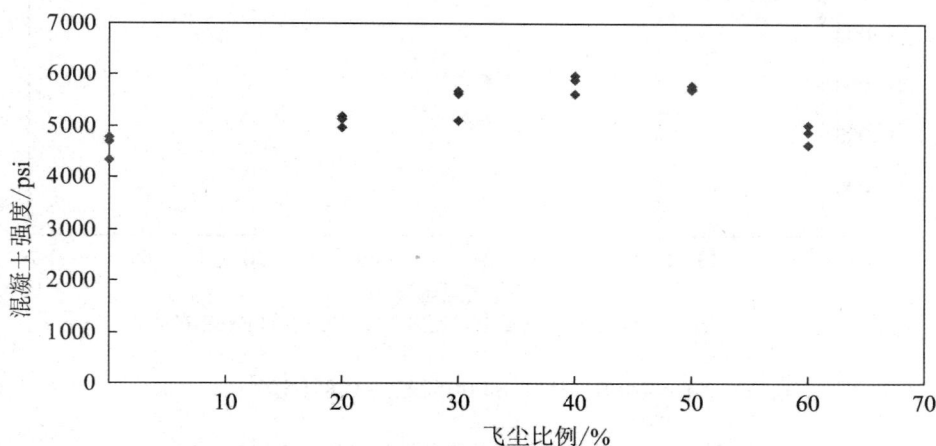

图 12.9 飞尘比例和混凝土强度的 Excel 散点图

图 12.10 显示了这些数据的 Excel 工作表，从中可得

$$\hat{\beta}_0 = 4486.3611, \quad \hat{\beta}_1 = 63.0052, \quad \hat{\beta}_2 = -0.8765$$

因此，二次回归方程为

$$\hat{Y}_i = 4486.3611 + 63.0052 X_{1i} - 0.8765 X_{1i}^2$$

式中，$\hat{Y}_i$ 表示样本 i 的预测混凝土强度；X_{1i} 表示样本 i 的飞尘比例。

	A	B	C	D	E	F	G
1	混凝土强度分析						
2							
3		回归统计					
4	Multiple R	0.8053					
5	R Square	0.6485					
6	Adjusted R Square	0.6016					
7	标准误差	312.1129					
8	观测值	18					
9							
10	方差分析						
11		df	SS	MS	F	Significance F	
12	回归分析	2	2695473.5	1347736.745	13.8350779	0.0004	
13	残差	15	1461217.0	97414.4674			
14	总计	17	4156690.5				
15							
16		Coefficients	标准误差	t Stat	P-value	Lower 95%	Upper 95%
17	Intercept	4486.3611	174.7531	25.6726	8.24736E-14	4113.8836	4858.8386
18	飞尘%	63.0052	12.3725	5.0923	0.0001	36.6338	89.3767
19	飞尘%^2	-0.8765	0.1966	-4.4578	0.0005	-1.2955	-0.4574

图 12.10 混凝土强度数据的 Excel 结果

图 12.11 绘出了该二次回归方程的散点图，显示出二次模型与原数据十分契合。

由二次回归方程和图 12.10 可知，Y 截距（$\hat{\beta}_0 = 4486.3611$）是当飞尘比例为 0 时的预测混凝土强度。要解释系数 $\hat{\beta}_1$ 和 $\hat{\beta}_2$，观察到在最初的增加之后，混凝土强度开始随着飞尘比例的增加而下降。这个非线性关系可以通过预测飞尘比例为 20%、40% 和 60% 时的混凝土强度得到进一步证明。运用二次回归模型

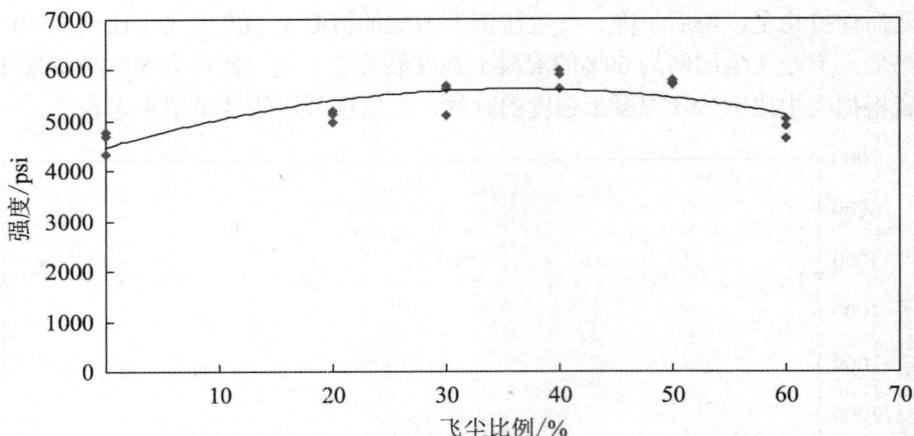

图 12.11 表示飞尘比例与混凝土强度之间二次关系的 Excel 散点图

$$\hat{Y}_i = 4486.3611 + 63.0052X_{1i} - 0.8765X_{1i}^2$$

当 $X_{1i} = 20$，$\hat{Y}_i = 4486.3611 + 63.0052 \times 20 - 0.8765 \times 20^2 = 5395.865$。

当 $X_{1i} = 40$，$\hat{Y}_i = 4486.3611 + 63.0052 \times 40 - 0.8765 \times 40^2 = 5604.169$。

当 $X_{1i} = 60$，$\hat{Y}_i = 4486.3611 + 63.0052 \times 60 - 0.8765 \times 60^2 = 5111.273$。

因此，飞尘比例为 40% 的预测混凝土强度为 5604.169psi，高于飞尘比例为 20% 的预测混凝土强度，但是飞尘比例为 60% 的预测混凝土强度为 5111.273psi，低于飞尘比例为 40% 的预测混凝土强度。

2. 二次模型的显著性检验

计算二次回归方程之后，可以检验混凝土强度 Y 和飞尘 X_1 之间是否存在显著关系。原假设和备择假设如下。

$$H_0: \beta_1 = \beta_2 = 0 \ (X_1 \text{ 与 } Y \text{ 之间没有关系})$$
$$H_1: \beta_1 \text{ 或 } \beta_2 \neq 0 \ (X_1 \text{ 与 } Y \text{ 之间有关系})$$

式(12.3.3)定义了这一检验的 F 统计量为

$$F = \frac{S_R/p}{S_E/(N-p-1)} \sim F(p, N-p-1)$$

由图 12.10 的 Excel 结果可以直接得到 F 统计量为

$$F = \frac{S_R/p}{S_E/N-p-1} = \frac{1\,347\,736.745}{97\,414.4674} = 13.8351$$

如果选择显著性水平 α 为 0.05，由附录 E 可知，$F(p, N-p-1) = F(2, 15)$，即自由度为 2 和 15 的 F 分布的临界值为 3.68。由于 $F = 13.8351 > 3.68$，或者由于图 12.10 中 P 值 = $0.0004 < \alpha = 0.05$，所以拒绝原假设并得出结论，在飞尘比例和混凝土强度之间存在显著关系。

3. 二次效应的检验

运用回归模型检验两个变量之间的关系，不仅要找出最精确的模型，而且要找到最简单的模型解释这样的关系。因此，需要检验二次模型和线性模型之间是否有显著差异。

二次模型

$$Y_i = \beta_0 + \beta_1 X_{1i} + \beta_2 X_{1i}^2 + \varepsilon_i$$

线性模型

$$Y_i = \beta_0 + \beta_1 X_{1i} + \varepsilon_i$$

在式(12.3.7)和式(12.3.8)中运用 t 检验来确定每个自变量对回归模型是否都有显著贡献。检验二次效应的显著贡献，需要运用下面的原假设和备择假设。

H_0: 包含二次效应没有显著改进模型(β_2=0)
H_1: 包含二次效应显著改进了模型($\beta_2 \neq 0$)

每个回归系数的标准误差和相应的 t 统计量如图 12.10 所示。根据式(12.3.6)得到关于二次效应的 t 统计量为

$$t_2 = \frac{\hat{\beta}_2}{S_{b_2}} = \frac{-0.8765}{0.1966} = -4.4578$$

如果选择显著性水平 α 为 0.05，那么由附录 D 查得，自由度为 15(即 $t_{\alpha/2}(N-p-1)$= $t_{0.025}(18-2-1) = t_{0.025}(15)$)的 t 分布临界值为-2.1315 和+2.1315。

由于 t =-4.4578<-2.1315，或者由于 P 值= 0.0005< α = 0.05，所以拒绝 H_0 并得出结论，二次模型在表示飞尘比例和混凝土强度之间的关系时显著优于线性模型。

4. 多元判定系数

多元回归模型中，多元判定系数 r^2 表示自变量变化所能解释的因变量 Y 变化的比例。考虑运用飞尘比例和飞尘比例平方预测混凝土强度的二次回归模型。运用判定系数公式计算 r^2，即

$$r^2 = \frac{S_R}{S_T}$$

由图 12.10 得，S_R=2 695 473.5，S_T=4 156 690.5，故

$$r^2 = \frac{S_R}{S_T} = \frac{2\ 695\ 473.5}{4\ 156\ 690.5} = 0.6485$$

多元回归系数表示强度变化的 64.85%可以由混凝土强度和飞尘比例间的二次关系来解释。

需要根据自变量个数和样本容量计算修正判定系数 $\bar{r}^2$。在二次回归模型中，因为有两个自变量，所以 k=2 (X_1 和 X_1^2)。因此，根据式(12.3.5)得到修正判定系数为

$$\overline{r}^2 = 1 - \left[\left(1 - r^2\right)\frac{N-1}{N-p-1}\right] = 1 - \left[\left(1 - 0.6485\right)\frac{17}{15}\right]$$
$$= 1 - 0.3984 = 0.6016$$

说明根据修正判定系数，强度变化的约 60.16%可以由混凝土强度和飞尘比例间的二次关系来解释。

12.8　其他软件实现

12.8.1　SPSS 实现

多元线性回归在 SPSS 中实现时，其前面的操作与一元回归相同。下面以例 12.1 为例说明用 SPSS 进行多元线性回归分析的方法。

操作视频

新建数据表或打开已有的数据表，执行【分析】→【回归】→【线性】命令，在打开的对话框中选择多个自变量，然后单击【统计】按钮，打开的对话框如图 12.12 所示。设置好置信区间等相关参数后，单击【确定】按钮，即可得到分析结果。

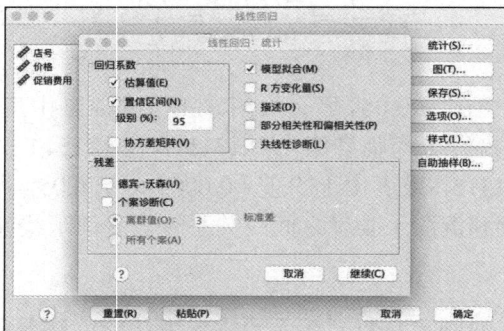

图 12.12　多元线性回归统计量参数设置

如果要进行偏 F 检验，则需执行【分析】→【一般线性模型】→【单变量】命令，打开的对话框如图 12.13 所示。设置好因变量和协变量后，单击【确定】按钮，即可得到运行结果。

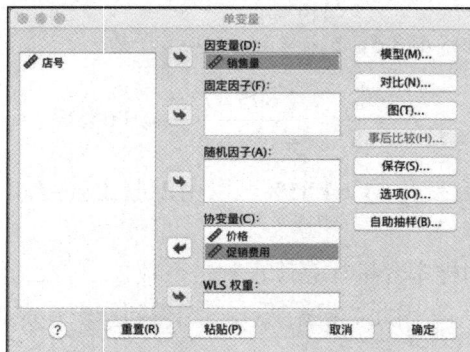

图 12.13　偏 F 检验单变量参数设置

12.8.2 JMP 实现

要在 JMP 软件上实现多元回归，其操作方法与一元回归略有不同。下面以例 12.1 为例说明用 JMP 进行多元回归分析的方法。

创建数据表或打开已有的数据表，执行【分析】→【拟合模型】命令，打开的对话框如图 12.14 所示。将相关变量分别放入【选择角色变量】和【构造模型效应】框。单击【运行】按钮，得到运行结果。运行结果含有预测值与实际值、因变量与各自变量关系的示意图。

操作视频

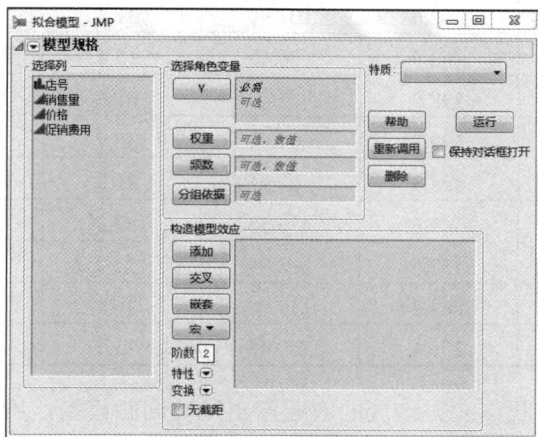

图 12.14 多元回归分析参数设置

习题十二

用 Excel 求解下列问题。

1. 在某种钢材的试验中，研究了延伸率 Y(单位：%)与含碳量 X_1(单位：0.01%)及回火温度 X_2(单位：℃)之间的关系，下表给出了 15 批生产试验数据。

(1) 求延伸率与含碳量、回火温度之间的二元线性回归方程，并分析软件运行输出结果。

(2) 要求以 99%的把握将该钢材的延伸率控制在 15%以上，问当含碳量为 60(单位：0.01%)时，应将回火温度控制在哪一范围内？

延伸率 /%	19.25	17.50	18.25	16.25	17.00	16.75	17.00	16.75
含碳量 /0.01%	57	64	69	58	58	58	58	58
回火温度 /℃	535	535	535	460	460	460	490	490
延伸率 /%	17.25	16.75	14.75	12.00	17.75	17.50	15.50	
含碳量 /0.01%	58	57	64	69	59	64	69	
回火温度 /℃	490	460	435	460	490	467	490	

2. 一般认为，一个地区的农业总产值与该地区的农业劳动力、灌溉面积、化肥用量、农户固定资产、农业机械化水平等因素有关。下表给出了 1985 年我国北方地区 12 个省市农业总产值与农业劳动力、灌溉面积、化肥用量、农户固定资产、农机动力的数据。

地区	农业总产值/亿元	农业劳动力/万人	灌溉面积/万公顷	化肥用量/万吨	农户均固定资产/元	农机动力/万马力
北京	19.61	90.1	33.84	7.5	394.30	435.3
天津	14.40	95.2	34.95	3.9	567.50	450.7
河北	149.90	1639.0	357.26	92.4	706.89	2712.6
山西	55.07	562.6	107.90	31.4	856.37	1118.5
内蒙古	60.85	462.9	96.49	15.4	1282.81	641.7
辽宁	87.48	588.9	72.40	61.6	844.74	1129.6
吉林	73.81	399.7	69.63	36.9	2576.81	647.6
黑龙江	104.51	425.3	67.95	25.8	1237.16	1305.8
山东	276.55	2365.6	456.55	152.3	5812.02	3127.9
河南	200.02	2557.5	318.99	127.9	754.78	2134.5
陕西	68.18	884.2	117.90	36.1	607.41	764.0
新疆	49.12	256.1	260.46	15.1	1143.67	523.3

(1) 试建立 1985 年我国北方地区的农业产出线性回归模型，用 Excel 求解线性回归方程并剔除不显著的变量。

(2) 试解释说明你的分析结论。

3. 美国一家日用品公司欲测试其产品在不同广告媒体进行促销的有效性。该公司针对网络广告和报纸广告的有效性(包括折扣优惠券成本)，选取了 22 个人口数量大致相同的城市作为在一个月内研究测试的样本。每个城市都被分配了特定数量的网络广告和报纸广告。测试期间的产品销售额(以千美元计)和媒体成本(以千美元计)如下表所示。

城市	销售额/千美元	网络广告/千美元	报纸广告/千美元
1	973	0	40
2	1119	0	40
3	875	25	25
4	625	25	25
5	910	30	30
6	971	30	30
7	931	35	35
8	1177	35	35
9	882	40	25
10	982	40	25
11	1628	45	45

续表

城市	销售额/千美元	网络广告/千美元	报纸广告/千美元
12	1577	45	45
13	1044	50	0
14	914	50	0
15	1329	55	25
16	1330	55	25
17	1405	60	30
18	1436	60	30
19	1521	65	35
20	1741	65	35
21	1866	70	40
22	1717	70	40

(1) 写出多元回归方程。

(2) 解释斜率 $\hat{\beta}_1$ 和 $\hat{\beta}_2$ 的意义。

(3) 解释回归系数 β_0 的意义。

(4) 预测产品在网络广告费用为 20 000 美元、报纸广告费用为 20 000 美元的城市的平均销售额。

(5) 对产品在网络广告费用为 20 000 美元、报纸广告费用为 20 000 美元的城市的销售额进行 95%的区间预测。

4*. 在第 3 题中，根据网络广告和报纸广告来解释销售额。试解决下列问题：

(1) 在显著性水平 $\alpha=0.05$ 的情况下，确定销售额和两个自变量(网络广告和报纸广告)之间是否存在显著性关系。

(2) 解释 P 值的含义。

(3) 计算多元判定系数 r^2，并解释其意义。

(4) 计算修正判定系数 $\bar{r}^2$。

(5) 对网络广告和销售额的总体斜率 $\hat{\beta}_1$ 做置信度为 95%的区间估计。

(6) 在显著性水平 $\alpha=0.05$ 的情况下，确定每个自变量对回归模型是否有显著贡献。

(7) 计算偏判定系数 $r^2_{Y1,2}$ 和 $r^2_{Y2,1}$，并解释其意义。

5*. 一家大型连锁超市的销售经理想要确定货架面积与产品放置在走道的前端还是后端这两个因素，对宠物食品销售额产生的影响，随机抽取了 12 家规模相同的超市展开调研，相关数据如下表所示。

超市	货架面积/平方米	走道位置	周销售额/元
1	5	后端	160
2	5	前端	220
3	5	后端	140

续表

超市	货架面积/平方米	走道位置	周销售额/元
4	10	后端	190
5	10	后端	240
6	10	前端	260
7	15	后端	230
8	15	后端	270
9	15	前端	280
10	20	后端	260
11	20	后端	290
12	20	前端	310

(1) 确立多元回归模型。

(2) 某家店货架面积为 8 平方米，位于走道后端，预测该店宠物食品的平均周销售额，进行 95% 的置信区间估计，并进行区间预测。

(3) 在显著性水平 $\alpha=0.05$ 的情况下，销售额与两个自变量之间是否存在显著的关系？

(4) 在显著性水平 $\alpha=0.05$ 的情况下，确定每个自变量对回归模型是否有显著贡献，并给出对这组数据最适合的回归模型。

(5) 为销售额与货架面积之间的斜率和销售额与走道位置之间的斜率进行置信度为 95% 的区间估计。

(6) 解释多元判定系数 r^2。

(7) 计算修正判定系数 $\bar{r}^2$。

(8) 计算偏判定系数，并解释其意义。

(9) 给模型加入一个交叉作用项，在显著性水平 $\alpha=0.05$ 的情况下，确定该交叉作用项对模型是否有显著贡献。

(10) 在(4)和(9)的结论的基础上，确定哪个模型最适合，并说明理由。

6*. 一位农学家设计了一项试验，在不同的土地上施以不同量的肥料培养番茄。这 6 种不同的施肥量分别为每 1000 平方米 0 千克、20 千克、40 千克、60 千克、80 千克和 100 千克。各块土地不同施肥量的番茄产量如下表所示。

土地	施肥量/ (千克/千平方米)	产量/千克	土地	施肥量/ (千克/千平方米)	产量/千克
1	0	6	7	60	46
2	0	9	8	60	50
3	20	19	9	80	48
4	20	24	10	80	54
5	40	32	11	100	52
6	40	38	12	100	58

假设施肥量与产量之间存在二次关系，回答下列问题。

(1) 为施肥量和产量创建散点图。

(2) 确定二次回归方程。

(3) 每 1000 平方米施肥 70 千克，预测该块土地的平均产量。

(4) 在显著性水平 $\alpha=0.05$ 的情况下，施肥量和番茄产量之间存在显著关系吗？

(5) 确定(4)中 P 值并解释其含义。

(6) 在显著性水平 $\alpha=0.05$ 的情况下，确定是否有显著的二次效应。

(7) 确定(6)中 P 值并解释其含义。

(8) 解释多元判定系数的意义。

(9) 计算修正判定系数 $\bar{r}^2$。

案例研究

互联网医疗平台作为"健康中国 2030"战略的重要组成部分，不仅能够促进医师资源流动，使医疗资源更合理地分布，还能够以患者为中心进行分流，实现医疗资源的更合理利用。然而，医疗平台运营多样化服务，需要深入研究医患行为因素。考虑医生职称、医生所在医院级别、医生所在科室、患者所在地域、患者疾病类型、患者疾病疑难程度及医生服务质量等因素，对互联网医疗平台医生在线问诊量进行多元回归分析，可以确定影响医生在线问诊量的关键因素。

从 2021 年某互联网医疗平台的 7459 名神经内科医生中抽取 98 名医生，以研究其在线问诊量受哪些因素影响。选取医生的义诊服务数量、提供付费产品的种类数、性别、医生职称、标准科室、医院城市、访问量、文章数、诊后报道患者数、患者投票、心意礼物等数据，并对相关数据进行归类和预处理。

案例数据

其中，对职称的量化分类为：3 主任医师、2 副主任医师、1 主治医师。医院城市划分为：1 一线城市及 0 非一线城市。具体数据可扫描右侧二维码获取。

试用多元回归模型分析各变量对该互联网医疗平台神经内科医生的在线问诊量的影响，并分析各个变量的显著性。

第 *13* 章

时间序列预测和指数*

　　本章将介绍一些常用的时间序列方法。时间序列分析是一种被广泛使用的数据分析方法，主要用于描述与探索自然和社会经济现象随时间发展变化的数量规律。通过对本章的学习，读者能够了解不同的时间序列预测模型，如移动平均法、指数平滑法、线性趋势、二次趋势、指数趋势、自回归及用于季节性数据的最小二乘模型等，掌握在实践中选择最佳统计模型的方法，并在此基础上了解指数的相关知识。每一部分内容都通过实例结合 Excel 软件进行讲解。最后一节还介绍了如何用 SPSS 和 JMP 软件进行时间序列分析。

　　学习目标：了解时间序列分析的基本方法；掌握实践中选择最佳统计模型的方法。

　　价值目标：引导学生秉持唯物辩证法的思想，以动态、发展的视角看待问题，探索并尊重规律，做到与时俱进。

13.1　时间序列模型的组成因素

　　时间序列预测存在一个基本假设，即影响过去和现在活动的因素会继续以近乎相同的方式影响未来。因此，时间序列预测的主要目标在于识别并区分这些影响因素，从而帮助我们进行预测。为了实现这一目标，可以运用许多数学模型来测量一个时间序列的基本组成因素。一般而言，一个时间序列主要包括如下因素。

1. 趋势成分

　　趋势是指在一个时间序列中呈现出长期上升或下降态势。以图 13.1 所示安踏公司为例，从 2007 年至 2022 年，其实际营业额持续增长，因此安踏公司的实际营业额呈现出增长趋势。

2. 波动成分

　　影响时间序列数据的因素不仅是趋势，还有循环分量和不规则分量。循环分量表示了上下波动或序列内的移动。时间长短不同，周期变化不同，它们的强度也不同，而且在一个商业周期内互相相关。某些年份的值高于趋势线的预测值(即它们在周期峰值或附近)，而另一些年份的值则低于趋势线的预测值(即它们在周期谷值或附近)。任何不符合循环分量修改趋势后的数据均被认为含有一部分不规则因素或随机因素。当数据为月度或季度数据时，那么除趋势、循环和不规则分量外还有一个季节分量。

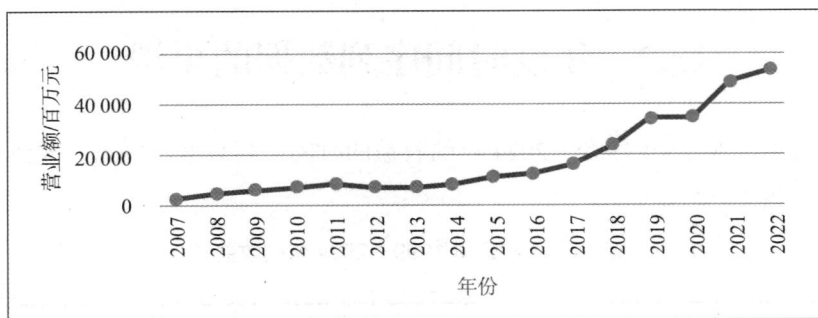

图 13.1　安踏公司 2007—2022 年营业额

表 13.1 总结了影响经济或商业时间序列数据的 4 个因素。

表 13.1　影响时间序列数据的因素

分量	分量分类	定义	影响原因	持续时间
趋势	系统的	整体的、持久的、长期的上升或下降	技术变化、总体、资产、价值	几年
季节	系统的	时期为 12 个月、年复一年的有规律的波动	天气状况、社会习惯、宗教习惯、学校日程	12 个月内(或月或季度数据)
循环	系统的	4 个时期：从峰(繁荣)、收缩(衰退)到谷(萧条)再到扩张(复苏或增长)，重复地上下摆动或变化	无数相关因素相互作用的影响	通常 2～10 年，在一个完整周期内密度不同
不规则	非系统的	无规律的、将系统因素考虑后仍然存在的波动	无法预料的事件，例如罢工、自然灾害和战争带来的随机误差	持续时间短且不重复

在经典二乘时间序列模型下，时间序列值是这些分量的乘积，在预测任何年度的时间序列时不包括季节分量。式(13.1.1)定义了第 i 年的年度时间序列值 Y_i，即其是趋势、循环和不规则分量的乘积。

年度数据的经典二乘时间序列模型

$$Y_i = T_i \times C_i \times I_i \tag{13.1.1}$$

式中，T_i、C_i、I_i 分别表示时期 i 的趋势、循环和不规则分量值。

当预测月度或季度数据时，模型需要包含季节分量。式(13.1.2)定义了时期 i 的值 Y_i，是所有 4 个分量的乘积。

含有季节分量数据的经典二乘时间序列模型

$$Y_i = T_i \times S_i \times C_i \times I_i \tag{13.1.2}$$

式中，T_i、S_i、C_i、I_i 分别表示时期 i 的趋势、季节、循环和不规则分量值。

时间序列分析的第一步是绘制数据图，观察在一段时间内所形成的图形特征。确定序列内是否存在长时期的上升或下降(即趋势)。如果没有明显的长期上升或下降趋势，那么可以运用移动平均法或指数平滑法来平滑序列，以给出一个长期的整体印象。如果存在趋势，则可以考虑采取另外一些时间序列预测方法。

13.2　年度时间序列数据的平滑

表 13.2 给出了 K 公司 1999－2024 年的收益的时间序列数据。据此，得到了相应的时间序列图形(见图 13.2)。

表 13.2　K 公司 1999—2024 年的收益

(单位：百万美元)

年份	收益	年份	收益	年份	收益
1999	1588	2008	1488	2017	1698
2000	1558	2009	1562	2018	1523
2001	1753	2010	1619	2019	1557
2002	1408	2011	1687	2020	1795
2003	1310	2012	1841	2021	1934
2004	1424	2013	1865	2022	2125
2005	1677	2014	1637	2023	2543
2006	1937	2015	1653	2024	2616
2007	1685	2016	1699		

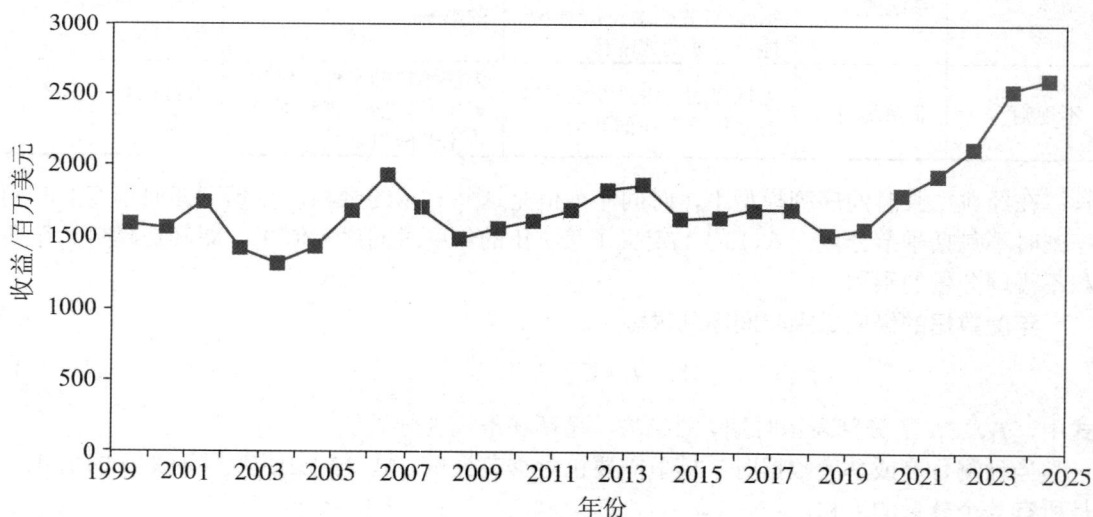

图 13.2　K 公司 1999－2024 年的收益

如图 13.2 所示，在观察年度数据时，由于受到年与年之间波动的影响，我们对该序列长期趋势没有很明显的直观印象，所以难以确定序列中是否存在长期上升或下降的趋势。若要对数据在一段时期内的整体变化有更好的了解，可以采用移动平均法或指数平滑法。

13.2.1　移动平均法

移动平均法是对于选定的一个长度为 L 的时期，通过计算 L 个观测值的均值来预测未来的值。移动平均值以 $MA(L)$ 表示。

假设要从一个 11 年的时间序列中计算 5 年移动平均值。由于 $L=5$，5 年移动平均值是由一系列 5 个连续值的均值构成的。第一个 5 年平均值可以用前 5 年值的和除以 5 计算得到

$$MA(5) = \frac{Y_1 + Y_2 + Y_3 + Y_4 + Y_5}{5}$$

计算第二个 5 年移动平均值用第 $2\sim6$ 年值的和除以 5，即

$$MA(5) = \frac{Y_2 + Y_3 + Y_4 + Y_5 + Y_6}{5}$$

继续这个计算过程，直到将时间序列中最后 5 年的值(即第 $7\sim11$ 年)相加后除以 5 得到最后 5 年的移动平均值

$$MA(5) = \frac{Y_7 + Y_8 + Y_9 + Y_{10} + Y_{11}}{5}$$

当计算年度时间序列数据时，所要计算移动平均值的时间段 L 应该选择奇数年。按照这一规则，无法计算得到前 $(L-1)/2$ 年或最后 $(L-1)/2$ 年的移动平均值。因此，计算 5 年移动平均值，无法得到时间序列中前两年和最后两年的值。

在绘制移动平均图时，可以将计算得到的每个值绘制在用于计算该值的几个连续值的中间年份处。如果 $n=11$，$L=5$，第一个 5 年平均值在第 3 年，第二个 5 年移动平均值在第 4 年，最后一个移动平均值在第 9 年。例 13.1 对 5 年移动平均值的计算进行了解释。

【例 13.1】下面的数据表示一家汽车租赁公司在 2013—2023 年这 11 年间的总收益(单位：百万美元)。

$$4.0 \quad 5.0 \quad 7.0 \quad 6.0 \quad 8.0 \quad 9.0 \quad 5.0 \quad 2.0 \quad 3.5 \quad 5.5 \quad 6.5$$

请计算这个年度时间序列的 5 年移动平均值。

解：计算 5 年移动平均值，首先应计算 5 年移动总和，然后除以 5。第一个 5 年平均值为

$$MA(5) = \frac{Y_1 + Y_2 + Y_3 + Y_4 + Y_5}{5} = \frac{4.0 + 5.0 + 7.0 + 6.0 + 8.0}{5} = \frac{30.0}{5} = 6.0$$

移动平均值在中间值处，即时间序列的第 3 年。第二个 5 年移动平均值则是用第 $2\sim6$ 年的收益总和除以 5，即

$$MA(5) = \frac{Y_2 + Y_3 + Y_4 + Y_5 + Y_6}{5} = \frac{5.0 + 7.0 + 6.0 + 8.0 + 9.0}{5} = \frac{35.0}{5} = 7.0$$

移动平均值在新的中间值处，即时间序列的第 4 年。其余的移动平均值分别为

$$\text{MA}(5) = \frac{Y_3 + Y_4 + Y_5 + Y_6 + Y_7}{5} = \frac{7.0 + 6.0 + 8.0 + 9.0 + 5.0}{5} = \frac{35.0}{5} = 7.0$$

$$\text{MA}(5) = \frac{Y_4 + Y_5 + Y_6 + Y_7 + Y_8}{5} = \frac{6.0 + 8.0 + 9.0 + 5.0 + 2.0}{5} = \frac{30.0}{5} = 6.0$$

$$\text{MA}(5) = \frac{Y_5 + Y_6 + Y_7 + Y_8 + Y_9}{5} = \frac{8.0 + 9.0 + 5.0 + 2.0 + 3.5}{5} = \frac{27.5}{5} = 5.5$$

$$\text{MA}(5) = \frac{Y_6 + Y_7 + Y_8 + Y_9 + Y_{10}}{5} = \frac{9.0 + 5.0 + 2.0 + 3.5 + 5.5}{5} = \frac{25.0}{5} = 5.0$$

$$\text{MA}(5) = \frac{Y_7 + Y_8 + Y_9 + Y_{10} + Y_{11}}{5} = \frac{5.0 + 2.0 + 3.5 + 5.5 + 6.5}{5} = \frac{22.5}{5} = 4.5$$

这些移动平均值分别处于各自的中间值位置,即时间序列的第 5 至第 9 年。采用 5 年移动平均法,无法计算时间序列中前两年和最后两年的值。

在实际操作中,可以用 Excel 计算移动平均,以避免烦琐的计算过程。图 13.3 显示了 K 公司 1999—2024 年这 26 年间的年收益、3 年和 7 年移动平均值及与之对应的曲线图。

操作视频

在图 13.3 中,第一年和最后一年没有 3 年移动平均值,前三年和最后三年没有 7 年移动平均值。由图可知,7 年移动平均相较于 3 年移动平均,能使序列更加平滑,原因在于其时期更长。但是,时期越长,能够计算得到的移动平均值就越少。由于在序列的首尾两端会失去很多移动平均值,所以一般不会选择大于 7 年的时期进行移动平均,否则会使识别序列整体印象变得更加困难。

	A	B	C	D
1	年	收益	MA3-年	MA7-年
2	1999	1588	#N/A	#N/A
3	2000	1558	1633.0	#N/A
4	2001	1753	1573.0	#N/A
5	2002	1408	1490.3	1531.1
6	2003	1310	1380.7	1581.0
7	2004	1424	1470.3	1599.1
8	2005	1677	1679.3	1561.3
9	2006	1937	1766.3	1583.3
10	2007	1685	1703.3	1627.4
11	2008	1488	1578.3	1665.0
12	2009	1562	1556.3	1688.4
13	2010	1619	1622.7	1678.1
14	2011	1687	1715.7	1671.3
15	2012	1841	1797.7	1694.9
16	2013	1865	1781.0	1714.4
17	2014	1637	1718.3	1725.7
18	2015	1653	1663.0	1702.3
19	2016	1699	1683.3	1661.7
20	2017	1698	1640.0	1651.7
21	2018	1523	1592.7	1694.1
22	2019	1557	1625.0	1761.6
23	2020	1795	1762.0	1882.1
24	2021	1934	1951.3	2013.3
25	2022	2125	2200.7	#N/A
26	2023	2543	2428.0	#N/A
27	2024	2616	#N/A	#N/A

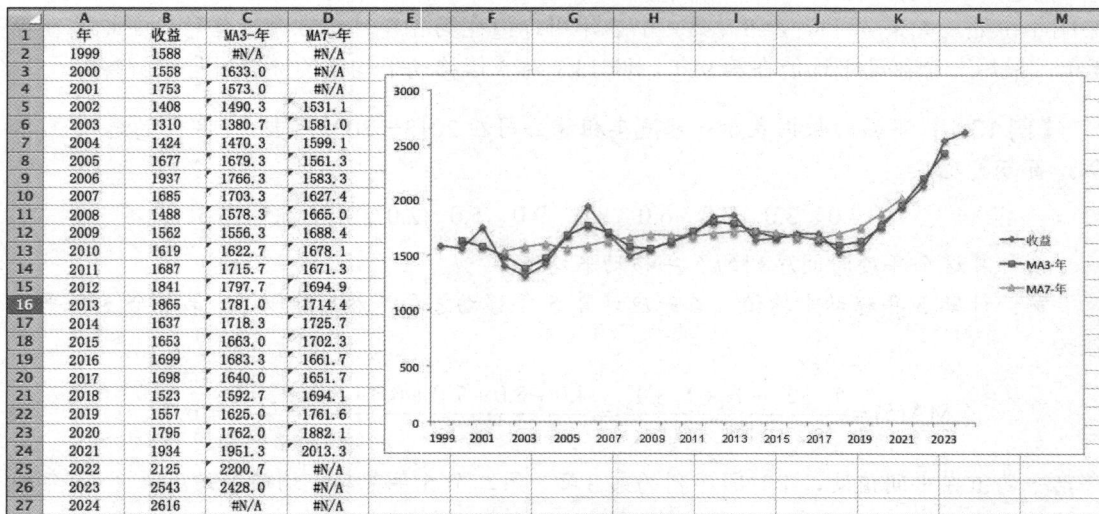

图 13.3 K 公司的年收益及 3 年和 7 年移动平均值

移动平均的时期长度 L 的选择具有很强的主观性。如果数据存在周期性波动,那么就需要选取一个与序列周期长度或周期倍数相等的整数作为时期 L。如果没有明显的周期波动,那么最常采用的是 3 年、5 年或 7 年移动平均,具体情况需根据平滑的数据和可用的数据量确定。

13.2.2 指数平滑法

指数平滑法也是一种时间序列平滑的方法。除了平滑,当无法确定长期趋势是否存在或长期趋势的类型时,还可以运用指数平滑法进行短期(即未来的某个时期)预测。由此可见,指数平滑法相较于移动平滑法显然更有优势。

之所以称之为指数平滑,是因为这个方法包含一系列指数权重的移动平均。最近的一个值其权重值最高,之前的值其权重值较之略小,依次递减,第一个值的权重最小。在整个序列中,每个指数平滑值都是在所有过去值的基础上得出的,这是指数平滑不同于移动平均的另一个优势。尽管指数平滑计算看上去很麻烦,但是可以用 Excel 进行计算。

公式定义了任何时期 i 内某一序列的指数平滑,只包括 3 个术语,即时间序列的当前值 Y_i,计算得到的前一个指数平滑值 E_{i-1},以及一个确定的指数平滑权重系数 W。运用式(13.2.1)对时间序列进行指数平滑。

在时期 i 内计算指数平滑值

$$E_1=Y_1 \tag{13.2.1}$$

$$E_i = WY_i + (1-W)E_{i-1}, \quad i=2,3,4,\cdots$$

式中,E_1=在时期 i 内计算序列平滑值;

E_{i-1}=已经计算得到的时期 i-1 内的指数平滑值;

Y_i=时期 i 内的时间序列观测值;

W=主观选择的权重或平滑系数(其中 0<W<1)。尽管 W 可以达到 1.0,但实际上在商业应用中往往设置 $W \leqslant 0.5$。

选择时间序列的指数平滑系数(即权重)非常重要,但这个选择总是带有主观性。如果目的只是想要通过去掉循环和不规则波动以平滑一个序列,那么应该选择一个较小的 W 值(接近于 0)。如果目的是预测,那么需要选择一个较大的 W 值(接近于 0.5)。在前一种情况下,整个序列的长期趋势较为明显;而在后一种情况下,可以更加准确地预测未来的短期方向。

图 13.4 显示了 K 公司在 1999—2024 年这 26 年间的年收益指数平滑值(平滑系数 W=0.50,W=0.25),此外还包括原始数据图及两种指数平滑后的时间序列。

下面将解释平滑系数为 W=0.25 时的指数平滑计算步骤。先把原始值 Y_{1999}=1588 作为第一个平滑值(E_{1999}=1588),然后运用时间序列中 2000 年的值(Y_{2000}=1558)平滑 2000 年的序列,计算如下。

$$E_{2000}=WY_{2000}+(1-W)E_{1999}$$

$$=0.25\times1558+(1-0.25)\times1588=1580.5$$

	A	B	C	D	E	F	G	H	I	J	K	L	M
1	年	收益	ES(W=.50)	ES(W=.25)									
2	1999	1588	1588.0	1588.0									
3	2000	1558	1573.0	1580.5									
4	2001	1753	1663.0	1623.6									
5	2002	1408	1535.5	1569.7									
6	2003	1310	1422.8	1504.8									
7	2004	1424	1423.4	1484.6									
8	2005	1677	1550.2	1532.7									
9	2006	1937	1743.6	1633.8									
10	2007	1685	1714.3	1646.6									
11	2008	1488	1601.1	1606.9									
12	2009	1562	1581.6	1595.7									
13	2010	1619	1600.3	1601.5									
14	2011	1687	1643.6	1622.9									
15	2012	1841	1742.3	1677.4									
16	2013	1865	1803.7	1724.3									
17	2014	1637	1720.3	1702.5									
18	2015	1653	1686.7	1690.1									
19	2016	1699	1692.8	1692.3									
20	2017	1698	1695.4	1693.8									
21	2018	1523	1609.2	1651.1									
22	2019	1557	1583.1	1627.5									
23	2020	1795	1689.1	1669.4									
24	2021	1934	1811.5	1735.6									
25	2022	2125	1968.3	1832.9									
26	2023	2543	2255.6	2010.4									
27	2024	2616	2435.8	2161.8									

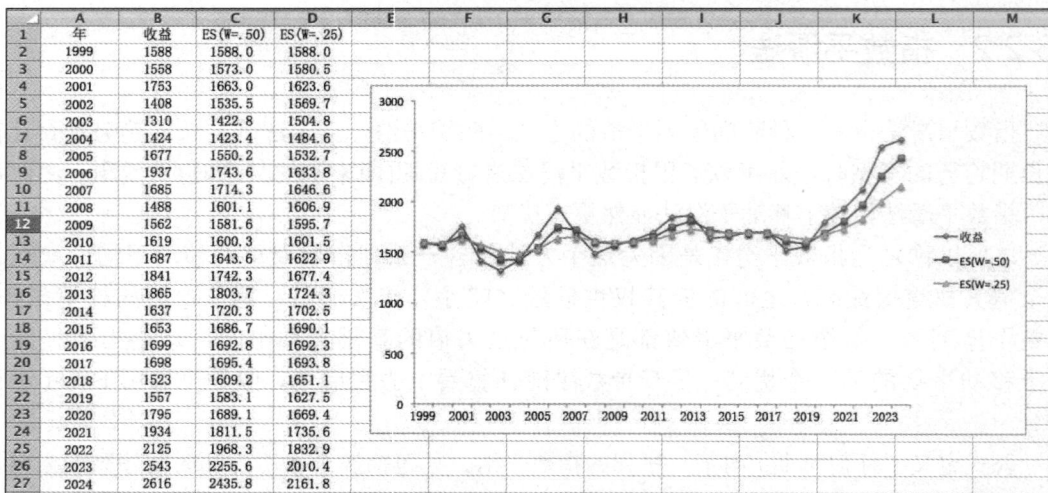

图 13.4　K 公司指数平滑序列($W=0.50$，$W=0.25$)

平滑 2001 年的序列

$$E_{2001}=WY_{2001}+(1-W)\,E_{2000}$$
$$=0.25\times1753+0.75\times1580.5=1623.6$$

平滑 2002 年的序列

$$E_{2002}=WY_{2002}+(1-W)\,E_{2001}$$
$$=0.25\times1408+0.75\times1623.6=1569.7$$

持续这样的步骤直到序列中 26 年的指数平滑值全部计算完毕，如图 13.4 所示。运用指数平滑进行预测，其实就是运用当前时期的平滑值作为下一时期的预测值。

将 E_i 作为 $i+1$ 时期的预测值，用式(13.2.2)表示为

$$\hat{Y}_{i+1}=E_i \tag{13.2.2}$$

预测 2025 年 K 公司的收益，运用平滑系数 $W=0.25$，以 2024 年的平滑值作为它的估计值。图 13.4 显示了这个值是 2161.8 百万美元。

当 2025 年的值可用时，可以运用式(13.2.1)，通过计算 2025 年的平滑值，对 2026 年进行预测。

$$当前平滑值=W\times当前值+(1-W)\times前一个平滑值$$
$$E_{2025}=WY_{2025}+(1-W)\,E_{2024}$$

或者为了预测，可以进行如下计算。

$$新预测值=W\times当前值+(1-W)\times当前预测值$$
$$\hat{Y}_{2026}=WY_{2025}+(1-W)\,\hat{Y}_{2025}$$

13.3　基于最小二乘法的趋势拟合和预测

在时间序列的组成中，趋势是最常被研究的部分，而研究趋势的目的在于进行中期和长期的预测。为了获得对时间序列中长期变动的直观认识，可以构建一个时间序列图。如果直线趋势适用于该数据，则最常使用的趋势确定方法有两种：最小二乘法和双指数平滑法。如果时间序列数据呈现出长期下降或上升的二次变动，最常使用的趋势确定方法同样有两种：最小二乘法和三指数平滑法。当时间序列数据中值与值之间的增长比例是一个常数时，指数趋势模型非常适合。本节将介绍运用最小二乘法预测线性趋势、二次趋势和指数趋势的方法。

13.3.1　线性趋势模型

线性趋势模型

$$Y_i = \beta_0 + \beta_1 X_i + \varepsilon_i$$

是最简单的预测模型。式(13.3.1)定义了线性趋势预测方程

$$\hat{Y}_i = b_0 + b_1 X_i \tag{13.3.1}$$

在进行线性回归分析时，运用最小二乘法可以计算出样本斜率 b_1 和样本截距 b_0，然后将 X 值代入方程(13.3.1)，即可预测 Y 的值。

在运用最小二乘法确定时间序列的趋势时，可以通过为 X 值编号简化对系数的解释。将第一个值编号为 $X=0$，后续值依次编号为 1，2，3，…，直到序列中第 n 个值编号为 $n-1$。例如，对过去 22 年中的年度时间序列数据进行编号，第一年编号为 0，第二年编号为 1，第三年编号为 2，依此类推，最后一年(第 22 年)的编号则为 21。

【例 13.2】　作为全球著名的体育用品公司，安踏主要从事设计、研发、制造、营销及销售体育用品，为中国消费者提供专业的体育用品，产品线包括运动鞋、服装及配饰。2022 年安踏的营收达到最高值 536 亿元(数据来自安踏公司 https://ir.anta.com/)。表 13.3 列出了 2007—2022 年的实际总营收(以百万元计)，该时间序列如图 13.5 所示。为了修正通货膨胀，运用国家统计局的 CPI 将实际营收转换(紧缩)为不变价营收，具体来说，用实际总收益乘以相应的量(100/CPI)即可实现。修正后的值是不变价总营收数据，以 2006 年的定值人民币计。图 13.5 绘制出了不变价营收与实际营收(以百万元计)。

表 13.3　安踏公司(2007—2022 年)的实际总营收

(单位：百万元)

年份	营收	年份	营收
2007	3182.4	2015	11 125.9
2008	4626.8	2016	13 345.8

续表

年份	营收	年份	营收
2009	5567.9	2017	16 692.5
2010	7408.3	2018	24 100.0
2011	8904.8	2019	33 927.8
2012	7622.8	2020	35 512.0
2013	7281.2	2021	49 328.0
2014	8922.7	2022	53 651.0

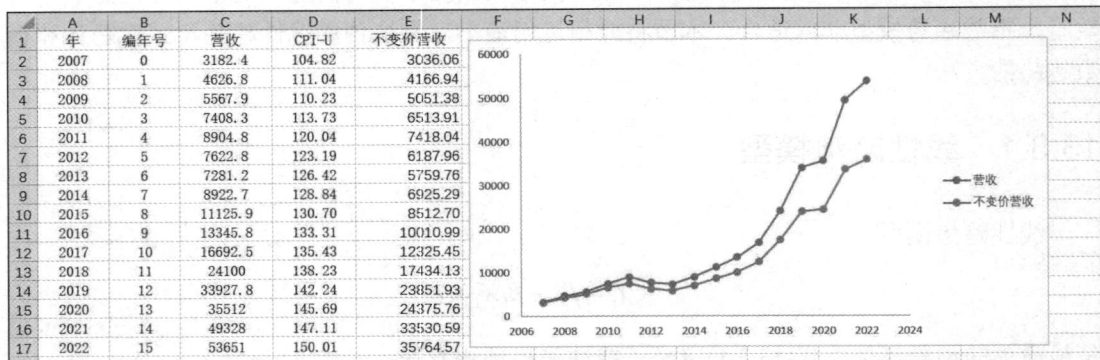

年	编年号	营收	CPI-U	不变价营收
2007	0	3182.4	104.82	3036.06
2008	1	4626.8	111.04	4166.94
2009	2	5567.9	110.23	5051.38
2010	3	7408.3	113.73	6513.91
2011	4	8904.8	120.04	7418.04
2012	5	7622.8	123.19	6187.96
2013	6	7281.2	126.42	5759.76
2014	7	8922.7	128.84	6925.29
2015	8	11125.9	130.70	8512.70
2016	9	13345.8	133.31	10010.99
2017	10	16692.5	135.43	12325.45
2018	11	24100	138.23	17434.13
2019	12	33927.8	142.24	23851.93
2020	13	35512	145.69	24375.76
2021	14	49328	147.11	33530.59
2022	15	53651	150.01	35764.57

图 13.5 安踏公司 2007—2022 年实际营收和不变价营收的时间序列图

用编号 0~15 表示年份，执行【数据】→【数据分析】→【回归】命令(见第 11 章)，以不变人民币收益为因变量、以编号年为自变量进行回归分析，得到如下线性趋势预测方程(回归分析结果见图 13.6)。

$$\hat{Y}_i = -1781.27 + 1994.715X$$

其中，第 0 年是 2007 年。

操作视频

SUMMARY OUTPUT

回归统计	
Multiple R	0.896022
R Square	0.802855
Adjusted R	0.788773
标准误差	4871.141
观测值	16

方差分析

	df	SS	MS	F	Significance F
回归分析	1	1.35E+09	1.35E+09	57.01373	2.66596E-06
残差	14	3.32E+08	23728013		
总计	15	1.69E+09			

	Coefficients	标准误差	t Stat	P-value	Lower 95%	Upper 95%	下限 95.0%	上限 95.0%
Intercept	-1781.27	2325.638	-0.76593	0.456439	-6769.271194	3206.723	-6769.27	3206.723
编年号	1994.715	264.1747	7.550743	2.67E-06	1428.117013	2561.314	1428.117	2561.314

图 13.6 线性回归模型预测安踏公司不变价总营收(以 2006 年定值百万人民币计)的结果

回归系数的解释如下。

- Y 的截距 $b_0 = -1781.27$ 是安踏在最初即基期 2007 年的不变价总营收的预测值。

● 斜率 b_1=1994.715 表示预测总营收每年增长 1994.715 百万元。

为了得出安踏公司 2023 年的不变价总营收,将 2023 年的编号 X_{16}=15 代入线性趋势预测方程。

$$\hat{Y}_i = -1781.27 + 1994.715 \times 15 = 28\,139.455\,(百万元)$$

趋势线与时间序列的观测值一同绘制在图 13.7 中。线性趋势表明有显著的上升趋势,校正 r^2 是 0.8028,表明不变人民币总收益中 80%以上的波动可以用时间序列的线性趋势解释。为了检验是否有更佳的趋势模型,接着尝试二次趋势模型和指数趋势模型。

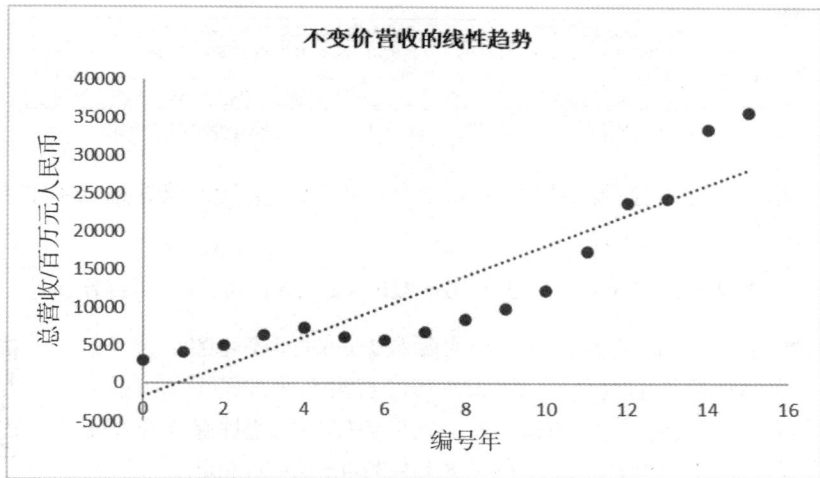

图 13.7 安踏公司不变价总营收的最小二乘趋势线

13.3.2 二次趋势模型

二次趋势模型

$$\hat{Y}_i = \beta_0 + \beta_1 X_i + \beta_2 X_i^2 + \varepsilon_i$$

是最简单的非线性模型。运用第 11.2 节中的最小二乘法知识,可以建立一个二次趋势预测方程

$$\hat{Y}_i = b_0 + b_1 X_i + b_2 X_i^2 \tag{13.3.2}$$

式中,b_0=Y 的截距估计;

b_1=Y 的线性效应估计;

b_2=Y 的二次效应估计。

仍以安踏公司为例,用 Excel 的回归命令计算二次趋势预测方程,即进行二元回归分析。图 13.8 给出了安踏公司不变价总营收的二次趋势模型预测的结果。

运用式(13.3.2)和图 13.8 的结果得到

$$\hat{Y}_i = 5932.796 - 1311.31 X_i + 220.402 X_i^2$$

其中,第 0 年是 2007 年。

图 13.8　安踏公司不变价总营收的二次趋势模型预测的结果

运用二次趋势方程进行预测计算，要将合适的编号 X 值代入该方程。例如，要预测 2023 年的真实总收益趋势($X_{17}=16$)：

$$\hat{Y}_i = 5932.796 - 1311.31 \times 16 + 220.402 \times 16^2 = 41365.748 (百万元)$$

图 13.9 做出了二次趋势预测方程与实际数据的时间序列图。对于该时间序列，二次趋势模型的校正 r^2 为 0.9675，表明不变人民币总收益中 96%的波动可以被二次趋势模型解释，故二次趋势模型比线性趋势模型更加合适，模型中二次项系数的 t 统计量是 8.119 098(p 值=0.0000)。

操作视频

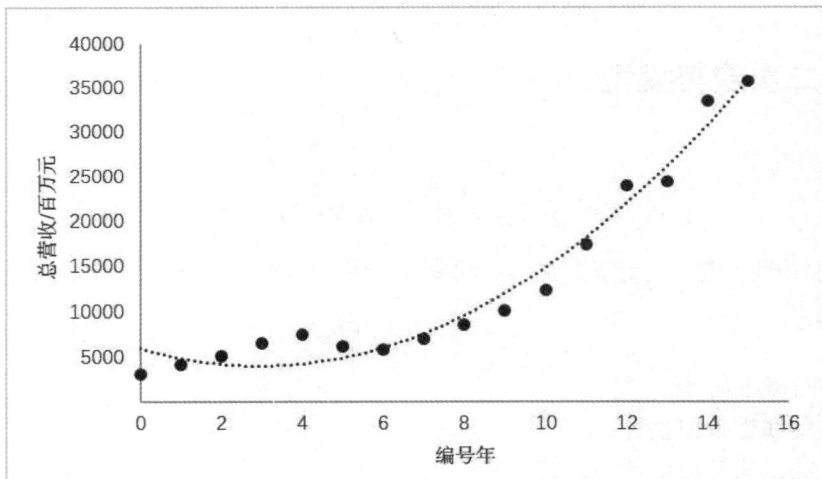

图 13.9　安踏公司的二次趋势预测方程

13.3.3　指数趋势模型

当一个时间序列以固定比率从一个值增长到另一个值时，就存在指数趋势。式(13.3.3)定义了指数趋势模型

$$Y_i = \beta_0 \beta_1^{X_i} \varepsilon_i \tag{13.3.3}$$

其中，β_0 表示 Y 的截距，$(\beta_1 - 1) \times 100\%$ 是年复增长率(以%计)。

式(13.3.3)不是线性回归模型，要将这个非线性模型转换成线性模型，可以运用以 10 为底的对数变换。对公式两端取对数，得到式(13.3.4)。

$$\begin{aligned} \lg(Y_i) &= \lg(\beta_0 \beta_1^{X_i} \varepsilon_i) \\ &= \lg(\beta_0) + \lg(\beta_1^{X_i}) + \lg(\varepsilon_i) \\ &= \lg(\beta_0) + X_i \lg(\beta_1) + \lg(\varepsilon_i) \end{aligned} \tag{13.3.4}$$

式(13.3.4)是一个可以估计的线性模型，运用最小二乘法，将 $\lg(Y_i)$ 作为因变量，X_i 作为自变量，由此得到指数趋势预测方程

$$\lg(\hat{Y}_i) = b_0 + b_1 X_i \tag{13.3.5}$$

式中，$b_0 = \lg(\beta_0)$ 的估计，因而 $10^{b_0} = \beta_0$；

$b_1 = \lg(\beta_1)$ 的估计，因而 $10^{b_1} = \beta_1$。

于是得到

$$\hat{Y}_i = \hat{\beta}_0 \, \hat{\beta}_0^{X_i} \tag{13.3.6}$$

其中，$(\beta_1 - 1) \times 100\%$ 是年复增长率(以%计)的估计。

以安踏公司为例，对不变价收益进行对数变换，用 Excel 的回归命令进行分析，结果如图 13.10 所示。

	A	B	C	D	E	F	G	H	I
1	SUMMARY OUTPUT								
2									
3		回归统计							
4	Multiple R	0.964572							
5	R Square	0.9304							
6	Adjusted R	0.925428							
7	标准误差	0.089863							
8	观测值	16							
9									
10	方差分析								
11		df	SS	MS	F	ignificance F			
12	回归分析	1	1.511309	1.511309	187.1488	1.71E-09			
13	残差	14	0.113056	0.008075					
14	总计	15	1.624365						
15									
16		Coefficients	标准误差	t Stat	P-value	Lower 95%	Upper 95%	下限 95.0%	上限 95.0%
17	Intercept	3.499229	0.042904	81.56011	3.78E-20	3.407209	3.591248	3.407209	3.591248
18	编年号	0.066671	0.004874	13.68023	1.71E-09	0.056218	0.077124	0.056218	0.077124

图 13.10 安踏公司不变价总营收的指数回归模型预测的结果

运用式(13.3.5)和图 13.10 的结果得到

$$\lg(\hat{Y}_i) = 3.4992 + 0.0666 X_i$$

其中，第 0 年是 2007 年。

通过计算回归系数(b_0 和 b_1)的反对数，可以计算得到 β_0 和 β_1 的值。

$$\hat{\beta}_0 = \text{antilg } b_0 = \text{antilg}(3.4992) = 10^{3.4992} = 3104.559$$

$$\hat{\beta}_1 = \text{antilg } b_1 = \text{antilg}(0.0666) = 10^{0.0666} = 1.1657$$

因此，运用式(13.3.6)的指数趋势预测方程得

$$\hat{Y}_i = 3104.559 \times 1.1657^{X_i}$$

其中，第 0 年是 2007 年。

Y 的截距 $\beta_0 = 3104.559$ 百万元是基期 2007 年的不变价总营收预测，$(\beta_1 - 1) \times 100\% = 16.57\%$ 是安踏公司不变价总营收的年复增长率。

为了进行预测，将相应的编号 X 值代入式(13.3.5)或式(13.3.6)。例如，运用式(13.3.5)预测 2023 年($X_{17} = 16$)的不变价总营收：

$$\lg(\hat{Y}_i) = 3.4992 + 0.066\,67 \times 16 = 4.565\,92$$

$$\hat{Y}_i = \text{antilg}(4.565\,92) = 10^{4.565\,92} = 36\,806.116(百万元)$$

图 13.11 绘制了指数趋势预测方程与不变人民币收益数据的时间序列图。指数趋势模型的校正 $r^2(0.9645)$ 高于线性趋势模型的校正 $r^2(0.8028)$。

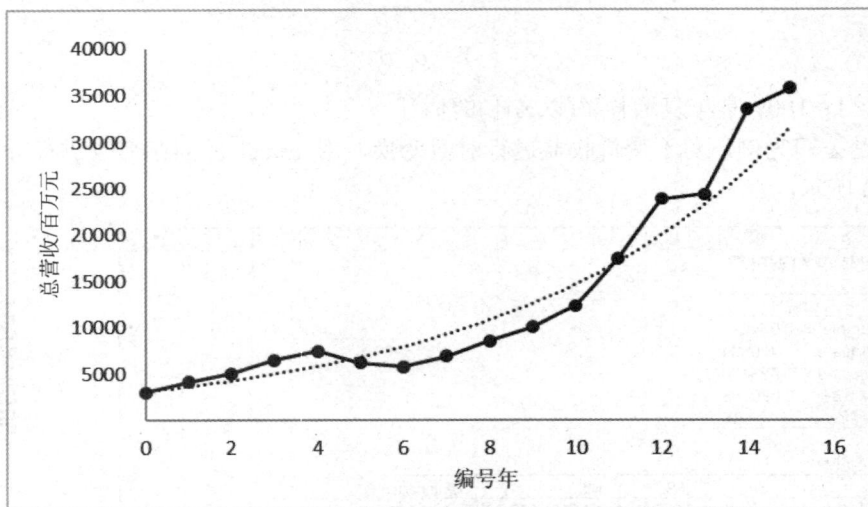

图 13.11　在 Excel 中对安踏公司不变价总营收使用指数趋势方程

13.3.4　运用第一差值、第二差值和百分率差值选择模型

前面我们已经为安踏公司运用线性趋势模型、二次趋势模型和指数趋势模型预测了不变价总营收。那么，怎样确定这些模型中哪个是最合适的？除了观察散点图和比较校正 r^2 外，还可以计算检验第一差值、第二差值和百分率差值。线性趋势模型、二次趋势模型和指数趋势模型的识别方法如下。

如果线性趋势模型非常适合某个时间序列，那么其第一差值是常数。因此，时间序列连续值之间的差值相同，即

$$(Y_2 - Y_1) = (Y_3 - Y_2) = \cdots = (Y_n - Y_{n-1})$$

如果二次趋势模型非常适合某个时间序列，那么其第二差值是常数。因此，

$$[(Y_3 - Y_2)-(Y_2 - Y_1)]=[(Y_4 - Y_3)-(Y_3 - Y_2)]=\cdots=[(Y_n - Y_{n-1})-(Y_{n-1} - Y_{n-2})]$$

如果指数趋势模型非常适合某个时间序列，那么其连续数值之间的百分率差值是常数。因此，

$$\frac{Y_2 - Y_1}{Y_1}\times 100\% = \frac{Y_3 - Y_2}{Y_2}\times 100\% = \cdots = \frac{Y_n - Y_{n-1}}{Y_{n-1}}\times 100\%$$

尽管对特定的时间序列数据组不一定有完美的最佳模型，但是可以考虑第一差值、第二差值和百分率差值，以这三个值为基础选择一个适合的模型。例 13.3、例 13.4 和例 13.5 分别描述了线性趋势模型、二次趋势模型和指数趋势模型适用于相应数据组的情形。

【例 13.3】　线性趋势模型最适用。

表 13.4 的时间序列代表每年在 ABC 航线上的乘客数量(百万人)，运用第一差值，说明线性趋势模型最适用于这些数据。

表 13.4　每年在 ABC 航线上的乘客数量

年份	2015	2016	2017	2018	2019	2020	2021	2022	2023	2024
乘客/百万人	30.0	33.0	36.0	39.0	42.0	45.0	48.0	51.0	54.0	57.0

解： 如表 13.5 所示。

表 13.5　第一差值

年份	2015	2016	2017	2018	2019	2020	2021	2022	2023	2024
乘客/百万人	30.0	33.0	36.0	39.0	42.0	45.0	48.0	51.0	54.0	57.0
第一差值		3.0	3.0	3.0	3.0	3.0	3.0	3.0	3.0	3.0

序列中连续值之间的差值是相同的。因此，ABC 航线的乘客数量呈线性增长趋势，每年增加 3 百万人。

【例 13.4】　二次趋势模型最适用。

表 13.6 的时间序列代表每年在 XYZ 航线上的乘客数量(百万人)，运用第二差值，说明二次趋势模型最适用于这些数据。

表 13.6　每年在 XYZ 航线上的乘客数量

年份	2015	2016	2017	2018	2019	2020	2021	2022	2023	2024
乘客/百万人	30.0	31.0	33.5	37.5	43.0	50.0	58.5	68.5	80.0	93.0

解： 如表 13.7 所示。

表 13.7　第二差值

年份	2015	2016	2017	2018	2019	2020	2021	2022	2023	2024
乘客/百万人	30.0	33.0	36.0	39.0	42.0	45.0	48.0	51.0	54.0	57.0
第一差值		1.0	2.5	4.0	5.5	7.0	8.5	10.0	11.5	13.0
第二差值			1.5	1.5	1.5	1.5	1.5	1.5	1.5	1.5

序列中连续值之间的第二差值是相同的。因此，XYZ 航线的乘客数量呈二次增长趋势，增长率随时间增加。

【例 13.5】 指数趋势模型最适用。

表 13.8 的时间序列代表每年在 EXP 航线上的乘客数量(百万人)，运用百分率差值，说明指数趋势模型最适用于这些数据。

表 13.8　每年在 EXP 航线上的乘客数量

年份	2015	2016	2017	2018	2019	2020	2021	2022	2023	2024
乘客/百万人	30.0	31.5	33.1	34.8	36.5	38.3	40.2	42.2	44.3	46.5

解： 如表 13.9 所示。

表 13.9　百分率差值

年份	2015	2016	2017	2018	2019	2020	2021	2022	2023	2024
乘客/百万人	30.0	33.0	36.0	39.0	42.0	45.0	48.0	51.0	54.0	57.0
第一差值		1.5	1.6	1.7	1.7	1.8	1.9	2.0	2.1	2.2
百分率差值		5.0	5.1	5.1	4.9	5.0	5.0	5.0	5.0	5.0

序列中连续值之间的百分率差值大约相等。因此，EXP 航线的乘客数量呈指数增长趋势，增长率大约为每年 5%。

图 13.12 显示了安踏公司不变价总营收的第一差值、第二差值和百分率差值。在序列中，第一差值、第二差值和百分率差值都不是常数。因此，其他模型可能更适合。

操作视频

图 13.12　安踏公司(2007－2022 年)不变价总营收的第一差值、第二差值和百分率差值比较

13.4　自回归模型用于拟合和预测趋势

时间序列中的观察值往往与之前或之后的观察值高度相关，这种相关称为自相关。自回

归模型是用来预测含有自相关的时间序列的一种方法。**一阶自相关**指的是一个时间序列中连续值之间的相关关系。**二阶自相关**指的是两个时期的值之间的相关关系。p **阶自相关**指的是一个时间序列中 p 个时期的值之间的相关关系。式(13.4.1)~式(13.4.3)定义了一阶、二阶和 p 阶自回归模型。

一阶自回归模型

$$Y_i = A_0 + A_1 Y_{i-1} + \delta_i \tag{13.4.1}$$

二阶自回归模型

$$Y_i = A_0 + A_1 Y_{i-1} + A_2 Y_{i-2} + \delta_i \tag{13.4.2}$$

p 阶自回归模型

$$Y_i = A_0 + A_1 Y_{i-1} + \cdots + A_p Y_{i-p} + \delta_i \tag{13.4.3}$$

式中，Y_i=时间序列 i 的观测值；

$\quad Y_{i-1}$=时间序列 $i-1$ 的观测值；

$\quad Y_{i-2}$=时间序列 $i-2$ 的观测值；

$\quad Y_{i-p}$=时间序列 $i-p$ 的观测值；

$\quad A_0, A_1, A_2, \cdots, A_P$=最小二乘回归分析所要估计的自回归参数；

$\quad \delta_i$=一个非自相关的随机误差部分(均值=0 且方差为常数)。

一阶自回归模型与简单线性回归模型在形式上相似。二阶自回归模型与含两个自变量的多元线性回归模型相似。p 阶自回归模型与多元线性回归模型相似。在回归模型中，回归参数用 $\beta_0, \beta_1, \cdots, \beta_k$ 表示，相应的参数估计用 $b_0, b_1, \cdots, b_k$ 表示。在自回归模型中，参数用符号 $A_0, A_1, \cdots, A_P$ 表示，相应的参数估计用 $a_0, a_1, \cdots, a_P$ 表示。

选择一个合适的自回归模型并非易事，需在模型简洁性与未将数据中重要自相关考虑在内导致的偏误之间进行权衡。需要注意的是，选择高阶模型意味着需要对更多的参数进行估计，尤其是当序列中观察值的数量 n 很小时。

【例 13.6】 一阶自回归模型的比较图解。

考虑下面 n=7 的时间序列(见表 13.10)，对一阶自回归模型进行比较。

表 13.10　n=7 的时间序列

年份	1	2	3	4	5	6	7
序列	31	34	37	35	36	43	40

解： 如表 13.11 所示。

表 13.11　一阶自回归模型

年份	一阶自回归模型
i	$(Y_i \leftrightarrow Y_{i-1})$
1	$31 \leftrightarrow \cdots$

续表

年份	一阶自回归模型
2	34 ↔ 31
3	37 ↔ 34
4	35 ↔ 37
5	36 ↔ 35
6	43 ↔ 36
7	40 ↔ 43

因为在 Y_1 前面没有记录值,这个值在回归分析中丢失了。因此,一阶自回归模型是在 6 对数值基础上得出的。

【例 13.7】 二阶自回归模型的比较图解。

考虑下面 $n=7$ 的时间序列(见表 13.12),对二阶自回归模型进行比较。

表 13.12　$n=7$ 的时间序列

年份	1	2	3	4	5	6	7
序列	31	34	37	35	36	43	40

解:如表 13.13 所示。

表 13.13　二阶自回归模型

年份	二阶自回归模型
i	($Y_i \leftrightarrow Y_{i-1}$ 和 $Y_{i-1} \leftrightarrow Y_{i-2}$)
1	31 ↔ … 和 31 ↔ …
2	34 ↔ 31 和 34 ↔ …
3	37 ↔ 34 和 37 ↔ 31
4	35 ↔ 37 和 35 ↔ 34
5	36 ↔ 35 和 36 ↔ 37
6	43 ↔ 36 和 43 ↔ 35
7	40 ↔ 43 和 40 ↔ 36

因为在 Y_1 前面没有记录值,两个值在回归分析中丢失了。因此,二阶自回归模型是在 5 对数值基础上得出的。

在选择模型并运用最小二乘法进行参数估计后,需确定模型的适用性。既可以根据之前相似数据的经验选择一个特定的 p 阶自回归模型,也可以先选择一个具有多个参数的模型,随后将其中对模型没有显著贡献的参数去除。在后一种方法中,可以运用 t 检验确定现有模型中的高阶自回归参数 A_p 的显著性。原假设和备择假设是

$$H_0 : A_p = 0$$

$$H_1 : A_p \neq 0$$

高阶自回归参数 A_p 显著性的 t 检验统计量为

$$t = \frac{a_p - A_p}{S_{a_p}}$$ (13.4.4)

式中，A_p=自回归模型中高阶参数 A_p 的假设值；

a_p=自回归模型中高阶参数 A_p 的估计值；

S_{a_p}=a_p 的标准误差。

检验统计量服从自由度为 $n-2p-1$ 的 t 分布。此处，除了 p 个总体参数估计的自由度损失外，由于在 p 阶自回归模型中每个数据都要与它前面的 p 个数据进行比较，所以 p 个自由度也损失了。

对于给定显著性水平 α，如果计算所得 t 检验统计量大于右侧临界值或小于左侧临界值，则拒绝原假设。因此，确定法则为

如果 $t > t_{n-2p-1}$ 或 $t < -t_{n-2p-1}$，则拒绝 H_0；否则接受 H_0。

如果不能拒绝原假设 $A_p=0$，那么模型中就包括了太多参数，因此需要去掉高阶项后运用最小二乘法对 $p-1$ 阶自回归模型进行估计。重复假设检验，新的最高阶项为 0。这样一直检验与建模，直到拒绝 H_0。拒绝 H_0 时，可以知道此时保留下来的最高阶参数是显著的，并运用该模型进行预测。

式(13.4.5)定义了 p 阶自回归拟合方程

$$\hat{Y}_i = a_0 + a_1 Y_{i-1} + a_2 Y_{i-2} + \cdots + a_p Y_{i-p}$$ (13.4.5)

式中，$\hat{Y}_i$=序列中时间 i 的适应值；

Y_{i-1}=序列中时间 $i-1$ 的观察值；

Y_{i-2}=序列中时间 $i-2$ 的观察值；

Y_{i-p}=序列中时间 $i-p$ 的观察值；

$a_0, a_1, a_2, \cdots a_p$=参数 $A_0, A_1, \cdots, A_p$ 的回归估计。

运用下述 p 阶自回归预测方程可以预测从现在的第 n 个时期起 j 年后的值

$$\hat{Y}_{n+j} = a_0 + a_1 \hat{Y}_{n+j-1} + a_2 \hat{Y}_{n+j-2} + \cdots + a_p \hat{Y}_{n+j-p}$$ (13.4.6)

式中，$a_0, a_1, \cdots, a_p$=参数 $A_0, A_1, \cdots, A_P$ 的回归估计；

j=未来的年数。

对于存在自相关的时间序列，自回归模型是一种强有力的预测手段。尽管比其他方法略复杂，但是下面的步骤可以引导分析。

(1) 选择一个 p 值，要估计自回归模型中的最高阶参数，应注意显著性 t 检验是在自由度为 $n-2p-1$ 的基础上进行的。

(2) 构造一个包含 p 个"滞后预测"变量的序列，这样就可使第一个变量滞后一个时期，第二个变量滞后两个时期，依此类推，直到最后一个变量滞后 p 个时期。

(3) 用 Excel 对包含 p 个滞后预测变量的多元回归模型进行最小二乘分析。

(4) 对模型中的最高阶自回归参数 A_P 进行显著性检验。

如果不拒绝原假设，去掉第 p 个变量，重复步骤(3)和步骤(4)。在对自由度根据新的预测值数量做出相应调整后的 t 分布基础上，对新的最高阶参数进行显著性检验。

如果拒绝原假设，选择包含全部 p 个预测值的自回归模型作为拟合模型和预测。

下面以安踏公司在 2007—2022 年这 16 年间的不变价总营收(以 2006 年的不变价计)的时间序列为例，说明自回归模型的用法。图 13.13 显示了不变价总营收及一阶、二阶和三阶自回归模型设置。

操作视频

	A	B	C	D	E
1	年	不变价营收	Lag1	Lag2	Lag3
2	2007	3036.06182	#N/A	#N/A	#N/A
3	2008	4166.943379	3036.06182	#N/A	#N/A
4	2009	5051.382754	4166.943379	3036.06182	#N/A
5	2010	6513.912009	5051.382754	4166.943379	3036.06182
6	2011	7418.041507	6513.912009	5051.382754	4166.943379
7	2012	6187.961519	7418.041507	6513.912009	5051.382754
8	2013	5759.755247	6187.961519	7418.041507	6513.912009
9	2014	6925.28969	5759.755247	6187.961519	7418.041507
10	2015	8512.704642	6925.28969	5759.755247	6187.961519
11	2016	10010.98599	8512.704642	6925.28969	5759.755247
12	2017	12325.44664	10010.98599	8512.704642	6925.28969
13	2018	17434.12714	12325.44664	10010.98599	8512.704642
14	2019	23851.92806	17434.12714	12325.44664	10010.98599
15	2020	24375.75926	23851.92806	17434.12714	12325.44664
16	2021	33530.58735	24375.75926	23851.92806	17434.12714
17	2022	35764.57393	33530.58735	24375.75926	23851.92806

图 13.13　用安踏公司不变价总营收建立一阶、二阶和三阶自回归模型

图 13.13 中所有的列都是拟合三阶自回归模型所需要的，最后一列在拟合二阶自回归模型时省略，而最后两列在拟合一阶自回归模型时省略。因此，在拟合一阶、二阶和三阶自回归模型时，24 个值中的 $p=1$、2 或 3 个值在比较中丢失。

首先，用 Excel 的回归命令构建三阶自回归模型，由图 13.14 所示的结果可知，拟合的三阶自回归方程为

$$\hat{Y}_i = -146.109 + 0.696\,085Y_{i-1} + 0.861\,663Y_{i-2} - 0.304\,88Y_{i-3}$$

	A	B	C	D	E	F	G	H	I
1	SUMMARY OUTPUT								
2									
3		回归统计							
4	Multiple R	0.97829							
5	R Square	0.957052							
6	Adjusted R Squ	0.942736							
7	标准误差	2563.953							
8	观测值	13							
9									
10	方差分析								
11		df	SS	MS	F	ignificance F			
12	回归分析	3	1.32E+09	4.39E+08	66.85234	1.79E-06			
13	残差	9	59164674	6573853					
14	总计	12	1.38E+09						
15									
16		Coefficients	标准误差	t Stat	P-value	Lower 95%	Upper 95%	下限 95.0%	上限 95.0%
17	Intercept	-146.109	1383.439	-0.10561	0.918206	-3275.67	2983.447	-3275.67	2983.447
18	X Variable 1	0.696085	0.353991	1.96639	0.08081	-0.1047	1.496869	-0.1047	1.496869
19	X Variable 2	0.861663	0.501655	1.717643	0.119988	-0.27316	1.996485	-0.27316	1.996485
20	X Variable 3	-0.30488	0.49441	-0.61666	0.552737	-1.42332	0.813551	-1.42332	0.813551

图 13.14　安踏公司不变价总营收的三阶自回归模型的结果

其中，时间序列中的第一年是 2010 年。

其次，检验最高阶参数 A_3 的显著性。三阶自回归模型中的最高阶参数估计 a_3 是 $-0.304\ 88$，标准误差为 $0.494\ 41$。

检验原假设为

$$H_0: A_3 = 0$$

备择假设为

$$H_1: A_3 \neq 0$$

运用式(13.4.4)和图 13.14 给出的 Excel 输出结果得

$$t = \frac{a_3 - A_3}{S_{a_3}} = \frac{-0.304\ 88 - 0}{0.494\ 41} = -0.616\ 64$$

在显著性水平为 0.05、自由度为 9 的情况下，双侧 t 检验的临界值 t_9 为 ± 2.2622。由于 $-2.2622 < t < +2.2622$ 或由于 p 值$= 0.552\ 737 > 0.05$，所以接受 H_0，得到结论为自回归模型的三阶参数不显著，可以删除。

再次，利用 Excel(见图 13.15)拟合二阶自回归模型。

拟合的二阶自回归方程为

$$\hat{Y}_i = -186.002 + 0.63Y_{i-1} + 0.692Y_{i-2}$$

其中，时间序列的第一年是 2009 年。

由图 13.15 可知，最高阶参数估计是 $a_2 = 0.6919$，标准误差为 0.397。

	A	B	C	D	E	F	G	H	I
1	二阶自回归模型								
2									
3	回归统计								
4	Multiple R	0.9787603							
5	R Square	0.9579718							
6	Adjusted R S	0.9503303							
7	标准误差	2373.7051							
8	观测值	14							
9									
10	方差分析								
11		df	SS	MS	F	Significance F			
12	回归分析	2	1.413E+09	706363449	125.36453	2.688E-08			
13	残差	11	61979235	5634475.9					
14	总计	13	1.475E+09						
15									
16		Coefficients	标准误差	t Stat	P-value	Lower 95%	Upper 95%	下限 95.0%	上限 95.0%
17	Intercept	-186.00228	1156.9757	-0.1607659	0.8751922	-2732.4886	2360.4841	-2732.4886	2360.4841
18	X Variable 1	0.6295264	0.3059818	2.0573984	0.0641525	-0.0439349	1.3029877	-0.0439349	1.3029877
19	X Variable 2	0.6918622	0.3973812	1.7410541	0.1095317	-0.182768	1.5664924	-0.182768	1.5664924

图 13.15　安踏公司不变价总营收的二阶自回归模型的结果

检验原假设为

$$H_0: A_2 = 0$$

备择假设为

$$H_1: A_2 \neq 0$$

运用式(13.4.4)，可得

$$t = \frac{a_2 - A_2}{S_{a_2}} = \frac{0.6919 - 0}{0.3973} = 1.741$$

在显著性水平为 0.05、自由度为 11 的情况下，双侧 t 检验的临界值 t_{17} 为 ±2.2010。由于 $-2.1098 < t < +2.1098$ 或由于 p 值 $=0.1095 > 0.05$，所以接受 H_0，得到结论为自回归模型的二阶参数不显著，应该从模型中删除。

继续用 Excel(见图 13.16)拟合一阶自回归模型。

图 13.16　安踏公司不变价总营收的一阶自回归模型的结果

一阶自回归方程为

$$\hat{Y}_i = 487.403 + 1.145 Y_{i-1}$$

其中，序列的第一年是 2008 年。

由 Excel 运行结果得出最高阶参数估计是 $a_1 = 1.145$，标准误差为 0.073。

检验原假设为

$$H_0 : A_1 = 0$$

备择假设为

$$H_1 : A_1 \neq 0$$

运用式(13.4.4)，可得

$$t = \frac{a_1 - A_1}{S_{a_1}} = \frac{1.145 - 0}{0.073} = 15.68$$

在显著性水平为 0.05、自由度为 13 的情况下，双侧 t 检验的临界值 t_{19} 为 ±2.1604。由于 $t = 15.68 > 2.160$ 或由于 p 值 $=0.0000 < 0.05$，所以拒绝 H_0，得到结论为自回归模型的一阶参数显著，应该保留在模型中。

通过模型构建最终得出，对于给定数据，一阶自回归模型是拟合度最好的模型。运用估计值 $a_0 = 487.403$，$a_1 = 1.145$，结合最近的数据值 $Y_{15} = 35\ 764.574$，由式(13.4.6)得，该公司 2023 年和 2024 年的不变价总营收预测值为

$$\hat{Y}_{i+j} = 487.403 + 1.1451 \hat{Y}_{n+j-1}$$

2008 年：1 年后，$\hat{Y}_{17} = 487.403 + 1.1451 \times 35\,764.574 = 41\,441.417$(百万元)

2009 年：2 年后，$\hat{Y}_{18} = 487.403 + 1.1451 \times 41\,441.417 = 47\,941.97$(百万元)

图 13.17 显示了安踏公司不变价总营收真实值和由一阶自回归模型得到的预测值 Y。

图 13.17　安踏公司不变价总营收的真实值和由一阶自回归模型得出的预测值

13.5　时间序列预测季节数

前面我们介绍了年度数据的分析。不过，许多时间序列数据是按季度或者月份收集的，因此我们还要考虑季节效应的影响。本节将构建回归模型预测月份或季度数据。

表 13.14 列出了某公司 2018—2024 年的季度销售收入数据，以十亿美元计。

表 13.14　某公司的季度销售收入数据(以十亿美元计)

(单位：十亿美元)

	2018 年	2019 年	2020 年	2021 年	2022 年	2023 年	2024 年
第一季度	34.7	43.0	48.6	55.0	56.7	64.8	71.6
第二季度	38.2	46.1	53.3	59.7	62.6	69.7	76.8
第三季度	40.4	45.7	51.8	58.8	62.4	68.5	75.4
第四季度	51.4	56.6	64.2	71.1	74.5	82.2	88.6

月度或季度数据的最小二乘预测

季节数据通常涵盖趋势、季节、循环和不规则 4 个组成部分。式(13.5.1)将最小二乘趋势拟合法与虚拟变量相结合，构建出一个分析和预测季节数据的模型

$$Y_i = \beta_0 \beta_1^{X_i} \beta_2^{Q_1} \beta_3^{Q_2} \beta_4^{Q_3} \varepsilon_i \tag{13.5.1}$$

式中，X_i=季度编号值，i=0, 1, 2, …；

　　　Q_1=如果是第一季度则为 1，否则为 0；

　　　Q_2=如果是第二季度则为 1，否则为 0；

　　　Q_3=如果是第三季度则为 1，否则为 0；

$\beta_0 = Y$ 的截距；

$(\beta_1 - 1) \times 100\%$=季度复增长率(%)；

β_2=第一季度相对于第四季度的乘数；

β_3=第二季度相对于第四季度的乘数；

β_4=第三季度相对于第四季度的乘数；

ε_i=时期 i 的不规则分量值。

式(13.5.1)的模型不是线性回归模型。为了将这个非线性模型转换为线性模型，我们运用以 10 为底的对数变换，得到式(13.5.2)。

$$\begin{aligned} \lg(Y_i) &= \lg(\beta_0 \beta_1^{X_i} \beta_2^{Q_1} \beta_3^{Q_2} \beta_4^{Q_3} \varepsilon_i) \\ &= \lg(\beta_0) + \lg(\beta_1^{X_i}) + \lg(\beta_2^{Q_1}) + \lg(\beta_3^{Q_2}) + \lg(\beta_4^{Q_3}) + \lg(\varepsilon_i) \\ &= \lg(\beta_0) + X_i \lg(\beta_1) + Q_1 \lg(\beta_2) + Q_2 \lg(\beta_3) + Q_3 \lg(\beta_4) + \lg(\varepsilon_i) \end{aligned} \tag{13.5.2}$$

显然，式(13.5.2)是一个线性模型，因而我们可以进行最小二乘回归估计。进行回归分析时，以 $\lg(Y_i)$ 作为因变量，X_i，Q_1，Q_2 和 Q_3 作为自变量，得到式(13.5.3)。

$$\lg(\hat{Y}_i) = b_0 + b_1 X_i + b_2 Q_1 + b_3 Q_2 + b_4 Q_3 \tag{13.5.3}$$

式中，$b_0 = \lg(\beta_0)$ 的估计，因此 $10^{b_0} = \hat{\beta}_0$；

$b_1 = \lg(\beta_1)$ 的估计，因此 $10^{b_1} = \hat{\beta}_1$；

$b_2 = \lg(\beta_2)$ 的估计，因此 $10^{b_2} = \hat{\beta}_2$；

$b_3 = \lg(\beta_3)$ 的估计，因此 $10^{b_3} = \hat{\beta}_3$；

$b_4 = \lg(\beta_4)$ 的估计，因此 $10^{b_4} = \hat{\beta}_4$。

类似地，式(13.5.4)构建了一个月度数据的模型

$$Y_i = \beta_0 \beta_1^{X_i} \beta_2^{M_1} \beta_3^{M_2} \beta_4^{M_3} \beta_5^{M_4} \beta_6^{M_5} \beta_7^{M_6} \beta_8^{M_7} \beta_9^{M_8} \beta_{10}^{M_9} \beta_{11}^{M_{10}} \beta_{12}^{M_{11}} \varepsilon_i \tag{13.5.4}$$

式中，X_i=月编号值，i=0, 1, 2,…；

M_1=如果是 1 月则为 1，否则为 0；

M_2=如果是 2 月则为 1，否则为 0；

M_3=如果是 3 月则为 1，否则为 0；

$\vdots$

M_{11}=如果是 11 月则为 1，否则为 0；

$\beta_0 = Y$ 的截距；

$(\beta_1 - 1) \times 100\%$=月复增长率(%)；

β_2=1 月相对于 12 月的乘数；

β_3=2 月相对于 12 月的乘数；

β_4=3 月相对于 12 月的乘数；

$\vdots$

β_{12}=11 月相对于 12 月的乘数；

ε_i=时期 i 的不规则分量值。

式(13.5.4)的模型同样不是线性回归模型的形式。为了将这个非线性模型变换为线性模型，通过对数变换可以得到

$$\lg(Y_i) = \lg(\beta_0 \beta_1^{X_i} \beta_2^{M_1} \beta_3^{M_2} \beta_4^{M_3} \beta_5^{M_4} \beta_6^{M_5} \beta_7^{M_6} \beta_8^{M_7} \beta_9^{M_8} \beta_{10}^{M_9} \beta_{11}^{M_{10}} \beta_{12}^{M_{11}} \varepsilon_i)$$

$$= \lg(\beta_0) + X_i \lg(\beta_1) + M_1 \lg(\beta_2) + M_2 \lg(\beta_3) + M_3 \lg(\beta_4) + M_4 \lg(\beta_5)$$

$$+ M_5 \lg(\beta_6) + M_6 \lg(\beta_7) + M_7 \lg(\beta_8) + M_8 \lg(\beta_9) + M_9 \lg(\beta_{10}) + M_{10} \lg(\beta_{11})$$

$$+ M_{11} \lg(\beta_{12}) + \lg(\varepsilon_i) \tag{13.5.5}$$

此时，我们便可以运用最小二乘法估计此线性模型。将 $\lg(Y_i)$ 作为因变量，X_i, M_1, M_2, …, M_{11} 作为自变量，可以得到

$$\lg(\hat{Y}_i) = b_0 + b_1 X_i + b_2 M_1 + b_3 M_2 + b_4 M_3 + b_5 M_4 + b_6 M_5 + b_7 M_6 + b_8 M_7$$

$$+ b_9 M_8 + b_{10} M_9 + b_{11} M_{10} + b_{12} M_{11} \tag{13.5.6}$$

式中，$b_0 = \lg(\beta_0)$ 的估计，因此 $10^{b_0} = \hat{\beta}_0$；

$b_1 = \lg(\beta_1)$ 的估计，因此 $10^{b_1} = \hat{\beta}_1$；

$b_2 = \lg(\beta_2)$ 的估计，因此 $10^{b_2} = \hat{\beta}_2$；

$b_3 = \lg(\beta_3)$ 的估计，因此 $10^{b_3} = \hat{\beta}_3$；

$$\vdots$$

$b_{12} = \lg(\beta_{12})$ 的估计，因此 $10^{b_{12}} = \hat{\beta}_{12}$。

在上面两个模型中，Q_1，Q_2 和 Q_3 表示在一个季度时间序列中 4 个季度时期的 3 个虚拟变量，而 M_1, M_2, M_3, …, M_{11} 表示在 12 个月度时间序列中的 11 个虚拟变量。构建模型时，用 $\lg(Y_i)$ 代替 Y_i，然后通过对式(13.5.3)和式(13.5.6)进行反对数运算得到回归系数。

尽管这些回归模型看上去较为复杂，但是当拟合或预测某一个时期时，所有数值或者模型中除一个虚拟变量外其他值都为 0 时，方程就会变得很简单。为季度时间序列数据建立虚拟变量时，第四季度是基期，每个虚拟变量的编号值均为 0。对于一个季度时间序列，式(13.5.3)可调整如下。

对任何第一季度：$\lg(\hat{Y}_i) = b_0 + b_1 X_i + b_2$

对任何第二季度：$\lg(\hat{Y}_i) = b_0 + b_1 X_i + b_3$

对任何第三季度：$\lg(\hat{Y}_i) = b_0 + b_1 X_i + b_4$

对任何第四季度：$\lg(\hat{Y}_i) = b_0 + b_1 X_i$

为每个月建立虚拟变量时，12 月作为基期，每个虚拟变量的编号值均为 0。例如，对于某个月度时间序列，式(13.5.6)可调整如下。

对任何 1 月：$\lg(\hat{Y}_i) = b_0 + b_1 X_i + b_2$

对任何 2 月：$\lg(\hat{Y}_i) = b_0 + b_1 X_i + b_3$

对任何 11 月：$\lg(\hat{Y}_i) = b_0 + b_1 X_i + b_{12}$

对任何 12 月：$\lg(\hat{Y}_i) = b_0 + b_1 X_i$

基于表 13.14 中某公司的销售收入数据，运用最小二乘法并对所有回归系数进行反对

数运算可以得到如下结果(见表13.15)。

表 13.15 运算结果

回归系数	$b_i = \lg \hat{\beta}_i$	$\hat{\beta}_i = \text{antilg}(b_i) = 10^{b_i}$
b_0: Y 的截距	1.6677	46.526 46
b_1: 季度编号	0.0113	1.026 36
b_2: 第一季度	−0.0857	0.820 92
b_3: 第二季度	−0.0609	0.869 16
b_4: 第三季度	−0.0744	0.842 56

$\hat{\beta}_0$，$\hat{\beta}_1$，$\hat{\beta}_2$，$\hat{\beta}_3$ 和 $\hat{\beta}_4$ 的解释如下。

- Y 的截距 $\hat{\beta}_0$=46.526 46(以十亿美元计)，是 2009 年第一季度即时间序列最初一个季度未调整的预测收益。未调整意味着在预测中没有考虑季节性因素。
- ($\hat{\beta}_1$−1)×100%=0.026 36，是调整季节性组成部分后收益的季度复增长率估计值。
- $\hat{\beta}_2$=0.820 92 是第一季度相对于第四季度的季节性乘数，表示第一季度的收益比第四季度少了 17.908%。
- $\hat{\beta}_3$=0.869 16 是第二季度相对于第四季度的季节性乘数，表示第二季度的收益比第四季度少了 13.084%。
- $\hat{\beta}_4$=0.842 56 是第三季度相对于第四季度的季节性乘数，表示第三季度的收益比第四季度少了 15.744%。

由此可见，受节日购物因素影响，第四季度销售额是最高的。

运用回归系数 b_0，b_1，b_2，b_3，b_4 和式(13.5.3)，可以为季度进行预测。例如，预测 2024 年第四季度(X_i=27)的收益

$$\lg(\hat{Y}_i) = b_0 + b_1 X_i = 1.6677 + 0.0133 \times 27 = 1.9728$$

因此，$\hat{Y}_i = 10^{1.9728} = 93.929$。

2024 年第四季度收益的预测值为 939.29 亿美元。

13.6 指 数

本节中，我们将用指数，对时间序列数据的两个观察值进行比较。简而言之，指数是一个时间序列中某个特定时点的观察值与另一时点观察值的百分比。在商业和经济活动中，指数通常被当作衡量变化的指示值。指数的类型丰富多样，包括价格指数、数量指数、社会指数等。在本节，我们仅对价格指数展开简要介绍。

价格指数常被用于比较一种商品在给定时期的价格与过去某一特定时点的价格。简单价格指数主要适用于单一商品，而总价格指数则用于跟踪一组商品(称为市场篮)在给定时期的价格与过去某一特定时点价格的变化。在统计中，我们将作为比较基础的过去某一特定时点称为基期。如果可能的话，在为某一指数选择基期时，最好选取经济状况较为稳

定的时期，而非增长时期的顶峰或衰退时期的低谷。此外，基期应该选择相对较近的时期，以免在比较时因为时间跨度太大而受到技术变化、消费者态度和习惯等因素的影响。我们首先介绍简单价格指数，式(13.6.1)定义了简单价格指数。

$$I_i = \frac{P_i}{P_{基期}} \times 100 \tag{13.6.1}$$

式中，$I_i = i$ 年的价格指数；

$P_i = i$ 年的价格；

$P_{基期} =$ 基期的价格。

表 13.16 列出了某地区 1999—2024 年每升无铅汽油的价格和简单价格指数。比如，以 1999 年为基期，2024 年简单价格指数计算如下。

$$I_{2024} = \frac{P_{2024}}{P_{1999}} \times 100 = \frac{2.30}{1.25} \times 100 = 184.0$$

表 13.16　以 1999 年和 2024 年为基期，每升无铅汽油价格的简单价格指数

年份	汽油价格	价格指数(1999 年)	价格指数(2024 年)
1999	1.25	100.0	108.7
2000	1.38	110.4	120.0
2001	1.30	104.0	113.0
2002	1.24	99.2	107.8
2003	1.21	96.8	105.2
2004	1.20	96.0	104.3
2005	0.93	74.4	80.9
2006	0.95	76.0	82.6
2007	0.95	76.0	82.6
2008	0.02	81.6	88.7
2009	1.16	92.8	100.9
2010	1.14	91.2	99.1
2011	1.14	91.2	99.1
2012	1.11	88.8	96.5
2013	1.11	88.8	96.5
2014	1.15	92.0	100.0
2015	1.23	98.4	107.0
2016	1.23	98.4	107.0
2017	1.06	84.8	92.2
2018	1.17	93.6	101.7
2019	1.51	120.8	131.3
2020	1.46	116.8	127.0
2021	1.36	108.8	118.3
2022	1.59	127.2	138.3
2023	1.88	150.4	163.5
2024	2.30	184.0	200.0

有时，我们可以利用式(13.6.2)对价格指数的基期进行转换

$$I_{新} = \frac{I_{旧}}{I_{新基期}} \times 100 \tag{13.6.2}$$

式中，$I_{新}$=新的物价指数；

$I_{旧}$=旧的物价指数；

$I_{新基期}$=新基期的旧物价指数值。

比如，我们把基期从 1999 年改为 2014 年，$I_{新基期}$=92.0。运用式(13.6.2)得到 2024 年的新物价指数

$$I_{新} = \frac{I_{旧}}{I_{新基期}} \times 100 = \frac{184.0}{92.0} \times 100 = 200.0$$

因此，2024 年无铅汽油的价格是 2014 年价格的两倍。

有时，我们需要考察一组商品的价格变化，这时就需要运用**综合价格指数**。综合价格指数有两种：非加权物价指数和加权物价指数。式(13.6.3)定义了非加权价格指数

$$I_U^{(t)} = \frac{\sum_{i=1}^{n} P_i^{(t)}}{\sum_{i=1}^{n} P_i^{(0)}} \times 100 \tag{13.6.3}$$

式中，t=时期(0, 1, 2, …)；

i=项(1, 2, …, n)；

n=列入考虑的项目总数；

$\sum_{i=1}^{n} P_i^{(t)}$=t 时期 n 种商品每种所付的价格总和；

$\sum_{i=1}^{n} P_i^{(0)}$=0 时期 n 种商品每种所付的价格总和；

$I_U^{(t)}$=t 时期非加权物价指数值。

表 13.17 是三种水果在 1999--2024 年的平均价格。以 1999 年为基期，利用式(13.6.3)可以计算 2024 年的非加权综合物价指数。

表 13.17　三种水果的价格

(单位：元/千克)

水果	价格					
	$P_i^{(0)}$ (1999 年)	$P_i^{(1)}$ (2004 年)	$P_i^{(2)}$ (2009 年)	$P_i^{(3)}$ (2014 年)	$P_i^{(4)}$ (2019 年)	$P_i^{(5)}$ (2024 年)
苹果	0.692	0.684	0.719	0.835	0.927	0.966
香蕉	0.342	0.367	0.463	0.490	0.509	0.838
橘子	0.365	0.533	0.570	0.625	0.638	0.490

$$2024 \text{ 年：} \quad I_U^{(5)} = \frac{\sum_{i=1}^{3} P_i^{(5)}}{\sum_{i=1}^{3} P_i^{(0)}} \times 100 = \frac{0.966 + 0.838 + 0.490}{0.692 + 0.342 + 0.365} \times 100 = \frac{2.294}{1.399} \times 100 = 164.0$$

因此，在 2024 年，1 千克苹果、1 千克香蕉和 1 千克橘子的综合价格比 1999 年的价格高出 64%。

非加权综合价格指数反映了一整组商品在特定时间段内的价格变化情况。但是，它存在两个缺陷：其一，该指数将组中每种商品视为同等重要，使得最贵商品的价格变化对其影响过大；其二，由于并非所有商品的消费比例都相等，在非加权指数中，消费比例最小的商品，其价格变化影响过大。

鉴于非加权综合价格指数的这些缺点，加权价格指数更为常用。加权价格指数考虑了单位价格大小及市场篮中商品消费水平的差异。在经济领域中，经常运用两种加权价格指数：拉斯佩尔指数(Laspeyres price index)和派氏指数(Paasche price index)。式(13.6.4)定义了拉斯佩尔指数，在价格指数计算中，基期消费数量被用作加权。

$$I_L^{(t)} = \frac{\sum_{i=1}^{n} P_i^{(t)} Q_i^{(0)}}{\sum_{i=1}^{n} P_i^{(0)} Q_i^{(0)}} \times 100 \tag{13.6.4}$$

式中，t=时期$(0, 1, 2, \cdots)$；

$\quad$ i=商品$(1, 2, \cdots, n)$；

$\quad$ n =列入考虑的商品总数；

$\quad$ $Q_i^{(0)}$ =0 时期商品 i 的数量；

$\quad$ $I_L^{(t)}$ =t 时期的拉斯佩尔指数值；

$\quad$ $P_i^{(t)}$ =t 时期商品 i 的价格；

$\quad$ $P_i^{(0)}$ =0 时期商品 i 的价格。

表 13.18 给出了三种水果的价格和年人均消费量，以 1999 年为基期，运用式(13.6.4)计算 2024 年(t=5)的拉斯佩尔指数

$$I_L^{(5)} = \frac{\sum_{i=1}^{3} P_i^{(5)} Q_i^{(0)}}{\sum_{i=1}^{3} P_i^{(0)} Q_i^{(0)}} \times 100 = \frac{(0.966 \times 19.2) + (0.838 \times 20.2) + (0.490 \times 14.3)}{(0.692 \times 19.2) + (0.342 \times 20.2) + (0.365 \times 14.3)} \times 100$$

$$= \frac{42.4818}{25.4143} \times 100 = 167.2$$

因此，拉斯佩尔指数是 167.2，表示 2024 年购买这三种商品的价格比 1999 年高 67.2%。该指数高于非加权指数 164.0，因为在这段时间购买量最小的橘子降价，同时苹果和香蕉涨价。换句话说，在非加权指数中，消费量最小的商品(橘子)影响过大。

表 13.18 三种水果的价格和年人均消费量

水果	价格和年人均消费量					
	$P_i^{(0)}$, $Q_i^{(0)}$ (1999 年)	$P_i^{(1)}$, $Q_i^{(1)}$ (2004 年)	$P_i^{(2)}$, $Q_i^{(2)}$ (2009 年)	$P_i^{(3)}$, $Q_i^{(3)}$ (2014 年)	$P_i^{(4)}$, $Q_i^{(4)}$ (2019 年)	$P_i^{(5)}$, $Q_i^{(5)}$ (2024 年)
苹果	0.692, 19.2	0.684, 17.3	0.719, 19.6	0.835, 18.9	0.927, 17.5	0.966, 16.0
香蕉	0.342, 20.2	0.367, 23.5	0.463, 24.4	0.490, 27.4	0.509, 28.5	0.838, 26.8
橘子	0.365, 13.3	0.533, 11.6	0.570, 12.4	0.625, 12.0	0.638, 11.7	0.490, 10.6

如果用当年的消费量而不是基期的数量作为权数可以得到派氏指数。式(13.6.5)定义了派氏价格指数

$$I_P^{(t)} = \frac{\sum\limits_{i=1}^{n} P_i^{(t)} Q_i^{(t)}}{\sum\limits_{i=1}^{n} P_i^{(0)} Q_i^{(t)}} \times 100 \tag{13.6.5}$$

式中，t=时期(0, 1, 2, …)；

　　　i=商品(1, 2, …, n)；

　　　n=列入考虑的商品总数；

　　　$Q_i^{(t)}$=t 时期商品 i 的数量；

　　　$I_P^{(t)}$=t 时期的派氏指数值；

　　　$P_i^{(t)}$=t 时期商品 i 的价格；

　　　$P_i^{(0)}$=0 时期商品 i 的价格。

计算 2024 年的派氏指数，以 1999 年为基期，t=5，运用式(13.6.5)得

$$I_P^{(5)} = \frac{\sum\limits_{i=1}^{3} P_i^{(5)} Q_i^{(5)}}{\sum\limits_{i=1}^{3} P_i^{(0)} Q_i^{(5)}} \times 100 = \frac{(0.966 \times 16.0) + (0.838 \times 26.8) + (0.490 \times 10.6)}{(0.692 \times 16.0) + (0.342 \times 26.8) + (0.365 \times 10.6)} \times 100$$

$$= \frac{43.1084}{24.1066} \times 100 = 178.8$$

该市场篮的派氏指数是 178.8。因此可知，以 2024 年数量计，2024 年这三种水果的价格较 1999 年高 78.8%。

因此，在反映某时点的整体消费价格时，派氏指数更为精确。但是，派氏指数存在两个不足之处：其一，当前所购买商品的精确消费数值往往难以获得，所以许多重要的指数(如 CPI)都采用拉斯佩尔指数；其二，如果市场篮中某种商品价格比其他商品增长幅度显著偏大，消费者会避免购买那些并非必需的高价商品而转向购买其他商品，这并不是由于他们的购买偏好发生了变化。

13.7　其他软件实现

13.7.1　SPSS 实现

SPSS 软件是最为常用的统计分析软件，几乎包含所有的统计分析功能，且划分仔细，因此 SPSS 中含有单独的时间序列分析模块，以高效解决相关问题。本节以表 13.2 K 公司 1999—2024 年的收益为例，说明用 SPSS 进行时间序列平滑预测、趋势外推法及时间序列季节分解的方法。

操作视频

打开数据表，执行【分析】→【时间序列预测】→【创建传统模型】命令，打开【时间序列建模器】对话框。将被解释变量和解释变量分别选入相应的【因变量】和【自变量】框。对话框中有一个【方法】选项，用于确定时间序列建模的方式，包含"专家建模器""指数平滑"和"ARIMA"三个选项，并提供与之相对应的细则选项。"专家建模器"没有相对应的具体模型形式，其本质是计算所有可能的模型并挑选出拟合优度最佳的模型；"指数平滑"是指利用指数平滑对时间序列进行预测；而"ARIMA"则是差分自回归移动平均模型。

在 SPSS 中，指数平滑预测法对应的平滑方法包括简单指数平滑(见第 13.2 节)、Brown 单一参数线性指数平滑及 Holt 双参数线性指数平滑。

Brown 单一参数线性指数平滑可表示为

$$
\begin{cases}
\hat{Y}_{t+T} = a_t + b_t T \\
a_t = 2E_t^{(1)} - E_t^{(2)} \\
b_t = \dfrac{\alpha}{1-\alpha}\left(E_t^{(1)} - E_t^{(2)}\right)
\end{cases}
$$

式中，$E_t^{(1)}$ 表示一次平滑值；$E_t^{(2)}$ 表示二次平滑值；α 表示所选参数。

Holt 双参数线性指数平滑可表示为

$$
\begin{cases}
\hat{Y}_{t+T} = a_t + b_t T \\
a_t = \alpha Y_t + (1-\alpha)(a_{t-1} + b_{t-1}) \\
b_t = \beta(a_t - a_{t-1}) + (1-\beta)b_{t-1}
\end{cases}
$$

式中，α 与 β 为两个不同参数。由于篇幅有限，此处对 Brown 及 Holt 平滑法不展开阐述。

同样，若采用 ARIMA 方式建模，可单击 ARIMA 选项下的【条件】，输入相应的自回归阶数、差分阶数及移动平均值阶数，便可得到相应结果。值得注意的是，在所有模型形式下，SPSS 都允许对被解释变量进行变形，在【转换】下可选择取平方或取自然对数。

对于时间序列季节性分解，SPSS 中也有相应的选项。执行【分析】→【时间预测序列】→【季节性分解】命令，选择加法模型、乘法模型或混合模型，即可得到相应的结果。

13.7.2 JMP 实现

JMP 内含时间序列分析模块，下面以表 13.2 K 公司 1999—2024 年的收益为例进行介绍。

打开数据表，执行【分析】→【专业建模】→【时间序列】命令，打开交互窗口。此时，将被解释变量选入【Y 时间序列】框，将解释变量选入【X 时间 ID】框，并单击【确定】按钮，即可得到运行结果。在结果窗口中可下拉得到 "平滑模型""ARIMA""季节性 ARIMA""ARIMA 模型组" 等选项，其中，"平滑模型" 下又被分为 "简单移动平均值""简单指数平滑""双指数平滑" 等，因此分析人员可根据具体需要进行选择，确认之后即可得到相应形式的平滑模型。

操作视频

习 题 十 三

1. 股票市场涵盖了一些中小型企业，其中多数属于高科技产业。鉴于这些公司的性质，股票平均指数或标普 500 指数波动更剧烈。2024 年某地前 20 周每周的股票指数如下表所示。

周	股票指数	周	股票指数
2024-01-03	2305.62	2024-03-13	2306.48
2024-01-09	2317.04	2024-03-20	2312.82
2024-01-17	2247.70	2024-03-27	2339.79
2024-01-23	2304.23	2024-04-03	2339.02
2024-10-30	2262.58	2024-04-10	2326.11
2024-02-06	2261.88	2024-04-17	2342.86
2024-02-13	2282.36	2024-04-24	2322.57
2024-02-21	2287.04	2024-05-01	2342.57
2024-02-27	2302.60	2024-05-08	2243.78
2024-03-06	2262.04	2024-05-15	2193.89

(1) 对数据进行三年移动平均，并为结果作图。

(2) 运用平滑系数 $W=0.50$，对序列进行指数平滑后作图。

(3) 重复(2)，运用 $W=0.25$，对序列进行指数平滑后作图。

(4) 根据 2024 年前 20 周中存在或并不存在的趋势，可以得出什么结论？

2. 某零售连锁商店销售多种商品，主要包括家纺、家具，以及食品、礼品和美容保健品。下表中的数据显示了该公司在 2011 年至 2024 年底的开店数量。

年份	开店数量/家	年份	开店数量/家
2011	38	2018	241
2012	45	2019	311
2013	61	2020	396
2014	80	2021	519
2015	108	2022	629
2016	141	2023	721
2017	186	2024	809

(1) 绘制数据图。
(2) 计算线性趋势预测方程并绘制趋势线。
(3) 计算二次趋势预测方程并绘制结果。
(4) 计算指数趋势预测方程并绘制结果。
(5) 运用(2)~(4)的预测方程，预测 2025—2026 年的开店数量。
(6) 如何解释(5)中三种预测的差异？你认为应该运用哪种预测？请说明理由。

3. 下表中的数据显示了 1998—2024 年的道琼斯工业平均指数(DJIA)。

年份	DJIA	年份	DJIA	年份	DJIA
1998	7 908.25	2007	12 474.52	2016	17 425.03
1999	9 184.27	2008	13 264.82	2017	19 762.60
2000	11 357.51	2009	8 776.39	2018	24 719.22
2001	10 646.15	2010	10 428.05	2019	23 327.46
2002	10 073.40	2011	11 577.51	2020	28 538.44
2003	8 607.52	2012	12 217.56	2021	30 606.48
2004	10 409.85	2013	13 104.14	2022	36 338.30
2005	10 783.01	2014	16 576.66	2023	33 147.25
2006	10 847.41	2015	17 823.07	2024	37 689.54

(1) 为股票价格构建拟合三阶自回归模型并检验三阶自回归参数的显著性。
(2) 如果需要，为股票价格构建拟合二阶自回归模型并检验二阶自回归参数的显著性。
(3) 如果需要，为股票价格构建拟合一阶自回归模型并检验一阶自回归参数的显著性。
(4) 根据最适合的模型预测 2026 年 1 月 1 日的股票价格($\alpha = 0.05$)。

4. 下表中的数据显示了 2013—2024 年每个季度的标准股价指数。

季度	2013 年	2014 年	2015 年	2016 年	2017 年	2018 年
1	445.77	500.71	645.50	757.12	1101.75	1286.37
2	444.27	544.75	670.63	885.14	1133.84	1372.71
3	462.69	584.41	687.31	947.28	1017.01	1282.71
4	459.27	615.93	740.74	970.43	1229.23	1469.25

续表

季度	2019 年	2020 年	2021 年	2022 年	2023 年	2024 年
1	1498.58	1160.33	1147.38	848.18	1126.21	1180.95
2	1454.60	1224.38	989.81	974.51	1140.81	1191.33
3	1436.51	1040.94	815.28	995.97	1114.58	1228.81
4	1320.28	1148.08	879.28	1111.92	1211.92	1248.29

(1) 绘制数据图。

(2) 建立包含季节因素的指数预测模型。

(3) 2024 年第三季度的拟合值是多少?

(4) 2024 年第四季度的拟合值是多少?

(5) 2025 年全部 4 个季度的预测值是多少?

(6) 解释季度复增长率。

(7) 解释第二季度乘数。

5. 下表中的数据显示了某公司在 1994—2024 年这 31 年间的总收益(以十亿现值美元计)。

年份	收益	年份	收益	年份	收益
1994	1.0	2005	4.2	2016	11.4
1995	1.2	2006	4.9	2017	12.4
1996	1.4	2007	5.6	2018	13.3
1997	1.7	2008	6.1	2019	14.2
1998	1.9	2009	6.8	2020	14.9
1999	2.2	2010	6.7	2021	15.4
2000	2.5	2011	7.1	2022	17.1
2001	2.8	2012	7.4	2023	19.0
2002	3.1	2013	8.3	2024	20.5
2003	3.4	2014	9.8		
2004	3.8	2015	10.7		

(1) 绘制数据图。

(2) 计算线性趋势预测方程。

(3) 计算二次趋势预测方程。

(4) 计算指数趋势预测方程。

(5) 找出拟合最佳的自回归模型($\alpha = 0.05$)。

(6) 对(2)~(5)中的模型进行残差分析。

(7) 计算(6)中相应模型的 S_{YX}。

案例研究

扫描右侧二维码可获取 2001—2024 年我国各季度的国内生产总值(现价)。请回答下述问题：

(1) 绘制数据图。

(2) 建立包含季节因素的指数预测模型。

(3) 2024 年和 2025 年第四季度的拟合值和预测值分别是多少？

(4) 找出拟合最佳的自回归模型($\alpha = 0.05$)，并分别给出 2024 年和 2025 年第四季度的拟合值和预测值。

(5) 对第(2)项和第(4)项中的模型进行残差分析。

(6) 解释两个模型结果的差异。

案例数据

第 *14* 章

统计在质量管理中的应用*

　　质量在我们日常工作与生活的诸多领域都有重要影响，例如汽车的设计、生产及其安全性方面，酒店、银行、零售行业的服务领域，计算机芯片的持续改进领域等。本章着重介绍质量管理的基本概念、六西格玛的基本观点、不同控制图的建立方法及过程能力的测量方式。

　　学习目标：掌握质量管理的基本概念、六西格玛的基本观点，学会建立不同的控制图并掌握测量过程能力的方法。

　　价值目标：引导学生了解和应用质量管理理论和工具，以实现产品质量的持续改进和优化；培养学生关注用户反馈和满意度，通过数据分析和评估，不断改进和提升服务质量。

14.1　全面质量管理

　　早在 1950 年，日本工业便迅速发展起来。受其影响，美国也掀起了一轮质量和生产的热潮。爱德华·戴明(W. Edwards Deming)、约瑟夫·朱兰(Joseph Juran)和石川馨(Kaoru Ishikawa)创建了一种集中关注产品和服务持续改进的方法。该方法强调统计学、过程改进和整体系统优化。现在，这种方法已广为人知，它就是**全面质量管理**(total quality management, TQM)。全面质量管理具有如下特点。

　　(1) 全面质量不仅涵盖产品质量，还包括服务质量和工作质量。

　　(2) 全面质量管理是对全过程的质量管理，不仅限于生产过程，还涉及市场调研、产品开发等过程。

　　(3) 全面质量管理是全体人员参与的管理，强调质量好坏人人有责，全体员工都须参与其中。

　　(4) 采用科学、系统的方法满足用户需求，以用户至上为重要指导思想。

　　(5) 一切以预防为主，采取事前控制的积极预防措施。

　　(6) 一切以数据说话，依据数据和事实来判断事物，而不是凭印象判断。

　　(7) 一切工作按照 PDCA 循环[①]进行。

　　在上述特点中，一切以数据说话，要求运用统计方法处理数据。对数据进行分析的基

　　[①] PDCA 循环包括 4 个基本阶段：计划(plan)、执行(do)、检查(check)和处理(act)。

本方法是绘制各种统计图表，如排列图、因果图、直方图、散点图、控制图等。

14.2　六西格玛管理

六西格玛管理是一种质量改进方法，由摩托罗拉公司于 20 世纪 80 年代中期首次提出。六西格玛在 TQM 的基础上做了改进，提供了一种更规范、系统的方法，并更加强调计量化和底线成效。世界上许多公司运用六西格玛管理提高效率，缩减成本，消除缺陷并降低生产偏差。

六西格玛这个名字源于一种管理学方法，即创造每百万次机会中缺陷数低于 3.4 个(3.4ppm，ppm 是 parts per million 的缩写)。它与其他管理方法最为显著的区别在于，仅关注 3 至 6 个月内所能取得的最低成效。在摩托罗拉、通用电气等早期实施者获得巨大收益后，世界上众多公司纷纷开始实施六西格玛项目。

为引导管理者在工作中改进短期或长期的绩效，六西格玛运用 **DMAIC 模型**来实现，该模型包括以下 5 个步骤。

- **定义**(define)：明确问题、成本、收益及对顾客的影响。
- **测量**(measure)：为每个关键质量特性(critical-to-quality，CTQ)设定操作性定义，并核验测量程序，以确保重复测量结果的一致性。
- **分析**(analyze)：确定缺陷产生的根本原因，识别过程中引起缺陷的异常情况。收集数据以确定每个过程变量的基准值。分析过程中经常运用控制图(后文详述)。
- **改进**(improve)：设计试验研究每个过程变量对 CTQ 特征的重要性，旨在确定每个变量的最优水平。
- **控制**(control)：旨在规避过程变化后产生的潜在问题，维持长期收益。

六西格玛管理的实施需要一种以数据为导向、大量运用控制图和试验设计的方法，同时需要对组织中的每一位员工进行 DMAIC 培训。

14.3　控制图理论

TQM 和六西格玛管理需要运用多种不同的统计工具。分析一段时间内连续的过程数据时，使用最广泛的方法就是控制图(control chart)。

控制图用于监控一个产品或一项服务在一段时期内的偏差特征。可以运用控制图研究过去的绩效，评估现状或预测未来的结果。由控制图分析得到的信息是过程改进的基本依据。不同类型的控制图可用于分析不同类型的 CTQ 变量，例如房间舒适度这样的分类变量，以及将行李运送到房间所需时间这样的连续性变量。除了能够直观地显示过程的数据之外，控制图的主要特点在于它尝试将特殊原因偏差从普通原因偏差中分离出来。

特殊原因偏差表示数据中非过程固有的较大的波动或状态，这些波动通常由过程的变化引起，表示需要修正一些问题或挖掘一些机会。一些组织将这样的特殊原因偏差称为**可归属原因的偏差**。

普通原因偏差表示过程中固有的波动，这些波动由大量微小因素共同作用所引发，这些偏差以随机或偶然地出现。普通原因偏差也被某些组织称为**机遇原因的偏差**。

由沃特·休哈特(Walter Shewhart)提出的试验能帮助我们理解普通原因偏差和特殊原因偏差的区别。该试验要求在一张纸上沿水平直线方向重复书写字母"A"，即

AAAAAAAAAAAAAAAAA。

试验结果表明，所有的"A"虽相似却不完全相同，而且其大小也存在差异。这种差异就是普通原因偏差，因为没有特殊事件导致"A"的大小出现不同。如果再次进行试验，用右手书写一半数量的"A"，用左手书写另一半数量的"A"，就会发现用左手和用右手写出的"A"存在显著差别。由此可见，用左手还是右手书写"A"，就是特殊原因偏差的来源。

两种原因偏差有很大差别，因为特殊原因偏差不是过程的一部分，可以在不改变现有系统的情况下进行修正。但是降低普通原因偏差只能通过改变过程。这样的系统性异常是管理者的责任。

控制图可以帮助监控过程并识别特殊原因是否存在。控制图的这个特点可以防止发生两种类型的错误。第一种类型的错误是认为观测值代表特殊原因偏差，而实际上是普通原因偏差。把普通原因偏差当作特殊原因偏差会导致过程的过度调整。这样的过度调整就是所谓的篡改，会增加过程的异常。第二种类型的错误是把特殊原因偏差当作普通原因偏差。这类错误会导致在关键时刻没有立即采取正确的行动。在运用控制图时，尽管两种类型的错误都可能发生，但是二者引发的后果却不尽相同。

构建控制图，先要收集过程在一段时间内的输出样本。用来构建控制图的样本称为**组**。对每个组(即样本)可以计算 CTQ 变量的相关统计值。通常使用的统计量包括分类变量的样本比例(见第 14.4 节)及数值变量的均值和极差(见第 14.5 节)。然后，绘制随时间变化的值，并增加图的控制限。最典型的控制图的控制限是 ± 3 个标准偏差(正态分布，$\mu \pm 3\sigma$ 几乎包括总体中所有的值，达 99.73%)。式(14.3.1)定义了控制图一般的上下控制限：

过程均值±3 标准偏差

控制上限(upper control limit, UCL)=过程均值+3 个标准偏差

控制下限(lower control limit, LCL)=过程均值−3 个标准偏差

$$(14.3.1)$$

当这些控制限确定后，可以通过观察数值随时间变化的规律，判断是否有数值落入控制限之外，进而评价控制图。

图 14.1 描述了三种状态。图 14.1(a)中，没有明显的数值随时间变化的图形，也没有点落在 3 个标准偏差的控制限之外，过程稳定，只包含普通原因偏差。图 14.1(b)中，有两个点落在了 3 个标准偏差的控制限之外，此时应该检查这些点并试着确定造成这两点落于控制限之外的特殊原因。图 14.1(c)中，没有任何点落在控制限之外，但它有一系列连续的点在均值(中线)上面，还有一系列连续的点在均值(中线)下面。此外，还能明显地观察到有整体长期下降的趋势，应该进一步调查并试着确定导致这种趋势的原因。

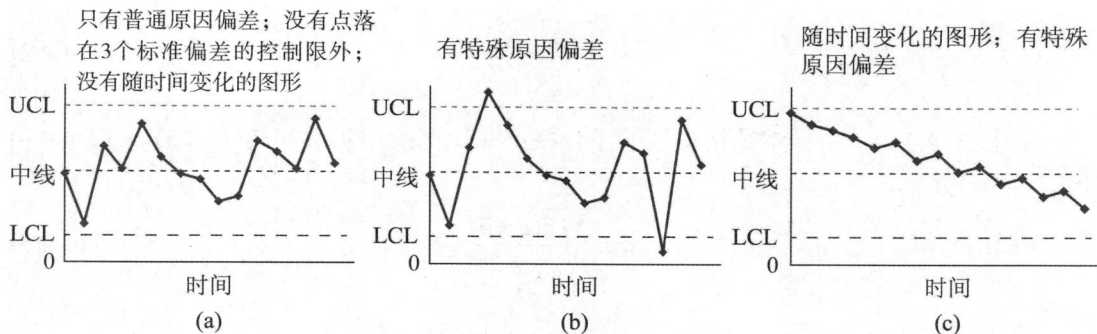

图 14.1　三种控制图形

趋势并不总是这么明显地呈现。有两个简单的规则可以帮助找出过程均值的移动：

(1) 连续 8 个以上的点在中线之上或连续 8 个以上的点在中线之下。

(2) 连续 8 个以上的点的值向上移动或连续 8 个以上的点的值向下移动。

当过程的控制图呈现有失控状况，即出现某一点在控制限之外，或一系列点呈现出趋势时该过程被称为失控。失控过程包含普通原因偏差和特殊原因偏差。鉴于特殊原因偏差不是过程设计的固有部分，所以失控过程是不可预知的。当确定一个过程失控时，务必找出引发失控状况的特殊原因偏差。如果特殊原因偏差有损于产品或服务的质量，就需要采取一些措施来消除偏差的源头；如果特殊原因使质量提升，就应该改变过程，将特殊原因整合到过程设计之中。这样，特殊原因偏差就转变为普通原因偏差，过程也得到优化。

若过程中没有失控状况出现，则称为受控。受控过程只包含普通原因偏差。因为这些偏差源于过程所固有的因素，所以受控过程是可以预知的。受控过程有时也被称作统计控制状态。当过程受控时，必须判断普通原因偏差是否足够小，以满足顾客的需求。如果普通原因偏差足够小，能够让顾客满意，那么就可以持续地运用控制图监控过程，确保过程始终处于控制范围之内。如果普通原因偏差太大，则需要改变过程本身。

14.4　比例的控制图：p-图

有多种控制图可用于监控过程并确定过程中是否存在特殊原因偏差。属性图适用于分类变量或离散变量。本节介绍的 p-图应用于分类变量。之所以称为 p-图，是因为该图绘制的是某一类别样本中产品的比例(proportion)。例如，往往根据它们是否与样本产品的操作性定义要求一致而将其分为不同的类别。因此，p-图经常被用来监控和分析过程选取的重复样本(即组)中不一致的比例。

在介绍 p-图之前，先回顾一下已学过的比例和二项分布。样本比例和样本比例标准偏差分别定义为式(14.4.1)和式(14.4.2)。

$$p = \frac{X}{n} \tag{14.4.1}$$

$$\sigma_p = \sqrt{\frac{p(1-p)}{n}} \tag{14.4.2}$$

运用式(14.4.2)，由样本数据得到的不合格产品比例的控制限如式(14.4.3)、式(14.4.4)和式(14.4.5)所示。

p-图控制限
$$\bar{p} \pm 3\sqrt{\frac{\bar{p}(1-\bar{p})}{\bar{n}}} \tag{14.4.3}$$

$$\mathrm{UCL} = \bar{p} + 3\sqrt{\frac{\bar{p}(1-\bar{p})}{\bar{n}}} \tag{14.4.4}$$

$$\mathrm{LCL} = \bar{p} - 3\sqrt{\frac{\bar{p}(1-\bar{p})}{\bar{n}}} \tag{14.4.5}$$

对于相等的 n_i

$$\bar{n} = n_i \text{ 和 } \bar{p} = \frac{\sum_{i=1}^{k} p_i}{k} \tag{14.4.6}$$

或一般地

$$\bar{n} = \frac{\sum_{i=1}^{k} n_i}{k} \text{ 和 } \bar{p} = \frac{\sum_{i=1}^{k} p_i}{\sum_{i=1}^{k} n_i} \tag{14.4.7}$$

式中，X_i 表示组 i 中的不合格产品的数量；n_i 表示组 i 的样本(或组)容量；$p_i = X_i / n_i$ 表示组 i 中的不合格产品比例；k 表示选择的组数量；$\bar{n}$ 表示组平均样本容量；$\bar{p}$ 表示不合格产品比例平均值；任何负值 LCL 意味着 LCL 不存在。

【例 14.1】 以某酒店为例说明 p-图的应用。在六西格玛 DMAIC 模型的测量阶段，房间不合格的操作性定义是一件用品或一件用具在客人登记入住时没有准备好。在六西格玛 DMAIC 模型的分析阶段，收集了一个容量为 200 个房间的样本每日的不合格房间数据。表 14.1 列出了 28 日内每日不合格房间的数量和比例。试问房间准备过程是否处于受控状态。

表 14.1　28 日内客人登记入住时酒店的不合格房间情况

日	研究房间(n_i)	未准备好的房间数	比例(p_i)	日	研究房间(n_i)	未准备好的房间数	比例(p_i)
1	200	16	0.080	6	200	19	0.095
2	200	7	0.035	7	200	16	0.080
3	200	21	0.105	8	200	15	0.075
4	200	17	0.085	9	200	11	0.055
5	200	25	0.125	10	200	12	0.060

续表

日	研究房间 (n_i)	未准备好的房间数	比例 (p_i)	日	研究房间 (n_i)	未准备好的房间数	比例 (p_i)
11	200	22	0.110	20	200	25	0.125
12	200	20	0.100	21	200	19	0.095
13	200	17	0.085	22	200	12	0.060
14	200	26	0.130	23	200	6	0.030
15	200	18	0.090	24	200	12	0.060
16	200	13	0.065	25	200	18	0.090
17	200	15	0.075	26	200	15	0.075
18	200	10	0.050	27	200	20	0.100
19	200	14	0.070	28	200	22	0.110

解： 由题意可知，$k=28$，$\sum_{i=1}^{k} p_i = 2.315$，且由于 n_i 相等，$\bar{n} = n_i = 200$。

因此，$\bar{p} = \dfrac{\sum_{i=1}^{k} p_i}{k} = \dfrac{2.315}{28} = 0.0827$。由式 (14.4.3) 得 p-图控制限为

操作视频

$0.0827 \pm 3\sqrt{\dfrac{0.0827 \times 0.9173}{200}}$，所以，UCL=0.0827+0.0584=0.1411，LCL=0.0827-0.0584=0.0243。

图 14.2 显示了在 Excel 中计算 p-图控制限的工作表。在计算得到 UCL、LCL、中线值的情况下，很容易利用 Excel 中的折线图画出 p-图，如图 14.3 所示。

图 14.2　不合格房间数据的 p-图计算工作表

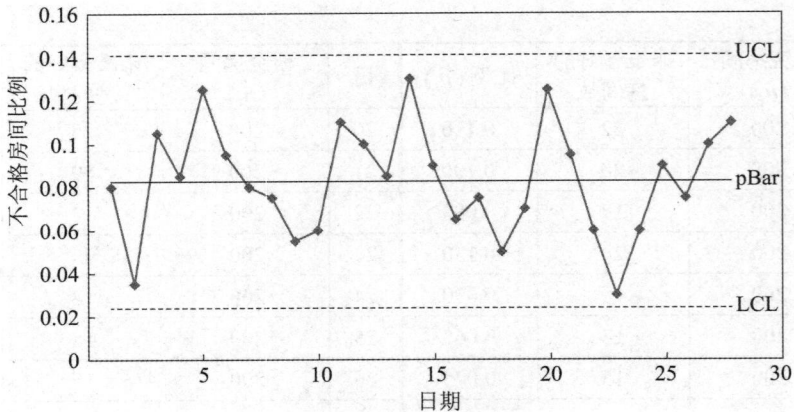

图 14.3 不合格房间数据的 p-图

图 14.3 表明过程在统计控制中，所有点既未形成任何趋势又分散在 $\bar{p}$ 周围，且均在控制限内。因此，DMAIC 模型的改进阶段——为客人准备房间过程的改进必须通过降低普通原因偏差来实现。而普通原因偏差的降低需要过程的改变。要记住，只有在过程成功改进后，质量的改进才能得以实现。

例 14.1 描述了组容量不变的情况。一般地，只要组容量 n_i 与组平均样本容量 $\bar{n}$ 的差值不超过 $\bar{n}$ 的 $\pm 25\%$，都可以运用式(14.4.3)计算 p-图控制限。如果组容量的差值超过 $\bar{n}$ 的 $\pm 25\%$，则需要运用其他公式计算控制限。

例 14.2 以医用纱布的生产为例阐释了组容量不相等时的 p-图应用。

【例 14.2】 医用产品的质量控制尤为关键，我们收集了某公司 32 日内每日生产的医用纱布数量和不合格数量(见表 14.2)。依据这些数据，可以判断这家公司的医用纱布生产是否是可控的。请为这些数据构建控制图。

表 14.2 32 日内生产的医用纱布数量和不合格数量

日	生产的纱布	不合格的纱布	比例	日	生产的纱布	不合格的纱布	比例
1	690	21	0.030	17	575	20	0.035
2	580	22	0.038	18	610	16	0.026
3	685	20	0.029	19	596	15	0.025
4	595	21	0.035	20	630	24	0.038
5	665	23	0.035	21	625	25	0.040
6	596	19	0.032	22	615	21	0.034
7	600	18	0.030	23	575	23	0.040
8	620	24	0.039	24	572	20	0.035
9	610	20	0.033	25	645	24	0.037
10	595	22	0.037	26	651	39	0.060
11	645	19	0.029	27	660	21	0.032
12	675	23	0.034	28	685	19	0.028
13	670	22	0.033	29	671	17	0.025
14	590	26	0.044	30	660	22	0.033
15	585	17	0.029	31	595	24	0.040
16	560	16	0.029	32	600	16	0.027

解： 由题意可知，$k=32$，$\sum_{i=1}^{k} n_i = 19\,926$，$\sum_{i=1}^{k} X_i = 679$。由于各个 n_i 不相等，因此运用

式（14.4.7）得到，$\bar{n} = \dfrac{19\,926}{32} = 622.69$，$\bar{p} = \dfrac{679}{19\,926} = 0.034$，进而得出 p-图控制限为

$0.034 \pm 3\sqrt{\dfrac{0.034 \times (1-0.034)}{622.69}} = 0.034 \pm 0.022$。所以，UCL＝0.034+0.022＝0.056，LCL＝0.034−0.022＝0.012。

图 14.4 显示了医用纱布数据 Excel 控制图计算的工作表。相应地，在得到 UCL、LCL、中线的基础上，利用 Excel 中的折线图可轻松得到如图 14.5 所示的 p-图。从表 14.2 和图 14.5 可以看出，第 26 日生产的纱布总数为 651，不合格的纱布数量为 39，处于 UCL 之上。管理者需要识别导致这个特殊原因偏差的根本原因，并采取恰当举措。行动实施后，可剔除第 26 日的数据，重新构建并分析控制图。

图 14.4　医用纱布数据的 p-图计算工作表

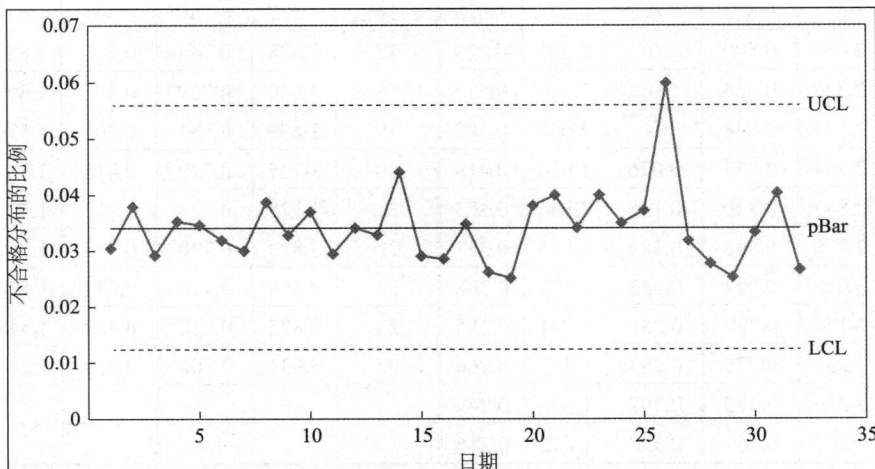

图 14.5　不合格医用纱布比例的 p-图

14.5 极差和均值控制图

当数据属于数值数据时，需要运用**变量控制图**对过程进行监控和分析。常见的数值变量包括时间、金钱和重量等。相较于不合格产品比例这类分类变量，数值变量能够提供更为丰富的信息更多，所以在发现特殊原因偏差方面变量控制图比 p-图更加灵敏。变量图主要以成对的形式使用，其中一个图用于监控过程偏差的离散程度，另一个图则用于监控过程的均值。在检查并确定控制图时，先要监控离散度，因为一旦控制图中出现失控的点，那么基于该图对均值的解释就会出现错误。在实际操作中，还会运用其他一些控制图，但鉴于篇幅限制，本章仅对极差和均值控制图进行重点介绍。

14.5.1 *R*-图

可以运用多种不同类型的控制图来监控数值特征的变异性。其中，最简单和最常用的是极差控制图，即 *R*-图。只有在样本容量小于或等于 10 的情况下，才可以使用极差控制图。如果样本容量大于 10，则最好使用标准偏差图。*R*-图能够判定过程的变异是否处于控制之内，以及变异量是否会随时间而变化。如果过程极差在控制之内，表明过程的变异量会在时间进程中保持恒定，此时可以依据 *R*-图所得结论，为均值建立控制限。

为极差建立控制限，需要估计极差均值和极差的标准偏差。如式(14.5.1)所示，这些控制限主要受两个常数影响，因子 d_2 表示标准偏差与不同样本容量极差之间的关系，因子 d_3 表示标准偏差与不同样本容量极差的标准误差之间的关系。表 14.3 中列出了这些因子的值。式(14.5.2)和式(14.5.3)定义了 *R*-图控制限。

表 14.3 极差控制图因子表

样本数	d_2	d_3	D_3	D_4	A_2	样本数	d_2	d_3	D_3	D_4	A_2
2	1.128	0.853	0	3.267	1.880	15	3.472	0.756	0.347	1.653	0.223
3	1.693	0.888	0	2.575	1.023	16	3.532	0.750	0.363	1.637	0.212
4	2.059	0.880	0	2.282	0.729	17	3.588	0.744	0.378	1.622	0.203
5	2.326	0.864	0	2.114	0.577	18	3.640	0.739	0.391	1.609	0.194
6	2.534	0.848	0	2.004	0.483	19	3.689	0.733	0.404	1.596	0.187
7	2.704	0.833	0.076	1.924	0.419	20	3.735	0.729	0.415	1.585	0.180
8	2.847	0.820	0.136	1.846	0.373	21	3.778	0.724	0.425	1.575	0.173
9	2.970	0.808	0.184	1.816	0.337	22	3.819	0.720	0.435	1.565	0.167
10	3.078	0.797	0.223	1.777	0.308	23	3.858	0.716	0.443	1.557	0.162
11	3.173	0.787	0.256	1.744	0.285	24	3.895	0.712	0.452	1.548	0.157
12	3.258	0.778	0.283	1.717	0.266	25	3.931	0.708	0.459	1.541	0.153
13	3.336	0.770	0.307	1.693	0.249						
14	3.407	0.763	0.328	1.672	0.235						

极差控制限

$$\overline{R} \pm 3\overline{R}\frac{d_3}{d_2} \tag{14.5.1}$$

$$UCL = \overline{R} + 3\overline{R}\frac{d_3}{d_2} \tag{14.5.2}$$

$$LCL = \overline{R} - 3\overline{R}\frac{d_3}{d_2} \tag{14.5.3}$$

式中，$\overline{R} = \dfrac{\sum\limits_{i=1}^{k} R_i}{k}$。

用因子 $D_3 = 1-3(d_3/d_2)$ 和因子 $D_4 = 1+3(d_3/d_2)$ 简化式(14.5.2)和式(14.5.3)表示的控制限，可得

$$UCL = D_4\overline{R} \tag{14.5.4}$$

$$LCL = D_3\overline{R} \tag{14.5.5}$$

【例 14.3】 为了说明 R-图，回到关于酒店服务质量的统计学应用实例中。在六西格玛 DMAIC 模型的测量阶段，运送行李的时间定义为从客人完成入住登记手续到行李送达客人房间的时间。在六西格玛 DMAIC 模型的分析阶段，记录 28 日行李运送时间的数据。挑选每天夜班时间的 5 次运送为样本。表 14.4 总结了这 28 日的结果。试问运送行李的时间是否处于正常范围。

解：对表 14.4 中的数据，统计得 $k=28$，$\sum\limits_{i=1}^{k} R_i = 97.5$，$\overline{R} = \dfrac{\sum\limits_{i=1}^{k} R_i}{k} = \dfrac{97.5}{28} = 3.482$。由于 $n=5$，由表 14.3 得 $D_3 = 0$、$D_4 = 2.114$。然后运用式(14.5.4)和式(14.5.5)得 $UCL = D_4\overline{R} = 2.114 \times 3.482 = 7.36$。LCL 不存在。

表 14.4　28 日的行李运送时间及组均值和极差

日	行李运送时间，以分钟计(5 次运送样本)					均值	极差
1	6.7	11.7	9.7	7.5	7.8	8.68	5.0
2	7.6	11.4	9.0	8.4	9.2	9.12	3.8
3	9.5	8.9	9.9	8.7	10.7	9.54	2.0
4	9.8	13.2	6.9	9.3	9.4	9.72	6.3
5	11.0	9.9	11.3	11.6	8.5	10.46	3.1
6	8.3	8.4	9.7	9.8	7.1	8.66	2.7
7	9.4	9.3	8.2	7.1	6.1	8.02	3.3
8	11.2	9.8	10.5	9.0	9.7	10.04	2.2
9	10.0	10.7	9.0	8.2	11.0	9.78	2.8
10	8.6	5.8	8.7	9.5	11.4	8.80	5.6
11	10.7	8.6	9.1	10.9	8.6	9.58	2.3

日	行李运送时间，以分钟计(5 次运送样本)					均值	极差
12	10.8	8.3	10.6	10.3	10.0	10.00	2.5
13	9.5	10.5	7.0	8.6	10.1	9.14	3.5
14	12.9	8.9	8.1	9.0	7.6	9.30	5.3
15	7.8	9.0	12.2	9.1	11.7	9.96	4.4
16	11.1	9.9	8.8	5.5	9.5	8.96	5.6
17	9.2	9.7	12.3	8.1	8.5	9.56	4.2
18	9.0	8.1	10.2	9.7	8.4	9.08	2.1
19	9.9	10.1	8.9	9.6	7.1	9.12	3.0
20	10.7	9.8	10.2	8.0	10.2	9.78	2.7
21	9.0	10.0	9.6	10.6	9.0	9.64	1.6
22	10.7	9.8	9.4	7.0	8.9	9.16	3.7
23	10.2	10.5	9.5	12.2	9.1	10.30	3.1
24	10.0	11.1	9.5	8.8	9.9	9.86	2.3
25	9.6	8.8	11.4	12.2	9.3	10.26	3.4
26	8.2	7.9	8.4	9.5	9.2	8.64	1.6
27	7.1	11.1	10.8	11.0	10.2	10.04	4.0
28	11.1	6.6	12.0	11.5	9.7	10.18	5.4
					总计	265.38	97.5

图 14.6 显示了行李运送时间的 R-图。从图 14.6 可以看出，没有任何极差落在控制限之外，也不存在任何趋势，这表明行李运送的时间处于正常状态。

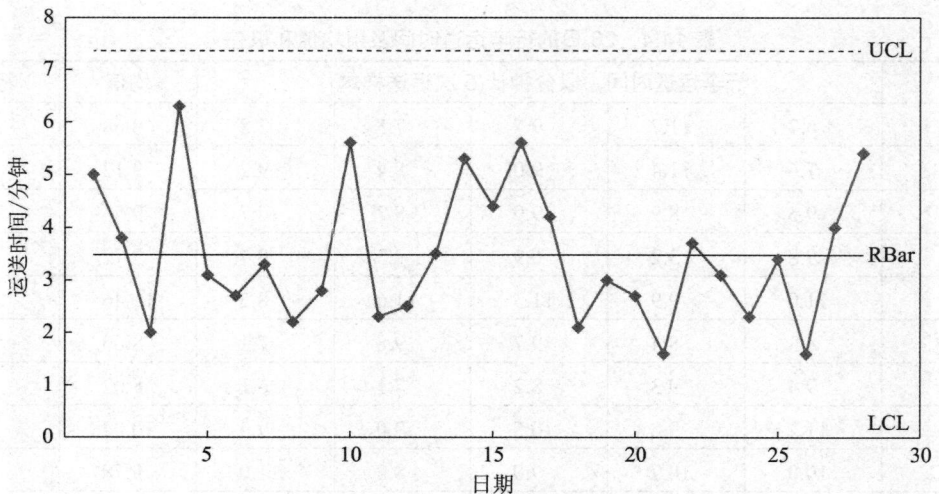

图 14.6 行李运送时间的 R-图

14.5.2 $\overline{X}$-图

前文已确定极差控制图处于可控制范围，本节将继续检验过程均值的控制图——$\overline{X}$-图。在 $\overline{X}$ 的控制图中，组容量为 n，且有 k 个连续时期。要计算均值的控制限，需先计算组均值的均值($\overline{\overline{X}}$)和均值的标准偏差估计(称为均值的标准误差)。均值的标准偏差估计是表 14.3 中因子 d_2 的函数，它表示标准偏差与不同样本量极差之间的关系。$\overline{R}/d_2$ 用于估计总体的标准偏差，$\overline{R}/d_2\sqrt{n}$ 用于估计均值的标准偏差。式(14.5.6)、式(14.5.7)和式(14.5.8)定义了 $\overline{X}$-图的控制限。

$\overline{X}$-图控制限

$$\overline{\overline{X}} \pm 3\frac{\overline{R}}{d_2\sqrt{n}} \tag{14.5.6}$$

$$\text{UCL}=\overline{\overline{X}}+3\frac{\overline{R}}{d_2\sqrt{n}} \tag{14.5.7}$$

$$\text{LCL}=\overline{\overline{X}}-3\frac{\overline{R}}{d_2\sqrt{n}} \tag{14.5.8}$$

式中，$\overline{\overline{X}}=\dfrac{\sum_{i=1}^{k}\overline{X}_i}{k}$，$\overline{X}_i=i$ 时间内 n 个观测值的样本均值；$\overline{R}=\dfrac{\sum_{i=1}^{k}R_i}{k}$，$R_i=i$ 时间内 n 个观测值的极差；$k=$组的数量。

可以用表 14.3 中给出的因子 A_2 ($A_2=3/(d_2\sqrt{n})$)简化式(14.5.7)和式(14.5.8)，得到

$$\text{UCL}=\overline{\overline{X}}+A_2\overline{R} \tag{14.5.9}$$

$$\text{LCL}=\overline{\overline{X}}-A_2\overline{R} \tag{14.5.10}$$

【例 14.4】 根据例 14.3 的内容，计算并制作 $\overline{X}$-图。

解：由表 14.4 得，$k=28$，$\sum_{i=1}^{k}\overline{X}_i=265.38$，$\sum_{i=1}^{k}R_i=97.5$，

故 $\overline{\overline{X}}=\dfrac{\sum_{i=1}^{k}\overline{X}_i}{k}=\dfrac{265.38}{28}=9.478$，$\overline{R}=\dfrac{\sum_{i=1}^{k}R_i}{k}=\dfrac{97.5}{28}=3.482$。

运用式(14.5.6)和式(14.5.7)，并根据表 14.3 中 $n=5$ 时 $A_2=0.577$，计算得到

UCL=9.478+0.577×3.482=9.478+2.009=11.487，
LCL=9.478-0.577×3.482=9.478-2.009=7.469。

图 14.7 显示了行李运送时间数据的 $\overline{X}$-图。从图 14.7 可以看出，没有任何点在失控限之外，也不存在任何趋势。尽管 28 个组均值中存在相当一部分的变异，但是由于 R-图和 $\overline{X}$-

图都在控制范围内，因此行李运送过程处于统计控制状态。如果想要降低偏差或者降低平均运送时间，则需要对过程进行改变。

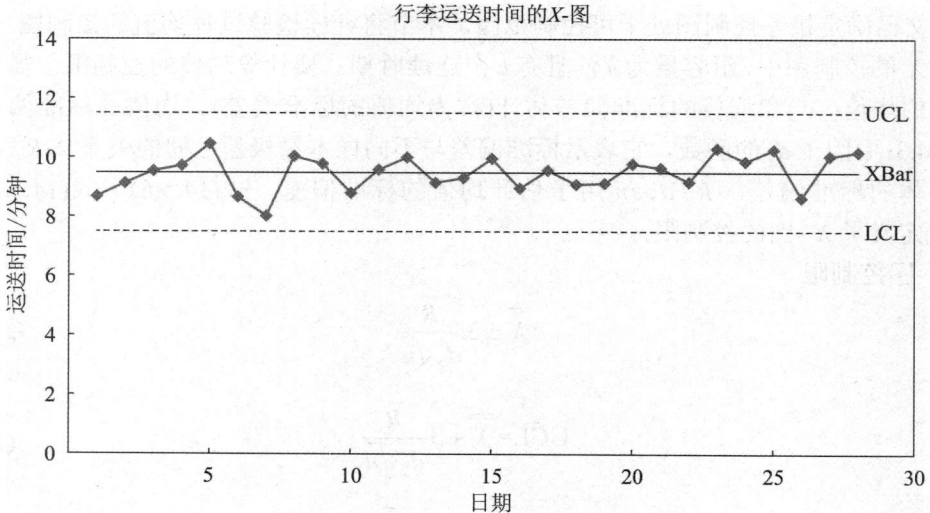

图 14.7　行李运送时间的 $\overline{X}$ -图

14.6　过　程　能　力

在一个控制内的过程中，往往需要计算普通原因偏差的量。普通原因偏差是否小到足够满足顾客对产品或服务的需求？或者普通原因偏差是否太大以至于顾客很不满意，需要改变过程？

分析过程能力能够回答这些问题。在实际应用中，分析过程能力的方法有很多种。本节先介绍一种相对简单的方法，用于估计能够满足顾客对产品或服务需求的百分比，之后再介绍能力指数的应用。

14.6.1　顾客满意和规格极限

产品或服务的质量达到或超过预期时，顾客才会感到满意。公司管理者必须听取顾客的意见和建议，将顾客的需求和期望转化为易于测量的 CTQ 变量，然后设定这些 CTQ 变量的规格极限。

所谓**规格极限**，是指管理者依据顾客的需求和期望设定的技术要求。规格上限(upper specification limit，USL)是符合顾客期望的 CTQ 的最大值；规格下限(lower specification limit，LSL)则是符合顾客期望的 CTQ 的最小值。

例如，一家肥皂生产商了解到顾客希望他们的肥皂能够产生一定量的泡沫。肥皂产生过多或过少的泡沫都会导致顾客不满意。产品经理知道肥皂中的自由脂肪酸水平控制着起泡量。因此，过程经理采纳产品经理的建议，为肥皂中自由脂肪酸的含量设定了 USL 和 LSL。

在某些情况下只有单个规格极限，例如前面提到的酒店服务质量的案例。因为顾客希望他们的行李越快运达越好，酒店经理为运送时间设定了 USL，在这个例子中就没有 LSL。从行李运送和肥皂这两个例子可以看出，规格极限是顾客需求在产品或服务上的体现。如果过程能够始终满足这些需求，那么该过程就有能力使顾客满意。

过程能力是指过程持续满足特定顾客需求的能力。分析过程能力的一种方法是对在规格极限内的产品或服务的百分比进行估计。只有当过程在控制内才能这样做，失控的过程是无法预测其能力的。如果你正要改进一个失控的过程，必须在进行过程能力分析之前识别并消除引起偏差的特殊原因。失控的过程无法预测，因此不能得出过程有能力达到规格或满足顾客期望的结论。

为了估计在规格极限内的产品或服务的百分比，先要估计所有 X 值(即产品或服务的 CTQ 变量)的总体均值和总体标准偏差。总体均值的估计是所有样本均值的均值 $\overline{\overline{X}}$。总体标准偏差的估计等于 $\overline{R}$ 除以 d_2。$\overline{\overline{X}}$ 和 $\overline{R}$ 可以通过 $\overline{X}$ -R 图获得，d_2 可以从表 14.3 中查找。

本书假设过程处于控制中且 X 近似呈正态分布，可以运用式(14.6.1)、式(14.6.2)和式(14.6.3)对规格内的产品或服务过程进行估计。其中，Z 是标准化后的正态随机变量。

CTQ 变量的 LSL 和 USL

$$P(结果在规格内)=P(\text{LSL}<X<\text{USL})=P\left(\frac{\text{LSL}-\overline{\overline{X}}}{\overline{R}/d_2}<Z<\frac{\text{USL}-\overline{\overline{X}}}{\overline{R}/d_2}\right) \tag{14.6.1}$$

CTQ 变量只有 USL

$$P(结果在规格内)=P(X<\text{USL})=P\left(Z<\frac{\text{USL}-\overline{\overline{X}}}{\overline{R}/d_2}\right) \tag{14.6.2}$$

CTQ 变量只有 LSL

$$P(结果在规格内)=P(\text{LSL}<X<\text{USL})=P\left(\frac{\text{LSL}-\overline{\overline{X}}}{\overline{R}/d_2}<Z\right) \tag{14.6.3}$$

【例 14.5】　由例 14.3 和例 14.4 可知，已经确定行李运送过程在控制中。假设酒店经理实施了一项政策，规定 99%的行李必须在 14 分钟以内送到。请根据表 14.4 的数据判断是否满足这一项政策。

解：由前面的计算可知，$n=5$，$\overline{\overline{X}}=9.478$，$\overline{R}=3.482$，由表 14.3 得 d_2=2.326。运用式(14.6.2)得到

$$P(运送时间在规格内)=P(X<14)$$
$$=P\left(Z<\frac{14-9.478}{3.482/2.326}\right)$$
$$=P(Z<3.02)$$

由标准正态分布表得到 $P(Z<3.02)=0.998\ 74$。因此，估计 99.874%的行李会在规定时间内送到。过程有能力达到酒店管理者规定的 99%的目标。

14.6.2 能力指数

在商业领域中，确定过程能力时经常会用到的一种方法是能力指数。**能力指数**是对一个过程达到规格极限的能力的综合评价。能力指数值越大，表明过程满足顾客需求的能力越强。式(14.6.4)定义了最为常用的指数 C_p。

$$C_p = \frac{\text{USL} - \text{LSL}}{6(\overline{R}/d_2)} = \frac{规格范围}{过程范围}$$
(14.6.4)

式(14.6.4)中的分子表示规格上限和规格下限的差值，称为**规格范围**。$6(\overline{R}/d_2)$ 表示数据中 6 倍标准差偏移(均值±3 倍标准差偏移)，称为**过程范围**(已知大约 99.73% 的正态分布值落在均值±3 倍标准差偏移的区间内)。理想状况下，过程范围值应尽量小，而规格范围值应尽量大，从而使过程输出尽最大可能落在规格极限内。因此，C_p 值越大，过程能力就越好。

C_p 是对过程潜力的测量，而不是实际的过程绩效，因为它没有考虑当前的过程均值。当 C_p 值等于 1 时，表示如果过程均值在中间(即等于 USL 和 LSL 的中间点)，大约 99.73% 的值将在规格极限内。当 C_p 值大于 1 时，表示过程有能力使大于 99.73% 的点处于规格极限的范围内。当 C_p 值小于 1 时，表示过程能力较弱，落在规格极限内的概率小于 99.73%。过去，许多公司的 C_p 值都大于或等于 1。如今，企业更加关注质量，许多公司的 C_p 值可以达到 1.33 或 1.5，对于实施六西格玛的企业而言，甚至能达到 2.0。

为了直观展示 C_p 指数的计算过程，通过下面这个例子来详细讲解。

【例 14.6】 假设一家软饮料生产商将饮料装入 12 盎司①的瓶中。LSL 是 11.82 盎司，USL 是 12.18 盎司。每小时选择 4 瓶饮料，绘制出均值和极差控制图。在 24 小时末研究过程能力。假设控制图说明过程在控制中，由控制图已知，$n=4$，$\overline{X}=12.02$，$\overline{R}=0.10$。请计算 C_p 指数(假设数据呈正态分布)。

解：由表 14.3 可知，$n=4$ 时 $d_2=2.059$，运用式(14.6.4)得到

$$C_p = \frac{\text{USL} - \text{LSL}}{6(\overline{R}/d_2)} = \frac{12.18 - 11.82}{6(0.10/2.059)} = 1.24$$

C_p 指数大于 1，说明装瓶过程有潜力装好 99.73% 以上的规格极限内的饮料。

总之，C_p 指数是对过程潜力的综合测量。C_p 值越大，过程使顾客满意的潜力越大。换句话说，C_p 较大意味着当前普通原因偏差足够小，可以使过程持续生产在规格范围内的产品。如果某一过程达到潜力最大值，那么过程均值应当在规格极限的中间或附近。

下面将介绍测量实际过程绩效的过程指数。从实际过程绩效方面测量过程能力，最常用的指数是 CPL、CPU 和 C_{pk}。式(14.6.5)、式(14.6.6)和式(14.6.7)定义了能力指数 CPL、CPU 和 C_{pk}。

---

① 盎司是一个传统的英制单位。尽管盎司在某些地区仍然流行，但在一些国家，尤其是欧洲和亚洲国家，公制单位(如克、千克、毫升等)更为普遍。1 英制液体盎司=28.413 06 毫升。

$$\text{CPL} = \frac{\overline{\overline{X}} - \text{LSL}}{3(\overline{R}/d_2)} \tag{14.6.5}$$

$$\text{CPU} = \frac{\text{USL} - \overline{\overline{X}}}{3(\overline{R}/d_2)} \tag{14.6.6}$$

$$C_{pk} = \min(\text{CPL}, \text{CPU}) \tag{14.6.7}$$

因为在计算 CPL 和 CPU 时会用到过程均值，所以这些指数可以测量过程绩效，而不像 C_p 只是测量潜力。CPL 值(或 CPU 值)等于 1.0 时，表示过程均值是 3 倍标准差偏移于 LSL(或 USL)。对于只含有 LSL 的 CTQ 变量，CPL 用于测量过程绩效；对于只含有 USL 的 CTQ 变量，CPU 用于测量过程绩效。在这两种情况下，都是指数值越大，过程能力越强。能力指数 C_{pk} 用于测量有双侧规格极限的质量特性的实际过程绩效。C_{pk} 等于 CPL 和 CPU 的最小值。

C_{pk} 值等于 1，表示过程均值在距离最近的规格极限的 3 倍标准差偏移处。如果该质量特性呈正态分布，那么 C_{pk} 值等于 1 表示当前输出中至少有 99.73%在规格内。与其他能力指数相同，C_{pk} 值也是越大越好。

【例 14.7】在软饮料装瓶过程中，提供以下信息: $n=4$，$\overline{\overline{X}}=12.02$，$\overline{R}=0.10$，LSL=11.82，USL=12.18，$d_2$=2.059。计算这些数据的 CPL、CPU 和 C_{pk}。

解：由式(14.6.5)和式(14.6.6)得

$$\text{CPL} = \frac{\overline{\overline{X}} - \text{LSL}}{3(\overline{R}/d_2)} = \frac{12.02 - 11.82}{3(0.10/2.059)} = 1.37$$

$$\text{CPU} = \frac{\text{USL} - \overline{\overline{X}}}{3(\overline{R}/d_2)} = \frac{12.18 - 12.02}{3(0.10/2.059)} = 1.10$$

CPL 和 CPU 均大于 1，表示过程均值大于 LSL 和 USL 的 3 倍标准差偏移。因为 CPU 小于 CPL，所以可知均值离 USL 比 LSL 近。

由式(14.6.7)可得

$$C_{pk} = \min(\text{CPL}, \text{CPU}) = \min(1.37, 1.10) = 1.10 \text{。}$$

C_{pk} 指数大于 1，表示实际过程绩效超过了公司的要求，大于 99.73%的饮料瓶中有 11.82~12.18 盎司的饮料。

14.7 其他软件实现

14.7.1 SPSS 实现

以例 14.1 为例说明用 SPSS 进行质量控制分析的方法。

打开数据表，执行菜单栏的【分析】→【质量控制】→【控制图】命令，

操作视频

出现多种控制图供用户选择,如图 14.8 所示。根据需要,选择自己要用到的控制图即可。

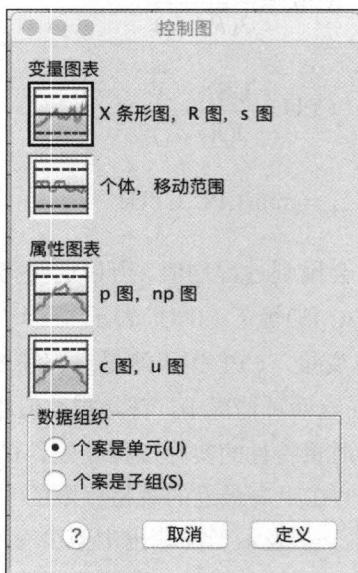

图 14.8 SPSS 质量控制图种类

14.7.2 JMP 实现

以例 14.1 为例说明用 JMP 进行质量控制分析的方法。

打开数据表,执行【分析】→【质量和过程】→【控制图】→【P】命令,打开的对话框如图 14.9 所示。将"比例 p"放到【过程】模块,单击【确定】按钮,得到一个 p-图,如图 14.10 所示。

操作视频

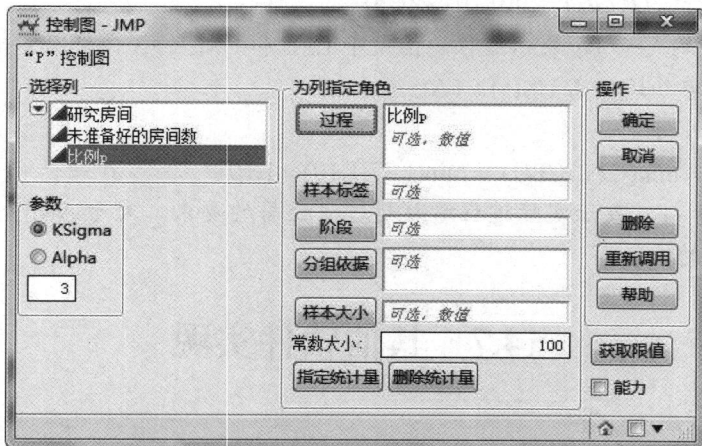

图 14.9 p-图参数设置

R-图的实现步骤与 p-图类似。执行【分析】→【质量和过程】→【控制图】→【均值】命令,打开的对话框如图 14.11 所示。根据需要勾选【均值】【R】【S】复选框即可。

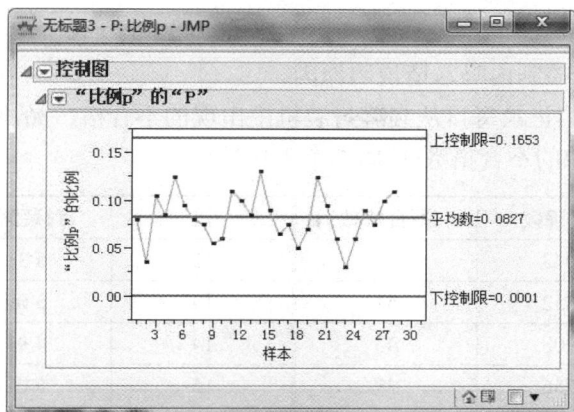

图 14.10　JMP 的 *p*-图运行结果

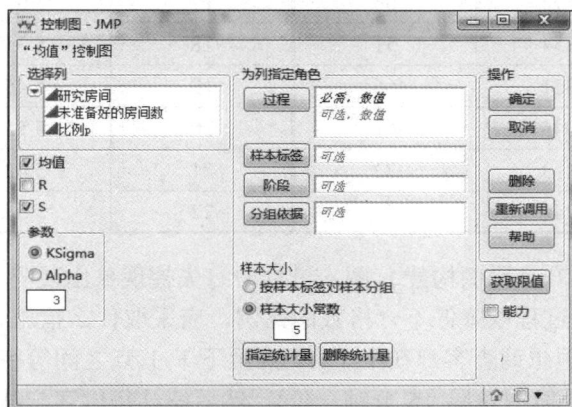

图 14.11　"均值"控制图参数设置

习 题 十 四

1. 以下数据来自某生产汽车零配件的工厂。32 日内,选择 500 个零件做样本并进行检验。下表列出了每日(即组)缺陷零件的数量(即不合格数)。

日	不合格数	日	不合格数	日	不合格数	日	不合格数
1	26	9	23	17	23	25	27
2	25	10	25	18	19	26	28
3	23	11	22	19	18	27	24
4	24	12	26	20	27	28	22
5	26	13	25	21	28	29	20
6	20	14	29	22	24	30	25
7	21	15	20	23	26	31	27
8	27	16	19	24	23	32	19

(1) 构建 *p*-图。

(2) 过程处于统计控制内吗? 请说明原因。

2. 某饮料装瓶部门记录每日从装罐封装机中出现的不合格产品。下表列出了一个月内封装的饮料罐数及其中的不合格数(每周 5 个工作日)。

日	封装罐数	不合格数	日	封装罐数	不合格数
1	5 043	47	12	5 314	70
2	4 852	51	13	5 097	64
3	4 908	43	14	4 932	59
4	4 756	37	15	5 023	75
5	4 901	78	16	5 117	71
6	4 892	66	17	5 099	68
7	5 354	51	18	5 345	78
8	5 321	66	19	5 456	88
9	5 045	61	20	5 554	83
10	5 113	72	21	5 421	82
11	5 247	63	22	5 555	87

(1) 为该月不合格产品比例构建 *p*-图。过程中有失控现象出现吗?

(2) 如果想要改进过程以降低不合格数的比例,应采取什么措施?

3. 某银行部门经理想调查客户在中午 12 点至下午 1 点之间等待办理业务的时间。选择 4 位客户为一组(1 小时内每隔 15 分钟一位),然后统计每位客户从踏入等候线开始到其到达窗口的时间,以分钟计。四周内(每周 5 个工作日)的结果如下表所示。

日	等待时间/分钟			
1	7.2	8.4	7.9	4.9
2	5.6	8.7	3.3	4.2
3	5.5	7.3	3.2	6.0
4	4.4	8.0	5.4	7.4
5	9.7	4.6	4.8	5.8
6	8.3	8.9	9.1	6.2
7	4.7	6.6	5.3	5.8
8	8.8	5.5	8.4	6.9
9	5.7	4.7	4.1	4.6
10	3.7	4.0	3.0	5.2
11	2.6	3.9	5.2	4.8
12	4.6	2.7	6.3	3.4
13	4.9	6.2	7.8	8.7
14	7.1	6.3	8.2	5.5

日	等待时间/分钟			
15	7.1	5.8	6.9	7.0
16	6.7	6.9	7.0	9.4
17	5.5	6.3	3.2	7.6
18	4.9	5.1	3.2	7.6
19	7.2	8.0	4.1	5.9
20	6.1	3.4	7.2	5.9

(1) 建立极差和均值的控制图。

(2) 过程处于控制内吗？

4. 有人对瓶装矿泉水中镁的含量进行抽样调查(单位为 ppm)。下表中的数据表示 30 小时内测量 4 瓶水中含镁的水平。

小时	瓶 1	瓶 2	瓶 3	瓶 4
1	19.91	19.62	19.15	19.85
2	20.46	20.44	20.34	19.61
3	20.25	19.73	19.98	20.32
4	20.39	19.43	20.36	19.85
5	20.02	20.02	20.13	20.34
6	19.89	19.77	20.92	20.09
7	19.89	20.45	19.44	19.95
8	20.08	20.13	20.11	19.32
9	20.30	20.11	19.64	20.29
10	20.19	20.00	20.23	20.59
11	19.66	21.24	20.35	20.34
12	20.30	20.11	19.64	20.29
13	19.83	19.75	20.62	20.60
14	20.27	20.88	20.62	20.40
15	19.98	19.02	20.34	20.34
16	20.46	19.97	20.32	20.83
17	19.74	21.02	19.62	19.90
18	19.85	19.26	19.88	20.20
19	20.77	20.58	19.73	19.48
20	20.21	20.82	20.01	19.93
21	20.30	20.09	20.03	20.13
22	20.48	21.06	20.13	20.42
23	20.60	19.74	20.52	19.42

续表

小时	瓶 1	瓶 2	瓶 3	瓶 4
24	20.20	20.08	20.32	19.51
25	19.66	19.67	20.26	20.41
26	20.72	20.58	20.71	19.99
27	19.77	19.40	20.49	19.83
28	19.99	19.65	19.41	19.58
29	19.44	20.15	20.14	20.76
30	20.03	19.96	19.89	19.91

(1) 构建极差控制图。

(2) 构建均值控制图。

(3) 过程处于控制内吗?

5. 有研究者认为,"能力强的过程能够提升顾客满意度、提高操作效率并降低成本"。为了证实这个观点,研究者进行了一项针对矿泉水装瓶操作的分析(仍以第 4 题的数据为例)。其中一个 CTQ 变量是水中镁的含量,以 ppm 计。一瓶水中镁含量的 LSL 和 USL 分别是 18ppm 和 22ppm。

(1) 估计在规格极限内的水的百分比。

(2) 计算 C_p、CPL 、CPU 和 C_{pk}。

6. 根据第 3 题中的数据,假设管理者设定等候时间的 USL 为 5 分钟,至少有 99%的等候时间要小于 5 分钟。

(1) 估计在规格极限内的等候时间的百分比。过程有能力达到银行的规定吗?

(2) 如果管理者实施一项新的政策,规定 99.7%的等候时间要满足规格要求,该过程有能力达到这个目标吗? 请说明理由。

参 考 文 献

1. 马庆国. 管理统计：数据获取、统计原理、SPSS 工具与应用研究[M]. 北京：科学出版社，2002.

2. 周光亚，赵振全，赵文. 数理统计(1) [M]. 长春：吉林大学出版社，1987.

3. 戴维·M. 菜文，戴维·F. 斯蒂芬，蒂莫西·C. 克莱比尔，等. 以 Excel 为决策工具的商务统计[M]. 张建同，刘文驰，译. 北京：机械工业出版社，2009.

4. 卢纹岱. SPSS for Windows：统计分析[M]. 2 版. 北京：电子工业出版社，2009.

5. 贾俊平，何晓群，金勇进. 统计学[M]. 4 版. 北京：中国人民大学出版社，2009.

6. 张建同，孙昌言. 以 Excel 和 SPSS 为工具的管理统计[M]. 北京：清华大学出版社，2005.

附录 A 泊松分布表

$$1-F(x-1)=\sum_{k=x}^{\infty}\frac{\lambda^k e^{-\lambda}}{k!}$$

x	λ=0.2	λ=0.3	λ=0.4	λ=0.5	λ=0.6
0	1.0000000	1.0000000	1.0000000	1.0000000	1.0000000
1	0.1812692	0.2591818	0.3296800	0.3934693	0.4511884
2	0.0175231	0.0369363	0.0615519	0.0902040	0.1219014
3	0.0011485	0.0035995	0.0079263	0.0143877	0.0231153
4	0.0000568	0.0002658	0.0007763	0.0017516	0.0033581
5	0.0000023	0.0000158	0.0000612	0.0001721	0.0003945
6	0.0000001	0.0000008	0.0000040	0.0000142	0.0000389
7			0.0000002	0.0000010	0.0000033

x	λ=0.7	λ=0.8	λ=0.9	λ=1.0	λ=1.2
0	1.0000000	1.0000000	1.0000000	1.0000000	1.0000000
1	0.5034147	0.5506710	0.5934303	0.6321206	0.6988058
2	0.1558050	0.1912079	0.2275176	0.2642411	0.3373727
3	0.0341416	0.0474226	0.0628569	0.0803014	0.1205129
4	0.0057535	0.0090799	0.0134587	0.0189882	0.0337690
5	0.0007855	0.0014113	0.0023441	0.0036598	0.0077458
6	0.0000900	0.0001843	0.0003435	0.0005942	0.0015002
7	0.0000089	0.0000207	0.0000434	0.0000832	0.0002511
8	0.0000008	0.0000021	0.0000048	0.0000102	0.0000370
9	0.0000001	0.0000002	0.0000005	0.0000011	0.0000049
10				0.0000001	0.0000006

x	λ=1.4	λ=1.6	λ=1.8		
0	1.0000000	1.0000000	1.0000000		
1	0.7534030	0.7981035	0.8347011		
2	0.4081673	0.4750691	0.5371631		
3	0.1665023	0.2166415	0.2693789		
4	0.0537253	0.0788135	0.1087084		
5	0.0142533	0.0236823	0.0364067		
6	0.0032011	0.0060403	0.0103780		
7	0.0006223	0.0013358	0.0025694		
8	0.0001065	0.0002604	0.0005615		
9	0.0000163	0.0000454	0.0001097		
10	0.0000022	0.0000071	0.0000194		
11	0.0000003	0.0000010	0.0000031		

x	$\lambda=2.5$	$\lambda=3.0$	$\lambda=3.5$	$\lambda=4.0$	$\lambda=4.5$	$\lambda=5.0$
0	1.000000	1.000000	1.000000	1.000000	1.000000	1.000000
1	0.917915	0.950213	0.969803	0.981684	0.988891	0.993262
2	0.712703	0.800852	0.864112	0.908422	0.938901	0.959572
3	0.456187	0.576810	0.679153	0.761897	0.826422	0.875348
4	0.242424	0.352768	0.463367	0.566530	0.657704	0.734974
5	0.108822	0.184737	0.274555	0.371163	0.467896	0.559507
6	0.042021	0.083918	0.142386	0.214870	0.297070	0.384039
7	0.014187	0.033509	0.065288	0.110674	0.168949	0.237817
8	0.004247	0.011905	0.026739	0.051134	0.086586	0.133372
9	0.001140	0.003803	0.009874	0.021363	0.040257	0.068094
10	0.000277	0.001102	0.003315	0.008132	0.017093	0.031828
11	0.000062	0.000292	0.001019	0.002840	0.006669	0.013695
12	0.000013	0.000071	0.000289	0.000915	0.002404	0.005453
13	0.000002	0.000016	0.000076	0.000274	0.000805	0.002019
14		0.000003	0.000019	0.000076	0.000252	0.000698
15		0.000001	0.000004	0.000020	0.000074	0.000226
16			0.000001	0.000005	0.000020	0.000069
17				0.000001	0.000005	0.000020
18					0.000001	0.000005
19						0.000001

附录 B 标准正态分布表

$$\Phi(x) = \frac{1}{\sqrt{2\pi}} \int_{-\infty}^{x} e^{-\frac{t^2}{2}} dt$$

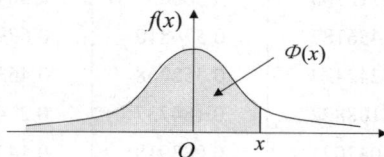

x	0.00	0.01	0.02	0.03	0.04	0.05	0.06	0.07	0.08	0.09
0.0	0.5000	0.5040	0.5080	0.5120	0.5160	0.5199	0.5239	0.5279	0.5319	0.5359
0.1	0.5398	0.5438	0.5478	0.5517	0.5557	0.5596	0.5636	0.5675	0.5714	0.5753
0.2	0.5793	0.5832	0.5871	0.5910	0.5948	0.5987	0.6026	0.6064	0.6103	0.6141
0.3	0.6179	0.6217	0.6255	0.6293	0.6331	0.6368	0.6406	0.6443	0.6480	0.6517
0.4	0.6554	0.6591	0.6628	0.6664	0.6700	0.6736	0.6772	0.6808	0.6844	0.6879
0.5	0.6915	0.6950	0.6985	0.7019	0.7054	0.7088	0.7123	0.7157	0.7190	0.7224
0.6	0.7257	0.7291	0.7324	0.7357	0.7389	0.7422	0.7454	0.7486	0.7517	0.7549
0.7	0.7580	0.7611	0.7642	0.7673	0.7704	0.7734	0.7764	0.7794	0.7823	0.7852
0.8	0.7881	0.7910	0.7939	0.7967	0.7995	0.8023	0.8051	0.8078	0.8106	0.8133
0.9	0.8159	0.8186	0.8212	0.8238	0.8264	0.8289	0.8315	0.8340	0.8365	0.8389
1.0	0.8413	0.8438	0.8461	0.8485	0.8508	0.8531	0.8554	0.8577	0.8599	0.8621
1.1	0.8643	0.8665	0.8686	0.8708	0.8729	0.8749	0.8770	0.8790	0.8810	0.8830
1.2	0.8849	0.8869	0.8888	0.8907	0.8925	0.8944	0.8962	0.8980	0.8997	0.9015
1.3	0.9032	0.9049	0.9066	0.9082	0.9099	0.9115	0.9131	0.9147	0.9162	0.9177
1.4	0.9192	0.9207	0.9222	0.9236	0.9251	0.9265	0.9279	0.9292	0.9306	0.9319
1.5	0.9332	0.9345	0.9357	0.9370	0.9382	0.9394	0.9406	0.9418	0.9429	0.9441
1.6	0.9452	0.9463	0.9474	0.9484	0.9495	0.9505	0.9515	0.9525	0.9535	0.9545
1.7	0.9554	0.9564	0.9573	0.9582	0.9591	0.9599	0.9608	0.9616	0.9625	0.9633
1.8	0.9641	0.9649	0.9656	0.9664	0.9671	0.9678	0.9686	0.9693	0.9699	0.9706
1.9	0.9713	0.9719	0.9726	0.9732	0.9738	0.9744	0.9750	0.9756	0.9761	0.9767
2.0	0.9772	0.9778	0.9783	0.9788	0.9793	0.9798	0.9803	0.9808	0.9812	0.9817
2.1	0.9821	0.9826	0.9830	0.9834	0.9838	0.9842	0.9846	0.9850	0.9854	0.9857
2.2	0.9861	0.9864	0.9868	0.9871	0.9875	0.9878	0.9881	0.9884	0.9887	0.9890
2.3	0.9893	0.9896	0.9898	0.9901	0.9904	0.9906	0.9909	0.9911	0.9913	0.9916
2.4	0.9918	0.9920	0.9922	0.9925	0.9927	0.9929	0.9931	0.9932	0.9934	0.9936

续表

x	0.00	0.01	0.02	0.03	0.04	0.05	0.06	0.07	0.08	0.09
2.5	0.9938	0.9940	0.9941	0.9943	0.9945	0.9946	0.9948	0.9949	0.9951	0.9952
2.6	0.9953	0.9955	0.9956	0.9957	0.9959	0.9960	0.9961	0.9962	0.9963	0.9964
2.7	0.9965	0.9966	0.9967	0.9968	0.9969	0.9970	0.9971	0.9972	0.9973	0.9974
2.8	0.9974	0.9975	0.9976	0.9977	0.9977	0.9978	0.9979	0.9979	0.9980	0.9981
2.9	0.9981	0.9982	0.9982	0.9983	0.9984	0.9984	0.9985	0.9985	0.9986	0.9986
3.0	0.9987	0.9987	0.9987	0.9988	0.9988	0.9989	0.9989	0.9989	0.9990	0.9990
3.1	0.9990	0.9991	0.9991	0.9991	0.9992	0.9992	0.9992	0.9992	0.9993	0.9993
3.2	0.9993	0.9993	0.9994	0.9994	0.9994	0.9994	0.9994	0.9995	0.9995	0.9995
3.3	0.9995	0.9995	0.9995	0.9996	0.9996	0.9996	0.9996	0.9996	0.9996	0.9997
3.4	0.9997	0.9997	0.9997	0.9997	0.9997	0.9997	0.9997	0.9997	0.9997	0.9998
3.5	0.9998	0.9998	0.9998	0.9998	0.9998	0.9998	0.9998	0.9998	0.9998	0.9998
3.6	0.9998	0.9998	0.9999	0.9999	0.9999	0.9999	0.9999	0.9999	0.9999	0.9999
3.7	0.9999	0.9999	0.9999	0.9999	0.9999	0.9999	0.9999	0.9999	0.9999	0.9999
3.8	0.9999	0.9999	0.9999	0.9999	0.9999	0.9999	0.9999	0.9999	0.9999	0.9999
3.9	1.0000	1.0000	1.0000	1.0000	1.0000	1.0000	1.0000	1.0000	1.0000	1.0000

附录 C χ^2 分 布 表

$P\{\chi^2 > \chi^2_\alpha(n)\} = \alpha$

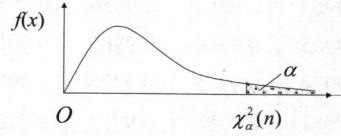

n	α					
	0.995	0.99	0.975	0.95	0.90	0.75
1	0.0000	0.0002	0.001	0.004	0.016	0.102
2	0.010	0.020	0.051	0.103	0.211	0.575
3	0.072	0.115	0.216	0.352	0.584	1.213
4	0.207	0.297	0.484	0.711	1.064	1.923
5	0.412	0.554	0.831	1.145	1.610	2.675
6	0.676	0.872	1.237	1.635	2.204	3.455
7	0.989	1.239	1.690	2.167	2.833	4.255
8	1.344	1.647	2.180	2.733	3.490	5.071
9	1.735	2.088	2.700	3.325	4.168	5.899
10	2.156	2.558	3.247	3.940	4.865	6.737
11	2.603	3.053	3.816	4.575	5.578	7.584
12	3.074	3.571	4.404	5.226	6.304	8.438
13	3.565	4.107	5.009	5.892	7.041	9.299
14	4.075	4.660	5.629	6.571	7.790	10.165
15	4.601	5.229	6.262	7.261	8.547	11.037
16	5.142	5.812	6.908	7.962	9.312	11.912
17	5.697	6.408	7.564	8.672	10.085	12.792
18	6.265	7.015	8.231	9.390	10.865	13.675
19	6.844	7.633	8.907	10.117	11.651	14.562
20	7.434	8.260	9.591	10.851	12.443	15.452
21	8.034	8.897	10.283	11.591	13.240	16.344
22	8.643	9.542	10.982	12.338	14.041	17.240
23	9.260	10.196	11.689	13.091	14.848	18.137
24	9.886	10.856	12.401	13.848	15.659	19.037
25	10.520	11.524	13.120	14.611	16.473	19.939

续表

n	α					
	0.995	0.99	0.975	0.95	0.90	0.75
26	11.160	12.198	13.844	15.379	17.292	20.843
27	11.808	12.878	14.573	16.151	18.114	21.749
28	12.461	13.565	15.308	16.928	18.939	22.657
29	13.121	14.256	16.047	17.708	19.768	23.567
30	13.787	14.953	16.791	18.493	20.599	24.478
31	14.458	15.655	17.539	19.281	21.434	25.390
32	15.134	16.362	18.291	20.072	22.271	26.304
33	15.815	17.073	19.047	20.867	23.110	27.219
34	16.501	17.789	19.806	21.664	23.952	28.136
35	17.192	18.509	20.569	22.465	24.797	29.054
36	17.887	19.233	21.336	23.269	25.643	29.973
37	18.586	19.960	22.106	24.075	26.492	30.893
38	19.289	20.691	22.878	24.884	27.343	31.815
39	19.996	21.426	23.654	25.695	28.196	32.737
40	20.707	22.164	24.433	26.509	29.051	33.660
41	21.421	22.906	25.215	27.326	29.907	34.585
42	22.138	23.650	25.999	28.144	30.765	35.510
43	22.860	24.398	26.785	28.965	31.625	36.436
44	23.584	25.148	27.575	29.787	32.487	37.363
45	24.311	25.901	28.366	30.612	33.350	38.291

n	α					
	0.25	0.10	0.05	0.025	0.01	0.005
1	1.323	2.706	3.841	5.024	6.635	7.879
2	2.773	4.605	5.991	7.378	9.210	10.597
3	4.108	6.251	7.815	9.348	11.345	12.838
4	5.385	7.779	9.488	11.143	13.277	14.860
5	6.626	9.236	11.070	12.832	15.086	16.750
6	7.841	10.645	12.592	14.449	16.812	18.548
7	9.037	12.017	14.067	16.013	18.475	20.278
8	10.219	13.362	15.507	17.535	20.090	21.955
9	11.389	14.684	16.919	19.023	21.666	23.589
10	12.549	15.987	18.307	20.483	23.209	25.188

n	α					
	0.25	0.10	0.05	0.025	0.01	0.005
11	13.701	17.275	19.675	21.920	24.725	26.757
12	14.845	18.549	21.026	23.337	26.217	28.300
13	15.984	19.812	22.362	24.736	27.688	29.819
14	17.117	21.064	23.685	26.119	29.141	31.319
15	18.245	22.307	24.996	27.488	30.578	32.801
16	19.369	23.542	26.296	28.845	32.000	34.267
17	20.489	24.769	27.587	30.191	33.409	35.718
18	21.605	25.989	28.869	31.526	34.805	37.156
19	22.718	27.204	30.144	32.852	36.191	38.582
20	23.828	28.412	31.410	34.170	37.566	39.997
21	24.935	29.615	32.671	35.479	38.932	41.401
22	26.039	30.813	33.924	36.781	40.289	42.796
23	27.141	32.007	35.172	38.076	41.638	44.181
24	28.241	33.196	36.415	39.364	42.980	45.558
25	29.339	34.382	37.652	40.646	44.314	46.928
26	30.435	35.563	38.885	41.923	45.642	48.290
27	31.528	36.741	40.113	43.195	46.963	49.645
28	32.620	37.916	41.337	44.461	48.278	50.994
29	33.711	39.087	42.557	45.722	49.588	52.335
30	34.800	40.256	43.773	46.979	50.892	53.672
31	35.887	41.422	44.985	48.232	52.191	55.002
32	36.973	42.585	46.194	49.480	53.486	56.328
33	38.058	43.745	47.400	50.725	54.775	57.648
34	39.141	44.903	48.602	51.966	56.061	58.964
35	40.223	46.059	49.802	53.203	57.342	60.275
36	41.304	47.212	50.998	54.437	58.619	61.581
37	42.383	48.363	52.192	55.668	59.893	62.883
38	43.462	49.513	53.384	56.895	61.162	64.181
39	44.539	50.660	54.572	58.120	62.428	65.475
40	45.616	51.805	55.758	59.342	63.691	66.766
41	46.692	52.949	56.942	60.561	64.950	68.053
42	47.766	54.090	58.124	61.777	66.206	69.336
43	48.840	55.230	59.304	62.990	67.459	70.616
44	49.913	56.369	60.481	64.201	68.710	71.892
45	50.985	57.505	61.656	65.410	69.957	73.166

附录 D　t 分 布 表

$$P\{t(n) > t_\alpha(n)\} = \alpha$$

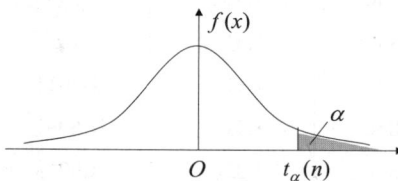

n	α					
	0.25	0.10	0.05	0.025	0.01	0.005
1	1.0000	3.0777	6.3137	12.7062	31.8210	63.6559
2	0.8165	1.8856	2.9200	4.3027	6.9645	9.9250
3	0.7649	1.6377	2.3534	3.1824	4.5407	5.8408
4	0.7407	1.5332	2.1318	2.7765	3.7469	4.6041
5	0.7267	1.4759	2.0150	2.5706	3.3649	4.0321
6	0.7176	1.4398	1.9432	2.4469	3.1427	3.7074
7	0.7111	1.4149	1.8946	2.3646	2.9979	3.4995
8	0.7064	1.3968	1.8595	2.3060	2.8965	3.3554
9	0.7027	1.3830	1.8331	2.2622	2.8214	3.2498
10	0.6998	1.3722	1.8125	2.2281	2.7638	3.1693
11	0.6974	1.3634	1.7959	2.2010	2.7181	3.1058
12	0.6955	1.3562	1.7823	2.1788	2.6810	3.0545
13	0.6938	1.3502	1.7709	2.1604	2.6503	3.0123
14	0.6924	1.3450	1.7613	2.1448	2.6245	2.9768
15	0.6912	1.3406	1.7531	2.1315	2.6025	2.9467
16	0.6901	1.3368	1.7459	2.1199	2.5835	2.9208
17	0.6892	1.3334	1.7396	2.1098	2.5669	2.8982
18	0.6884	1.3304	1.7341	2.1009	2.5524	2.8784
19	0.6876	1.3277	1.7291	2.0930	2.5395	2.8609
20	0.6870	1.3253	1.7247	2.0860	2.5280	2.8453
21	0.6864	1.3232	1.7207	2.0796	2.5176	2.8314
22	0.6858	1.3212	1.7171	2.0739	2.5083	2.8188
23	0.6853	1.3195	1.7139	2.0687	2.4999	2.8073
24	0.6848	1.3178	1.7109	2.0639	2.4922	2.7970
25	0.6844	1.3163	1.7081	2.0595	2.4851	2.7874

n	α					
	0.25	0.10	0.05	0.025	0.01	0.005
26	0.6840	1.3150	1.7056	2.0555	2.4786	2.7787
27	0.6837	1.3137	1.7033	2.0518	2.4727	2.7707
28	0.6834	1.3125	1.7011	2.0484	2.4671	2.7633
29	0.6830	1.3114	1.6991	2.0452	2.4620	2.7564
30	0.6828	1.3104	1.6973	2.0423	2.4573	2.7500
31	0.6825	1.3095	1.6955	2.0395	2.4528	2.7440
32	0.6822	1.3086	1.6939	2.0369	2.4487	2.7385
33	0.6820	1.3077	1.6924	2.0345	2.4448	2.7333
34	0.6818	1.3070	1.6909	2.0322	2.4411	2.7284
35	0.6816	1.3062	1.6896	2.0301	2.4377	2.7238
36	0.6814	1.3055	1.6883	2.0281	2.4345	2.7195
37	0.6812	1.3049	1.6871	2.0262	2.4314	2.7154
38	0.6810	1.3042	1.6860	2.0244	2.4286	2.7116
39	0.6808	1.3036	1.6849	2.0227	2.4258	2.7079
40	0.6807	1.3031	1.6839	2.0211	2.4233	2.7045
41	0.6805	1.3025	1.6829	2.0195	2.4208	2.7012
42	0.6804	1.3020	1.6820	2.0181	2.4185	2.6981
43	0.6802	1.3016	1.6811	2.0167	2.4163	2.6951
44	0.6801	1.3011	1.6802	2.0154	2.4141	2.6923
45	0.6800	1.3007	1.6794	2.0141	2.4121	2.6896

附录 E F 分 布 表

$$P\{F(n_1,\ n_2) > F_\alpha(n_1,\ n_2)\} = \alpha$$

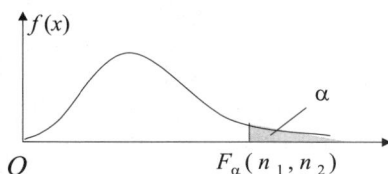

当 $\alpha = 0.10$ 时，n_1 取值为 $1 \sim 9$，n_2 取值 $1 \sim \infty$ 的 F 分布表如下。

n_2	n_1								
	1	2	3	4	5	6	7	8	9
1	39.86	49.50	53.59	55.83	57.24	58.20	58.91	59.44	59.86
2	8.53	9.00	9.16	9.24	9.29	9.33	9.35	9.37	9.38
3	5.54	5.46	5.39	5.34	5.31	5.28	5.27	5.25	5.24
4	4.54	4.32	4.19	4.11	4.05	4.01	3.98	3.95	3.94
5	4.06	3.78	3.62	3.52	3.45	3.40	3.37	3.34	3.32
6	3.78	3.46	3.29	3.18	3.11	3.05	3.01	2.98	2.96
7	3.59	3.26	3.07	2.96	2.88	2.83	2.78	2.75	2.72
8	3.46	3.11	2.92	2.81	2.73	2.67	2.62	2.59	2.56
9	3.36	3.01	2.81	2.69	2.61	2.55	2.51	2.47	2.44
10	3.29	2.92	2.73	2.61	2.52	2.46	2.41	2.38	2.35
11	3.23	2.86	2.66	2.54	2.45	2.39	2.34	2.30	2.27
12	3.18	2.81	2.61	2.48	2.39	2.33	2.28	2.24	2.21
13	3.14	2.76	2.56	2.43	2.35	2.28	2.23	2.20	2.16
14	3.10	2.73	2.52	2.39	2.31	2.24	2.19	2.15	2.12
15	3.07	2.70	2.49	2.36	2.27	2.21	2.16	2.12	2.09
16	3.05	2.67	2.46	2.33	2.24	2.18	2.13	2.09	2.06
17	3.03	2.64	2.44	2.31	2.22	2.15	2.10	2.06	2.03
18	3.01	2.62	2.42	2.29	2.20	2.13	2.08	2.04	2.00
19	2.99	2.61	2.40	2.27	2.18	2.11	2.06	2.02	1.98
20	2.97	2.59	2.38	2.25	2.16	2.09	2.04	2.00	1.96
21	2.96	2.57	2.36	2.23	2.14	2.08	2.02	1.98	1.95
22	2.95	2.56	2.35	2.22	2.13	2.06	2.01	1.97	1.93
23	2.94	2.55	2.34	2.21	2.11	2.05	1.99	1.95	1.92
24	2.93	2.54	2.33	2.19	2.10	2.04	1.98	1.94	1.91
25	2.92	2.53	2.32	2.18	2.09	2.02	1.97	1.93	1.89
26	2.91	2.52	2.31	2.17	2.08	2.01	1.96	1.92	1.88
27	2.90	2.51	2.30	2.17	2.07	2.00	1.95	1.91	1.87
28	2.89	2.50	2.29	2.16	2.06	2.00	1.94	1.90	1.87
29	2.89	2.50	2.28	2.15	2.06	1.99	1.93	1.89	1.86
30	2.88	2.49	2.28	2.14	2.05	1.98	1.93	1.88	1.85
40	2.84	2.44	2.23	2.09	2.00	1.93	1.87	1.83	1.79
60	2.79	2.39	2.18	2.04	1.95	1.87	1.82	1.77	1.74
120	2.75	2.35	2.13	1.99	1.90	1.82	1.77	1.72	1.68
∞	2.71	2.30	2.08	1.94	1.85	1.77	1.72	1.67	1.63

当 $\alpha = 0.10$ 时，n_1 取值 $10 \sim \infty$，n_2 取值 $1 \sim \infty$ 的 F 分布表如下。

n_2	n_1									
	10	12	15	20	24	30	40	60	120	∞
1	60.19	60.71	61.22	61.74	62.00	62.26	62.53	62.79	63.06	63.33
2	9.39	9.41	9.42	9.44	9.45	9.46	9.47	9.47	9.48	9.49
3	5.23	5.22	5.20	5.18	5.18	5.17	5.16	5.15	5.14	5.13
4	3.92	3.90	3.87	3.84	3.83	3.82	3.80	3.79	3.78	3.76
5	3.30	3.27	3.24	3.21	3.19	3.17	3.16	3.14	3.12	3.10
6	2.94	2.90	2.87	2.84	2.82	2.80	2.78	2.76	2.74	2.72
7	2.70	2.67	2.63	2.59	2.58	2.56	2.54	2.51	2.49	2.47
8	2.54	2.50	2.46	2.42	2.40	2.38	2.36	2.34	2.32	2.29
9	2.42	2.38	2.34	2.30	2.28	2.25	2.23	2.21	2.18	2.16
10	2.32	2.28	2.24	2.20	2.18	2.16	2.13	2.11	2.08	2.06
11	2.25	2.21	2.17	2.12	2.10	2.08	2.05	2.03	2.00	1.97
12	2.19	2.15	2.10	2.06	2.04	2.01	1.99	1.96	1.93	1.90
13	2.14	2.10	2.05	2.01	1.98	1.96	1.93	1.90	1.88	1.85
14	2.10	2.05	2.01	1.96	1.94	1.91	1.89	1.86	1.83	1.80
15	2.06	2.02	1.97	1.92	1.90	1.87	1.85	1.82	1.79	1.76
16	2.03	1.99	1.94	1.89	1.87	1.84	1.81	1.78	1.75	1.72
17	2.00	1.96	1.91	1.86	1.84	1.81	1.78	1.75	1.72	1.69
18	1.98	1.93	1.89	1.84	1.81	1.78	1.75	1.72	1.69	1.66
19	1.96	1.91	1.86	1.81	1.79	1.76	1.73	1.70	1.67	1.63
20	1.94	1.89	1.84	1.79	1.77	1.74	1.71	1.68	1.64	1.61
21	1.92	1.87	1.83	1.78	1.75	1.72	1.69	1.66	1.62	1.59
22	1.90	1.86	1.81	1.76	1.73	1.70	1.67	1.64	1.60	1.57
23	1.89	1.84	1.80	1.74	1.72	1.69	1.66	1.62	1.59	1.55
24	1.88	1.83	1.78	1.73	1.70	1.67	1.64	1.61	1.57	1.53
25	1.87	1.82	1.77	1.72	1.69	1.66	1.63	1.59	1.56	1.52
26	1.86	1.81	1.76	1.71	1.68	1.65	1.61	1.58	1.54	1.50
27	1.85	1.80	1.75	1.70	1.67	1.64	1.60	1.57	1.53	1.49
28	1.84	1.79	1.74	1.69	1.66	1.63	1.59	1.56	1.52	1.48
29	1.83	1.78	1.73	1.68	1.65	1.62	1.58	1.55	1.51	1.47
30	1.82	1.77	1.72	1.67	1.64	1.61	1.57	1.54	1.50	1.46
40	1.76	1.71	1.66	1.61	1.57	1.54	1.51	1.47	1.42	1.38
60	1.71	1.66	1.60	1.54	1.51	1.48	1.44	1.40	1.35	1.29
120	1.65	1.60	1.55	1.48	1.45	1.41	1.37	1.32	1.26	1.19
∞	1.60	1.55	1.49	1.42	1.38	1.34	1.30	1.24	1.17	1.00

当 $\alpha = 0.05$ 时，n_1 取值为 $1 \sim 9$，n_2 取值 $1 \sim \infty$ 的 F 分布表如下。

n_2	n_1								
	1	2	3	4	5	6	7	8	9
1	161.4	199.5	215.7	224.6	230.2	234.0	236.8	238.9	240.5
2	18.51	19.00	19.16	19.25	19.30	19.33	19.35	19.37	19.38
3	10.13	9.55	9.28	9.12	9.01	8.94	8.89	8.85	8.81
4	7.71	6.94	6.59	6.39	6.26	6.16	6.09	6.04	6.00
5	6.61	5.79	5.41	5.19	5.05	4.95	4.88	4.82	4.77
6	5.99	5.14	4.76	4.53	4.39	4.28	4.21	4.15	4.10
7	5.59	4.74	4.35	4.12	3.97	3.87	3.79	3.73	3.68
8	5.32	4.46	4.07	3.84	3.69	3.58	3.50	3.44	3.39
9	5.12	4.26	3.86	3.63	3.48	3.37	3.29	3.23	3.18
10	4.96	4.10	3.71	3.48	3.33	3.22	3.14	3.07	3.02
11	4.84	3.98	3.59	3.36	3.20	3.09	3.01	2.95	2.90
12	4.75	3.89	3.49	3.26	3.11	3.00	2.91	2.85	2.80
13	4.67	3.81	3.41	3.18	3.03	2.92	2.83	2.77	2.71
14	4.60	3.74	3.34	3.11	2.96	2.85	2.76	2.70	2.65
15	4.54	3.68	3.29	3.06	2.90	2.79	2.71	2.64	2.59
16	4.49	3.63	3.24	3.01	2.85	2.74	2.66	2.59	2.54
17	4.45	3.59	3.20	2.96	2.81	2.70	2.61	2.55	2.49
18	4.41	3.55	3.16	2.93	2.77	2.66	2.58	2.51	2.46
19	4.38	3.52	3.13	2.90	2.74	2.63	2.54	2.48	2.42
20	4.35	3.49	3.10	2.87	2.71	2.60	2.51	2.45	2.39
21	4.32	3.47	3.07	2.84	2.68	2.57	2.49	2.42	2.37
22	4.30	3.44	3.05	2.82	2.66	2.55	2.46	2.40	2.34
23	4.28	3.42	3.03	2.80	2.64	2.53	2.44	2.37	2.32
24	4.26	3.40	3.01	2.78	2.62	2.51	2.42	2.36	2.30
25	4.24	3.39	2.99	2.76	2.60	2.49	2.40	2.34	2.28
26	4.23	3.37	2.98	2.74	2.59	2.47	2.39	2.32	2.27
27	4.21	3.35	2.96	2.73	2.57	2.46	2.37	2.31	2.25
28	4.20	3.34	2.95	2.71	2.56	2.45	2.36	2.29	2.24
29	4.18	3.33	2.93	2.70	2.55	2.43	2.35	2.28	2.22
30	4.17	3.32	2.92	2.69	2.53	2.42	2.33	2.27	2.21
40	4.08	3.23	2.84	2.61	2.45	2.34	2.25	2.18	2.12
60	4.00	3.15	2.76	2.53	2.37	2.25	2.17	2.10	2.04
120	3.92	3.07	2.68	2.45	2.29	2.18	2.09	2.02	1.96
∞	3.84	3.00	2.61	2.37	2.21	2.10	2.01	1.94	1.88

当 $\alpha = 0.05$ 时，n_1 取值 $10 \sim \infty$，n_2 取值 $1 \sim \infty$ 的 F 分布表如下。

n_2	n_1									
	10	12	15	20	24	30	40	60	120	∞
1	241.9	243.9	245.9	248.0	249.1	250.1	251.1	252.2	253.3	254.3
2	19.40	19.41	19.43	19.45	19.45	19.46	19.47	19.48	19.49	19.50
3	8.79	8.74	8.70	8.66	8.64	8.62	8.59	8.57	8.55	8.53
4	5.96	5.91	5.86	5.80	5.77	5.75	5.72	5.69	5.66	5.63
5	4.74	4.68	4.62	4.56	4.53	4.50	4.46	4.43	4.40	4.37
6	4.06	4.00	3.94	3.87	3.84	3.81	3.77	3.74	3.70	3.67
7	3.64	3.57	3.51	3.44	3.41	3.38	3.34	3.30	3.27	3.23
8	3.35	3.28	3.22	3.15	3.12	3.08	3.04	3.01	2.97	2.93
9	3.14	3.07	3.01	2.94	2.90	2.86	2.83	2.79	2.75	2.71
10	2.98	2.91	2.85	2.77	2.74	2.70	2.66	2.62	2.58	2.54
11	2.85	2.79	2.72	2.65	2.61	2.57	2.53	2.49	2.45	2.41
12	2.75	2.69	2.62	2.54	2.51	2.47	2.43	2.38	2.34	2.30
13	2.67	2.60	2.53	2.46	2.42	2.38	2.34	2.30	2.25	2.21
14	2.60	2.53	2.46	2.39	2.35	2.31	2.27	2.22	2.18	2.13
15	2.54	2.48	2.40	2.33	2.29	2.25	2.20	2.16	2.11	2.07
16	2.49	2.42	2.35	2.28	2.24	2.19	2.15	2.11	2.06	2.01
17	2.45	2.38	2.31	2.23	2.19	2.15	2.10	2.06	2.01	1.96
18	2.41	2.34	2.27	2.19	2.15	2.11	2.06	2.02	1.97	1.92
19	2.38	2.31	2.23	2.16	2.11	2.07	2.03	1.98	1.93	1.88
20	2.35	2.28	2.20	2.12	2.08	2.04	1.99	1.95	1.90	1.84
21	2.32	2.25	2.18	2.10	2.05	2.01	1.96	1.92	1.87	1.81
22	2.30	2.23	2.15	2.07	2.03	1.98	1.94	1.89	1.84	1.78
23	2.27	2.20	2.13	2.05	2.01	1.96	1.91	1.86	1.81	1.76
24	2.25	2.18	2.11	2.03	1.98	1.94	1.89	1.84	1.79	1.73
25	2.24	2.16	2.09	2.01	1.96	1.92	1.87	1.82	1.77	1.71
26	2.22	2.15	2.07	1.99	1.95	1.90	1.85	1.80	1.75	1.69
27	2.20	2.13	2.06	1.97	1.93	1.88	1.84	1.79	1.73	1.67
28	2.19	2.12	2.04	1.96	1.91	1.87	1.82	1.77	1.71	1.65
29	2.18	2.10	2.03	1.94	1.90	1.85	1.81	1.75	1.70	1.64
30	2.16	2.09	2.01	1.93	1.89	1.84	1.79	1.74	1.68	1.62
40	2.08	2.00	1.92	1.84	1.79	1.74	1.69	1.64	1.58	1.51
60	1.99	1.92	1.84	1.75	1.70	1.65	1.59	1.53	1.47	1.39
120	1.91	1.83	1.75	1.66	1.61	1.55	1.50	1.43	1.35	1.26
∞	1.83	1.75	1.67	1.57	1.52	1.46	1.40	1.32	1.22	1.00

当 $\alpha = 0.025$ 时，n_1 取值 1～9，n_2 取值 1～∞ 的 F 分布表如下。

n_2	n_1								
	1	2	3	4	5	6	7	8	9
1	647.8	799.5	864.2	899.6	921.8	937.1	948.2	956.6	963.3
2	38.51	39.00	39.17	39.25	39.30	39.33	39.36	39.37	39.39
3	17.44	16.04	15.44	15.10	14.88	14.73	14.62	14.54	14.47
4	12.22	10.65	9.98	9.60	9.36	9.20	9.07	8.98	8.90
5	10.01	8.43	7.76	7.39	7.15	6.98	6.85	6.76	6.68
6	8.81	7.26	6.60	6.23	5.99	5.82	5.70	5.60	5.52
7	8.07	6.54	5.89	5.52	5.29	5.12	4.99	4.90	4.82
8	7.57	6.06	5.42	5.05	4.82	4.65	4.53	4.43	4.36
9	7.21	5.71	5.08	4.72	4.48	4.32	4.20	4.10	4.03
10	6.94	5.46	4.83	4.47	4.24	4.07	3.95	3.85	3.78
11	6.72	5.26	4.63	4.28	4.04	3.88	3.76	3.66	3.59
12	6.55	5.10	4.47	4.12	3.89	3.73	3.61	3.51	3.44
13	6.41	4.97	4.35	4.00	3.77	3.60	3.48	3.39	3.31
14	6.30	4.86	4.24	3.89	3.66	3.50	3.38	3.29	3.21
15	6.20	4.77	4.15	3.80	3.58	3.41	3.29	3.20	3.12
16	6.12	4.69	4.08	3.73	3.50	3.34	3.22	3.12	3.05
17	6.04	4.62	4.01	3.66	3.44	3.28	3.16	3.06	2.98
18	5.98	4.56	3.95	3.61	3.38	3.22	3.10	3.01	2.93
19	5.92	4.51	3.90	3.56	3.33	3.17	3.05	2.96	2.88
20	5.87	4.46	3.86	3.51	3.29	3.13	3.01	2.91	2.84
21	5.83	4.42	3.82	3.48	3.25	3.09	2.97	2.87	2.80
22	5.79	4.38	3.78	3.44	3.22	3.05	2.93	2.84	2.76
23	5.75	4.35	3.75	3.41	3.18	3.02	2.90	2.81	2.73
24	5.72	4.32	3.72	3.38	3.15	2.99	2.87	2.78	2.70
25	5.69	4.29	3.69	3.35	3.13	2.97	2.85	2.75	2.68
26	5.66	4.27	3.67	3.33	3.10	2.94	2.82	2.73	2.65
27	5.63	4.24	3.65	3.31	3.08	2.92	2.80	2.71	2.63
28	5.61	4.22	3.63	3.29	3.06	2.90	2.78	2.69	2.61
29	5.59	4.20	3.61	3.27	3.04	2.88	2.76	2.67	2.59
30	5.57	4.18	3.59	3.25	3.03	2.87	2.75	2.65	2.57
40	5.42	4.05	3.46	3.13	2.90	2.74	2.62	2.53	2.45
60	5.29	3.93	3.34	3.01	2.79	2.63	2.51	2.41	2.33
120	5.15	3.80	3.23	2.89	2.67	2.52	2.39	2.30	2.22
∞	5.02	3.69	3.12	2.79	2.57	2.41	2.29	2.19	2.11

当 $\alpha = 0.025$ 时，n_1 取值 $10 \sim \infty$，n_2 取值 $1 \sim \infty$ 的 F 分布表如下。

n_2	n_1									
	10	12	15	20	24	30	40	60	120	∞
1	968.6	976.7	984.9	993.1	997.3	1001	1006	1010	1014	1018
2	39.40	39.41	39.43	39.45	39.46	39.46	39.47	39.48	39.49	39.50
3	14.42	14.34	14.25	14.17	14.12	14.08	14.04	13.99	13.95	13.90
4	8.84	8.75	8.66	8.56	8.51	8.46	8.41	8.36	8.31	8.26
5	6.62	6.52	6.43	6.33	6.28	6.23	6.18	6.12	6.07	6.02
6	5.46	5.37	5.27	5.17	5.12	5.07	5.01	4.96	4.90	4.85
7	4.76	4.67	4.57	4.47	4.41	4.36	4.31	4.25	4.20	4.14
8	4.30	4.20	4.10	4.00	3.95	3.89	3.84	3.78	3.73	3.67
9	3.96	3.87	3.77	3.67	3.61	3.56	3.51	3.45	3.39	3.33
10	3.72	3.62	3.52	3.42	3.37	3.31	3.26	3.20	3.14	3.08
11	3.53	3.43	3.33	3.23	3.17	3.12	3.06	3.00	2.94	2.88
12	3.37	3.28	3.18	3.07	3.02	2.96	2.91	2.85	2.79	2.73
13	3.25	3.15	3.05	2.95	2.89	2.84	2.78	2.72	2.66	2.60
14	3.15	3.05	2.95	2.84	2.79	2.73	2.67	2.61	2.55	2.49
15	3.06	2.96	2.86	2.76	2.70	2.64	2.59	2.52	2.46	2.40
16	2.99	2.89	2.79	2.68	2.63	2.57	2.51	2.45	2.38	2.32
17	2.92	2.82	2.72	2.62	2.56	2.50	2.44	2.38	2.32	2.25
18	2.87	2.77	2.67	2.56	2.50	2.44	2.38	2.32	2.26	2.19
19	2.82	2.72	2.62	2.51	2.45	2.39	2.33	2.27	2.20	2.13
20	2.77	2.68	2.57	2.46	2.41	2.35	2.29	2.22	2.16	2.09
21	2.73	2.64	2.53	2.42	2.37	2.31	2.25	2.18	2.11	2.04
22	2.70	2.60	2.50	2.39	2.33	2.27	2.21	2.14	2.08	2.00
23	2.67	2.57	2.47	2.36	2.30	2.24	2.18	2.11	2.04	1.97
24	2.64	2.54	2.44	2.33	2.27	2.21	2.15	2.08	2.01	1.94
25	2.61	2.51	2.41	2.30	2.24	2.18	2.12	2.05	1.98	1.91
26	2.59	2.49	2.39	2.28	2.22	2.16	2.09	2.03	1.95	1.88
27	2.57	2.47	2.36	2.25	2.19	2.13	2.07	2.00	1.93	1.85
28	2.55	2.45	2.34	2.23	2.17	2.11	2.05	1.98	1.91	1.83
29	2.53	2.43	2.32	2.21	2.15	2.09	2.03	1.96	1.89	1.81
30	2.51	2.41	2.31	2.20	2.14	2.07	2.01	1.94	1.87	1.79
40	2.39	2.29	2.18	2.07	2.01	1.94	1.88	1.80	1.72	1.64
60	2.27	2.17	2.06	1.94	1.88	1.82	1.74	1.67	1.58	1.48
120	2.16	2.05	1.94	1.82	1.76	1.69	1.61	1.53	1.43	1.31
∞	2.05	1.94	1.83	1.71	1.64	1.57	1.48	1.39	1.27	1.00

当 $\alpha=0.01$ 时，n_1 取值 1～9，n_2 取值 1～∞的 F 分布表如下。

n_2	n_1								
	1	2	3	4	5	6	7	8	9
1	4052	4999	5404	5624	5764	5859	5928	5981	6022
2	98.50	99.00	99.16	99.25	99.30	99.33	99.36	99.38	99.39
3	34.12	30.82	29.46	28.71	28.24	27.91	27.67	27.49	27.34
4	21.20	18.00	16.69	15.98	15.52	15.21	14.98	14.80	14.66
5	16.26	13.27	12.06	11.39	10.97	10.67	10.46	10.29	10.16
6	13.75	10.92	9.78	9.15	8.75	8.47	8.26	8.10	7.98
7	12.25	9.55	8.45	7.85	7.46	7.19	6.99	6.84	6.72
8	11.26	8.65	7.59	7.01	6.63	6.37	6.18	6.03	5.91
9	10.56	8.02	6.99	6.42	6.06	5.80	5.61	5.47	5.35
10	10.04	7.56	6.55	5.99	5.64	5.39	5.20	5.06	4.94
11	9.65	7.21	6.22	5.67	5.32	5.07	4.89	4.74	4.63
12	9.33	6.93	5.95	5.41	5.06	4.82	4.64	4.50	4.39
13	9.07	6.70	5.74	5.21	4.86	4.62	4.44	4.30	4.19
14	8.86	6.51	5.56	5.04	4.69	4.46	4.28	4.14	4.03
15	8.68	6.36	5.42	4.89	4.56	4.32	4.14	4.00	3.89
16	8.53	6.23	5.29	4.77	4.44	4.20	4.03	3.89	3.78
17	8.40	6.11	5.19	4.67	4.34	4.10	3.93	3.79	3.68
18	8.29	6.01	5.09	4.58	4.25	4.01	3.84	3.71	3.60
19	8.18	5.93	5.01	4.50	4.17	3.94	3.77	3.63	3.52
20	8.10	5.85	4.94	4.43	4.10	3.87	3.70	3.56	3.46
21	8.02	5.78	4.87	4.37	4.04	3.81	3.64	3.51	3.40
22	7.95	5.72	4.82	4.31	3.99	3.76	3.59	3.45	3.35
23	7.88	5.66	4.76	4.26	3.94	3.71	3.54	3.41	3.30
24	7.82	5.61	4.72	4.22	3.90	3.67	3.50	3.36	3.26
25	7.77	5.57	4.68	4.18	3.85	3.63	3.46	3.32	3.22
26	7.72	5.53	4.64	4.14	3.82	3.59	3.42	3.29	3.18
27	7.68	5.49	4.60	4.11	3.78	3.56	3.39	3.26	3.15
28	7.64	5.45	4.57	4.07	3.75	3.53	3.36	3.23	3.12
29	7.60	5.42	4.54	4.04	3.73	3.50	3.33	3.20	3.09
30	7.56	5.39	4.51	4.02	3.70	3.47	3.30	3.17	3.07
40	7.31	5.18	4.31	3.83	3.51	3.29	3.12	2.99	2.89
60	7.08	4.98	4.13	3.65	3.34	3.12	2.95	2.82	2.72
120	6.85	4.79	3.95	3.48	3.17	2.96	2.79	2.66	2.56
∞	6.63	4.61	3.78	3.32	3.02	2.80	2.64	2.51	2.41

当 $\alpha = 0.01$ 时，n_1 取值 $10 \sim \infty$，n_2 取值 $1 \sim \infty$ 的 F 分布表如下。

n_2	n_1									
	10	12	15	20	24	30	40	60	120	∞
1	6056	6107	6157	6209	6234	6260	6286	6313	6340	6366
2	99.40	99.42	99.43	99.45	99.46	99.47	99.48	99.48	99.49	99.50
3	27.23	27.05	26.87	26.69	26.60	26.50	26.41	26.32	26.22	26.13
4	14.55	14.37	14.20	14.02	13.93	13.84	13.75	13.65	13.56	13.46
5	10.05	9.89	9.72	9.55	9.47	9.38	9.29	9.20	9.11	9.02
6	7.87	7.72	7.56	7.40	7.31	7.23	7.14	7.06	6.97	6.88
7	6.62	6.47	6.31	6.16	6.07	5.99	5.91	5.82	5.74	5.65
8	5.81	5.67	5.52	5.36	5.28	5.20	5.12	5.03	4.95	4.86
9	5.26	5.11	4.96	4.81	4.73	4.65	4.57	4.48	4.40	4.31
10	4.85	4.71	4.56	4.41	4.33	4.25	4.17	4.08	4.00	3.91
11	4.54	4.40	4.25	4.10	4.02	3.94	3.86	3.78	3.69	3.60
12	4.30	4.16	4.01	3.86	3.78	3.70	3.62	3.54	3.45	3.36
13	4.10	3.96	3.82	3.66	3.59	3.51	3.43	3.34	3.25	3.17
14	3.94	3.80	3.66	3.51	3.43	3.35	3.27	3.18	3.09	3.00
15	3.80	3.67	3.52	3.37	3.29	3.21	3.13	3.05	2.96	2.87
16	3.69	3.55	3.41	3.26	3.18	3.10	3.02	2.93	2.84	2.75
17	3.59	3.46	3.31	3.16	3.08	3.00	2.92	2.83	2.75	2.65
18	3.51	3.37	3.23	3.08	3.00	2.92	2.84	2.75	2.66	2.57
19	3.43	3.30	3.15	3.00	2.92	2.84	2.76	2.67	2.58	2.49
20	3.37	3.23	3.09	2.94	2.86	2.78	2.69	2.61	2.52	2.42
21	3.31	3.17	3.03	2.88	2.80	2.72	2.64	2.55	2.46	2.36
22	3.26	3.12	2.98	2.83	2.75	2.67	2.58	2.50	2.40	2.31
23	3.21	3.07	2.93	2.78	2.70	2.62	2.54	2.45	2.35	2.26
24	3.17	3.03	2.89	2.74	2.66	2.58	2.49	2.40	2.31	2.21
25	3.13	2.99	2.85	2.70	2.62	2.54	2.45	2.36	2.27	2.17
26	3.09	2.96	2.81	2.66	2.58	2.50	2.42	2.33	2.23	2.13
27	3.06	2.93	2.78	2.63	2.55	2.47	2.38	2.29	2.20	2.10
28	3.03	2.90	2.75	2.60	2.52	2.44	2.35	2.26	2.17	2.06
29	3.00	2.87	2.73	2.57	2.49	2.41	2.33	2.23	2.14	2.03
30	2.98	2.84	2.70	2.55	2.47	2.39	2.30	2.21	2.11	2.01
40	2.80	2.66	2.52	2.37	2.29	2.20	2.11	2.02	1.92	1.80
60	2.63	2.50	2.35	2.20	2.12	2.03	1.94	1.84	1.73	1.60
120	2.47	2.34	2.19	2.03	1.95	1.86	1.76	1.66	1.53	1.38
∞	2.32	2.18	2.04	1.88	1.79	1.70	1.59	1.47	1.32	1.00

当 $\alpha=0.005$ 时，n_1 取值 1~9，n_2 取值 1~∞ 的 F 分布表如下。

n_2	n_1								
	1	2	3	4	5	6	7	8	9
1	16212	19997	21614	22501	23056	23440	23715	23924	24091
2	198.50	199.01	199.16	199.24	199.30	199.33	199.36	199.38	199.39
3	55.55	49.80	47.47	46.20	45.39	44.84	44.43	44.13	43.88
4	31.33	26.28	24.26	23.15	22.46	21.98	21.62	21.35	21.14
5	22.78	18.31	16.53	15.56	14.94	14.51	14.20	13.96	13.77
6	18.63	14.54	12.92	12.03	11.46	11.07	10.79	10.57	10.39
7	16.24	12.40	10.88	10.05	9.52	9.16	8.89	8.68	8.51
8	14.69	11.04	9.60	8.81	8.30	7.95	7.69	7.50	7.34
9	13.61	10.11	8.72	7.96	7.47	7.13	6.88	6.69	6.54
10	12.83	9.43	8.08	7.34	6.87	6.54	6.30	6.12	5.97
11	12.23	8.91	7.60	6.88	6.42	6.10	5.86	5.68	5.54
12	11.75	8.51	7.23	6.52	6.07	5.76	5.52	5.35	5.20
13	11.37	8.19	6.93	6.23	5.79	5.48	5.25	5.08	4.94
14	11.06	7.92	6.68	6.00	5.56	5.26	5.03	4.86	4.72
15	10.80	7.70	6.48	5.80	5.37	5.07	4.85	4.67	4.54
16	10.58	7.51	6.30	5.64	5.21	4.91	4.69	4.52	4.38
17	10.38	7.35	6.16	5.50	5.07	4.78	4.56	4.39	4.25
18	10.22	7.21	6.03	5.37	4.96	4.66	4.44	4.28	4.14
19	10.07	7.09	5.92	5.27	4.85	4.56	4.34	4.18	4.04
20	9.94	6.99	5.82	5.17	4.76	4.47	4.26	4.09	3.96
21	9.83	6.89	5.73	5.09	4.68	4.39	4.18	4.01	3.88
22	9.73	6.81	5.65	5.02	4.61	4.32	4.11	3.94	3.81
23	9.63	6.73	5.58	4.95	4.54	4.26	4.05	3.88	3.75
24	9.55	6.66	5.52	4.89	4.49	4.20	3.99	3.83	3.69
25	9.48	6.60	5.46	4.84	4.43	4.15	3.94	3.78	3.64
26	9.41	6.54	5.41	4.79	4.38	4.10	3.89	3.73	3.60
27	9.34	6.49	5.36	4.74	4.34	4.06	3.85	3.69	3.56
28	9.28	6.44	5.32	4.70	4.30	4.02	3.81	3.65	3.52
29	9.23	6.40	5.28	4.66	4.26	3.98	3.77	3.61	3.48
30	9.18	6.35	5.24	4.62	4.23	3.95	3.74	3.58	3.45
40	8.83	6.07	4.98	4.37	3.99	3.71	3.51	3.35	3.22
60	8.49	5.79	4.73	4.14	3.76	3.49	3.29	3.13	3.01
120	8.18	5.54	4.50	3.92	3.55	3.28	3.09	2.93	2.81
∞	7.88	5.30	4.28	3.72	3.35	3.09	2.90	2.74	2.62

当 $\alpha = 0.005$ 时，n_1 取值 $10\sim\infty$，n_2 取值 $1\sim\infty$ 的 F 分布表如下。

n_2	n_1									
	10	12	15	20	24	30	40	60	120	∞
1	24222	24427	24632	24837	24937	25041	25146	25254	25358	25466
2	199.39	199.42	199.43	199.45	199.45	199.48	199.48	199.48	199.49	199.51
3	43.68	43.39	43.08	42.78	42.62	42.47	42.31	42.15	41.99	41.83
4	20.97	20.70	20.44	20.17	20.03	19.89	19.75	19.61	19.47	19.32
5	13.62	13.38	13.15	12.90	12.78	12.66	12.53	12.40	12.27	12.14
6	10.25	10.03	9.81	9.59	9.47	9.36	9.24	9.12	9.00	8.88
7	8.38	8.18	7.97	7.75	7.64	7.53	7.42	7.31	7.19	7.08
8	7.21	7.01	6.81	6.61	6.50	6.40	6.29	6.18	6.06	5.95
9	6.42	6.23	6.03	5.83	5.73	5.62	5.52	5.41	5.30	5.19
10	5.85	5.66	5.47	5.27	5.17	5.07	4.97	4.86	4.75	4.64
11	5.42	5.24	5.05	4.86	4.76	4.65	4.55	4.45	4.34	4.23
12	5.09	4.91	4.72	4.53	4.43	4.33	4.23	4.12	4.01	3.90
13	4.82	4.64	4.46	4.27	4.17	4.07	3.97	3.87	3.76	3.65
14	4.60	4.43	4.25	4.06	3.96	3.86	3.76	3.66	3.55	3.44
15	4.42	4.25	4.07	3.88	3.79	3.69	3.59	3.48	3.37	3.26
16	4.27	4.10	3.92	3.73	3.64	3.54	3.44	3.33	3.22	3.11
17	4.14	3.97	3.79	3.61	3.51	3.41	3.31	3.21	3.10	2.98
18	4.03	3.86	3.68	3.50	3.40	3.30	3.20	3.10	2.99	2.87
19	3.93	3.76	3.59	3.40	3.31	3.21	3.11	3.00	2.89	2.78
20	3.85	3.68	3.50	3.32	3.22	3.12	3.02	2.92	2.81	2.69
21	3.77	3.60	3.43	3.24	3.15	3.05	2.95	2.84	2.73	2.61
22	3.70	3.54	3.36	3.18	3.08	2.98	2.88	2.77	2.66	2.55
23	3.64	3.47	3.30	3.12	3.02	2.92	2.82	2.71	2.60	2.48
24	3.59	3.42	3.25	3.06	2.97	2.87	2.77	2.66	2.55	2.43
25	3.54	3.37	3.20	3.01	2.92	2.82	2.72	2.61	2.50	2.38
26	3.49	3.33	3.15	2.97	2.87	2.77	2.67	2.56	2.45	2.33
27	3.45	3.28	3.11	2.93	2.83	2.73	2.63	2.52	2.41	2.29
28	3.41	3.25	3.07	2.89	2.79	2.69	2.59	2.48	2.37	2.25
29	3.38	3.21	3.04	2.86	2.76	2.66	2.56	2.45	2.33	2.21
30	3.34	3.18	3.01	2.82	2.73	2.63	2.52	2.42	2.30	2.18
40	3.12	2.95	2.78	2.60	2.50	2.40	2.30	2.18	2.06	1.93
60	2.90	2.74	2.57	2.39	2.29	2.19	2.08	1.96	1.83	1.69
120	2.71	2.54	2.37	2.19	2.09	1.98	1.87	1.75	1.61	1.43
∞	2.52	2.36	2.19	2.00	1.90	1.79	1.67	1.53	1.36	1.00

附录 F Wilcoxon 秩和检验的
上下临界值表

n_2	α 单尾	α 双尾	n_1 4	5	6	7	8	9	10
4	0.05	0.10	11,25						
	0.025	0.05	10,26						
	0.01	0.02	—,—						
	0.005	0.01	—,—						
5	0.05	0.10	12,28	19,36					
	0.025	0.05	11,29	17,38					
	0.01	0.02	10,30	16,39					
	0.005	0.01	—,—	15,40					
6	0.05	0.10	13,31	20,40	28,50				
	0.025	0.05	12,32	18,42	26,52				
	0.01	0.02	11,33	17,43	24,54				
	0.005	0.01	10,34	16,44	23,55				
7	0.05	0.10	14,34	21,44	29,55	39,66			
	0.025	0.05	13,35	20,45	27,57	36,69			
	0.01	0.02	11,37	18,47	25,59	34,71			
	0.005	0.01	10,38	16,49	24,60	32,73			
8	0.05	0.10	15,37	23,47	31,59	41,71	51,85		
	0.025	0.05	14,38	21,49	29,61	38,74	49,87		
	0.01	0.02	12,40	19,51	27,63	35,77	45,91		
	0.005	0.01	11,41	17,53	25,65	34,78	43,93		
9	0.05	0.10	16,40	24,51	33,63	43,76	54,90	66,105	
	0.025	0.05	14,42	22,53	31,65	40,79	51,93	62,109	
	0.01	0.02	13,43	20,55	28,68	37,82	47,97	59,112	
	0.005	0.01	11,45	18,57	26,70	35,84	45,99	56,115	
10	0.05	0.10	17,43	26,54	35,67	45,81	56,96	69,111	82,128
	0.025	0.05	15,45	23,57	32,70	42,84	53,99	65,115	78,132
	0.01	0.02	13,47	21,59	29,73	39,87	49,103	61,119	74,136
	0.005	0.01	12,48	19,61	27,75	37,89	47,105	58,122	71,139

附录G 杜宾-瓦森检验临界值表

$\alpha = 0.05$

n	P=1		P=2		P=3		P=4		p=5	
	d_L	d_U	d_L	d_U	d_L	d_U	d_L	d_U	d_L	d_U
15	1.08	1.36	0.95	1.54	0.82	1.75	0.69	1.97	0.56	2.21
16	1.10	1.37	0.98	1.54	0.86	1.73	0.74	1.93	0.62	2.15
17	1.13	1.38	1.02	1.54	0.90	1.71	0.78	1.90	0.67	2.10
18	1.16	1.39	1.05	1.53	0.93	1.69	0.82	1.87	0.71	2.06
19	1.18	1.40	1.08	1.53	0.97	1.68	0.86	1.85	0.75	2.02
20	1.20	1.41	1.10	1.54	1.00	1.68	0.90	1.83	0.79	1.99
21	1.22	1.42	1.13	1.54	1.03	1.67	0.93	1.81	0.83	1.96
22	1.24	1.43	1.15	1.54	1.05	1.66	0.96	1.80	0.86	1.94
23	1.26	1.44	1.17	1.54	1.08	1.66	0.99	1.79	0.90	1.92
24	1.27	1.45	1.19	1.55	1.10	1.66	1.01	1.78	0.93	1.90
25	1.29	1.45	1.21	1.55	1.12	1.66	1.04	1.77	0.95	1.89
26	1.30	1.46	1.22	1.55	1.14	1.65	1.06	1.76	0.98	1.88
27	1.32	1.47	1.24	1.56	1.16	1.65	1.08	1.76	1.01	1.86
28	1.33	1.48	1.26	1.56	1.18	1.65	1.10	1.75	1.03	1.85
29	1.34	1.48	1.27	1.56	1.20	1.65	1.12	1.74	1.05	1.84
30	1.35	1.49	1.28	1.57	1.21	1.65	1.14	1.74	1.07	1.83
31	1.36	1.50	1.30	1.57	1.23	1.65	1.16	1.74	1.09	1.83
32	1.37	1.50	1.31	1.57	1.24	1.65	1.18	1.73	1.11	1.82
33	1.38	1.51	1.32	1.58	1.26	1.65	1.19	1.73	1.13	1.81
34	1.39	1.51	1.33	1.58	1.27	1.65	1.21	1.73	1.15	1.81
35	1.40	1.52	1.34	1.58	1.28	1.65	1.22	1.73	1.16	1.80
36	1.41	1.52	1.35	1.59	1.29	1.65	1.24	1.73	1.18	1.80
37	1.42	1.53	1.36	1.59	1.31	1.66	1.25	1.72	1.19	1.80
38	1.43	1.54	1.37	1.59	1.32	1.66	1.26	1.72	1.21	1.79
39	1.43	1.54	1.38	1.60	1.33	1.66	1.27	1.72	1.22	1.79
40	1.44	1.54	1.39	1.60	1.34	1.66	1.29	1.72	1.23	1.79
45	1.48	1.57	1.43	1.62	1.38	1.67	1.34	1.72	1.29	1.78
50	1.50	1.59	1.46	1.63	1.42	1.67	1.38	1.72	1.34	1.77
55	1.53	1.60	1.49	1.64	1.45	1.68	1.41	1.72	1.38	1.77
60	1.55	1.62	1.51	1.65	1.48	1.69	1.44	1.73	1.41	1.77
65	1.57	1.63	1.54	1.66	1.50	1.70	1.47	1.73	1.44	1.77
70	1.58	1.64	1.55	1.67	1.52	1.70	1.49	1.74	1.46	1.77
75	1.60	1.65	1.57	1.68	1.54	1.71	1.51	1.74	1.49	1.77
80	1.61	1.66	1.59	1.69	1.56	1.72	1.53	1.74	1.51	1.77
85	1.62	1.67	1.60	1.70	1.57	1.72	1.55	1.75	1.52	1.77
90	1.63	1.68	1.61	1.70	1.59	1.73	1.57	1.75	1.54	1.78
95	1.64	1.69	1.62	1.71	1.60	1.73	1.58	1.75	1.56	1.78
100	1.65	1.69	1.63	1.72	1.61	1.74	1.59	1.76	1.57	1.78

$\alpha = 0.01$

n	$p=1$		$p=2$		$p=3$		$p=4$		$p=5$	
	d_L	d_U	d_L	d_U	d_L	d_U	d_L	d_U	d_L	d_U
15	0.81	1.07	0.70	1.25	0.59	1.46	0.49	1.70	0.39	1.96
16	0.84	1.09	0.74	1.25	0.63	1.44	0.53	1.66	0.44	1.90
17	0.87	1.10	0.77	1.25	0.67	1.43	0.57	1.63	0.48	1.85
18	0.90	1.12	0.80	1.26	0.71	1.42	0.61	1.60	0.52	1.80
19	0.93	1.13	0.83	1.27	0.74	1.41	0.65	1.58	0.56	1.74
20	0.95	1.15	0.86	1.27	0.77	1.41	0.68	1.57	0.60	1.74
21	0.97	1.16	0.89	1.27	0.80	1.41	0.72	1.55	0.63	1.71
22	1.00	1.17	0.91	1.28	0.83	1.40	0.75	1.54	0.66	1.69
23	1.02	1.19	0.94	1.29	0.86	1.40	0.77	1.53	0.70	1.67
24	1.04	1.20	0.96	1.30	0.88	1.41	0.80	1.53	0.72	1.66
25	1.05	1.21	0.98	1.30	0.90	1.41	0.83	1.52	0.75	1.65
26	1.07	1.22	1.00	1.31	0.93	1.41	0.85	1.52	0.78	1.64
27	1.09	1.23	1.02	1.32	0.95	1.41	0.88	1.51	0.81	1.63
28	1.10	1.24	1.04	1.32	0.97	1.41	0.90	1.51	0.83	1.62
29	1.12	1.25	1.05	1.33	0.99	1.42	0.92	1.51	0.85	1.61
30	1.13	1.26	1.07	1.34	1.01	1.42	0.94	1.51	0.88	1.61
31	1.15	1.27	1.08	1.34	1.02	1.42	0.96	1.51	0.90	1.60
32	1.16	1.28	1.10	1.35	1.04	1.43	0.98	1.51	0.92	1.60
33	1.17	1.29	1.11	1.36	1.05	1.43	1.00	1.51	0.94	1.59
34	1.18	1.30	1.13	1.36	1.07	1.43	1.01	1.51	0.95	1.59
35	1.19	1.31	1.14	1.37	1.08	1.44	1.03	1.51	0.97	1.59
36	1.21	1.32	1.15	1.38	1.10	1.44	1.04	1.51	0.99	1.59
37	1.22	1.32	1.16	1.38	1.11	1.45	1.06	1.51	1.00	1.59
38	1.23	1.33	1.18	1.39	1.12	1.45	1.07	1.52	1.02	1.58
39	1.24	1.34	1.19	1.39	1.14	1.45	1.09	1.52	1.03	1.58
40	1.25	1.34	1.20	1.40	1.15	1.46	1.10	1.52	1.05	1.58
45	1.29	1.38	1.24	1.42	1.20	1.48	1.16	1.53	1.11	1.58
50	1.32	1.40	1.28	1.45	1.24	1.49	1.20	1.54	1.16	1.59
55	1.36	1.43	1.32	1.47	1.28	1.51	1.25	1.55	1.21	1.59
60	1.38	1.45	1.35	1.48	1.32	1.52	1.28	1.56	1.25	1.60
65	1.41	1.47	1.38	1.50	1.35	1.53	1.31	1.57	1.28	1.61
70	1.43	1.49	1.40	1.52	1.37	1.55	1.34	1.58	1.31	1.61
75	1.45	1.50	1.42	1.53	1.39	1.56	1.37	1.59	1.34	1.62
80	1.47	1.52	1.44	1.54	1.42	1.57	1.39	1.60	1.36	1.62
85	1.48	1.53	1.46	1.55	1.43	1.58	1.41	1.60	1.39	1.63
90	1.50	1.54	1.47	1.56	1.45	1.59	1.43	1.61	1.41	1.64
95	1.51	1.55	1.49	1.57	1.47	1.60	1.45	1.62	1.42	1.64
100	1.52	1.56	1.50	1.58	1.48	1.60	1.46	1.63	1.44	1.65